Wettbewerbsunterstützende Regulierung
bei der Liberalisierung des deutschen Telekommunikationsmarktes

Deutsches und Europäisches Wirtschaftsrecht

Herausgegeben von Jürgen F. Baur

Band 21

PETER LANG

Frankfurt am Main · Berlin · Bern · Bruxelles · New York · Oxford · Wien

Rita Simon

Wettbewerbsunterstützende Regulierung bei der Liberalisierung des deutschen Telekommunikationsmarktes

Unzureichender Infrastrukturwettbewerb

Nationale Gesetzgestaltung nach europäischen Vorgaben

PETER LANG
Europäischer Verlag der Wissenschaften

Bibliografische Information der Deutschen Nationalbibliothek
Die Deutsche Nationalbibliothek verzeichnet diese Publikation in der Deutschen Nationalbibliografie; detaillierte bibliografische Daten sind im Internet über <http://www.d-nb.de> abrufbar.

Zugl.: Köln, Univ., Diss., 2005

Gedruckt mit Unterstützung
der Konrad-Adenauer-Stiftung e.V.

D 38
ISSN 1617-352X
ISBN 3-631-55646-2

www.peterlang.de

Danksagung

Für die kritikvolle Unterstützung meines Doktorvaters, Prof. Dr. Jürgen F. Baur und die finanzielle Förderung der Konrad Adenauer Stiftung möchte ich mich herzlich bedanken. Außerdem danke ich Pavel Šik für die konstruktiven Diskussionen und meiner tollen Familie für die Rückendeckung.

INHALTSVERZEICHNIS

Einleitung

I. Problemstellung

Die Öffnung des deutschen Telekommunikationsmarktes brachte zahlreiche positive Entwicklungen für die Konsumenten, wie u.a. große Produktvielfalt und eine starke Preissenkung. Es entstand binnen eines kurzen Zeitrahmens ein starker Dienstwettbewerb. Trotz dieser positiven Erscheinungen blieb die Wechselbereitschaft der Kunden zu einem alternativen Netzbetreiber gering und der Aufbau eigener Infrastruktur verzögerte sich bei den Newcomern. Am wenigsten ausgeprägt ist der Wettbewerb auf dem Infrastrukturmarkt, in den meisten lokalen Marktebenen vor allem auf dem Markt für die Bereitstellung von Teilnehmeranschlüssen. In einigen neuen Marktbereichen sicherte sich das Nachfolgeunternehmen des alten Monopolisten, die Deutsche Telekom, sogar eine monopolartige Stellung.

Weil die Gestaltung des deutschen Telekommunikationsmarktes wegen der zentralen Bedeutung des Sektors, des Daseinsvorsorge-Prinzips und wegen der monopolartigen Marktstruktur der Festnetzinfrastruktur von Anfang an reguliert war, beeinflusste die Regulierung erheblich die Marktentwicklungen. Diese Einflussnahme blieb auch nach der Liberalisierung von zentraler Bedeutung.

II. Ziel der Arbeit

Ziel dieser Arbeit ist - unter Betrachtung der netzspezifischen, ökonomischen und technologischen Besonderheiten des deutschen Telekommunikationssektors - die Darstellung der komplexen Problematik einer Marktöffnung im Netzsektor und die Prüfung, in wieweit die deutsche Regulierung im Rahmen der europäischen Vorschriften die Marktöffnung erfolgreich untermauerte und ob sie die Förderung des Infrastrukturwettbewerbs ausreichend unterstützte.

III. Vorangehensweise

1. Um die Problematik der Regulierungsbedingtheit verstehen zu können, wird als erstes eine Übersicht über die Fernmeldepolitik Deutschlands vor den ersten Liberalisierungsanstrengungen der Europäischen Kommission und des Rates geschaffen. Danach werden die wirtschaftlichen Gründe und politischen Ziele der europäischen Telekommunikationsreformen zusammengefasst.

2. Danach wird auf die ökonomischen, technologischen und juristischen Voraussetzungen eingegangen, welche unerlässlich sind, um eine erfolgreiche Marktöffnung zu sichern. Dabei wird auf die Kundennachfrage ein Schwerpunkt gelegt, weil das Angebot der Marktteilnehmer und schließlich auch eine zukunftsorientierte Regulierung, sich an der Kundennachfrage orientieren soll.

3. Nach der Darstellung des Soll-Zustands werden die deutschen Reformschritte im Umfeld der europäischen Liberalisierungsmaßnahmen kritisch untersucht. Weil aus Sicht der Konkurrenten des etablierten Unternehmens die Zugangs- und Zusammenschaltungsleistungen eine zentrale Rolle spielen, wird die gesetzliche Regelung dieser Punkte gründlich diskutiert.

4. Anschließend werden die tatsächliche Marktentwicklungen in Deutschland, dargestellt. Es werden Antworten auf die Kernfragen gesucht: Warum sich der Infrastrukturmarkt nur zögernd entwickelt hat und warum sich die Deutsche Telekom monopolähnliche Stellungen auf neuen Märkten sichern konnte. Dabei werden die den Infrastrukturmarkt betreffenden Entscheidungen der deutschen Behörden betrachtet, mit besonderem Blick auf die Entscheidungen über die Entgelte für den Zugang zu Teilnehmeranschlussleitungen. Letztlich wird das neue TKG aus dem Jahr 2004 aus wettbewerbspolitischer Sicht gewürdigt.

A. Fernmeldewesen vor der Marktöffnung und Ziele des europäischen Liberalisierungsprozesses

I. Kurze Beschreibung der Lage der Telekommunikationsmärkte vor der Liberalisierung

Die Telekommunikation ist ein umfassender Oberbegriff des personellen Nachrichten- und/oder Informationsaustausches. Es wird darunter jede Art der rückkanalfähigen Fernverständigung, sei es Aussendung, Übermittlung oder Empfang von Nachrichten verstanden, unabhängig davon, ob diese in Form von Ton, Bild, Zeichen oder Sprache übermittelt werden[1]. Grundlage der Telekommunikation sind Netze, über die Informationen als analog oder digital kodierte Signale durch unterschiedliche Techniken befördert werden können[2].

Das ursprüngliche Telefonnetz, dessen Netztopologie die Struktur des heutigen Netzaufbaus immer noch grundlegend bestimmt, basierte auf einer streng hierarchischen Architektur. Durch die Elemente dieses Netzes, vor allem durch die Knoten, die Leitungen zwischen den Knoten und die Vermittlungstechnik wurde pro Gespräch zwischen zwei Punkten dieses Netzes ein physischer Kontakt hergestellt und für die Dauer dieses Gespräches aufrecht erhalten[3].

Entsprechend dieser Topologie gehört die Telekommunikation, ebenso wie u.a. der Schienenverkehr, die Elektrizität und die Post zu den Netzsektoren. Die Gemeinsamkeit dieser Branchen besteht darin, dass die verschiedenen Dienste und Produkte auf der Basis von Netzinfrastrukturen erstellt worden sind[4]. Aufgrund dieser Struktur können die verschiedenen Güter über weite Strecken gebündelt transportiert werden, ohne dass alle Anschlusspunkte unmittelbar miteinander verbunden werden müssen[5]. Netzgebundene Infrastrukturen sind aus ökonomischer Sicht Problemfälle. Denn sie sind in der Regel mit ökonomischen Effekten wie Größen- und Verbundsvorteilen[6] verbunden, welche zusammen mit anderen Faktoren, wie die Irreversibilität von Investitionen und die sinkenden Durchschnittskosten, hohe Marktzutrittschranken und andere Marktversagen bewirken können.

Diese Marktversagen könnten entweder zu ruinöser Konkurrenz oder zu monopolistischen Strukturen führen, welche die wirtschaftliche Effizienz der Leistungserbringung gefährden würden. Wenn man den Telekommunikationssektor, als natürliches Monopol[7] akzeptiert - was die herrschende Meinung der Ökonomen, vor allem aber die Anhänger der neoklassischen Schule vor dem Zeitalter der Digitalisierung ange-

---

[1] Vgl.: Marshall, 2003, S. 5 und § 3 Nr. 16 Telekommunikationsgesetz (im weiteren: TKG) vom 25. Juli 1996 BGBl. I. S. 1120.
[2] Siehe auch: Mummert, 2002, S. 25.
[3] Die Anzahl gleichzeitig möglicher Verbindungen war vor der Digitalisierung auf die Anzahl der physisch vorhandenen Leitungswege beschränkt. Siehe: Mummert, 2002, S. 25.
[4] Siehe: Knieps/Brunekreeft, 2000 , S. 5.
[5] Über Netze kann man, raumübergreifend Güter, Personen und Informationstransport abwickeln. Siehe Haas C., 2000, S. 23.
[6] Diese Begriffe werden unter Punkt II. dieses Kapitels ausführlich erklärt.
[7] Natürliches Monopol ist eine Marktsituation, in der im Hinblick auf die zugrunde liegenden Kosten und Nachfragesituation ein einziges Unternehmen den Gesamtoutput am kostengünstigsten erstellen kann. Siehe Aberle, 1992, Vgl. Knieps, 2001.

nommen haben - würde es bedeuten, dass ein einziges Unternehmen den Gesamtoutput kostengünstiger erstellen kann, als mehrere Unternehmen zusammen. Eigentlich setzt diese Annahme ein Marktergebnis voraus, d.h. man kann nur dann über ein natürliches Monopol sprechen, wenn ein Unternehmen aufgrund seiner unaufholbaren Marktvorteile, als einziges den Wettbewerbskampf überlebt[8].

Von einer solchen Erfahrung kann man jedoch in Europa nicht sprechen, weil in diesem Sektor vor 1996 nie ein freier Wettbewerb stattfand, wodurch solche Entwicklungen sich hätten ereignen können. Diese Marktergebnisse, welche das Zustandekommen eines Monopols verursacht hätten, sind nicht eingetreten. Dennoch waren, ohne abzuwarten, ob eine solche Marktsituation eintritt, die Bedenken in Europa sehr groß.

1. Monopolisierung des Fernmeldesektors in Europa

a) Fernmeldewesen als Staatsaufgabe

Aus Angst vor einem ruinösen Wettbewerb und vor einer nicht ausreichenden Versorgung mit Kommunikationsdiensten haben Wirtschaftspolitiker und Volkswirte des letzten Jahrhunderts nationale Lösungen für den Fernmeldesektor ausgearbeitet. Da die Europäer an die Funktionsfähigkeit des Wettbewerbs im Fernmeldesektor genauso wenig glaubten wie an die Disziplinierungskraft der potenziellen Wettbewerber, haben sie ihre Märkte weitgehend monopolisiert[9]. Sie zweifelten sogar – im Gegensatz zu den USA[10] – an der Fähigkeit zur Selbstregulierung des Telekommunikationsmarktes.

Neben der Annahme des Bestehens eines natürlichen Monopols für Fernmeldeinfrastrukturen, lösten sowohl das öffentliche Interesse an der Beförderung von Fernmeldedienstleistungen als traditionelle Staatsaufgabe, als auch die strategische Bedeutung des Fernmeldewesens die Monopolisierung dieses Netzsektors in Europa aus. Der staatliche Handelsauftrag, im Bereich des Post- und Fernmeldewesens flächendeckend angemessene und ausreichende Dienstleistungen zu sichern[11], wurzelte in der Lehre von der „Daseinsvorsorge“[12]. Nach dieser Lehre galt der Staat, als Leistungsträger für die Befriedigung der Grundbedürfnisse der Bevölkerung. Obwohl der Vater der klassischliberalen Wirtschaftstheorie, Adam Smith, den Aufbau und die Finanzierung von öffentlichen Anlagen und Einrichtungen nur dann zur Staatsaufgabe erklärte, wenn diese Einrichtungen alleine, ihrer Natur nach nicht kostendeckend funktionieren könnten[13], verzichtete die moderne Lehre der „Daseinsvorsorge“ auf diese Voraussetzung. Diese Lehre ging davon aus, dass die Staatsfunktionen am effektivsten durch staatliche Verwaltung, sichergestellt würden.

---

[8] Siehe Theorie des natürlichen Monopols, z.B. Aberle, 1992, Knieps, 2001.

[9] Dazu: Frey, 1999, S. 4.

[10] Einen Überblick über die US-Amerikanischen Maßnahmen bieten folgende Quellen: Sadowski/Czap/ Wächter, 1996, S. 324 ff., Hoffmann-Riem, 2000, S. 82 ff. Fredebeul-Krein, 2000, S. 210 ff.

[11] Siehe Artikel 87 f) Abs. 1 des Grundgesetzes für die Bundesrepublik Deutschland vom 23. Mai 1949 BGBl. I. S. 1. (im weiteren: GG).

[12] Bei solchen Gütern und Diensten, die so große und ursprüngliche Bedeutung haben, dass ihre Verteilung in einem sozialen Rechtsstaat nicht ohne Korrekturen dem Markt überlassen werden kann, übernimmt der Staat die Garantie der Grundversorgung. Vgl. Gscheidle, 1980, S. 31.

[13] Vgl. Smith: Wohlstand der Nationen, 5. Buch, 3. Kapitel.

b) Fernmeldepolitik vor den europäischen Reformen am Beispiel von Deutschland

Historisch gesehen bildete die Fernmeldepolitik in Deutschland schon wesentlich früher als sie sich auf der Europaebene durchsetzen konnte eine eigenständige Politik. Der rechtliche Rahmen für die Betätigung im Fernmeldewesen erfreut sich einer langen Tradition. Die Zuordnung des deutschen Fernmeldewesens, genauso wie des deutschen Postwesens, zu den Aufgaben der Staatspolitik kann man schon in der Reichverfassung von 1871 finden[14]. Durch diese Zuordnung wurde das Fernmelde- und Postwesen unmittelbar in die Staatsverwaltung eingegliedert. Diese zwei Wirtschaftsbereiche wurden auch später nach der Konzipierung des seit Anfang 1928 geltenden Gesetzes über Fernmeldeanlangen[15] (im weiteren FAG a.F.) der Staatsverwaltung zugeteilt und blieben bis 1994 diesem untergeordnet. Das Fernmeldewesen gehörte weiterhin zum Geschäftsbereich der Bundesregierung, als separate staatliche Politik.

Laut dem FAG a.F. verfügte das Staatsunternehmen Deutsche Bundespost (im weiteren: DBP) über das ausschließliche Recht, „Fernmeldeanlagen für die Vermittlung von Nachrichten, Fernsprechanlagen und Funkanlagen zu errichten und zu betreiben". Die Deutsche Bundespost, die mit der Erfüllung dieser Staatsaufgaben beauftragt wurde, sollte neben den anderen zwei Tätigkeitsbereichen, wie Post und Bankwesen, Kommunikationsdienste und die Betreuung elektronischer Übertragungswege aus einer Hand erledigen. Der Schwerpunkt der Deutschen Bundespost, als Fernmeldeorganisation, bestand im Bereitstellen eines Kommunikationssystems, wodurch weltweite Fernverbindungen ausgeführt werden konnten. Zu diesem Zweck plante sie das dem Bedarf der Bundesrepublik Deutschland angepasste Telekommunikationswesen. Sie errichtete dafür Anlagen und organisierte bzw. betrieb alle frei zugänglichen Kommunikationsdienste für die Öffentlichkeit[16].

Die bis zur ersten Postreform unter dem Namen „Deutsche Bundespost" tätige deutsche nationale Fernmeldeorganisation wurde durch einen Bundesminister geleitet und war fest in die Staatsorganisation eingebunden[17]. Der Verfassungsgeber der Bundesrepublik Deutschland wollte – wie es in Artikel 73 Nr. 7 und Artikel 87 Abs. 1 a.F. des Grundgesetzes (im weiteren: GG) zu lesen ist - die Errichtung und den Ausbau des Betriebes des Fernmeldewesens durch den Staat, nach seinen Regeln und Mitteln erfüllen. Warum der Gesetzgeber auf die staatliche Betätigung in diesem Wirtschaftssektor beharrte, kann durch das Prinzip der „Daseinsvorsorge" beantwortet werden.

aa) Fernmeldewesen in Deutschland, Daseinsvorsorge unter Beachtung des Subsidiaritätsprinzips

Der Grund für die staatliche Betätigung im Wirtschaftsleben liegt auch in Deutschland in der angemessenen Versorgung der Bevölkerung. Bei Gütern und Diensten, die

[14] Genauer gesagt findet man diese Aufgabenverteilung schon beim Verwaltungsaufbau der deutschen Landherrschaften, siehe Fn. 14.
[15] Das Gesetz über Fernmeldeanlagen vom 1. Januar 1928 wechselte das Gesetz über Telegraphenwesen vom 1892 ohne wesentliche Veränderungen ab.
[16] Vgl. Gscheidle, 1980, S.21.
[17] Vgl. Gscheidle, 1980, S. 30.

wesentliche und so ursprüngliche Bedeutung haben, dass ihre Verteilung in einem sozialen Rechtsstaat nicht ohne Korrekturen dem Markt überlassen werden kann, sollte der Staat die Garantie der Grundversorgung übernehmen[18]. Ähnlich dem Bereich der Energie[19], dem Gesundheitswesen und der Bildung, bekam das Fernmeldewesen in Deutschland eine wirtschaftliche Sonderstellung. All diese Grunddienste mussten - entsprechend dem staatlichen Handelsauftrag - deutschlandweit gesichert werden[20]. Die auf diese Weise gesicherten Leistungen mussten sich am Gemeinwohl orientieren und nach Bedarf erbracht werden. Dieser Gedanke war grundsätzlich im Sozialstaatsprinzip, gem. Artikel 20 Abs. 1 des GG verankert.

Im Gegensatz zu der Daseinsvorsorge verlangt das Subsidiaritätsprinzip, welches eine der wichtigsten Grundlagen der Ordnungspolitik ist, dass der Staat sich mit eigener wirtschaftlicher Betätigung zurückhält, soweit dies nicht aus zwingenden Gründen des Allgemeininteresses geboten ist.[21] Weder das Subsidiaritätsprinzip, noch die Daseinsvorsorge bringen Klarheit darüber, wo im Falle des Fernmeldewesens eine Trennlinie zwischen öffentlicher- und Privatwirtschaft verlaufen sollte[22]. Wenn aber der Staat bestimmte Wirtschaftsbereiche aus der freien Wirtschaft ausgliedert und zur Staatsaufgabe macht, muss er diese Ausnahmebereiche legitimieren. Die staatliche Kompetenz im Fernmeldewesen basierte in Deutschland darauf, dass „alle Bereiche der Wirtschaft, der Verwaltung und der privaten Haushalte auf den Austausch von Informationen angewiesen sind"[23]. Aufgrund der zentralen Bedeutung und des elementaren Sozialbedarfs wurde der Telekommunikationssektor in Deutschland als Staatsaufgabe wahrgenommen.

Zu den Aufgabenbereichen des Staates hinsichtlich des Fernmeldewesens gehörten die folgenden Tätigkeiten: Die flächendeckende Versorgung mit Kommunikation, die Gewährleistung des Zugangs zu einem offenen System, die Standardisierung und Sicherstellung von gleichen Tarifen im Raum. Aus der Sicht des Subsidiaritätsprinzips stellt sich die Frage, ob diese Aufgaben dennoch nicht durch eine privatwirtschaftliche Wahrnehmung erfüllt werden konnten, also eine staatliche Betätigung unbedingt erforderlich war? Diese Fragen wurden vom Verfassungsgeber durch Artikel 87 Abs. 1 des Grundgesetzes a.F.[24] eindeutig geklärt, wonach auch die Deutsche Bundespost zu den Organisationen zählte, die durch den Bund in einer bundeseigenen Verwaltung mit eigenem Verwaltungsbau geführt werden sollten. Dennoch fehlte eine unmittelbare Legitimation durch ein Gesetz. Infolge dieser Regelung wurde die Infrastrukturaufgabe, ein leistungsfähiges Fernmeldesystem in der Bundesrepublik Deutschland herzustellen, einem öffentlichen Unternehmen übertragen[25].

---

[18] Vgl. Gscheidle, 1980, S. 31.

[19] Als Grundlage für die wirtschaftliche Sonderstellung diente für die Energiebranche das „unabweisbare öffentliche, gesamtwirtschaftliche und gesellschaftspolitische Interesse an jederzeitiger Versorgung mit sicherer Energie". Die Zitat stammt von Baur, siehe Baur in: Baur (Hrsg.), 1995, S. 79.

[20] Vgl. mit der späteren Verankerung im Art. 87f Abs. 1 des GG.

[21] Die Beweislast liegt nach diesem Grundgedanken auf der Seite des Staates. Witte-Bericht, 1987, S. 65.

[22] Je nachdem, ob den staatlichen Aufgaben ein größerer oder kleinerer Betätigungsraum zugestanden wird, verschiebt sich die Trennlinie. Siehe Witte-Bericht, 1987, S. 65.

[23] Siehe Witte-Bericht, 1987, S. 65.

[24] In Form bis zur Änderung von 30. August 1994.

[25] Die Verfasser des Witte-Berichtes bestreiten diese Ansicht und meinen, dass diese Aufgaben auch im Falle einer privatwirtschaftlichen Wahrnehmung der Telekommunikationsaufgaben weitgehend erfüllt werden werde. Sie betonen außerdem, dass im Kernpunkt des Berichts weniger die Eigentümer-

bb) Selbständige Wirtschaftstätigkeit der DBP mit staatlichen Mitteln

Einige Grundlagen der Unternehmensführung und Finanzierung von der DBP änderten sich mit der Zeit. Dennoch belasten die alte Praxis und die alten Problemen der Wirtschaftstätigkeit der DBP ihre Nachfolgeunternehmen. Deswegen muss kurz dargestellt werden, wie die Wirtschaftstätigkeit der DBP in der Vergangenheit ausgeübt wurde.

Die aufgrund staatlichen Auftrags tätigen Unternehmen wurden, damit sie ihre Tätigkeiten hinreichend ausüben konnten, mit ausreichend staatlichen Mitteln ausgerüstet. Dementsprechend sollte die für den Handelsauftrag zuständige Deutsche Bundespost ihrer Leistungspflicht mit Hilfe staatlicher Mittel nachkommen, ohne ein primäres Gewinnziel zu haben. Als Teil des öffentlichen Haushaltes wurden der Deutschen Bundespost bis 1924 jährlich Mittel vom Staatsbudget zugewiesen. Im Jahre 1924 wurde die Deutsche Bundespost als Sondervermögen aus dem übrigen Vermögen des Reiches ausgesondert und als selbständiges Unternehmen ausgegliedert[26]. Diesen Status behielt die Deutsche Bundespost bis zur zweiten Postreform im Jahre 1994. Entsprechend den gesetzlichen Regelungen hatte sie „ihren Haushalt so aufzustellen und durchzuführen, dass die zur Erfüllung ihrer Aufgaben und Verpflichtungen notwendigen Ausgaben aus ihren Einnahmen" bestritten werden konnten.[27] Zuschüsse aus der Bundeskasse wurden an sie nicht geleistet.

Durch diese Ausgliederung aus dem Reichsvermögen entwickelte sich die Deutsche Bundespost von dem Status eines Planungsobjektes zu einer „selbständig finanzplanenden Einheit"[28]. Das Prinzip der Eigenwirtschaftlichkeit schaffte einerseits den Raum für eigene Planungsmöglichkeiten und einen eigenen Führungsstil, welcher für die anderen Verwaltungsorganisationen nicht gegeben war, andererseits vermittelte es einen höheren Grad von Verantwortung gegenüber der Deutschen Bundespost und zwang sie, betriebswirtschaftlichen Prinzipien zu folgen. Auch wenn es hier nicht darum ging, größere Marktanteile zu erkämpfen, musste die Deutsche Bundespost einen innerbetrieblichen Kostenausgleich erzielen und einen ausgeglichenen Haushalt ermöglichen. Die Planung und Kalkulation der einzelnen Wirtschaftsjahre wurde jedoch durch die hohen Verluste im Postwesen erschwert. Um ihren defizitären Wirtschaftszweig zu unterstützen und die Verluste auszugleichen, musste die Deutsche Bundespost die Gebühren des gewinnbringenden Telekommunikationsbereiches weit über einem kostendeckenden Niveau festlegen. Nur mit Hilfe von dieser sog. Quersubventionierung konnte sie eine gesamte Null-Bilanz für alle Tätigkeitsfelder erzielen[29].

Die Kalkulation der Wirtschaftstätigkeit der Deutschen Bundespost war abgesehen von Quersubventionierung auch durch weitere verwaltungsrechtliche und politische Grundsätze erschwert. Die allgemeinen Versorgungsgrundsätze, die für das Handeln der Verwaltung maßgeblich waren, galten nämlich auch für die Deutsche Bundespost. Das Gebot der gleichen Behandlung gleicher Flächen, das Gebot der Verhält-

---

stellung, sondern die Selbständigkeit des Telekommunikationsunternehmens behandelt werde. Siehe Witte-Bericht, 1987, S. 66.

[26] Vgl. Gscheidle, 1980, S. 23.

[27] Artikel 15 des Postverwaltungsgesetzes vom 1953.

[28] Nach Gscheidle, 1980, S. 23.

[29] Die Verluste des Postbereiches belasten die Nachfolgeunternehmen immer noch. Zur Zeit beträgt ihre Schuldenmenge ca. 35 Mrd. Euro.

nismäßigkeit der Mittel und politischer Auflagen[30], wie z.B. der Kontrahierungszwang, die Gleichbehandlung von Kunden, die Tarifeinheit im Raum und die Sicherung im Katastrophen- Krisen-, und Verteidigungsfall[31] führten, zu interner Subventionierung.

Diese Subventionen brachten später bei der Marktöffnung des Telekommunikationssektors das Problem des „Rosinenpickens"[32] hervor. Bei der Marktöffnung sollte zwar die Bundesregierung nicht über die Nachteile von verteilungspolitischen Zielen nachdenken, jedoch befürchtete sie, dass nicht genügend Investitionen in die unrentablen Geschäftsbereiche getätigt würden. Erstens, weil die in den Markt eingestiegenen Privatunternehmen die künstlichen Preisaufschläge abschöpfen, und zweitens, weil die gewinnorientierten Privatunternehmen nicht in unrentablen Bereichen investieren würden. Durch diese Entwicklungen hätten die Grundprinzipien der Versorgung im Telekommunikationsbereich gefährdet werden können[33].

bba) Hoheitliche Aufgaben und unternehmerische Tätigkeit der DBP

Auch wegen der Führung der Wirtschaftstätigkeit der Deutschen Bundespost war die Doppelstellung des Bundesministers für Post und Telekommunikation oft kritisiert worden[34]. Einerseits konnte der Bundesminister hoheitliche Aufgaben wahrnehmen, wonach er u.a. für den Erlass von Verordnungen, die Frequenzverwaltung, die Vertretung vor internationalen Institutionen und die Regulierungsentscheidungen für das gesamte Kommunikationssystem zuständig war, andererseits er zugleich das Oberhaupt dieser zwei Wirtschaftszweige darstellte.[35] Diese Doppelstellung[36] führte dazu, dass die Deutsche Bundespost zwar in einigen Gebieten des Telekommunikationsmarktes mit privaten Unternehmen im Wettbewerb stand, aber gleichzeitig ihr Oberhaupt ordnungspolitische Maßnahmen erlassen durfte. Da der Bundesminister befugt war, Regelungen zu erlassen, z.B. für die Vermietung oder für den Verkauf von Endgeräten und für den Ausbau von bestimmten Netzteilen, bestand die Gefahr, dass er die Deutsche Bundespost durch bestimmte Maßnahmen oder durch „interne Informationen" begünstigte. Hinzuzufügen ist, dass der Bundesminister zu solchem Verhalten praktisch gezwungen war, falls er die DBP vor Defiziten schützen wollte.

Auf die Deutsche Bundespost wurden also gleichzeitig Leistungspflichten und unmittelbar die Befugnis, Regelungen zu erlassen, übertragen. Diese konkurrierenden Verbindlichkeiten standen bei der Diskussion über die Eröffnung des Telekommunikationsmarktes für den Wettbewerb im Mittelpunkt, auch wenn dieses Nebeneinan-

---

[30] Ähnliche Grundprinzipien galten auch für den Energiebereich, jedoch sollten die Energieversorgungsunternehmen ihrer Anschluss- und Versorgungspflicht ausschließlich in ihrem Demarkationsgebiet nachkommen. Vgl. Kumkar/Neu, 1997, S. 73.

[31] Vgl. Witte-Bericht, 1987, S.85 und Heuemann/Neu, 1988, S.35.

[32] Als „Rosinenpicken" wird in der Ökonomie der Eintritt in die ausschließlich profitablen Marktsegmente bezeichnet, ohne dass man sich auch in riskanteren Bereichen betätigt. Entsprechend den unternehmerischen Zielen der Optimierung ist es selbstverständlich, dass die Marktneulinge sich auf dem Telekommunikationsmarkt vor allem in solchen Bereichen betätigen, die profitabel erscheinen.

[33] Suche bei Debatten über Mindestversorgung bzw. Universalversorgung.

[34] Vgl. Witte-Bericht, 1987, S. 106 ff., Broß in: Bauer, 1992, S. 50.

[35] Gscheidle, 1980, S. 22.

[36] Woran eigentlich nicht einmal die erste deutsche Postreform etwas ändern konnte, vgl. Broß in: Bauer, 1992, S. 50.

der von Obrigkeits- und Leistungsaufgaben, nach der Ansicht einiger Autoren, durch den Gesetzgeber zweifellos „gesehen und gebilligt“[37] wurde.

bbb) Infrastrukturaufgabe

Die Infrastrukturaufgaben der Deutschen Bundespost beinhalten das Errichten von Übertragungswegen und Vermittlungseinrichtungen, sowie das Bereitstellen oder sogar das Einführen von neuen Diensten. Diese Aufgaben wurden wegen der hohen Kosten der Errichtung und wegen der Unrentabilität der alternativen Strecken der Deutschen Bundespost übertragen. Eine Versorgung durch private Unternehmen hielten die Entscheidungsträger damals noch für unrealisierbar. Die DBP musste deswegen ihre Dienste flächendeckend, unabhängig vom lokalen Bedarf und unter der Wahrung der Tarifeinheit im Raum anbieten[38].

Mit der Infrastrukturaufgabe, die letztlich durch ein der staatlichen Verwaltung untergeordnetes Unternehmen zu erbringen war, gab es aber einige Probleme. Erstens fielen das Angebot und die Nachfrage mit der fortschreitenden technologischen Entwicklung immer mehr auseinander, und die DBP konnte der wachsenden Nachfrage kaum gerecht werden. Zweitens war der Infrastrukturbeitrag aufgrund fernmeldepolitischer Zielsetzungen zu leisten, welche nicht auf innovativen und nachfrageorientierten Wettbewerbskampf, sondern auf politische Entscheidungen zurückzuführen waren.

Infolge dieser Betätigung der DBP gab es oft einen Telekommunikationsnotstand an den monopolistischen Fernmeldemärkten, und das Kommunikationssystem erwies sich immer weniger als leistungsfähig. Je mehr das Angebot von der Nachfrage abweichte, desto öfter stellte sich die Frage, ob die Infrastrukturziele nicht auf anderem Wege, wie z.B. durch die Umwandlung des Monopols oder durch eine Regulierung erreicht werden könnten[39]. Diese Fernmeldestruktur, welche den gesetzten Zielen nachkommen sollte, erwies sich als kaum tragbar.

cc) Andere soziale Aufgaben, politische Hilfsdienste der Deutschen Bundespost

Das Fernmeldewesen bildete, wie oben dargestellt, einen Geschäftsbereich der Bundesregierung. Es musste deswegen mit anderen Sparten staatlicher Politik in Einklang gebracht werden.[40] In der Praxis griff das Gebot des Zusammenwirkens viel weiter über die politische Verantwortung des Bundeskanzlers hinaus (Art. 65 S. 1 des Grundgesetzes[41]). Außer der Infrastrukturaufgabe hatte die Deutsche Bundespost zahlreiche politische Hilfsdienste zu leisten und soziale Aufgaben zu erledigen. Wie bedeutend diese Dienste der Deutschen Bundespost waren, lässt sich durch folgenden Zusatz klar machen: Für das Jahr 1987 schätzte die Deutsche Bundespost

[37] Siehe: Gscheidle, 1980, S. 22.
[38] Vgl. Vogelsang, 1992, S. 30.
[39] Es wurde immer öfter über Teilprivatisierung des öffentlichen Telekommunikationsunternehmens und über den Rückzug des Staates aus dieser Branche diskutiert. Vgl. Vogelsang, 1992, S. 33.
[40] Obwohl Gscheidle schon im Jahre 1980 angemerkt hat, dass „die Eigenständigkeit der Kommunikationspolitik in das Bewusstsein einer breiten Öffentlichkeit“ gedrungen sei. Vgl. Gscheidle, 1980, S. 22.
[41] Schon in der Fassung vom 8. Mai 1949.

ihre betriebsfremden Lasten auf eine Höhe von ca. 2 Mrd. DM[42]. Darunter gab es kostenerhöhende, einnahmemindernde Auflagen und Auflagen, die eine Marktsegmentierung verhinderten.

cca) Struktur- und Beschäftigungspolitik

Die Deutsche Bundespost bewirkte durch ihre Gebührenmessung einen Ausgleich zwischen strukturschwachen und strukturstarken Regionen. Außerdem räumte sie für sozial schwache Kunden Gebührenvorteile für die Kommunikation ein. Einen weiteren politischen Dienst leistete die Deutsche Bundespost im Bereich der Beschäftigung und Bildung. Außer der soliden Berufsausbildung der eigenen Mitarbeiter beteiligte sie sich an verschiedenen Arbeitsprogrammen der jeweiligen Regierungen.

Neben dieser sozialpolitischen Betätigung nahm sie in Bezug auf die Wiedervereinigung eine große Verpflichtung an. In der Begründung des Postumwandlungsgesetzes vom 14.9.1994 steht geschrieben, dass die Deutsche Bundespost unmittelbar nach der Wiedervereinigung mehr als 60 Milliarden DM für den Zeitraum bis 1998 vorzulegen habe.[43]

ccb) Wettbewerbs-, Forschungs- und Innovationspolitik

Bezüglich der Wettbewerbspolitik sollte die Deutsche Bundespost durch ihre Marktbeteiligung insbesondere beim Überlassen von Endgeräten der Entstehung privater Oligopolen entgegenwirkten.[44] Auf die Frage, ob dieses Entgegenwirken der privaten Oligopolen und Monopolen aus der Sicht des freien Wettbewerbs eher positiv oder negativ zu bewerten ist, wird hier nicht eingegangen. Die Deutsche Bundespost war außerdem in Bereichen wie der Forschungs- und Innovationspolitik bedeutend. Sie trat nicht nur als privater Akteur auf, sondern auch als staatlich beauftragtes Unternehmen. Diese Aufträge für zusätzliche Leistungen im FuE-Bereich wurden durch die Deutsche Bundespost als politische Lasten qualifiziert[45].

Diese politischen Auflagen waren nicht nur als kostenerhöhende Faktoren von Belang, sondern es wurde in der Zeit der ersten Reformbemühungen überhaupt fraglich, ob diese Aufgabe nach einer Privatisierung weiterhin finanzierbar bleiben würden.

2. Grenzen der Gestaltung nationaler Fernmeldepolitik

Auf Europaebene gab es bis zur Mitte der 80er Jahre keine eigenständige Telekommunikationspolitik. Dies bedeutet dennoch nicht, dass die nationale Gesetzgebung vor diesem Zeitpunkt ungeachtet der europäischen Normen arbeiten konnte. Trotz

---

[42] Heuermann/Neu, 1988, S. 37 ff.
[43] Siehe: BT-Drs. 12/6718 S. 57.
[44] Gscheidle, 1980 S. 37.
[45] Diese politischen Lasten wurden seitens der Deutschen Bundespost als höchst unerwünschte Beschwernisse hingenommen. Jedoch deuten einige Experten darauf hin, dass die DBP die staatliche Stellung bzw. das staatliche Mandant hinsichtlich dieser Verpflichtungen unabdingbar mittragen solle. Vgl. Gscheidle, 1980, S. 38.

Mangel an einschlägigem europäischem Sonderrecht[46], war das primäre Gemeinschaftsrecht[47] - die Gemeinschaftsverträge - auch vor den Liberalisierungsmaßnahmen anzuwenden.

Einen Wendepunkt in der Gestaltung der nationalen Fernmeldepolitik bedeutete das Jahr 1984, in welchem in Brüssel die Konzipierung einer eigenständigen europäischen Telekommunikationspolitik begonnen wurde. Seit diesem Zeitpunkt werden die nationalen Fernmeldepolitiken vor allem von den Brüsseler Leitlinien, Mitteilungen und Richtlinien gesteuert. Eine nationale Legislative darf seit 1984 ausschließlich solche Normen erlassen, die sowohl dem primären als auch dem sekundären Gemeinschaftsrecht entsprechen bzw. mit den europäischen Telekommunikations-Richtlinien harmonisieren[48]. Entsprechend dieser Entwicklung der gemeinschaftlichen Rahmenbedingungen kann man die Grenzen der Gestaltung von den nationalen Fernmeldepolitiken in zwei verschiedene Zeitphasen unterteilen.

a) Allgemeine Grundsätze des EWG zur Fernmeldepolitik

In der Zeit vor der Konzipierung einer eigenständigen Telekommunikationspolitik galten zahlreiche Artikel der Gemeinschaftsverträge – vor allem des Vertrages über die Gründung der Europäischen Wirtschaftsgemeinschaft (im weiteren: EWG) - als allgemeine Grundsätze für die Gestaltung der nationalen Fernmeldepolitik. Die wichtigsten, geltenden Artikel stellt die Tabelle Nr. 1 dar.

Tabelle Nr.1

Die aus den Bestimmungen des EWG ableitbaren Grundsätze für den Telekommunikationssektor

Fundstelle	**Ziel**
Artikel 3*	Schaffung eines Binnenmarktes, der durch die Beseitigung der Hindernisse für den freien Waren-, Personen-, Dienstleistungs- und Kapitalverkehr zwischen den Mitgliedsstaaten gekennzeichnet ist
Artikel 3 (g)	Einrichtung eines Systems, das den Wettbewerb innerhalb des Binnenmarktes vor Verfälschungen schützt
Artikel 3 (l)	Stärkung der Wettbewerbsfähigkeit der Industrie der Gemeinschaft
Artikel 3 (n)	Förderung des Auf- und Ausbaus transeuropäischer Netze
Artikel 3 (s)	Beitrag zur Stärkung des Verbraucherschutzes

[46] Für die Bereiche Telekommunikation und Energie existierte im Vertrag zur Gründung der europäischen Gemeinschaft kein einschlägiges Sonderrecht. Vgl. Schwarze, 2000, Art 86. Abs. 3.

[47] Das primäre Gemeinschaftsrecht besteht außer den Gründungsverträgen aus den sie ändernden und ergänzenden Rechtsakten und aus dem ungeschriebenen Primärrecht. Das ungeschriebene Primärrecht beinhaltet hauptsächlich allgemeine Rechtsgrundsätze, wie Grundrechte und rechtsstaatliche Prinzipien. (EuGH Slg. 1969, 419 „Stauder" oder EuGH Slg. 1979, 3727).

[48] Über den Vorrang des primären und sekundären Gemeinschaftsrechts und über seine unmittelbare Anwendbarkeit bzw. über EU-rechtskonforme Auslegung siehe Fischer, 1997 S. 102 Rn. 1. und Art. 24 Abs. 1 GG alter Fassung und BVerfGE 75, 223 (224).

Artikel 5	Die Mitgliedsstaaten sind zur Einhaltung ihrer sich aus dem Vertrag ergebenden Verpflichtungen gehalten
Artikel 30-37	Freier Warenverkehr (bzw. Art. 37 Staatliche Handelsmonopole)
Artikel 52-66	Freier Dienstleistungsverkehr und freies Niederlassungsrecht
Artikel 85, 86, 90	Gemeinschaftsrechtliche Wettbewerbsregeln
Artikel 100 (a)	Verabschiedung von Richtlinien zur Anpassung der Bestimmungen, die durch Gesetz, Verordnungen oder Verwaltungsakte in den Mitgliedsstaaten existieren
Artikel 110-115	Gemeinsame Handelspolitik
Artikel 129b	Auf- und Ausbau transeuropäischer Netze
Artikel 130	Förderung der Wettbewerbsfähigkeit der Industrie der Gemeinschaft

* Die Nummerierung folgt nach dem EWG

Obwohl die Fernmelderorganisationen entweder in Form eines öffentlichen Unternehmens oder als Monopolunternehmen mit den durch den Staat gewährten, ausschließlichen Rechten funktionierten, galten für sie gemäß Artikel 90 Abs. 1 EWG (Art. 86 Abs. 1 EG in der Fassung von Nizza) alle Vorschriften des Vertrages. Diese Artikel boten gleichzeitig Handlungsgrundlagen für die Europäischen Gemeinschaftsorgane. Falls diese Unternehmen nicht die Grundsätze des Gemeinschaftsrechts behielten und z.B. wettbewerbsbeschränkende Vereinbarungen verwirklichten oder ihre marktbeherrschende Stellungen missbrauchten, ergriff die Europäische Kommission aufgrund von Art. 89 EWG (Art. 85 EG) die Initiative und leitete ein Verfahren bei Zuwiderhandlung ein.

Für die Europäische Kommission waren bei der allgemeinen Anwendung des Vertrages bzw. der Wettbewerbsregeln auf den Fernmeldebereich, vor dem Erlass ihrer Liberalisierungsrichtlinien, zwei Artikel besonders hilfsreich[49]: Erstens, die Anwendung von Artikel 37 i.V.m. Artikel 90 EWG (Art. 31 i.V.m Art 86 EG) und zweitens, die Anwendung von Artikel 85 und/oder 86 EWG (Art. 81 und 82 EG). Die Artikel 37 und 90 des EWG (Art. 31 und 86 EG) wurden in solchen Fällen angewendet, wo das wettbewerbsfeindliche Verhalten eines staatlichen Monopolbetriebs auf den Rechtsvorschriften des Landes basierte[50]. Die Anwendung von Artikel 85 und/oder 86 des EWG (Art. 81 und 82 EG) war dann von Belang, wenn die Fernmeldeunternehmen an wettbewerbswidrigen Absprachen oder Verhaltensweisen beteiligt waren. Dieser zweite Grundsatz galt genauso für das Betreiben öffentlicher Netze, wie für andere Unternehmungen[51].

[49] Siehe: KOM (87) 290 endg. vom 30.6.1987 Auf dem Wege zu einer dynamischen Volkswirtschaft – Grünbuch über die Entwicklung des Gemeinsamen Marktes für Telekommunikations-Dienstleistungen und Telekommunikationsendgeräte (im weitern: Grünbuch´87), Kapitel VII, S. 122 ff.

[50] Oder gegen solche, die auf andere staatliche Anordnungen zurückzuführen waren.

[51] Soweit sie sich nicht allein auf die Befolgung von Rechtsvorschriften oder staatliche Anweisungen beschränkten, sondern selbstständige unternehmerische Tätigkeiten ausführten.

b) Praxis gegen Missbräuche im Fernmeldebereich

Die Praxis der Kommission gegen den Missbrauch durch staatliche Unternehmen bzw. die Mitgliedsstaaten muss man als erfolgreich bezeichnen. Es ist ihr gelungen, den wettbewerbswidrigen Praktiken einzelner staatlicher Fernmeldeunternehmen Einhalt zu gebieten, auch wenn solche Entscheidungen oft auf Widerstand der Mitgliedsstaaten stießen. Die Entscheidungen der Kommission im Bereich des Fernmeldewesens wurden nahezu ohne Ausnahmen durch die höheren Instanzen des europäischen Rechtsweges bestätigt. Diese unterstützende Mitwirkung des EuGH war nicht nur wegen der Rechtskraft der Entscheidungen der Kommission wichtig, sondern spielte auch eine wichtige Rolle als Vorbereitung für die späteren Reformen im Fernmeldebereich. Die Kommission konnte ihren bereits eingeschlagenen Weg der Liberalisierung des Telekommunikationsmarkts fortführen. Die wichtigsten europäischen Fälle in diesem Zeitabschnitt werden in der folgenden Tabelle zusammengefasst.

Tabelle Nr. 2

Europäische Entscheidungen bezüglich eigenständiger Telekommunikationspolitik

Name	**Datum**	**Letzte Instanz**	**Angew. Artikel**	**Kurzer Inhalt der Entscheidung**
Britisch Telekom	1985	EuGH	Art. 86 EWG	Missbrauch marktbeherrschender Stellung wegen Verbots bzgl. der Vermittlung von Telexen zwischen Drittländern über private Agenturen
Deutsche Bundespost	1985	KOM	Art. 37, und 86 EGW	Unzulässige Ausweitung des Monopols im Endgerätebereich auf Modems und schnurlose Telefone
IBM bzgl. SNA	1984	KOM	Art. 86 EGW	Einseitige Verpflichtungserklärung von IBM ggü. anderen Herstellern, die notwendigen technischen Schnittstelleninformation verfügbar zu machen
Int. Kurier-Dienste	1985	KOM	Art. 90 I und 86 EWG	Freie Betätigung von internationalen Kurierdiensten, Verbot von Ausweitung der marktbeherrschenden Stellung
Telemarketing	1985	EuGH	Art. 177 86 EWG	Verbot der Ausweitung der marktbeherrschenden Stellung auf benachbarte Märkte

Außer diesen Entscheidungen sorgte die Kommission auch für die Einhaltung von Empfehlungen, welche der Rat z.B. für die Erhöhung der Transparenz von Vergabeverfahren für öffentliche Lieferaufträge im Bereich der Telekommunikation erlassen hatte. Diese Maßnahmen dienten dazu, die Öffnung der Fernmeldemärkte zu beschleunigen.

II. Wirtschaftliche Gründe und Ziele der europäischen Reformen

Nach der Beschreibung des Ist-Zustandes des Fernmeldewesens vor der Liberalisierung soll kurz auf die wirtschaftlichen Motive und die Probleme mit den staatlichen Monopolunternehmen eingegangen und der gewünschte Soll-Zustand dargestellt werden. Weil die Mehrheit der Telekommunikationsreformen wirtschaftspolitische Ursachen hat, wird hier auf die ökonomischen Ziele des Reformprozesses eingegangen.

1. Verluste der europäischen Fernmeldeindustrie auf dem Weltmarkt

Die Europäische Gemeinschaft war in der Vergangenheit - und bleibt weiterhin - an der technologischen Wettbewerbsfähigkeit gegenüber den USA und Japan interessiert[52]. Sie galt als ein wichtiger Exporteur von Telekommunikationsgeräten und strebte danach, eine genauso bedeutende Position als Exporteur von Fernmeldediensten einzunehmen[53]. Trotzt aller Bemühungen drohte der Gemeinschaft in den 80er Jahren die weltweite Dominanz durch wenige amerikanische und japanische Geräteproduzenten im Telekommunikationsbereich.

a) Unterschiedliche Marktgrößen und Konsumentenverhalten in Europa und USA

Die Handelsbilanzen der Europäischen Mitgliedsstaaten wiesen auf negative Tendenzen am Anfang der 80er Jahre hin[54]. Das Handelsvolumen der Mitgliedsstaaten war niedrig und die Beteiligung der einzelnen Mitgliedsstaaten am Weltmarkt für Telekommunikation war ebenfalls gering. Während der Telekommunikationsmarkt der USA in den 80er Jahren mehr als 30 % des gesamten Weltmarktes umfasste, deckte in Europa vor der Marktliberalisierung keiner der Mitgliedsstaaten der Europäischen Gemeinschaften mehr als 6 % des Weltmarktes ab[55]. Dies bedeutet, dass keiner der nationalen Netzbetreiber größer war als eine der 7 regionalen Holdinggesellschaften (Baby Bells) in den USA. Auf den Telekommunikationsmarkt der Gemeinschaft entfielen ca. 20 % des Weltmarktes.

---

[52] Drohende weltweite Dominanz der amerikanischen und japanischen Geräteproduzenten im TK- und Computerbereich veranlasste die Europäische Kommission in den 1980er Jahren, umfangreiche Forschungsprojekte zu fördern, wie z.B. ESPRIT-Programm 1984, RACE-Projekten ab 1985 usw.. Vgl. Mestmäcker, 1995, S. 243.

[53] Grünbuch'87, S. 153 (s.o. Fn 49).

[54] Immerhin betrug im Jahre 1985 der Anteil der USA am Weltmarkt für Telekommunikation 35 %, der Anteil Japans 11 %, während kein Mitgliedstaat der Europäischen Gemeinschaft mehr als 6 % des Weltmarktes besaß. Insgesamt entfielen ca. 20 % auf den Telekommunikationsmarkt der Gemeinschaft.

[55] Jauk, 2000, S.5, Grünbuch'87 S. 72 (s.o. Fn 49).

Abbildung Nr. 1

Weltmarkt für Telekommunikation 1987

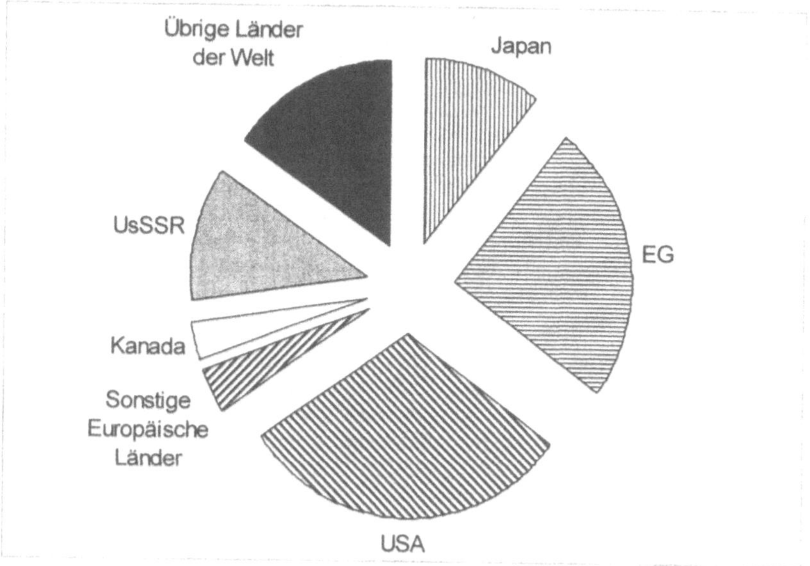

Nicht nur in der Marktgröße, sondern auch im Konsumentenverhalten für Telekommunikationsprodukte erwiesen sich in den 80er Jahren Unterschiede zwischen den USA und Europa. Die US-amerikanischen Kunden schienen weit mehr ausgabebereit zu sein als die europäischen Kunden. Die Ausgaben pro Einwohner für Fernmeldeanlagen- und Geräte betrugen in der Gemeinschaft ca. 32 Dollar, während in den USA die Konsumenten mit ca. 80 Dollar, mehr als doppelt so viel Geld für die Kommunikation ausgaben.[56]

b) Kurswechsel anstatt des ineffizienten Fernmeldebereichs

Obwohl Europa seit einem Jahrhundert die Theorie des natürlichen Monopols im Fernmeldebereich anwendet und über die Richtigkeit dieser Theorie und der entstandenen Marktstruktur überzeugt zu sein scheint, zeigten sich die auf Wettbewerb basierenden Marktformen in den USA als effizienter, als die europäischen, staatlichen Fernmeldeorganisationen. Die Fernmeldeorganisationen in den USA waren von Anfang an privatwirtschaftlich organisiert. Die fehlenden unternehmerischen Spielräume und die falschen Anreizen führten das europäische Ordnungssystem in den Netzbereichen bzw. im Telekommunikationsbereich zu erheblichen betrieblichen Ineffizienzen sowie zu Innovationshemmnissen[57].

---

[56] Grünbuch'87 S.140 (s.o. Fn 49).

[57] Die öffentliche Hand könne sich nicht länger die hohen Investitionskosten leisten, so lautete das Ergebnis des Bangemann Berichts, vgl. KOM (94) 440 endg. vom 27.4.1994 Grünbuch der Liberalisie-

Die Neuordnung des Telekommunikationssektors war in Europa aus zwei Gründen notwendig. Erstens, weil der traditionelle ordnungspolitische Rahmen des Fernmeldebereichs nicht die volle Nutzung des Wachstumspotenzials der Kommunikation erlaubte[58]. Zweitens, weil die historisch gewachsenen, miteinander inkompatiblen Fernmeldesysteme ohne transparente Standards für Endgeräte und Schnittstellen einen globalen Wettbewerbsnachteil für die europäische Fernmeldeindustrie bedeuteten[59].

Die wirtschaftspolitische Führung der europäischen Gemeinschaft erkannte diese Probleme und beabsichtigte, die ordnungspolitischen Rahmenbedingungen des europäischen Telekommunikationssektors[60] zu reformieren. Sie beschloss die technologischen Entwicklungen in der ganzen EWG zu begünstigen, indem sie die Markteffizienz durch einen starken Anreiz für die gemeinschaftsweiten Dienste förderte. Auch der Handel mit Telekommunikationsgeräten sollte erhöht werden. Außerdem wollten die Experten private Investoren für dieses Projekt anlocken, wodurch der Markt für Investitionen gesorgt hätte.

Was die Liberalisierungsreformen betrifft galten Japan und Großbritannien, aber vor allem die USA, als Vorreiterstaaten[61]. Der durch diese Staaten eingeschlagene Weg war der Wegweiser für den europäischen Liberalisierungsprozess. Die wirtschaftspolitische Forderung nach „mehr Wettbewerb und weniger Staat" setzte sich langsam, mit einer Tendenz der Deregulierung, auch in der Europäischen Gemeinschaft durch.

2. Gemeinschaftsziele durch selbständige Telekommunikationspolitik

Während die heutige Gestaltung der US-Telekommunikationssektor schon überwiegend in der Mitte der 80er Jahre eingeleitet wurde, stand die Europäische Gemeinschaft vor der Frage, wie sie ihren Telekommunikationssektor gestalten sollte. Die starren und ineffizienten nationalen Fernmeldemonopole schienen viel weniger umstrukturierbar sein als das damalige US-Amerikanisches Monopol. Zumal damals in der Europäischen Gemeinschaft keine solche Institution existierte, die zu gewissen Handlungsoptionen legitimiert war, hinsichtlich der Gestaltung des Fernmeldesektors. Dies wurde dadurch noch erschwert, dass solche Fragen oft mit Eigentumsrechten zusammenhingen. Außerdem hinderten die strategische Bedeutung der Telekommunkation die Europäischen Organe daran, eine gemeinsame Politik für alle Länder rauszuarbeiten[62].

Je größer die Unterschiede zwischen den europäischen und amerikanischen Telekommunikationsunternehmen wurden, desto nachgiebiger wurde die nationale Poli-

---

rung der Telekommunikationsinfrastruktur und der Kabelfernsehnetze (im weiteren: Grünbuch'94) S. 6.

[58] Grünbuch'87, Einführung S.1 (s.o. Fn 49).

[59] Vgl. Mestmäcker, 1995, S. 234.

[60] Gleichzeitig befürchtete Europa, dass der Marktanteil der japanischen US-Firmen an einem integrierten und liberalisierten Markt wachsen werde. Siehe Mestmäcker, 1995, S. 243 vgl. Vollendung des Binnenmarkts, KOM (85) 310 endg. , 29.6.85

[61] Wegmann, 2001.

[62] Denke man an den langwierigen Streitigkeiten über die finanzielle Lebensfähigkeit der nationalen Fernmeldeverwaltungen. Vgl. Grünbuch'87 S. 75 (s.o. Fn 49).

tik in Europa zugunsten eines gemeinsamen europäischen wirtschaftlichen Leitbildes für die Telekommunikation.

Durch eine gemeinsame Politik für das Fernmeldewesen sollten auch die unterschiedlichen ordnungspolitischen Traditionen der Mitgliedsstaaten angeglichen werden, womit die Gemeinschaft mehr Transparenz erzielen wollte. Die sich auf den Telekommunikationsmarkt beziehenden, ordnungspolitischen Maßnahmen sollten - wie eine Mitteilung der Kommission es klarstellt - auf den Freiheiten des Binnenmarktes basieren und die wirtschaftlichen Gegebenheiten Europas berücksichtigen[63].

a) Ausgangspunkt der Reformen: Vollendung des europäischen Binnenmarktes

Als Grundstein aller ordnungspolitischen Maßnahmen kommen die konstituierenden Säulen der europäischen Wirtschaftsgemeinschaft[64] immer in Frage. Diese Grundsätze sind in Artikel 2 des Vertrages zur Gründung der Europäischen Wirtschaftsgemeinschaft[65] bzw. des Vertrags zur Gründung der Europäischen Gemeinschaft (im weiteren: EG in der jeweiligen Fassung)[66] konzipiert und bilden letztendlich die Basis aller wirtschaftlicher Tätigkeiten, die im Rahmen der europäischen Politik zu verwirklichen sind. Aus diesem Grunde sollte man diese Grundsätze bei allen Reformbemühungen vor den Augen halten und bewahren.

Die wichtigsten Hauptziele der Gemeinschaft sind in Art. 2 EWG[67] (Art. 2 EG) zusammengefasst. Nach dieser Vorschrift gilt die Schaffung einer harmonischen, ausgewogenen und nachhaltigen Entwicklung des Wirtschaftslebens, eines beständigen, nichtinflationären, umweltverträglichen Wachstums, eines hohen Grades an Konvergenz der Wirtschaftsleistungen, eines hohen Beschäftigungsniveau und eines wirtschaftlichen und sozialen Zusammenhalts zwischen den Mitgliedsstaaten als höchstes Gebot für die Mitgliedsstaaten der Europäischen Wirtschaftsgemeinschaft. Diese Ziele sind durch die Errichtung eines Gemeinsamen Marktes („Binnenmarkt") durch eine Wirtschafts- und Währungsunion zu erreichen. Die Bemühungen, die zur Vollendung des Binnenmarktes angestrebt wurden, wurden mit der Verstärkung des Telekommunikationssektors eng verknüpft.

aa) Europäischer Binnenmarkt durch starken Telekommunikationssektor

Die Bedeutung des Leitziels „Verwirklichung des Binnenmarktes" (Art. 3 c) EWG und Art. 3 c) EG) wurde durch die Einheitliche Europäische Akte[68] von 1987 zum Vertragsziel hochgestuft. Für die Verwirklichung des Binnenmarktes wurde durch den

---

[63] Mitteilung der Kommission Eine Europäische Initiative für elektronischen Handel KOM (97) 157. von April 1997.
[64] Siehe Herdegen, 2001, S. 216, Fischer, 1997, S. 221.
[65] vom 25. März 1957.
[66] Zitierweise: Weil in dieser Arbeit ein Zeitraum zwischen 1982-2004 untersucht wird, wird der EG-Vertrag in ihrer aktuellen Fassung, in der Fassung von Nizza zitiert. Wenn wegen der Thematik eine andere Fassung zitiert wäre, wird es angemerkt, z.B. Art. 85 EG in der Fassung von Maastricht.
[67] Die in dem Artikel normierten anderen zwei Ziele sind eher sozial: soziale Schutz und die Hebung der Lebenshaltung und der Lebensqualität. (Art. 2 EWG)
[68] im ABl. Nr. L 169 vom 29.6.1987

Rat eine Frist bis zum 31. Dezember 1992 festsetzt [69]. Weil der Binnenmarkt in der Praxis aus mehreren Segmenten besteht, war es kaum überraschend, dass sich die Europäischen Organen um die Entwicklung der einzelnen Marktsegmente bemüht haben. Von Energie- und Gentechnologie bis hin zur Telekommunikation.

In den Kreisen der Europäischen Kommissionsmitglieder in den 80-en Jahren hinsichtlich der Verwirklichung des Binnenmarktes wurde immer öfter über die Stärkung des Telekommunikationsbereichs diskutiert. Dieser Wirtschaftssektor erwirtschaftete schon in den 80-er Jahren mehr als 2% des Bruttosozialproduktes der Gemeinschaft[70], weshalb die Vollendung des Binnenmarktes ohne diesen Wirtschaftssektor schwer zu verwirklichen war. Wenn man noch die strategische Bedeutung der Kommunikation zurechnet, klingt es keinesfalls übertrieben, was die Kommission in dem Weißbuch über die Vollendung des Binnenmarktes[71] darlegte, nämlich dass ein starker europäischer Telekommunikationssektor eine der wichtigsten Voraussetzungen für die verstärkte Wettbewerbsfähigkeit der europäischen Wirtschaft und für die Vollendung des Binnenmarktes sei.

Die europäischen Leitziele wurden in dem Grünbuch über die Entwicklung des Gemeinsamen Marktes für Telekommunikationsdienstleistungen und Telekommunikationsgeräte[72] (im weiteren: Grünbuch'87) noch enger mit der Neuordnung des Telekommunikationssektors verknüpft. Dies Grünbuch hält sogar die ordnungspolitische Neuregelung des Telekommunikationsbereichs „zur Vollendung des Binnenmarktes, zur Wettbewerbsfähigkeit der Industrie der Gemeinschaft und zum Beitrag zum internen und externen Zusammenhalt"[73] für notwendig.

Durch diese Zusammenhänge wurden die Fortschritte im Telekommunikationssektor zur unabdingbaren Voraussetzung für die Verwirklichung der Vertragszwecke. Ein weitentwickelter Telekommunikationssektor war jedoch nicht nur für die Vollendung des Binnenmarktes unerlässlich, sondern trug zur Integration der Mitgliedsstaaten bei. „Die europäische Integration kann nur dann voranschreiten – sagt das Grünbuch'87 - falls Europa über Informationssysteme und –dienste verfügt, die leistungsfähig und zu günstigen Bedingungen zugänglich sind"[74].

bb) Gründe der Verselbständigung der europäischen Telekommunikationspolitik

Die hervorragende wirtschaftliche Bedeutung des Fernmeldesektors und der umgehende Handlungszwang bezüglich der Gestaltung der europäischen Telekommunikations-Märkte führte dazu, dass sich die Telekommunikationspolitik zu einem selbständigen Bereich der europäischen Industriepolitik entwickelte.[75]

---

[69] Vgl. Herdegen: Europarecht S. 216, Die vertraglichen Grundlagen für die Verwirklichung des Binnenmarktes sind in Art. 8a Abs. 2. EWG, bzw. Art 7a Abs. 2. EG zu finden.
[70] Der Bereich Informationsverarbeitung und Kommunikation stellte einen Weltmarkt von mehr als 500 Mrd ECU pro Jahr dar. Davon entfielen ca. 20% auf die EU. Siehe Grünbuch'87, S. 2 und 28 ff.
[71] Mitteilung der Kommission an dem Rat, KOM (85) 310, 14. Juli 1985.
[72] KOM (87) 290 endg. vom 30.6.1987 Auf dem Wege zu einer dynamischen Volkswirtschaft – Grünbuch über die Entwicklung des Gemeinsamen Marktes für Telekommunikations-Dienstleistungen und Telekommunikationsendgeräte Grünbuch'87.
[73] Grünbuch'87 (s.o. Fn 49) Einführung, S. 6.
[74] Siehe Grünbuch'87 (s.o. Fn 49), Schlussforgerungen.
[75] Siehe: Grünbuch'87, (s.o. Fn 49), Einführung S. 2.

Aus Sicht der Regulierung waren jedoch weitere Entwicklungen von Belang. Das Zusammenwachsen von Telekommunikations-, Datenverarbeitungs- und audiovisueller Technologie verwischte nämlich die traditionellen Grenzlinien zwischen dem Telekommunikationsnetz und dem Endgerätesektor, sowie zwischen den klassischen Monopoldiensten und den Diensten, die in einem wettbewerbsorientierten Umfeld angeboten wurden. Die Aufrechterhaltung der damaligen ordnungspolitischen Rahmenbedingungen hätte unter diesen Umständen bedeutet, dass auf Dauer zusätzliche Beschränkungen für Datenverarbeitungsanlagen und für die Nutzung des Telekommunikationsnetzes entstanden wären, die gleichzeitig die volle Nutzung des Wachstumspotentials der neuen Dienste beschränkt hätten.

cc) Europäische Telekommunikationspolitik im Netz der Wirtschaftspolitik

Nach langen Diskussionen brachte 1984 den Wendepunkt in der Geschichte der europäischen Fernmeldepolitik. In diesem Jahr erkannte das Europäische Parlament in einem Bericht über das Fernmeldewesen, dass „das herkömmliche System der Regulierung der Fernmeldeverwaltungen zu wenig flexibel ist, um die Entwicklungen neuer Produkte und Dienste in dem Tempo zu ermöglichen, das erforderlich ist, um mit der rasch fortschreitenden Innovation auf diesem Gebiet Schritt zu halten"[76]. Seit diesem Bericht des Europäischen Parlamentes über das Fernmeldewesen konzipiert die Gemeinschaft ihre eigenständige Telekommunikationspolitik[77].

Die Telekommunikationspolitik ist in engem Bezug zu anderen wesentlichen politischen Zielen der Gemeinschaft zu sehen. Diesen Zusammenhang zwischen der europäischen Telekommunikationspolitik und anderen wirtschaftlichen Zielen und die Dominanz der wirtschaftspolitischen Ziele hinsichtlich der Gesetzgebung - mögen zwar die Juristen manchmal vergessen - zeigt das nächste Schema.

[76] Bericht des Europäischen Parlaments über das Fernmeldewesen in der Gemeinschaft, Dok. 1-477/3, 3. März 1984.
[77] Grünbuch'87, (s.o. Fn 49), VIII. Kapitel S. 137.

Abbildung Nr. 2

Schema der Telekommunikationspolitik

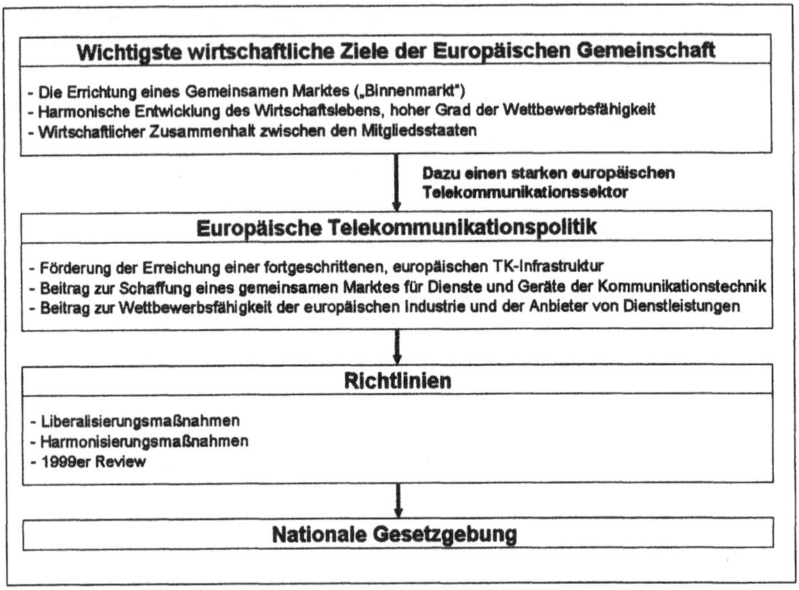

b) Ziele der europäischen Telekommunikationspolitik

Damit optimale Bedingungen für die Entwicklung des Telekommunikationssektors gesichert wurden, setzte die Kommission bei der Liberalisierung des Telekommunikationsmarktes zum Ziel: „mehr Raum für Wettbewerb freizugeben"[78]. Außerdem gab es klare Anforderungen, denen die neue Telekommunikationspolitik gerecht werden sollte. Diese Anforderungen zielten erstens darauf ab, dass die durch die Digitalisierung gebotenen Möglichkeiten von „economies of scale and scope"[79] im vollen Umfang genutzt werden sollten. Zweitens sollte dafür gesorgt werden, dass sowohl im Endgerätesektor als auch bei Telekommunikationsdiensten genügend Freiraum für ein dynamisches Wachstum gegeben ist.[80]

Entsprechend diesen Anforderungen richtete die Gemeinschaft ihre Telekommunikationspolitik auf drei Ziele aus:

- die Förderung einer fortgeschrittenen europäischen TelekommunikationsInfrastruktur,
- den Beitrag zur Schaffung eines gemeinsamen Marktes für Dienste und Endgeräte der Kommunikationstechnik und

[78] Siehe: Grünbuch´87, (s.o. Fn 49), Zusammenfassung S. 9.
[79] Skalenerträge.
[80] Siehe: Grünbuch´87, (s.o. Fn 49), S. 27.

- den Beitrag zur Wettbewerbsfähigkeit der europäischen Industrie und der Anbieter von Dienstleistungen.

aa) Fortgeschrittene europäische Telekommunikationsinfrastruktur

Die Netzinfrastruktur ist bei der Ermöglichung von Kommunikation von zentraler Bedeutung, sie ist das Medium für die Übermittlung von Signalen. Die Europäische Gemeinschaft sollte deswegen zuerst ihre Netzinfrastruktur verbessern. Die Kommunikationsfähigkeit und Interoperabilität der Netze[81] war eine der wichtigsten Grundlagen für die Entwicklung eines gemeinschaftsweit offenen und wettbewerbsorientierten Marktes für Telekommunikationsendgeräte- und Dienste. Nur ein technisch fortgeschrittenes, europaweites und preisgünstiges Telekommunikationsnetz konnte zur Verbesserung der Wettbewerbsfähigkeit der europäischen Wirtschaft beitragen[82]. Dieses Ziel war also eine Grundvoraussetzung für das Erreichen der anderen telekommunikationspolitischen Ziele.

Als anschauliches Beispiel für die mangelnde Kompatibilität der verschiedenen Netze kann man die öffentlichen Mobilfunksysteme nennen. Mitte der 80er Jahre existierten nämlich fünf verschiedene, miteinander nicht kompatible öffentliche Mobilfunksysteme in der Europäischen Gemeinschaft. Damit diese Situation umgehend geändert wurde, erliess die Kommission im Jahre 1995 die Kabelrichtlinie[83], im Jahr 1996 die Mobilfunkrichtlinie[84], im Jahr 1994 die Satellitenrichtlinie[85] und später im Jahre 1996 die Wettbewerbsrichtlinie[86]. Diese Richtlinien dienten der erwünschten Entwicklunge des Marktes für Telekommunikationsinfrastruktur.

Jedoch geht aus den Daten des Erlasses der verschiedenen Richtlinien hervor, dass diese Maßnahmen nicht als erste Reformschritte durchgeführt worden sind. Interessanterweise erst nach den ersten Liberalisierungsmaßnahmen auf dem Markt für Endgeräte und Dienste kündigte die Kommission die ersten Reformen im Infrastrukturbereich an. Dies stellt einen Reheinfolgenwechsel bezüglich des Aufbaus der zu verwirklichenden Reformschritten. Als triftiger Grund für diesen Reheinfolgenwechsel sollte erläutert werden, dass die Mitgliedsstaaten - aus wirtschaftlichen und strategischen Gründen - auf ihr Netzmonopole beharrten[87], was für die Kommission

[81] Einige Fachexperten, wie Knieps, Müller und Weizsäcker warnten auch vor dem Vermeiden der Infrastrukturfragen. Sie behaupteten, stelle man die bestehende Telekommunikationsinfrastruktur nicht zur Debatte, dann akzeptiere man bereits wichtige Vorentscheidungen für die Organisationskonzepte der künftigen Kommunikationsformen. Vgl. Knieps/Müller/Weizsäcker, 1988, S. 72.

[82] Siehe: Grünbuch'87, (s.o. Fn 49), Zusammenfassung S. 4.

[83] Richtlinie 95/51/EG der Kommission vom 18. Oktober zur Änderung der Richtlinie 90/388/EWG hinsichtlich der Aufhebung der Einschrängkungen bei der Nutzung von Kabelfernsehnetzen für die Erbringung bereits liberalisierter Telekommunikationsdienste, Abl. L 256 vom 26.10.1995, S. 49 ff.

[84] Richtlinie 96/2/EG der Kommission vom 16. Januar 1996 zur Änderung der Richtlinie 90/388/EWG betreffend die mobile Kommunikation und Personal Communikations, Abl. L 20 vom 26.1.1996, S. 13 ff.

[85] Richtlinie 94/46/EG der Kommission vom 13. Oktober 1994 zur Änderung der Richtlinien 88/301/EWG und 90/388/EWG insbesondere betreffend die Satelliten-Kommunikation, Abl. L 268 vom 19.10.1994, S. 4 ff.

[86] Richtlinie 96/19/EG der Kommission vom 13. März 1996 zur Änderung der Richtlinie 90/388/EWG hinsichtlich Einführung des vollständigen Wettbewerbs auf den Telekommunikationsmärkten, Abl. L 74 vom 22.3.1996, S. 13 ff.

[87] Siehe: Grünbuch'87, (s.o. Fn 49).

die Fortführung der Liberalisierungsmaßnahmen erschwerte. Jedoch griff sie nach den ersten Erfolgen auf den Dienst- bzw. Endgerätemärkte auch die stattlichen Netzmonopole an.

bb) Schaffung eines gemeinsamen Marktes für Dienste und Geräte

Neben der Förderung der Infrastruktur setzte die Gemeinschaft die Schaffung eines gemeinsamen Marktes für Telekommunikationsgeräte zum weiteren Ziel und sorgte für ein freies Angebot von Endgeräten. Die Kommission beseitigte mit ihrer Endgeräte-Richtlinie von 1988 die Rechtsvorschriften, die die Marktentwicklungen blockiert hatten. Mit der Aufhebung des Endgerätemonopols weniger staatlicher Unternehmen sollte der Endgeräteproduktion ein Schub gegeben werden[88], womit die defizitären Handelsbilanzen der Mitgliedsstaaten ausgeglichen werden sollten.

Als Voraussetzung für den leistungsstarken, modernen Dienste sah die Kommission einen großen, ungehindert zugänglichen Markt, auf dem die neuen grenzübergreifenden Telekommunikationsdienste ihr Potenzial voll entfalten konnten[89]. Diese Dienste sollten den expandierenden innergemeinschaftlichen Handels- und Dienstleistungssektoren ein Rückrat verleihen. Um ein freies Angebot von Diensten zwischen den Mitgliedsstaaten zu schaffen, erliess die Kommission im Jahre 1990 die Diensterichtlinie[90].

Das Erlassdatum dieser Richtlinien bestätigt wieder die vorherige Behauptung, dass die Gemeinschaft letztendlich in umgekehrter Reihenfolge die Liberalisierung der verschiedenen Telekommunikationsmärkte vorangetrieben hat, als es die Zielsetzungen vorsahen. Obwohl die fortgeschrittene europäische Telekommunikationsinfrastruktur Grundvoraussetzung sowohl für die Entwicklung des gemeinschaftsweiten Marktes für Telekommunikationsendgeräte, als auch für den Dienstmarkt war, wurde die herkömmliche Infrastruktur als Letzte angegriffen.

Diese Erscheinung wurde wahrscheinlich – wie schon angedeutet - durch die verschiedenen politischen und staatlichen Interessen an Fortbestand der Rechte an der Telekommunikationsinfrastruktur verursacht[91]. Trotz des starken Lobbying der Mitgliedsstaaten bleibt es fraglich, ob eine umgekehrte oder parallele Vorgehensweise bei der Liberalisierung nicht zur Beschleunigung der Reformen geführt hätte. Zwar hätte ein solcher Schritt viel früher in die Eigentumsrechte an den Netze eingegriffen, dies hätte aber sicherlich zu einer schnelleren Marktumstrukturierung geführt. Außerdem hätten die neu auf den Markt eintretenden Unternehmen sofort von Verbunds- und Synergie-Effekte zwischen Netz- und Dienstebene profitieren können.

---

[88] Siehe: Grünbuch'87, (s.o. Fn 49), Kapitel VIII, S. 138.

[89] Weissbuch über die Vollendung des Binnenmarkt Mitteilung der Kommission an den Rat, KOM (85) 310. vom 14. Juli 1985.

[90] Richtlinie 90/388/EWG der Kommission vom 28. Juni 1990 über den Wettbewerb auf dem Markt für Telekommunikationsdienste, Abl. L 192 vom 24.7.1990, S. 10 ff.

[91] Siehe Grünbuch'87, (s.o. Fn 49).

cc) Wettbewerbsfähigkeit der europäischen Industrie

Von den Zielen der europäischen Telekommunikationspolitik war das dritte Ziel am weitesten gesetzt. Die Wettbewerbsfähigkeit der Gemeinschaft hängt nämlich nicht nur von den sektoralen Entwicklungen der Europäischen Gemeinschaft ab, sondern auch von der Einsatzfähigkeit und dem Durchdringen der Telekommunikationsindustrie anderer Staaten, vor allem von der Dominanz der Unternehmen aus USA und Japan. Die Gemeinschaft wollte die notwendige europäische Dimension für genügend Wachstumsdynamik auf den Markt für hochentwickelte telekommunikations- und informationstechnische Produkte schaffen, deshalb wurde der Telekommunikationssektor in der Europäischen Gemeinschaft an dem Rahmenprogramm für Forschung und Entwicklung (im weiterem: FuE) massiv beteiligt[92].

cca) Europäische Förderprogramme als Reaktion auf die Subventionierung in den USA

Die umfangreiche Subventionierung des europäischen Telekommunikationssektors wurde eigentlich damit ausgelöst, dass in der USA umfassende Programme für Technologieförderung einführt worden waren. Als Reaktion auf die Subventionierung in den USA verabschiedete die Gemeinschaft ihre Förderungsprogramme.

Bei der finanziellen Unterstützung dieses Sektors und der Informationstechnologie spielen aber auch andere ökonomische Gegebenheiten eine wichtige Rolle. In diesen Sektoren ist nämlich die Entwicklung von Produkten und Diensten enorm kostenaufwendig, was hohen Investitionsbedarf vor allem im Forschung und Entwicklungsbereich (im weiteren: FuE) verursacht[93]. Aus wirtschaftspolitischen Gründen lohnt es sich für einen Staat solche investitionsbedürftige Sektoren zu unterstützen, vorausgesetzt, dass sie entweder von strategischer Bedeutung sind oder gute Umsatzaussichten haben. Die Telekommunikations- und Informationstechnologie entspricht beiden dieser Voraussetzungen.

ccb) FuE-Programme im Telekommunikationsbereich

Um diesen Industriebereichen einen Schub zu geben, beschloss die Gemeinschaft 40 Prozent ihres FuE-Budgets im Zeitraum zwischen 1987-1991 für die Bereiche Telekommunikation und Informationstechnologie aufzuwenden. Dieses Budget betrug 7,7 Mrd ECU für die genannten fünf Jahre. Aus dieser Quelle wurden Programme[94] wie RACE (Fortgeschrittene Telekommunikationstechnologien) und ESPRIT (Europäisches Strategisches Programm für Forschung und Informationstechnologie), Programme der DELTA (Development of European Learning by technological Advance), der DRIVE (Dedicated Road and Intelligence Vehicles) und EUROAIM (European Advanced Information in Medicine) und mehrere EUREKA-Projekte im Bereich der Informationstechnologie und des Fernmeldewesens[95] finanziert. Außer der zentralen Unterstützung, hoffte die Gemeinschaft, dass sich auch private Investoren aktiv in

[92] Eine durschaubare Zusammenfassung von der Durchführung der FuE-Programme bietet das Grünbuch'87, (s.o. Fn 49), Kapitel VIII. S. 139 ff.
[93] Grünbuch'87, (s.o. Fn 49).
[94] Siehe: Grünbuch'87, (s.o. Fn 49), Kapitel VIII. S 139 ff.
[95] siehe das Kommissionsdokument KOM (86) 664 vom 22.11.1986.

diesem FuE-Bereich betätigen und sich erheblich an der Entwicklung neuer Informationsprodukte beteiligen würden. Die Gemeinschaft lieferte ein gutes Beispiel dafür.

dd) Unmittelbare wirtschaftspolitische Zielsetzung der Telekommunikationspolitik

Nach dieser Ausführung unter die Ziele der Telekommunikationspolitik sieht man klar, dass die Grundziele der Liberalisierung hautsächlich auf makrowirtschaftliche Entwicklungen, aber handelspolitische Zwecke, gerichtet wurden. Unter diesen Zwecken fand man keinen, der mit der Versorgung der europäischen Bürger zusammenhing. Zweifellos war der europäische Nutzer der mittelbare Nutznießer der erwünschten Entwicklungen, weil er letzten Endes derjenige war, der vom Technologiewandel profitierte. Jedoch in der Anfangsphase der Liberalisierung gab es kaum solche Grundziele, welche die Wohlfahrt der Bürger im Auge hatten. Betreffend der früheren Zielsetzung der Marktöffnung muss man deswegen betonen, dass sie einen industriepolitischen Hauptklang hatte.

Fazit des Kapitels A

Der Fernmeldebereich in den europäischen Staaten, wie in Deutschland, wurde aus Angst vor ruinöser Konkurrenz und Unterversorgung mit öffentlichen Fernmeldedienstleistungen, ähnlich den anderen netzgebundenen Sektoren, monopolisiert. Diese Monopolisierung wurde mit der zentralen Bedeutung und dem elementaren Sozialbedarf der Kommunikation begründet. Die europäischen Staaten haben mangels einer allgemeinen europäischen Fernmeldepolitik ihren Fernmeldesektor bis 1984 frei gestaltet, unter Beachtung der allgemeinen Grundsätze des EWG. Die Fernmeldepolitik stellte schon im vorletzten Jahrhundert eine selbständige Sparte der Staatspolitiken dar. Entsprechend der Staatsaufgabe (Daseinsvorsorge), welche die nationalen Fernmeldemonopole zu erledigen hatten, verfügte z.B. in Deutschland das Staatsunternehmen „Deutsche Bundespost" ausschließlich über das Recht, Fernmelde-, Fernsprech- und von Funkanlagen zu errichten und zu betreiben.

Die Deutsche Bundespost operierte - wie andere Verwaltungsorgane - durch staatliche Mittel. Dennoch folgte sie dem Prinzip der Eigenwirtschaftlichkeit und verfügte über einen eigenen Führungsstil, der für die anderen Verwaltungsorganisationen nicht gegeben war. Außerdem tätigte der Bundesminister für Post und Telekommunikation, der eine Führungsrolle über die unternehmerischen Tätigkeiten der DBP innehatte, auch hoheitliche Aufgaben, wie etwa die Frequenzverwaltung, oder der Erlass von Verordnungen. Diese Doppelstellung verlieh der DBP eine Sonderstellung. Trotz dieser Sonderstellung litt die Telekommunikationssparte der DBP an strukturellen und finanziellen Schwierigkeiten, weil sie u.a. die Verluste der Postsparte ausgleichen oder bestimmte politischen Auflagen, erledigen sollte. Diese Aufgaben und die durch ihre Erledigung entstandenen Kosten verursachten gravierende Probleme für die DBP, was die späteren Reformen des Telekommunikationssektors schwer belastete.

Negative Handelsbilanzen, Dominanz weniger amerikanischer und japanischer Geräteproduzenten und niedrige Handelsvolumina belasteten Anfang der 80er Jahre nicht nur die DBP, sondern auch die gesamte europäische Telekommunikationsindustrie. Das Angebot der Telekommunikationsanbieter und die Nachfrage der Kunden fielen immer mehr auseinander. Die Fernmeldemonopole litten oft an Kommunikationsnotstand. Dennoch zeigten andere, auf Wettbewerb basierende Marktformen, wie z.B. in den USA, mehr Effizienz. Die wirtschaftspolitische Forderung nach „mehr Wettbewerb und weniger Staat“ setzte sich langsam mit einer Tendenz der Deregulierung auch in der Europäischen Gemeinschaft durch. Ein Kurswechsel war angesagt. Die notwendigen Reformen auf dem Telekommunikationssektor in der Europäischen Gemeinschaft wurden mit dem Gebot der „Vollendung des Binnenmarktes“ verbunden, wodurch die Schaffung einer starken europäischen Telekommunikationsbranche zur unabdingbaren Voraussetzung für die Verwirklichung der Vertragszwecke gemacht wurde.

Seit 1984 konzipiert die Europäische Gemeinschaft eine selbständige Telekommunikationspolitik. Die wichtigsten Ziele dieser Politik - das Erreichen einer fortgeschrittenen, europäischen Telekommunikationsinfrastruktur, die Schaffung eines gemeinsamen Marktes für Dienste und Endgeräte und der Beitrag zur Wettbewerbsfähigkeit der europäischen Industrie - hatten einen industriepolitischen Hauptklang. Zum Vollstrecker dieser neuen Telekommunikationspolitik wurde die Europäische Kommission, die sich auch vor 1984 stark gegen das mißbräuchliche Verhalten staatlicher Unternehmen bzw. von Mitgliedsstaaten einsetzte. Sie erließ Richtlinien, womit die Liberalisierung der europäischen Telekommunikationsmärkte begonnen wurden, jedoch in umgekehrter Reihenfolge als es von den Zielsetzungen her hätte erfolgen sollen. Obwohl eine fortgeschrittene, europäische Telekommunikationsinfrastruktur Grundvoraussetzung sowohl für die Entwicklung des gemeinschaftsweiten Marktes für Telekommunikationsendgeräte, als auch für den Fortschritt des Dienstmarktes war, wurden die Infrastrukturmärkte als letzte liberalisiert.

B. Voraussetzungen einer erfolgreichen Marktöffnung im Telekommunikationssektor

Nach der Darstellung der Probleme im Fernmeldebereich und der wirtschaftlichen Motive der Gemeinschaft, die zu grundlegenden Reformen des europäischen Telekommunikationssektors führten, stößt man als nächstes auf die Frage, unter welchen Voraussetzungen die Marktöffnung im Telekommunikationssektor erfolgreich erreicht werden könnte? Fraglich ist, ob bestimmte Besonderheiten der Telekommunikationsbranche die Wahl der einzusetzenden Maßnahmen beschränken, und welchen ordnungspolitischen Grundsätzen die einzusetzenden Instrumentarien entsprechen sollten. Eine solche Prüfung setzt voraus, dass einige ökonomische und technologische Begriffe bzw. Definitionen betrachtet werden.

I. Grundmärkte und Marktstrategien auf dem Telekommunikationsmarkt

1. Die drei Grundmärkte des Telekommunikationssektors

Entsprechend den Produkt- und Anbieterstrukturen kann man zwischen drei Grundmärkten im Telekommunikationssektor unterscheiden. Diese Märkte sind: der Markt für Telekommunikationsgeräte, der Markt für den Netzbetrieb und der Markt für Telekommunikationsdienstleistungen[96]. Trotz der überschneidenden Tätigkeitsbe-reiche der verschiedenen Marktteilnehmer kann man theoretisch den jeweiligen Märkten verschiedene Anbieter und Produkte zuordnen. Dieser Aufteilung ist auch die Europäische Kommission bei der Konzipierung ihrer Liberalisierungsmaßnahmen gefolgt[97]. Das nächste Schaubild fasst die Struktur der Märkte zusammen.[98]

[96] Dazu Fredebeul-Krein, 2000, S. 5.
[97] Siehe Grünbuch'87, (s.o. Fn 49)
[98] Grundlage dieser Abbildung ist Schaubild 1. von Fredebeul-Krein, 2000, S. 9 ff.

Abbildung Nr. 3

Telekommunikationsmärkte und Anbieterstrukturen

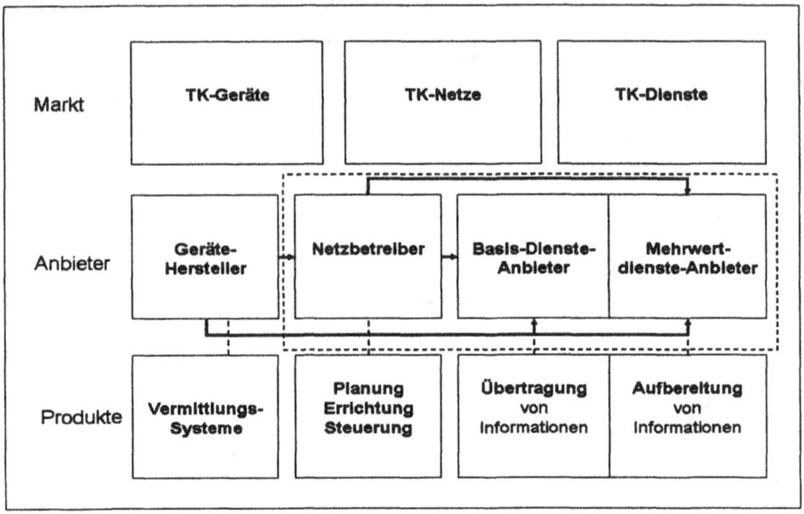

Quelle: Fredebeul-Krein, 2000, S. 9

a) Markt für Endgeräte

Auf dem Markt für Telekommunikationsgeräte werden Endgeräte, Hardware und Software bzw. andere Vermittlungssysteme angeboten, die für die Errichtung, für das Betreiben und das Benutzen von Telekommunikationsnetzen notwendig sind. Die Produzenten dieser Telekommunikationsgeräte sind in der Regel keine Anbieter von Telekommunikationsnetzen[99] und handeln auf die traditionelle Art des Vertriebs mit ihren Produkten. Aus diesem Grund zeigt der Markt für Endgeräte die meisten Abweichungen gegenüber den anderen Telekommunikationsmärkten und ist am einfachsten von den folgenden zwei Märkten zu separieren.

b) Markt für Telekommunikationsnetze

Der Markt für Telekommunikationsnetze umfasst die Errichtung, Planung und Steuerung der physischen Infrastruktur. Durch dieses Tätigkeitsfeld verfügen die Netzbetreiber über die Funktionsherrschaft der Infrastruktur, unabhängig davon, ob sie die Infrastruktur nur besitzen oder tatsächlich deren Eigentümer sind.

[99] z.B. in Deutschland gemäß der historischen Entwicklung der verschiedenen Industrien durfte sich die Deutsche Bundespost nicht mit Geräteherstellung beschäftigen. Ihre Aufgabe wurde auf Zulassung, Wartung und Inbetriebsetzung von Endgeräten begrenzt. Vgl. Klein, 2000 S. 286, weitere Informationen: Fredebeul-Krein, 2000, S. 5.

Entsprechend dem Übertragungsmedium und der Übertragungstechnik kann man zwischen verschiedenen Infrastrukturtypen unterscheiden, so kann man z.B. von Festnetz, Mobilfunknetz oder Kabelfernsehnetz usw. sprechen. Entsprechend der Technologie der Netze kann es sich entweder um ein analoges[100] oder ein digitales[101] Netz, entsprechend dem Material des Netzes um ein Glasfasernetz oder ein herkömmliches Kabelnetz handeln. Wenn ein Telekommunikationsnetz für jeden Nutzer offen ist, bezeichnet man dieses als ein öffentliches Fernsprechnetz. Falls das Netz nur für eine bestimmte Gruppe von Teilnehmern zugänglich ist, wie z.B. für ein Taxiunternehmen oder für die Mitarbeiter einer Firma, so spricht man von einem Netz für eine geschlossene Benutzergruppe.[102]

c) Markt für Telekommunikationsdienste – schwebende Grenze zwischen Basis- und Mehrwertdiensten

Der Markt für Telekommunikationsdienstleistungen umfasst die Übermittlung von Nachrichten jeder Art, d.h. das Aussenden und Empfangen von Signalen entweder über Draht, Funk, optische oder über andere elektromagnetische Systeme in Form von Tönen, Zeichen, Bildern oder Sprache[103]. Entsprechend der breiten Palette von übermittelten Signalen kann man auch die Kommunikationsdienste in mehrere Gruppen unterteilen. Traditionell unterscheidet man zwischen Grund-, Basis- und Mehrwertdiensten.

aa) Traditionelle Basis-Kommunikationsdienste

Als Basisdienste werden diejenigen Dienste bezeichnet, die einen reinen Informationstransport ohne zusätzliche Leistungsmerkmale in einem Telekommunikationsnetz abwickeln. Zu den Basisdiensten gehören die traditionellen Dienste der ehemaligen staatlichen Monopole, wie etwa Sprachübertragung, Telex und Telegrafie[104].

bb) Heterogene Mehrwertdienste

Mehrwertdienste umfassen gegenüber den Basisdiensten eine Vielzahl von heterogenen Telekommunikationsdienstleistungen, die außerhalb der zuvor genannten Kernbereiche liegen. Die Zahl der Mehrwertdienste wächst ständig mit den neuen Möglichkeiten der modernen Technologien. Diese Dienste basieren meistens auf den Basisdiensten und fügen eine bestimmte Vermittlungs-, Speicher- oder Verarbei-

---

[100] Analog sind die elektrischen Signale dann, wenn sie zeit- und wertkontinuierlich das akustische Schallereignis vollständig und deshalb entsprechend abbilden. Siehe Marshall, 2003, S. 6.

[101] In digitalen Netzen werden entweder digitale Signale übermittelt oder die analogen Signale inzwischen in digitale umgewandelt. Die digitalen Signale nehmen im Gegensatz zu den analogen nur bestimmte binär codierte Amplitudenwerte des sich ändernden Strom- und Spannungsverlaufs an.Siehe Marshall, 2003, S. 9.

[102] Geschlossene Benutzergruppen waren schon zur Zeit der Telekommonopole bekannt. So war es z.B. in Deutschland den städtischen Versorgungsunternehmen oder den Sparkassen erlaubt, Gespräche untereinander über ein eigenes Netz zu führen

[103] Vgl. Mit der Definition des ITU – International Fernmeldevertrag, Genf 1990, Anhang 2, Nr. 2019.

[104] Siehe noch Fredebeul-Krein, 2000, Regpolitik S. 6-7. Obwohl dieser Autor eine breitere Palette von Grunddiensten angibt, ist der Verfasser für eine möglichst enge Definition der Basisdienste.

tungsleistung sowie Zusatzinformationen hinzu.[105] Solche Mehrwertdienste sind z.B. Auskunftsdienste, Verschlüsselungs- oder Sprachspei-cherdienste, Rufumleitung, E-Mail, Videokonferenz usw.

Obwohl die technische Konvergenz eine saubere Trennung zwischen diesen zwei Arten von Diensten immer weniger erlaubt, ist die Unterscheidung aufgrund der historischen Entwicklunge der Dienste sinnvoll. Nach einigen Experten[106] gehörten alle klassischen Sekretariatsfunktionen, wie z.B. der Wiederanruf bei besetztem Teilnehmer oder das Hinterlassen von Nachrichten, zu den Basisdiensten. Diese Dienste seien nämlich alle ergänzende Dienste zum Hauptdienst der „Ermöglichung von Sprachkommunikation". Mit der Weiterentwicklung der Telekommunikationstechnologie kann es geschehen, dass in der Zukunft auch solche Dienste zu den Basisdiensten zu rechnen sind, die heute noch den Mehrwertdiensten zugeordnet werden. Die Einteilung der Dienste wird in der Zukunft wahrscheinlich davon abhängen, wie weit diese Dienste in den Alltagsgebrauch bzw. in die Endgeräte integriert werden. Je integrierter und selbstverständlicher ein Dienst mit der Kommunikation verbunden wird, desto eher wird er zu den Basisdiensten gehören.

Im Gegenteil zu den Endgeräteproduzenten, die sehr selten auf den anderen zwei Telekommunikationsmärkten auftreten, ist es nahezu der Regelfall, dass ein Betreiber von Telekommunikationsnetzen gleichzeitig auch Dienste über seine eigenen Übertragungswege anbietet. Jedoch kommt es auch oft vor, dass die neuen Telekommunikationsanbieter Dienste an die Öffentlichkeit anbieten, ohne über eigene Netze zu verfügen.

Der Grund für die „Zwei-Zweig-Tätigkeiten" des Netzeigentümers ist von ökonomischer Natur. Denn ausschließlich der Besitz von Netzen kann wegen der hohen Errichtungskosten nicht rentabel sein. Es ist nur dann gewinnbringend, wenn der Netzbetreiber sich gleichzeitig in den profitableren Dienstbereichen betätigt. Umgekehrt aber kann ein Dienstanbieter auch ohne jedes Netz tätig werden, auch wenn seine Betätigung von den Zugangsbedingungen des Netzbetreibers abhängt. Falls der Dienstanbieter auch eigene Vermittlungseinrichtungen errichtet, kann er seine Verhandlungsposition gegenüber den Netzbetreibern verbessern. Aus dieser kurzen Darstellung wird es klar, dass „das Netz das Gerüst des Betriebes"[107] ist. Deshalb erfordern der Netzbesitz und die verschiedenen Marktstrategien der Betreiber eine ausführliche Besprechung.

2. Verschiedene Angebots- und Marktstrategien der Anbieter

Nicht nur die Dienstebene, sondern auch die Wertschöpfungsebene im Telekommunikationssektor stellt ein vielschichtiges Bild dar. Entsprechend der verschiedenen Leistungen auf unterschiedlichen Kommunikationsebenen kann man im Telekommunikationsnetz zwischen drei Wertschöpfungsstufen[108] unterscheiden. Die erste Wertschöpfungsstufe ist die Netzinfrastruktur-Ebene. Auf dieser Stufe werden physische

[105] Dazu: Stoetzer, 1991.
[106] Vgl. Haas C., 2000, S. 25.
[107] Gscheidle, 1980, S. 34, Einerseits bedeutet es, dass ohne Funktionsherrschaft die Durchführung der Dienste ziemlich erschwert wäre, andererseits waren die Outsourcing-Lösungen am Anfang des vorigen Jahrhunderts nicht üblich.
[108] Knieps-Brunekreeft, 2000, S. 87.

Netzinfrastrukturen aufgebaut und Übertragungseinrichtungen betrieben. Auf der zweiten Stufe, der Ebene des einfachen Transports, werden diese Einrichtungen miteinander über Netzknoten verbunden, so dass der einfache Transport von Signalen, der sog. Übertragungsdienst, ermöglicht wird. Die dritte Stufe ist die Ebene der Zusatzfunktionen. Auf dieser Wertschöpfungsstufe werden Mehrwertdienste, Zusatzfunktionen und andere Aktivitäten in Verbindung mit Marketing und Kundenbetreuung bereitgestellt.

Selbstverständlich müssen die Telekommunikationsunternehmen nicht alle Wertschöpfungsstufen vollständig durchlaufen. Sie können sich auch auf bestimmte Bereiche spezialisieren.[109] Sie können z.B. die Vorleistungen der vorhandenen Infrastrukturen einerseits für eigene Produkte intern nutzen, andererseits können sie ihre Infrastruktur für andere Unternehmen zur Erbringung ihrer Dienste vermieten.

a) Strategische Gruppen auf dem Telekommunikationsmarkt

Entsprechend der Risikobereitschaft, der Finanzkraft oder der angestrebten Unternehmensgröße können die Unternehmen ihre eigene Strategie gestalten. Aufgrund der Marktdiversifikation[110] und der gewählten Übermittlungstechnologien, die das Unternehmen realisiert, kann man zwischen verschiedenen sog. „strategischen Gruppen" unterscheiden. Unter einer strategischen Gruppe versteht man eine Gruppe von Unternehmen, die miteinander im Wettbewerb stehen und über ähnliche Wettbewerbsstrategien und Erfolgsfaktoren verfügen.[111] Diese Wettbewerber zeigen ähnliche Reaktionen auf Marktveränderungen und erreichen wahrscheinlich auch vergleichbare Marktanteile. Typisch für die strategischen Gruppen ist es, dass zwischen den Anbietern derselben Gruppe viel stärkerer Wettbewerb herrscht, als zwischen Unternehmen von verschiedenen Gruppen.[112]

aa) Von Vollsortimentsanbietern bis hin zu reinen Dienstanbietern

Zur Ermittlung von verschiedenen strategischen Gruppen verwendet man bestimmte Unterscheidungskriterien, die sich vor allem auf die Positionierung der einzelnen Unternehmen beziehen. Solche Kriterien sind z.B. der Wertschöpfungsumfang, der regionale Flächendeckungsgrad, der vertikale Integrationsgrad, die strategische Allianzpolitik, die Technologiebasis des Unternehmens, die erworbene Kundengruppe usw.[113] In der Literatur findet man unterschiedliche Gruppenbildungen. Eine der umfangreichsten Darstellung liefert Marshall.

Marshall ordnet die strategischen Gruppen in zehn Kategorien ein. Er unterscheidet zwischen[114]

---

[109] Entsprechend der Spezialisierung kann man bei Markttransaktionen unter Betreibern zwischen Wholesale oder Carrier-to-Carrier-Geschäfte unterscheiden. Die Vermarktung der Telekommunikationsdienste an Endkunden nennt man Retail-Aktivität. Dazu noch Knieps-Brunekreeft, 2000, S. 87 ff.

[110] Marktdiversifikation = Programm einer gezielten Unternehmenspolitik, die unter Berücksichtigung der Produktions- und Absatzstruktur neue Produkte auf neuen Märkte einführen will.

[111] Siehe Wichert-Nick, 1999, S. 60 ff.

[112] Noch über strategische Gruppen, siehe Wichert-Nick, 1999, S. 60.

[113] Weitere noch bei Wichert-Nick, 1999, S. 61.

[114] Aufteilung siehe Marshall, 2003, S. 48 ff.

1. Globalen Vollanbietern, die weltweit umfassende Telekommunikationsdienste für die internationalen Großkunden anbieten (sog. global player, wie Global One, World Partners),
2. Nationalen Vollanbietern, die mit eigener Infrastruktur aus einer Hand umfassende Dienste anbieten (Ex-Monopolisten und ausländische Vollanbieter, Deutsche Telekom, O2, AT&T),
3. Regionalen Sprachtelefondienstanbietern, die mit eigener Infrastruktur aber auf lokal begrenzten Märkten tätig sind (Stadtwerke wie NetCologne, Hanse Net),
4. Spezialisierten Regionalanbietern, die für spezielle Kundenkreise, vor allem für Geschäftskunden auf lokal begrenzten Märkten Dienste über Hochgeschwindigkeitsnetze anbieten (Colt Telekom, Isis Multimedia),
5. Reinen Infrastrukturanbietern, die selbst keine Telekommunikationsdienstleistung anbieten (kommunale Stadtwerke oder TV-Kabelnetzbetreiber, wie Transanet, TSS Telekabel Service Süd),
6. Reinen Dienstanbietern, die ohne eigene Infrastruktur, lokal unbegrenzt Sprachtelefondienste anbieten (sog. Service Provider, Debitel, RWE Talkline),
7. Internet-Anbietern, die Internet-Zugänge und teilweise Internet-Telephonie verkaufen (sog. Internet Service Provider, wie Cisco Systems, 3Com),
8. Satellitenkommunikationsanbietern, die weltweite Satellitenkommunikation betreiben (Globalstar, Iridium[115]),
9. Mobilfunk-Anbietern, die mobile Sprachtelephonie und andere mobile Dienste anbieten (E-Plus, Mannesmann Mobilfunk GmbH) und
10. TV-Breitbandkabel-Anbietern, die über eigene TV-Kabelnetze auch Telekommunikationsdienste anbieten (Bertelsmann-Konzern).

bb) Ehemalige Monopole als nationale Vollanbieter gegenüber den Marktneulingen

Wie diese Beispiele zeigen, zählen die eingesessenen alten Fernmeldeorganisationen - siehe zweite Gruppe - zu den nationalen Vollanbietern. Gemäß ihrer Beauftragung als nationale Vollversorger bzw. gemäß ihrem Unternehmenskonzept waren die nationalen Fernmeldemonopole auf das Anbieten von allen möglichen Dienstleistungen eingestellt. Außerdem erledigten sie auch die Infrastrukturaufgaben in dem Land, infolge dessen sie ein flächendeckendes Netz, meistens von guter Qualität, ausgebaut haben. Ihre Positionierung hing also in erster Linie mit ihren staatlichen Aufgaben zusammen.

Ungeachtet des Grundes für diese Positionierung mußte man überlegen, wie sich nach einer eventuellen Marktöffnung die nationalen Telekommunikationsmärkte weiterentwickeln würden, falls diese Fernmeldemonopole unangetastet dem Wettbewerb überlassen würden. Dieses Szenario ist nicht schwer vorzustellen. Falls diese Organisationen bei der Liberalisierung weder horizontal, entsprechend der verschiedenen Netze oder Dienstarten, noch vertikal, entsprechend der regionalen Versorgungsstufe, separiert würden, wären die potenziellen Wettbewerber einem Vollanbieter-

[115] Iridium hat im Jahre 1999 Konkurs angemeldet.

Monstrum entgegengesetzt. Die Newcomer wären mit den eingesessenen Vollanbietern konfrontiert, die nicht nur über eine starke Marktmacht und verbreitete Infrastruktur, sondern auch über eine Vielzahl von Kunden verfügen.

Außer der unterschiedlichen Marktmacht, wird die Wettbewerbssituation zwischen den eingesessenen und den neu auf den Markt getretenen Unternehmen von einem weiteren Faktor beeinflusst. Die kleineren, wahrscheinlich am Anfang eher reine Dienstleistungen betreibenden Anbieter wären nämlich auf Leistungen des Vollanbieter-Monstrums angewiesen(!). Die Newcomer sollten einen Zugang zu den Netzen, den Kollokationsräumen, den Vermittlungseinrichtungen usw. des Vollan-bieters bekommen, und falls sie eine eigene Infrastruktur aufbauen, sollten sie ihre Netze mit denen des nationalen Vollanbieters zusammenschalten. Diese Fragen werden aus der Sicht einer zukünftigen Marktregulierung eine sehr hohe Relevanz haben, weshalb eine nähere Beschäftigung mit den Vorleistungsmärkten erforderlich ist.

b) Endkunde und Vorleistungsmärkte

Zwischen den verschiedenen Diensten eines Anbieters kann man eine Trennlinie hinsichtlich der Marktgegenseite[116] ziehen. Aus dieser Sicht kann man zwischen solchen Diensten unterscheiden, die für einen anderen Anbieter oder für die Endbenutzer angeboten werden. Diese Trennung ist nicht nur wegen der unterschiedlichen Interessen und Verhalten der Kunden sinnvoll, sondern auch aus der Sicht der Liberalisierung des Telekommunikationsmarktes.

aa) Dienstleistungen für Endkunden

In die erste Gruppe der Dienstleistungen kann man solche traditionelle Dienste einordnen, die für die privaten Nutzer angeboten werden. Solche Dienste sind z.B. Verbindungen im Fernbereich, Sprachtelephonie ins Ausland, Mietleitungen usw..

bb) Vorleistungen, Dienstleistungen für Anbieter

Bei der zweiten Gruppe der Dienstleistungen handelt es sich um Vorleistungen, die andere Telekommunikationsunternehmen für ihr eigenes Angebot von Telekommunikationsdiensten benötigen. Solche Dienste sind u.a. die Zusammenschaltung von Netzen, Mietleitungen, Vermietung der Teilnehmeranschlussleitungen usw. Diese Vorleistungen[117] basieren auf der Nichtverfügung über Infrastrukturelemente. Auf Vorleistungen der Teilnehmernetzbetreiber sind solche Anbieter angewiesen, die sich statt der Errichtung eigener, alternativer Infrastruktur für die Mitbenutzung von vorhandener Infrastruktur der etablierten Unternehmen entschieden oder nur Teilnetze aufgebaut haben. Wenn man das Gruppenbild nach Marshall noch einmal in Erinnerung ruft, dann betreffen die Vorleistungen praktisch jeden Anbieter, der nicht über flächendeckende Netze verfügt.

---

[116] Über der Trennung von Märkten: Immenga/Kichner/Knieps/Kruse, 2001, S. 7 ff. und S. 29 ff.
[117] Weiter über Vorleistungen, siehe Immenga/Kichner/Knieps/Kruse, 2001, S.45 ff.

Solche Geschäftsmodelle[118] versuchen, die relativ hohen Investitionserfordernisse zu vermeiden. Weil die Übermittlung von Diensten auf das Vorhandensein von Netzen angewiesen ist, benötigen diese Anbieter im Klartext die Infrastrukturdienstleistung eines Vollsortiment-Anbieters oder eines reinen Infrastrukturanbieters. Diese Dienstanbieter haben zwar den Vorteil, dass sie sich flexibel an das Marktgeschehen anpassen können, sind andererseits von der Handlungspraxis und den Geschäftsbedingungen der Vorleistungserbringenden abhängig.

Die vorleistungserbringenden Unternehmen sind in den meisten Fällen die ehemaligen Ex-Monopole, die nachfragenden Unternehmen die Newcomer. Weil die Ex-Monopolisten über langfristige Markterfahrungen, über ausgedehnte Infrastruktur, und nicht zuletzt über eine starke Kundenbasis – insgesamt über eine erhebliche Marktmacht – verfügen, ist es nicht schwer einzusehen, dass sich die Nachfragenden in einer schwächeren Verhandlungsposition befinden. Die erfolgreiche Tätigkeit der neuen Mitbewerber hängt davon ab, welche Konditionen der Ex-Monopolist ihnen diktiert. Außer Infrastrukturdiensten sind sie aber, unabhängig von der Flächendeckung ihres Netzes, auf die Zugangs- und Zusammenschaltungsleistungen der etablierten Unternehmen angewiesen.[119]

Zu den am meisten gefragten Infrastrukturelementen gehören die Teilnehmeranschlussleitungen, die Übertragungswege und die Vermittlungseinrichtungen. Die Teilnehmeranschlussleitungen, die sog. „letzte Meile", beinhalten die Anschlüsse der einzelnen Telekommunikationsteilnehmer an die nächste Vermittlungsstelle. Die Übertragungswege bestehen aus den Einrichtungen der verschiedenen Übertragungsmedien und aus den Vermittlungseinrichtungen. Diese sind wiederum für die Zusammenschaltung der einzelnen Bestandteile des Telekommunikationsnetzes verantwortlich.

---

[118] Über die verschiedenen Geschäftsmodelle siehe den Vortrag von Sander, IHK-Forum, 6. Juni 2001.

[119] Dieses Problem war auch den nationalen Kodifikatoren bekannt, deswegen haben sie auf eine gewisse Asymmetrie bem Entwurf der Telekommunikationsgesetze geachtet.

Abbildung Nr. 4

Sektorstruktur in der Telekommunikation

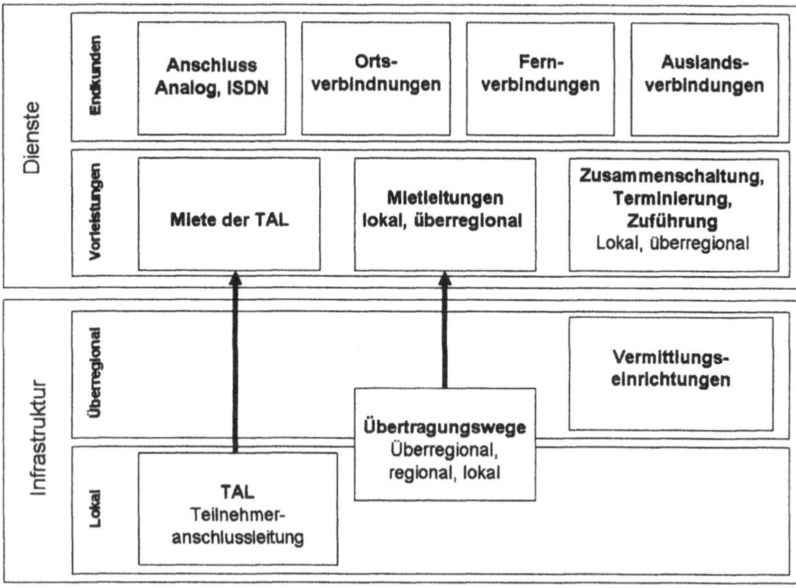

Quelle: Immenga/Kichner/Knieps/Kruse, 2001, S. 84[120]

Eine mögliche Zwischenlösung bei den Netzzugängen könnte für den nachfragenden Dienstanbieter z.B. ein entbündelter[121] Zugang zu den verschiedenen Netzelementen des Infrastrukturbetreibers sein, wie z.B. zu der Teilnehmeranschlussleitung des etablierten Anbieters. Diese entbündelte Form des Zugangs bietet nämlich eine Chance für das Mitbenutzer-Unternehmen, die eigene Technologie ab dem Zugangspunkt selbst installieren zu können, ohne zur Inanspruchnahme nicht benötigter Vermittlungsleistungen des Vermieters gezwungen zu sein. Die Dienstanbieter können infolge der Entbündelung ihre eigenen Kapazitäten und vorhandenen Netzelemente innovativer und rationeller benutzen.

Nach dieser Darstellung der Problematik der Vorleistungsmärkte, kann unweigerlich die Frage gestellt werden, warum die Dienstanbieter überhaupt Verhandlungen mit den etablierten Ex-Monopolisten führen, anstatt eigene Netze aufzubauen? Damit diese Frage beantwortet und gleichzeitig die Hauptproblematik der Marktöffnung er-

[120] Siehe noch: Kruse, Wirtschaftsdienst, Heft 7, Juli 2000, S. 404.

[121] Entbündelte Form bedeutet: losgelöst von der Inanspruchnahme nicht benötigter Vermittlungsleistungen. Über die Vorteile der Endbündelung findet man eine gute Argumentation aus ökonomischer Sicht bei: Knieps-Brunekreeft, 2000, S. 98 ff.

klärt werden kann, sollen die ökonomischen und technischen Besonderheiten des Telekommunikationssektors untersucht werden. Die folgende Darstellung ist für die weiteren Untersuchungen dieser Arbeit unabdingbar und bildet die Grundlage der Regulierungsvorschläge.

II. Realisierbarkeit von alternativen Technologien entsprechend den ökonomischen Besonderheiten und der Kundennachfrage

Für einen potenziellen Anbieter lohnt es sich nur dann, in einen neuen Markt einzusteigen, wenn seine Gewinnaussichten - wenigstens mittelfristig[122] - positiv sind. Ein Unternehmen tritt nur dann in eine Branche ein, wenn es seine Investitions-, Aufbau-, Forschungs- und Entwicklungskosten innerhalb eines absehbaren Zeit-raumes amortisieren kann. Es wird versuchen, solche Technologie einzusetzen, die möglichst kostengünstig und zeitnah realisierbar sind und die über adäquate Übertragungsqualität verfügen, wie die Technologien seiner Konkurrenten.[123] Ob die Voraussetzungen für einen Markteintritt auch auf der Kosten- und Technologieseite bestehen, muss überprüft werden.

1. Marktzutrittsschranken und alternative Technologien

a) Marktzutrittsschranken wegen aufgebauter Netzinfrastruktur des eingesessenen Unternehmens

Es wurde schon darauf hingewiesen, dass die staatliche Monopolisierung des Telekommunikationssektors auf bestimmte ökonomischtechnologische Besonderheiten der Netze zurückzuführen ist. Diese bei den Netzinfrastrukturen wirkenden ökonomischen Effekte nehmen auch auf die Entwicklung des Telekommunikationssektors einen erheblichen Einfluss. Die meisten als Ineffizienzen bezeichneten ökonomischen Probleme stammen im Telekommunikationsbereich vor allem aus Größen- und Verbundsvorteilen und aus der Irreversibilität von Investitionen. Wegen dieser Effekte können monopolistische Engpässe entstehen, und die etablierten Monopole werden gegenüber den Neueinsteigern zu resistenten Institutionen.

Diese ökonomischen Besonderheiten führen teilweise zu derart starren Marktzutrittsschranken, welche die Newcomer nur schwer, wenn überhaupt, überwinden können. Unter Marktzutrittsschranken oder Markteintrittsbarrieren sind alle ökonomischen oder institutionellen Faktoren zu verstehen, die den Eintritt eines Marktneulings erschweren oder ausschließen.[124] Wie die Definition zeigt, und wie es im weiteren noch dargestellt wird, können nicht nur ökonomische Besonderheiten, sondern auch juristische Vorschriften, wie z.B. Lizenzpflichten, Standardisierung oder andere „Numerus clausus“ - Regeln, Marktzutrittsschranken verursachen. Diese Probleme werden unter Punkt B III. angesprochen.

---

[122] Der absehbare Zeitraum kann sich in der Praxis, je nach Finanzierungsart, auf von 10-15 Jahren bis hin zu 20 Jahren erstrecken.
[123] Kriterien zur Substitutionstechnik siehe bei Marshall, 2003, S. 33.
[124] Dazu siehe Immenga/Kichner/Knieps/Kruse, 2001, Zweiter Teil, S. 20 ff.

aa) Verbundsvorteile der nationalen Vollanbieter

Verbundsvorteile (economies of scope) bestehen nach Weismann[125] darin, dass eine bestimmte Anzahl von Gütern verschiedener Güterarten durch ein Unternehmen billiger hergestellt werden kann, als durch mehrere Unternehmen, die nur auf eine bestimmte Güterart spezialisiert sind. Im Hinblick auf den Telekommunikationssektor bedeutet dies, dass ein Unternehmen, das z.B. zwei Arten von Telekommunikationsdienstleistungen anbietet, kosteneffizienter produzieren kann, als zwei andere Unternehmen, die jeweils nur einen einzigen Dienst anbieten können. Ein nationaler Vollanbieter, der gleichzeitig alle Arten von Dienstleistungen anbietet, profitiert selbstverständlich von diesen Vorteilen.

aaa) Arten der Verbundsvorteile

Hinsichtlich der Verbundsvorteile kann man zwischen horizontalen und vertikalen Verbundsvorteilen unterscheiden[126]. Die horizontalen Verbundsvorteile treten auf denselben Wertschöpfungsebenen auf, z.B. zwischen verschiedenen Telekommunikationsnetzen oder Dienstarten. Die vertikalen Verbundsvorteile sind zwischen den einzelnen Ebenen des Sektors nachzuvollziehen. Als Beispiele für vertikale Verbundsvorteile sind etwa gleichzeitige schmal- und breitbandige Vermittlungsdienste zu nennen, die nach dem Stand der heutigen Technologie noch als unterschiedliche Dienstarten gelten. Die neuen Übertragungstechniken erlauben es nämlich, dass der in einem Glasfasernetz verfügbare Frequenzenband in verschiedene Bänder aufgeteilt werden kann, wodurch auch schmal- und breitbandige Vermittlungsdienste gleichzeitig über ein einziges physisches Netz angeboten werden können[127].

Ansonsten können Verbundsvorteile entweder zwischen verschiedenen Telekommunikationsdiensten, wie z.B. zwischen Telekommunikationsdiensten und anderen Produkten, oder zwischen Telekommunikationsdiensten und Übertragungsleistungen entstehen. Über Verbundsvorteile zwischen verschiednen Telekommunikationsdiensten spricht man z.B. bei der gemeinsamen Nutzung von Inputfaktoren, wie etwa Rechnern, Vermittlungen, Datenbanken oder Mietleitungen. Verbundsvorteile zwischen Telekommunikationsdiensten und anderen Produkten treten dann auf, wenn z.B. die Datenkommunikation mit Homebanking verknüpft ist, weil in diesem Fall der Kunde seine Finanzgeschäfte auch über Computer via Datenkommunikation erledigen kann. Von der letzteren Art von Verbundsvorteilen zwischen Telekommunikationsdiensten und Übertragungsleistungen profitiert ein Unternehmen dann, wenn es seine Kommunikationsdienste über das eigene Netz anbietet, aber gleichzeitig Transport- oder Vermittlungsdienste für andere Anbieter erledigt.

Falls die Kapazitäten des Netzes eines etablierten, nationalen Vollanbieters ausreichen, könnte er von allen zuvor als Beispiel dargestellten Vorteilen profitieren. Solange z.B. der Monopolist eine gemeinsame Beschaffungsorganisation für zwei unterschiedliche Dienstarten errichten oder ein einziges Personal oder ein gemeinsa-

[125] Weismann, Ethan: Trade in Services and Imperfect Competition, Dordrecht, Boston, London, 1990, S. 44.
[126] Siehe noch Fredebeul-Krein, 2000, S. 29.
[127] Dies ist auch das Prinzip des Line-Sharings.

mes Rechenzentrum für mehrere Dienstarten erschaffen kann, können seine Konkurrenten ihre Effektivität nicht dadurch steigern, dass sie nur geringe Dienste anbieten.

aab) Wettbewerbspolitische Probleme der Verbundsvorteile

Bezüglich dieser Verbundsvorteile ist es wichtig zu bemerken, dass die Marktneulinge, die nicht eine ganze Palette von verschiedenen Dienstleistungen anbieten, aufgrund des Mangels an Verbundsvorteilen im Wettbewerbskampf hinter dem Ex-Monopolisten zurückbleiben. Besonders bedeutend können Verbunds-vorteile sein, wenn zwar einige Segmente eines Marktes für den Wettbewerb, den Ex-Monopolist eingeschlossen, geöffnet werden, aber andere weiterhin einem einzigen Anbieter, und zwar dem Monopolisten, vorbehalten bleiben.

Falls einzelne Teilmärkte für eine Gruppe von Anbietern verschlossen bleiben, entsteht ein wettbewerbspolitisches Problem, vor allem wenn Verbundsvorteile zwischen den Monopol- und Wettbewerbsbereichen existieren. In diesem Falle werden alle Wettbewerber, bis auf den bevorzugten Monopolisten, benachteiligt, weil bei ihnen die Möglichkeit nicht besteht, auch Monopolleistungen anzubieten und dadurch zwei verschiedene Märkte miteinander zu verknüpfen[128]. Aufgrund der dargestellten Problematik sind die mit den Verbundsvorteilen zusammenhängenden Probleme bei der Gesetzgebung mitzuberücksichtigen. Falls sich der Staat hinsichtlich der Marktöffnung für eine solche Wettbewerbspolitik, die einen chancengleichen Wettbewerb ermöglicht, entscheidet, sollte er den Verbundsvorteilen des eingesessenen Unternehmens entgegenwirken. Eine Teilöffnung von Märkten unter vorhandenen Verbundsvorteilen ist aus wettbewerbspolitischer Sicht zu vermeiden.

bb) Größenvorteile auf den Telekommunikationsmärkten

Größenvorteile (economies of scale) liegen nach ökonomischen Prinzipien[129] dann vor, wenn eine proportionale Erhöhung von Inputfaktoren eine überproportionale Erhöhung von Outputkomponenten bewirkt. Wenn ein Unternehmen z.B. den Durchmesser seiner verlegten Telefonkabel um 1 % erhöht, wächst die Kapazität der Netze um mehr als 1 %.[130] Größenvorteile spielen in der Produktion eine wichtige Rolle, weil sie die Effektivität mit gleichzeitiger Senkung der Durchschnittkosten steigern können[131]. Größenvorteile bestehen in der Telekommunikation insbesondere auf der Netzebene vor allem[132] durch Bündelung von Leitungen, durch Dichtevorteile oder durch andere Effekte.

bba) Arten der Größenvorteile

Wenn ein Infrastrukturanbieter seine Leitungen bündelt, werden auf ihn niedrigere Errichtungskosten entfallen, als auf zwei unterschiedliche Unternehmen, die nur die Hälfte der fraglichen Kapazität errichten. In diesem Fall spricht man von einer Bünde-

---

[128] Vgl. Heuermann/Neu, 1988, S. 59-61.
[129] Knieps, 2001, S. 21.
[130] Siehe Haas C., 2000, S. 35.
[131] Siehe Immenga/Kichner/Knieps/Kruse, 2001, S. 18.
[132] Siehe Fredebeul-Krein, 2000, S. 28.

lung von Leitungen. Man vermeidet damit die überflüssige Duplizierung bestimmter Netzelemente[133]. Außerdem wird die Kapazität des dickeren Kabels größer als die des dünneren. Diese Erscheinung bezüglich der Verlegung von kabelgebundenen Netzen bezeichnet die Ökonomie als Zweidrittel-Effekt.[134]

Durch den sog. Nachbarschaftseffekt nehmen die Infrastrukturkosten der Anbieter mit der Anzahl der Haushalte pro Fläche ab. Es ist leicht einzusehen, dass je mehr Kunden ein Anbieter in der nahen Nachbarschaft versorgt, desto geringere Kosten eines Kundenanschlusses zum Netz anfallen. Der Grund dafür ist, dass die Kabelschächte zusammengefasst werden können. Durch diesen Effekt sinken die Stückkosten mit wachsender Nachfragemenge pro Quadratkilometer eines Versorgungsweges. Auf diesem Dichtevorteil basieren die meisten Unternehmen, vor allem in solchen Branchen, wo netzgebundene Leistungen erbracht werden, wie z.B. im Elektrizitätsbereich.

Wenn ein Netz von mehreren Teilnehmern in Anspruch genommen wird, kann es optimaler genutzt werden. Statistische Untersuchungen haben bewiesen, dass die benötigte Netzkapazität pro Teilnehmer mit der Zunahme der Teilnehmeranzahl eines Netzes sinkt. Grund für diesen sog. stochastischen[135] Durchmischungseffekt ist, dass die Nachfrage sich durch ihre Steigerung auf eine Zeitspanne gleichmäßiger verteilt, als eine kleinere Nachfrage.[136] Hinsichtlich der Transportkosten kann man ebenfalls eine interessante Beobachtung anstellen. Mit der Entfernung sinken die durchschnittlichen Transportkosten im Netz pro Kilometer. Dieser Effekt sichert einen weiteren Kostenvorteil für solche Unternehmen, die über eine flächendeckende Infrastruktur verfügen. Diese Größenvorteile tragen erheblich zum Erfolg der nationalen Vollanbieter bei.

bbb) Größenvorteile mit irreversiblen Investitionen

Diese ökonomischen Erscheinungen wirken also positiv auf den Aufbau und den Betrieb von Netzen. Diejenigem Unternehmen, die in die zu öffnenden Telekommunikationsmärkte einsteigen wollten, stießen aber auf das Problem, dass ein eingesessenes Unternehmen seine Leitungen schon längst ausgebaut hatte, wohingegen die Einsteiger erst einmal ihre Netze errichten mussten. Solange der Neueinsteiger erst seine Investitionen tätigen muss, profitiert der eingesessene Vollanbieter von den Größenvorteilen, ohne dass er dringend zusätzliche Investitionen tätigen müsste. Eine solche Situation bereitet den Marktneulingen richtige Schwierigkeiten.

Größenvorteile sind vor allem dann gegenüber einem Newcomer gefährlich, wenn irreversible Investitionen vorhanden sind. Die überwiegende Anzahl von Ökonomen behauptet[137], dass die Kombination von irreversiblen Investitionen und Größenvortei-

---

133 Die zu makroökonomischen Verluste führen könnten.
134 Haas C., 2000, S. 35.
135 Stochastische = zufällige.
136 Siehe noch Fredebeul-Krein, 2000, S. 28 und Immenga/Kichner/Knieps/Kruse, 2001, Zweiter Teil, S. 24 ff.
137 Siehe Immenga/Kichner/Knieps/Kruse, 2001, Zweiter Teil, S. 24 ff, Kiessling, 1998, S. 65 ff., Auch nach Baumol hängt das Zustandekommen eines natürlichen Monopols von diesen Faktoren ab, vgl. Baumol W.J : On the proper cost test for natural monopoly in a multiproduct industry, American Economic Review, Vol 67, No. 5. 1977, S. 802- 822.

len für das Zustandekommen von natürlichen Monopolen verantwortlich sei. Diese zwei Faktoren könnten nämlich den Markteintritt der potenziellen Wettbewerber vollkommen unwirtschaftlich machen und in bestimmten Bereichen zu monopolistischen Engpässen führen.

cc) Irreversibilität von Investitionen

Mit juristischen Augen ist es wahrscheinlich am einfachsten zu sehen, dass die in die Telekommunikationsnetze getätigten Investitionen sehr schwierig rückgängig gemacht werden können. Dies hängt damit zusammen, dass die Investitionsobjekte in diesem Sektor kaum zu einem anderen Verwendungszweck eingesetzt werden können. Die in diesem Bereich getätigten spezifischen Investitionen werden dadurch zu versunkenen Kosten („sunk costs"). Dies bedeutet, dass diese Investitionen bei einem eventuellen Marktaustritt nicht zurückzugewinnen sind. Damit werden die irreversiblen Investitionen zu Marktaustrittsbarrieren und – mit einem „argumentum a contrario" - aus umgekehrter Sicht zu Markteintrittsschranken. Irreversible Kosten fallen vor allem bei Investitionen in kabelgebundene Netze an, da Kabel weder räumlich transferierbar noch bei einer anderen Einrichtung einsetzbar sind[138].

cca) Entscheidungsrelevanz der Investitionen für Marktneulinge

Während ein eingesessenes Unternehmen bereits die grundlegenden Netze errichtet hat und nicht mehr den gesamten Investitionsaufwand erbringen muss, müssen Newcomer die gesamten finanziellen Aufwendungen beim Markteintritt tätigen. Dies heißt, dass solange die Mitbewerber erst einmal investieren müssen, machen die eingesessenen Unternehmen ununterbrochen Einnahmen aus ihren Telekommunikationsdiensten. Andererseits ist aber von jedem unternehmerisch tätigen Marktteilnehmer zu erwarten, dass er die nötigen finanziellen Investitionen aufbringt und das eventuelle Risiko des Verlustes eingeht.

Jedoch kann ein eingesessenes Unternehmen den Markteintritt eines potenziellen Anbieters verhindern, indem es mit der Reduzierung seiner Gesprächstarife droht. Dies würde nämlich für den Eintretenden einen Gewinnausfall bedeuten, weil er auch seine Tarife senken muss, um mit dem Vollanbieter konkurrenzfähig zu bleiben. Wenn man die Schaffung eines funktionsfähigen Wettbewerbs bei der Marktöffnung zum Ziel setzt, muss man solche Preisreduzierungen (eintrittsverhindernde Preise)[139] verhindern. Genauso skeptisch zu betrachten ist eine durch den Regulator diktierte Preissenkung parallel zu der Marktöffnung.

ccb) Erlöschen der Irreversibilität durch alternative Infrastrukturen?

Besonders schwerwiegend sind die Folgen der Irreversibilität dann, wenn der Anteil der irreversiblen Kosten an den Gesamtkosten eines Unternehmens hoch ist, wie es z.B. bei den kabelgebundenen terrestrischen Übertragungswegen[140] der Fall ist.

---

[138] Siehe noch Knieps-Brunekreeft, 2000, S. 11, und Fredebeul-Krein, 2000, S. 32.
[139] Herdzina, 1994, S. 87.
[140] wie z.B. Glasfasernetze oder die herkömmlichen Netze.

Nach Schätzungen der Experten betragen die Tiefbaukosten von kabelgebundenen Festnetzen, unabhängig von der verwendeten Technologie, ca. 50-60 % der Gesamtkosten[141](!). Diese Ausgaben müssten die Marktneulinge sofort tätigen, wenn sie eine flächendeckende Infrastruktur aufbauen wollten. Sie würden diese Investitionen auch nicht mehr zurückgewinnen können, falls sie aus dem Markt ausstiegen. Diese Irreversibilität bildet eine erhebliche Markteintrittsbarriere.[142]

Die Digitalisierung und die Veränderung der Technologien führten aber dazu, dass anstatt der Kabelgrabung die Sprachkommunikation auf eine andere Weise ermöglicht wurde, wie z.B. mit Hilfe von Funktürmen. Durch diese elementaren Änderungen ist die Bedeutung der Irreversibilität in unserer Zeit geringer geworden als es vor den 80er Jahren der Fall war. Außerdem können z.B. verschiedene Informationsarten durch einheitliche digitale Codierung auf einem einzigen Übertragungsweg übermittelt werden, unabhängig davon, ob es sich dabei um Daten oder Sprachinformationen handelt. Durch diesen EinwegTransport sanken zwar die Kosten der Grabungen für die Kabelinfrastruktur immer noch nicht, weshalb man weiterhin nicht von den irreversiblen Anfangsinvestitionen absehen kann, dennoch könnte man in unserer Zeit versuchen, die aufwendige Festnetzinfrastruktur durch kostengünstigere alternative Infrastrukturen zu ersetzen.

dd) Monopolistische Engpässe auf den Telekommunikationsmärkten

Was die Auswirkungen der technologischen Entwicklungen auf die Existenz von Markteintrittsbarrieren anbelangt, findet man keine eindeutige Meinung in der Literatur, nicht einmal bei den Ökonomen. Zwar ist die Aussagekraft solcher Studien[143], die das Erlöschen der Markteintrittschranken untersuchen, begrenzt, weil sie nur eine Bestandsaufnahme wiedergeben können und die Nachfrageänderungen und technologischen Entwicklungen nicht ausreichend berücksichtigen[144]. Aber es steht außer Frage, dass die Bedeutung der ökonomischen Faktoren in den Telekommunikationsmärkten durch den technologischen Fortschritt[145] verändert wurde. Durch schnurlose Technologien, durch die Entwicklungen in der Satellitenkommunikation usw. wurden neue Leistungspotenziale geschaffen, die zur Reduzierung der natürlichen Marktzutrittbarrieren und zur Erschließung von neuen Wettbewerbspotenzialen führen könnten.

dda) Neue Technologien, neue Wettbewerbspotenziale

Die Digitalisierung und die Erhöhung der Leistungskapazitäten in den 1990er Jahren führten nämlich dazu, dass die herkömmliche Festnetztelephonie durch Mobilfunk, Fernsehkabel-Technologie, Powerline und Satellitenübertragung (sog. alternativen Technologien) zumindest teilweise[146] ersetz werden konnte. Die Kunden können heutzutage zwischen verschiedenen Übertragungstechnologien und alternativen

---

[141] Vgl.Wichert-Nick, 1999, S. 33.
[142] Vgl. Kiessling, 1998, S. 65.
[143] Mulgan (1990), Sharma (1996), AUSTEL (1990), Vogelsang (1996), Blankart und Knieps (1992).
[144] Fredebeul-Krein, 2000, S. 31.
[145] Über die Folgen der technologischen Entwicklungen siehe: Fredebeul-Krein: Regpolitik S. 33 ff.
[146] Sogar in dünn besiedelten Gebieten, wie z.B. in Skandinavien, ist es auch überwiegend der Fall.

Möglichkeiten des Netzzugangs wählen[147]. Fraglich ist, ob man wegen der Existenz der alternativen Technologien jedoch den Kreis der monopolistischen Bereiche heute enger ziehen kann als am Anfang dieses Jahrhunderts.

ddb) Sinken der monopolistischen Engpassbereiche

Von der Existenz monopolistischer Engpässe[148] spricht man in der Ökonomie bei solchen Teilbereichen, wo, trotz technologischer oder sonstiger Marktentwicklungen, weder ein tatsächliches noch ein potenzielles Substitut verfügbar ist. Ein monopolistischer Engpassbereich wird laut der herrschenden Meinung[149] nur dann angenommen, wenn beide dieser zwei Merkmale gleichzeitig vorhanden sind. Die erste Voraussetzung ist dann erfüllt, wenn es sich um eine Einrichtung handelt, die unabdingbar ist, um Kunden zu erreichen, und davon keine zweite vorhanden ist. Das heißt also, dass kein aktives Substitut verfügbar ist. Aus der zweiten Voraussetzung folgt, dass diese Einrichtung mit angemessenen Mitteln nicht dupliziert werden kann, d.h. kein potenzielles Substitut gegeben ist[150].

Das erste Merkmal ist dann erfüllt, wenn aufgrund netzspezifischer Bündelungsvorteile[151] eine natürliche Monopolsituation vorliegt, d.h. ein einziger Anbieter die Einrichtung kostengünstiger bereitstellen kann als mehrere Anbieter gemeinsam. Das Zweite dann, wenn die Kosten des Netzaufbaus irreversibel sind und somit Marktzutrittschranken bestehen. Ein monopolistischer Engpass (sog. „Bottlenecks"), ist also dann gegeben, wenn in bestimmten Bereichen Bündelungsvorteile in Kombination mit hohen irreversiblen Kosten auftreten. Die Definition der Bündelungsvorteile ist in diesem Fall weit zu fassen. Unter Bündelungsvorteilen werden nicht nur Größenvorteile, wie z.B. Dichtevorteile und Skaleneffekte, verstanden, sondern auch Verbundsvorteile[152]. Eine solche Kombination von Bündelungsvorteilen und irreversiblen Kosten ist für erdgebundene Netze typisch, wie z.B. für Wegeinfrastrukturen oder bei Ortsnetzen von Gas, Wasser, Abwasser, Elektrizität, Kabelfernsehen und Telefon[153].

Monopolistische Engpässe im Telekommunikationsbereich sind da zu erwarten, wo es sich um unabdingbare und schwer duplizierbare Einrichtungen handelt, wie z.B. bei Übertragungswegen und Teilnehmeranschlüssen, oder wo die neuen Netzbetreiber bestimmte wesentliche Leistungen wie Zuführung, Terminierung oder Zusammenschaltung benötigen. (Dieses Problem besteht vor allem im Ortsbereich.) Falls in diesen Teilbereichen resistente Monopole mit stabiler Marktmacht zu finden sind, wie z.B. nationale Vollanbieter, werden sie für die Mitbewerber nicht oder nur schwer angreifbar. Die Disziplinierung der stabilen Marktmacht in den Engpassbereichen ist eine wichtige Aufgabe der Ordnungspolitik, besonders nach einer umfas-

---

[147] Noch Knieps-Brunekreeft, 2000, S. 85.
[148] Dazu Knieps, 2001, Immenga/Kichner/Knieps/Kruse, 2001, S. 21 und Knieps-Brunekreeft, 2000, S. 8.
[149] Siehe Immenga/Kichner/Knieps/Kruse, 2001, Zweiter Teil, S. 24 ff, Kiessling, 1998, S. 65 ff.
[150] Siehe ausführlicher Immenga/Kichner/Knieps/Kruse, 2001, S. 23.
[151] Unter Bündelungsvorteilen versteht man sowohl Größen- als auch Verbundsvorteile
[152] In einigen ökonomischen Schriftsätzen, wie z.B. Immenga/Kichner/ Knieps/Kruse oder Müller, nennt man die verschiedenen Bündelungsvorteile zusammenfassend als Subadditivität. Subaddivität bedeutet, dass ein einzelnes Unternehmen in der Lage ist, den Markt effizienter, d.h. kostengünstiger, zu versorgen, als es bei der Produktion durch mehrere Unternehmen möglich wäre.
[153] Knieps-Brunekreeft, 2000, S. 11.

senden Marktöffnung. In diesen Bereichen verfügt nämlich der Markt nicht über die Fähigkeit der Selbstregulierung. Deswegen muss die Regulierung im Falle von resistenten Monopolen die Verhandlungsposition der schwächeren Partei stärken.

Aus der Sicht der Datenkommunikation muss man bezüglich der Substitutionsmöglichkeit mit alternativer Infrastruktur bemerken, dass mit jedem zusätzlichen Netzübergabepunkt (Hubs) die Gefahr der Verzögerung und der Stauung des Internetverkehrs steigt[154]. Falls ein Unternehmen über kein flächendeckendes Netz verfügt, was bei Newcomern der Fall ist, ist es zur Zusammenschaltung mit anderen Netzen gezwungen. Dies könnte aber zu geringerer Servicequalität führen, was seine Wettbewerbsfähigkeit und dadurch seinen Marktzutritt negativ beeinflussen kann.

2. Das herkömmliche Netz und alternative Technologien

a) Das Festnetz und seine ökonomischen Aspekte

Die traditionellen Telefongespräche wurden in Europa bis zur Entwicklung der Telekommunikationssysteme über das öffentliche Festnetz[155] der nationalen Fernmeldeorganisationen geführt. Die Kunden waren dabei über ein für sie reserviertes Kupferkabel dauerhaft an das Telefonnetz des Fernmeldenetzbetreibers angeschlossen. Durch den technologischen Fortschritt[156] wurden neue Lösungsalternativen für die Kommunikation geschaffen. Es wurden verschiedene Informationsarten, wie Sprach-, Daten- und Bildinformationen, einheitlich kodierbar, wodurch sie über ein einziges Netz transportierbar wurden. In der Vergangenheit hingegen wurden dafür separate Netze benötigt. Auch die schnurlosen Technologien via Satellit oder Funkverbindungen führen zu einer zunehmenden Konkurrenz gegenüber den kabelgebundenen Telekommunikationstechniken.

Bevor man die Substituierbarkeit der verschiedenen Infrastrukturen anspricht, muss man zunächst das herkömmliche Festnetz und seine Leistungspotenziale beschreiben. Danach können die alternative Technologie und ihre Ersatzfähigkeiten dargestellt werden. Das älteste Übertragungsmedium des Fernsprechens ist das herkömmliche Festnetz. Durch das Festnetz werden elektrische Signale über ein verdrilltes Kupferdoppelader[157] weitergeleitet.

aa) Das ursprüngliche Kupferdoppeladernetz

Im Falle eines Telefongesprächs wurde zwischen zwei Kunden vorübergehend, für die Dauer des Gesprächs, ein physischer Kontakt hergestellt. Durch die Leitung wurden elektromagnetische Signale von dem Anrufenden mit Hilfe von Vermittlungsstellen in das Verbindungsnetz des Angerufenen übertragen, was den Kontakt ermög-

---

[154] Vgl. Elixmann/Metzler, 2001, S. 55.

[155] Zum herkömmlichen Festnetz siehe: Knieps-Brunekreeft, 2000, S. 85 ff. und Mummert, 2002, S. 25 ff.

[156] Über die Folgen der technologischen Entwicklungen siehe: Fredebeul-Krein, 2000, S. 33 ff.

[157] Bei diesem Kabeltyp werden je zwei Kupferdrähte miteinander verdrillt und um induktive Beeinflussungen zu vermeiden, mehrere Adernpaare in Gruppen verseilt. Über das verdrillte Kupferdoppelader siehe noch bei Marshall, 2003, S. 15.

lichte. Diese Leitung wurde für die Gesprächsdauer gehalten, also für die zwei Teilnehmer reserviert. Die Anzahl gleichzeitig möglicher Verbindungen war deswegen von der Anzahl der physischen Leitungswege in dem Netz abhängig[158]. Diese Art von Kommunikation war analog[159]. Der Ausfall einer Netzkomponente konnte damals zum vollkommenen Ausfall der Verbindungsmöglichkeiten führen. Um Leitungen trotz eines Ausfalls herstellen zu können, mussten die Vermittlungsstellen ständig Überkapazitäten bereithalten[160].

Das herkömmliche Telekommunikationsnetz ähnelte hierarchisch aufgebauten Pyramiden, die miteinander durch die Zentralvermittlungsstellen verbunden waren. Die Gespräche der einzelnen Teilnehmer mussten mehrere Stufen in diesem vertikal stark integrierten System durchlaufen. Da die über das Kupferkabel übertragbare Bandbreite, ohne Einsatz besonderer Übermittlungstechnologien höchstens 3,1 kbit/s betrug[161], reichte die Übertragungsgeschwindigkeit nicht aus, um Datenkommunikation oder andere multimediale Dienste anzubieten. Aus diesem Grunde hat man nach neuen Technologien gesucht, um die Datenkommunikation zu beschleunigen.

bb) Vom Modemeinsatz bis zum Glasfasernetz

Um eine nachfragegerechte Datenkommunikation zu ermöglichen, hat man entweder ein Modem eingesetzt, oder die Vermittlungsstellen umgerüstet. Dazu verwendete man die digitale Technologie. Die beliebte ISDN-Anschlusstechnologie[162] ermöglicht z.B. eine Übertragungsgeschwindigkeit von 144 kbit/s bis hin zu 2 Mbit/s und die DSL-Technologie[163] deren Zwölffache. Der einfache Einsatz eines Modems stellt eine Übertragung bis zu 33,6 kbit/s[164] Bandbreite zur Verfügung. Die DSL-Technologie bietet eine gute Chance, das bestehende Anschlussnetz als breitbandiges Anschlussnetz effizienter zu nutzen[165]. Eine weitere Steigerung der verfügbaren Bandbreite kann man durch den Einsatz von Glasfaserkabeln[166] erreichen. Glasfaserkabel werden für Verbindungsnetze eingesetzt. Durch diese digitalen Vermittlungstechniken wird die Kapazität der Netze auf bis zu 2 Mbit/s oder sogar 10 Gbit/s beim Glasfasernetz erhöht.

---

[158] Dies bedeutete eine relativ geringe Verfügbarkeit aufgrund mangelnder Verbindungskapazitäten. Siehe Mummer, 2002, S. 25.

[159] In analogen Netzen werden analoge Signale übermittelt. Analog sind die elektrischen Signale, wenn sie zeit- und wertkontinuierlich das akustische Schallereignis vollständig und deshalb entsprechend abbilden. Siehe Marshall, 2003, S. 6.

[160] Weiterhin mussten viele Leitungen verlegt werden, um eine hohe Kapazität und damit hohe Verfügbarkeit zu erreichen.

[161] Vgl. Wichert-Nickt, 1999, S. 31.

[162] ISDN=Integrated Services Digital Network, welche eine digitale Übermittlung von Endgerät zu Endgerät ermöglicht.

[163] DSL=Digital Subscriber Line, Übertragungtechnik zum Breitbandzugang

[164] Mit den sog. XDSL-Techniken kann man die verfügbare Bandbreite sogar bis zum 52 Mbit/s steigern. Daten stammen von Wichert-Nickt, 1999, S. 31 ff.

[165] WIK, 2001. S. 40.

[166] Glasfaser oder Lichtwellenleiter sind dielektrische Wellenleiter, die aus optisch transparentem Kern – Quarzglas oder Kunststoff – und aus Acrylharz beschichtetem Mantel bestehen. Vgl. Marshall, 2003, S. 15.

cc) Ökonomische Aspekte des Einsatzes von modernen Technologien

Der Ausbau von neuen Kabelnetzen ist mit Erdarbeiten und damit enormen Grabungskosten verbunden, ein Faktor, der den Neubau von Glasfasernetzen oder die Weiterentwicklung der bestehenden Kabelnetze ziemlich verteuert. Diese Investitionen sind genauso irreversibel, wie die Grabungskosten von anderen Netzen. Dieses ökonomische Problem kann die Weiterentwicklung des Kupferkabelnetzes deutlich hemmen. Dennoch spielen Dichtevorteile beim Netzbau eine wichtige Rolle. Zu einem positiven Effekt kann es weiterhin führen, wenn nicht nur Sprach- und Datenkommunikationsdienste, sondern auch weitere Multimediadienste, wie etwa Videodienste, über die Festnetze ermöglicht werden. Beim parallelen Angebot von Kommunikations- und Multimediadiensten würden gewisse Verbundsvorteile auftreten, was die Errichtung von solchen Netzen günstiger machen kann. Die Expansion der Glasfasertechnologie vollzieht sich zwar nur langsam auf dem Massenmarkt, blüht jedoch beim Geschäftskunden.

Der Ausbau von neuen Netzen und das Verbinden mit dem alten Kabelnetz brachte eine Umstrukturierung des herkömmlichen Netzes mit sich. Weil auch solche Teilnetze, die nicht vertikal miteinander verbunden waren, immer häufiger zusammengeknüpft wurden, verlor das Netz immer mehr von seiner hierarchischen Struktur. Die hierarchischen Netze des Kernbereichs[167] wurden infolge des Entwicklungsprozesses in Maschennetz umgewandelt, deren Knoten nicht nur linear mit untergeordneten Knoten, sondern auch untereinander verbunden wurden.[168] An den Rändern wurden örtliche Netzteile angeschlossen, wodurch sich eine Mischform aus Maschen und hierarchischen Komponenten entwickelte[169]. Infolge der nachträglichen Bauarbeiten und der neuen Technologien, wie der Weiterentwicklung von Multiplexverfahren[170], hat sich der Netzaufbau grundlegend verändert.

[167] Kernbereich = sog. Backebone.
[168] Ausführlicher in Mummert, 2002, S. 26 ff.
[169] Es wurde auf eine Hierarchiesierung der Netzstruktur verzichtet und das Routing wurde weitgehend automatisiert.
[170] Mittels Multiplexverfahren werden die digitalen Signale durch zeitlich gestaffelte Nutzung des Übertragungskanals transportiert, indem die Zeit, die zwischen den Abtastimpulsen eines Signals zur Verfügung steht, für die Übertragung eines anderen Signals genutzt wird. Diese Technik dient die Mehrfachnutzung von Übertragungskanälen und führt zu effektiverer Kapazitätsauslastung. Siehe Marshall, 2003, S. 9.

Abbildung Nr. 5
Mischform im Festnetz

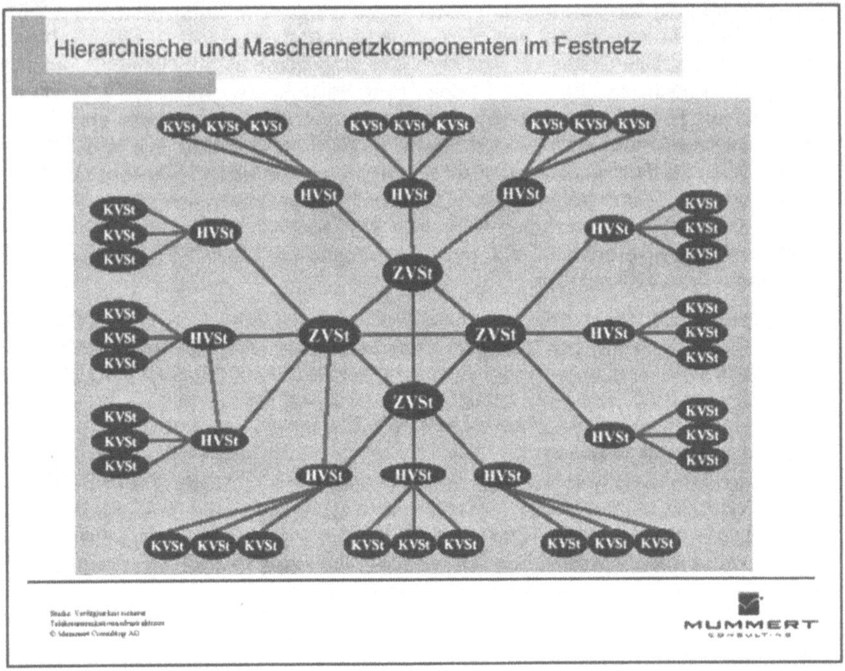

Quelle: Mummert, 2002, S. 27

b) Alternative Technologien und ihre Leistungsfähigkeit

aa) Drahtlose Telekommunikation: Mobilfunk und WLL

Als besonders starke Konkurrenz der kabelgebundenen Telekommunikationstechniken zeigen sich die drahtlosen Kommunikationsformen, vor allem die Mobilfunkkommunikation. Diese Kommunikationsformen bieten dem Kunden außer den herkömmlichen Sprachtelefondiensten eine wichtige zusätzliche Funktionalität, die Mobilität. Diese Funktion ist in unserer Gegenwart so bedeutend, dass der Kunde bereit ist, auch Preisaufschläge gegenüber dem billigeren Telefonieren im Festnetz in Kauf zu nehmen. Die zwei zur Zeit vorhandenen drahtlosen Technologien sind die Mobilkommunikation und der drahtlose Telefonanschluß (WLL)[171].

---

[171] WLL= Wireless Local Loop.

aaa) Technologische Realisierung der Mobilkommunikation

Die Mobilfunktechniken wurden in den 50er Jahren erfunden, um ein standortunabhängiges, mobiles Telefonieren[172] zu ermöglichen. Sie wurden grundsätzlich nicht als alternative Anschlusstechnologie entwickelt, sondern sollten eher militärischen Zwecken dienen. Das Handy galt als Mobilstation des Teilnehmers, mit dessen Hilfe er durch eine Funkverbindung mit der Basisstation (Sender) verbunden wurde. Durch die Basisstation wurden die Datenströme der verschiedenen Übertragungskanäle gebündelt und zu der Mobilstation weitergeleitet. Die heutigen Mobilfunknetze sind in einer Zellenstruktur aufgebaut. Die verschiedenen Netzzellen im Mobilfunk sind über intelligente Netzkomponenten miteinander derart gekoppelt, dass sie die Weiterleitung der Telefonverbindung eines bewegten Teilnehmers von einer Zelle in die Nächste unterstützen.

Die Größe der Zellen bestimmt die notwendige Sendestärke und die Kapazität der Netze, also letztendlich, wie viele Teilnehmer gleichzeitig telefonieren können. In der Anfangsphase betrug die Zellenreichweite[173] max. 35 km pro Funkzelle, heute reichen sie bis über 120 km[174]. Wobei je kleiner die Zellen sind, desto besser das verfügbare Frequenzspektrum ausgenutzt werden kann, und desto mehr Kunden in das Netz aufgenommen werden können.[175] Das Grundproblem der Mobilkommunikation ist, dass die Funkfrequenzen, aufgrund ihrer physikalischen Eigenschaften, knappe Ressourcen darstellen, die nicht beliebig vorhanden und erweiterbar sind.[176] Bei der Einsetzung dieser Kommunikationstechnologie sollte deswegen die Verteilung der Funkfrequenzen zentral geregelt werden.

aab) Erfolg der Mobilkommunikation – günstige Kostenfaktoren

In der Mobilfunkkommunikation kann man bislang zwischen drei Generationen der Funksysteme unterscheiden. Die erste Generation der A, B und C-Netze verwendeten eine analoge Übertragungsweise und große, schwere und teuere Endgeräte, was das Durchdringen der Mobilfunkkommunikation auf den Massenmarkt damals unvorstellbar machte. Die zweite Generation der Mobilfunksysteme, die Netze D und E, schaffte jeweils eine fast flächendeckende Zugangsmöglichkeit, auch wenn sie in erster Linie, mangels hoher Übertragungskapazität, nur zur Sprachkommunikation angewendet werden konnte. Die dritte Mobilfunkgeneration der UMTS[177] brachte eine bedeutende Verbesserung der Übertragung und machte die Datenkommunikation via Handys möglich.

Der Erfolg der Mobilkommunikation ist grundsätzlich auf ihre mobile Zusatzfunktion zurückzuführen. Obwohl die alten Prognosen nicht eine solch schnelle Flächendeckung und eine so hohe Penetration erwarteten, wie es Ende der 90er Jahre der

---

[172] Siehe Wichert-Nick, 1999, S. 36 ff.

[173] Zellenreichweite: hexagonale, wabenförmige Funkzellen mit Zellenradius.

[174] Vgl. Marshall, 2003, S. 23

[175] Z.B. bei den D-Netzen (GSM-Standard) haben die Sender eine Reichweite von bis zum 30 km und können 1000 Teilnehmer pro qkm anschließen. Das Netz besteht aus mehreren tausend Basisstationen.

[176] Vgl. Marshall, 2003, S. 22 ff.

[177] UMTS=Universal Mobile Telekommunikations System, welches alle Daten innerhalb einer Funkzelle auf derselben Frequenz und zum gleichen Zeitpunkt überträgt.

Fall war, war die Bedeutung der Mobilkommunikation bald vorherzusehen. Schon vor der Liberalisierung des Sektors wurde für das Jahr 1998 in Deutschland der Anteil der Mobilkommunikation am Gesamtumsatz der Telekommunikation auf ca. 10 % prognostiziert[178]. Der tatsächliche Anteil der Mobilkommunikation übertraf aber die Erwartungen und betrug mit 22 % mehr als das Doppelte(!).[179]

Dieser Erfolg des Mobilfunksystems ist, neben der mobilen Zusatzfunktion, auf seine günstige Kostenkomponente seitens der Anbieter zurückzuführen. Der Anteil der sunk costs bei den Mobilfunknetzen ist sehr gering, es bestehen eher nutzungsabhängige Kosten. Die versunkenen Kosten entstehen vor allem bei der Aquisition von Standorten für Funkmasten, jedoch sind die Netzkomponenten bei mangelndem Bedarf auch anders einsetzbar, was die Irreversibilität der Investitionen eliminiert[180]. Im Mobilfunkbereich kann man außerdem mit umfangreichen Skalenvorteilen rechnen, was zur Kostensenkung im Falle einer zunehmenden Verbreitung der Mobilfunknetze führt. Die Einstiegskosten bei der Errichtung eines Mobilfunknetzes sind also insgesamt geringer[181] und weniger irreversibel. Deswegen loht es sich für Neueinsteiger in diese Art von Kommunikationsnetzen zu investieren.

aac) Qualitätsprobleme, geringe Bandbreite und teure Endgeräte

Dennoch gibt es einige Nachteile der Errichtung eines Mobilfunknetzes im Vergleich zum Ausbau eines Festnetzes. Beispielweise kann eine hohe Auslastung der Funkzellen zu Qualitätsproblemen führen. Eine solche Gefahr besteht beim Festnetz kaum. Diese Erscheinung weist auf Dichtenachteile hin, welche sich negativ auf den Anstieg der Nutzerzahlen auswirken. Ein wichtiger Unterschied zur Festnetzkommunikation liegt außerdem in der geringeren Bandbreite und der schlechteren Übertragungsqualität der Mobilfunknetze. Erst die GSM-Systeme brachten bessere Übertragungsqualität und besaßen eine hohe Teilnehmerkapazität, was zu der massenhaften Verbreitung der Handys beitrug[182]. Dennoch blieben die zur Verfügung stehenden Bandbreiten der GSM-Handys hinter der Kapazität der Festnetze zurück.

Erst das neuste UMTS-Mobilkommunikationssystem ermöglichte Datenkommunikation mit einer höheren Bandbreite. Mit dem UMTS-System steht dem Nutzer in der Bewegung eine Übertragungskapazität von 9,6-144 kbit/s und bei stationärem Aufenthalt bis zu 2 Mbit/s zur Verfügung. Jedoch liegen diese Kapazitäten immer noch hinter der erreichbaren Kapazität eines herkömmlichen Kupferdoppeladernetzes, nicht gesprochen von einem Glasfasernetz(!). Nicht nur die niedrigere Kapazität, sondern auch höhere Zugangskosten zum Internet belasten die Mobilkommunikationssysteme, was sich negativ auf die Substitutionschance der Mobilkommunikation auswirkt.

---

[178] Umsatzentwicklung auf den Telekommunikationsmarkt in Deutschland, Siehe Haas C., 2000, S. 26.

[179] Man muss zu diesen Daten hinfügen, dass Deutschland damals – im Gegensatz zu Italien - noch überhaupt nicht zu den Ländern mit der höchsten Penetrationsrate zählte.

[180] Vgl. Wichert-Nick, 1999, S. 39.

[181] Der Mobilfunkbetreiber errichtet ein weitmaschiges Netz an Funkzellen und bei wachsendem Bedarf kann er das Netz verdichten. Vgl. Wichert-Nick, 1999, S. 40.

[182] Vgl. Marshall, 2003, S. 23.

Von Verbundsvorteile kann man bei Mobilfunknetzen kaum sprechen, wobei die neusten Handys immer mehr Photo- und Multimediadienste ermöglichen. Dennoch bleiben die mit Handys erstellten Multimediadienste noch weit hinter den Multimediadiensten des Festnetzes zurück. Ein weiteres Problem der Mobilkommunikation ist, dass die Preise der Endgeräte, im Vergleich zum Kauf von Festnetz-Endgeräten, relativ hoch sind. Deswegen muss ein Mobilfunkanbieter andere Kundenpolitik in Bezug auf die Endgeräte betreiben, als ein Anbieter von Festnetzkommunikation.

aad) WLL: beschränkte Mobilität

Eine Mischtechnologie von Mobilfunktechnologie und Festnetzverbindung stellt der drahtlose Telefonanschluß dar. Bei WLL werden die Gespräche bis zur Ortsvermittlung über die herkömmlichen Netze geleitet und von dort durch Funkverbindung bis zu den stationären Endgeräten der Kunden gesendet.[183] Eine weitere Möglichkeit zur Realisierung des drahtlosen Anschlusses bietet das Kabelfernsehnetz, worüber die Gespräche auch weitergeleitet werden können (Wireless Cable).

Nicht nur wegen seiner Errichtung, sondern auch wegen seiner Funktionalität wird der drahtlose Anschluss zwischen Mobil- und Festnetzkommunikation eingestuft. Der Grad der Mobilität bei WLL ist jedoch weit geringer als bei der Mobilfunkkommunikation. Die heutigen Techniken erlauben eine Reichweite von bis zu 200-300 Meter (sog. Fußgängermobilität)[184]. Die Kostenstrukturen der WLL- Systeme sind auch mit denen der Mobilfunknetze gleichzustellen. Allerdings muss man bei der WLL mit höheren Kosten zur Errichtung der Basisstationen rechnen, weil die maximale Teilnehmerzahl pro Basisstation weit beschränkter ist als z.B. bei GSM-Systemen. Vorteilhaft gegenüber den Mobilfunksystemen ist beim WLL, dass dieses System über eine größere Bandbreite, bis zu 1 Mbit/s, verfügen kann als das Mobilfunksystem.

bb) Kabelfernsehnetz

Ein großes Potenzial für alternative Anschlussleitungen würde das Kabelfernsehnetz bieten, vorausgesetzt, dass die Schwierigkeiten der Rückkanalfähigkeit überwunden und eine einheitliche Umrüstung der Netze durchgeführt wird.

bba) Massenhafte Verbreitung und hohe Übertragungsgeschwindigkeiten

Die Potenziale dieses Netzes liegen erstens an der schon massenhaft vorhandenen Verbreitung des Kabelfernsehnetzes. In Deutschland z.B. waren vor der Liberalisierung des Telekommunikationsmarktes cirka 18 Millionen Haushalte[185] an das Kabelfernsehnetz angeschlossen, was die Neuvergrabung von Kabeln vollkommen überflüssig macht. Die Anzahl der anschließbaren Haushalte beträgt gegenwärtig 86 %

---

183 Eine gute bildliche Darstellung eines WLL-System findet man bei Wichert-Nick, 1999, S. 40.
184 Siehe Wichert-Nick, 1999, S. 41.
185 Im Jahre 2001 waren von 39,5 Millionen Haushalten cirka 22 Millionen an das Breitbandkabelnetz angeschlossen. Siehe EMR, Saarbrücken Pressemitteilung vom 12.12.2001 Vgl. Marshall, 2003, S. 40.

aller deutschen Haushalte[186]. Dennoch sind Unternehmen und Gewerbegebiete nicht vernetzt, was die Anzahl der potentiellen Kundschaft für die Kabelnetzbetreiber deutlich einschränkt.

Zweiter Hauptvorteil des Kabelfernsehnetzes ist die leicht erreichbare hohe Bandbreite des Netzes, wodurch die Daten mit einer Übertragungsgeschwindigkeit von bis zu 36 Mbit/s weitergeleitet werden können. Wegen dieser Übertragungsgeschwindigkeit wäre dieses Netz mit den neusten VDSL-Festnetzsystemen[187] wettbewerbsfähig, was nicht nur schnelle Datenkommunikation, sondern auch sonstige multimediale Dienste ermöglichen würde.

bbb) Irreversible Kosten und hohe Verbundsvorteile

Die Ausbauarbeiten der Kabelnetze sind dennoch genauso kostenaufwendig, wie die Errichtung von neuen Festnetzen. Die Grabungskosten gelten als sunk costs, verursachen also eine hohe Irreversibilität von Investitionen. Jedoch bestehen auch hier ähnliche Dichtevorteile und vor allem große Verbundsvorteile wie im Festnetz. Verbundsvorteile sind darauf zurückzuführen, dass via Kabelfernsehnetz nicht nur Daten- und eventuell Sprachkommunikation, sondern auch Rundfunkübertragung und sonstige interaktive Dienste übertragbar sind. Einen weiteren Vorteil bedeutet für die Kabelfernsehkommunikation der schon bestehende, große Kundenpool der Fernsehnetzbetreiber. Eine zusätzliche Leistung von selber Hand anzubieten ist nämlich viel einfacher als sich eine neue Kundenbasis zu erarbeiten.

Probleme bereitet beim Kabelfernsehnetz, wie bereits erwähnt, die mangelnde Rückkanalfähigkeit, was eine Sprachkommunikation durch die existierenden Koaxialkabelnetze nicht ermöglicht. Die Umrüstung der vorhandenen Netze zu bidirektionalen Breitbandnetzen würde nach Schätzung ca. 7-9 Mrd. Euro betragen[188]. Ein weiteres Problem liegt darin, dass diese Netze von unterschiedlichen technischen Standard sind. Auch die Eigentumsstruktur der Netze kann das Zusammenwachsen von Kommunikation mit Multimediadiensten erheblich hemmen. Während 2/3 aller Endkundenzugänge vor der Marktöffnung zum Eigentum des Fernmeldemonopolist gehörten, wurde der Rest der Kabelanschlüsse auf regionale Kabelnetzbetreiber verteilt, deren Anzahl 1999 auf 4000 bis 6000 geschätzt wurde[189]. Ein Quasimonopol und dadurch ein Doppelmonopol von Telefon und Kabelfernsehnetz der DBP Telekom würde den Zugang von potenziellen Konkurrenten zum Kabelnetz vollkommen verhindern.[190]

Es wäre ein schwerwiegender wettbewerbspolitischer Fehler, das Doppelmonopol über diese zwei Kommunikationszweige zu dulden, und jede Verzögerung würde dem Markt Schaden zufügen. Erstens würde das Wachstumspotenzial der Netze beschränkt, zweitens wäre eine alternative Substitution des herkömmlichen Telefonka-

---

[186] WIK, BMWi-Studie, 2001. S. 44 Nach Schätzungen der EMR, Saarbrücken waren im 2001 insgesamt 26 Millionen Haushalte an das Breitbandkabelnetz anschließbar. Siehe EMR, Saarbrücken Pressemitteilung vom 12.12.2001.
[187] VDSL=Very-High-Bit-Rate DSL, ein xDSL-Typ.
[188] Vgl. WIK, 2001. S. 44.
[189] Siehe Marshall, 2003, S. 41.
[190] Vgl. Welfens, 1999, S. 1.

bels verhindert. Aus diesen Gründen sollte man die Fernsehkabel möglichst schnell aus den Monopolnetzen der DBP ausgliedern.

cc) Sonstige Alternativen: Satellitenkommunikation und Powerline

Weitere mögliche Alternativen für die Kommunikation bieten die Satellitenkommunikation und die Kommunikation via Stromnetze (sog. Powerline). Jedoch beeinträchtigen einige funktionelle Probleme, wie z.B. zeitliche Verzögerungen zwischen Senden und Empfangen, Interferenzen oder der hohe Kostenaufwand, die Verbreitung dieser Systeme.

cca) Satelliten: Kommunikation ohne Grenzen

Für die Satellitenkommunikation sind erforderlich sendende oder empfangende Erdfunkstellen, Weltraumsatelliten, vor allem LEOs[191], und ein geeignetes Kommunikationssystem zwischen den einzelnen Satelliten bzw. den Erdfunkstellen. GEOs[192] und MEOs[193] sind wegen Verschattungen und zeitlicher Verzögerungen weniger für Kommunikationsdienstleistungen geeignet. Ein unersetzbarer Vorteil der Satellitenkommunikationssysteme ist, dass sie weite Strecken überwinden können, weshalb sie als Weit-Verkehrsnetze gut zu einsetzbar sind.[194]

Eine weitere positive Fähigkeit solcher Systeme ist, dass sie über eine große Bandbreite von 7,2 kbit/s bis hin zu 2 Mbit/s[195] verfügen, was sie zu einer wichtigen Alternative zur Datenkommunikation machen könnte. Dennoch sind hohe Einstiegskosten und geringe Dichtevorteile charakteristisch für Satellitensysteme. Gleichzeitig bestehen gewisse Größenvorteile bei den Satellitennetzen, vor allem aber bedeutende Verbundsvorteile, wie die Verknüpfung von Kommunikationsdiensten mit Fernsehsenderprogrammen. Zuerst sollten aber alle funktionellen und die qualitäten Probleme der Sattelitenkommunikation behoben werden, damit sie zum Substitut des Festnetzes werden können.

ccb) Powerline: Energieversorger als Kommunikationsanbieter

Ähnlich den Kabelfernsehnetzen könnten die Stromnetze aufgrund ihrer bestehenden Verteilerstruktur[196] und der starken Verbreitung als potenzielle Zugangsalternative zu den herkömmlichen Telekommunikationsnetzen in Frage kommen. Jedoch bestehen immer noch technische und teilweise regulatorische Probleme, die die Substitution der herkömmlichen Fernmeldenetze durch Powerline beschränken[197]. Zu den

---

[191] LEO=Low Earth Orbit-System. Diese Satteliten umkreisen die Erde in Höhe von 750-3000 km. Um flächendeckende Kommunikation anzubieten braucht man eine Vielzahl von Satelliten, sowie ein Kommunikationssystem.

[192] GEO= Geostationäre Earth Orbit- Systeme, solche Satellit kreisen ungefähr 36000 km über die Erde. Ein einziger GEO-Satellit hat cirka 40% der Erdoberfläche im Blick.

[193] MEO=Medium Earth Orbit –System. Sie haben ihre Umlaufbahn in ca. 5000-15000 km Höhe.

[194] Vgl. Wichert-Nick, 1999, S. 43.

[195] Diese Übertragungsgeschwindigkeit gilt für die LEO-Systeme.

[196] In einem Verteilernetz werden die Güter in eine Richtung – von einem Verteiler zu den Netzteilnehmern – geschickt. Wie z.B. auch Gasnetze. Es besteht keine Rückkanalfähigkeit. Vgl. Haas, S. 23

[197] Siehe ähnlich bei Marshall,2003, S. 42.

technischen Schwierigkeiten zählen die Abschirmung der Daten, die Interferenzen und die starke Dämpfung. Das regulatorische Problem besteht darin, dass für Datenübertragung via Stromnetze bislang nur ein Frequenzenbereich zwischen 9 und 96 kHz erlaubt war. Dieser Bereich genügt jedoch nur für eine Übertragungsrate unter der Mbit-Grenze pro Sekunde. Für eine höhere Bandbreite wären Frequenzen oberhalb von 148,5 KHz notwendig. Dies würde die Erlaubnis des Frequenzenverwalters erfordern.[198]

Die Kostenstruktur der Powerline scheint jedoch vorteilhaft zu sein. Es besteht nämlich nur ein geringer Anteil von Irreversibilitäten, und auch die Anfangsinvestitionen sind gering. Außerdem hätte die Powerline hohe Verbundsvorteile durch die Nutzung von Stromnetzen für die gleichzeitige Versorgung mit Elektrizität und Kommunikationsdiensten. Die Stromnetze leiden dennoch unter einem Dichtenachteil. Je mehr Endgeräte an ein Stromnetz angeschlossen sind, desto größer ist die Gefahr der Interferenzen. Die Behebung dieser technischen Probleme hat eine erhebliche Bedeutung für die Substitutionsmöglichkeiten durch Powerline.

3. Nachfrage der Kunden und ihre Befriedigung durch alternative Technologien

Zum Erfolg der verschiedenen alternativen Technologien trägt die Kundennachfrage bei. Die Kunden und ihre Bedürfnisse spielen in jeder Branche eine entscheidende Rolle[199], weil sie die Marktgegenseite der Produktion bilden. Letzten Endes ist der Konsum der Verbraucher der Grund für die wirtschaftliche Betätigung der Unternehmen. Zwar wird der Kundennachfrage im Telekommunikationssektor sehr selten in der Literatur Aufmerksamkeit gewidmet, sie ist aber beim Marktverhalten der Anbieter und der Weiterentwicklung von verschiedenen Übertragungstechnologien von Bedeutung. Die für die wissenschaftliche Beratung zuständige WIK bemängelt sogar, dass in Deutschland keine öffentlich zugänglichen Daten in Bezug auf die Nachfragestruktur des Telekommunikationsmarktes existieren würden, obwohl die englische Regulierungsbehörde OFTEL (seit 2003 eingegliedert in Ofcom) regelmäßige Befragungen diesbezüglich durchführe.[200]. Deswegen wird im Weiteren die Kundennachfrage untersucht.

a) Kriterien der Kundennachfrage – Ausgangspunkt: Marktabgrenzung

Bei der Ermittlung der funktionellen Substituierbarkeit der verschiedenen Kommunikationstechnologien kann man die im Kartellrecht verwendete Marktabgrenzung zur Hilfe ziehen, weil sie die Nachfrage der Kunden prüft und davon die Austauschbarkeit der Güter ableitet. Deshalb kann man die verwendeten Methoden der Marktabgrenzung auch bei der Substituierbarkeitsprüfung der alternativen Technologien anwenden.

Durch Marktabgrenzung[201] werden die Wettbewerbskräfte bzw. die konkurrierenden Unternehmen systematisch ermittelt[202]. Die genaue Abgrenzung eines relevan-

---

[198] Marshall, 2003, S. 42.
[199] Knoll, 2000, S.143.
[200] Siehe Wengler/ Schäfer, Dezember 2003, S. 108.
[201] Siehe Emmerich, 1994, S. 233 ff.
[202] Emmerich, 1994, S. 235.

ten Marktes umfasst ein sachlich[203], räumlich und - falls dies sesonale Schwankungen begründen - zeitlich abgegrenztes Gebiet, wo bestimmte Unternehmen im Wettbewerb miteinander stehen[204]. In der Praxis werden bei der Marktabgrenzung unterschiedliche Faktoren einbezogen und bewertet, die davon abhängig sind, welche Wettbewerbsbehörde in welchem Verfahren die Untersuchungen ausführt. Die höchstrichterliche Rechtssprechung geht bei der Abgrenzung des relevanten Marktes von der Kundennachfrage[205] aus. Sie basiert auf dem Bedarfsmarktkonzept[206], das die Marktgegenseite untersucht und prüft, welche Produkte aus der Sicht des Nachfragenden austauschbar sind.

Die Europäische Kommission betrachtet bei der Ermittlung des relevanten Marktes außer der Austauschbarkeit des angebotenen Produktes für Nachfragende (Nachfragesubstituierbarkeit) auch die Angebotsumstellungsflexibilität der Unternehmen (Angebotssubstituierbarkeit) und prüft gleichzeitig den potenziellen Wettbewerb[207]. Diese Vorgehensweise schlägt sie auch für das nationale Kartellamt vor[208]. Von all diesen Faktoren bewertet sie jedoch die Nachfragesubstitution als am „unmittelbarsten wirksame und stärkste disziplinierende Kraft"[209], die auf die Anbieter eines bestimmten Produktes wirkt.

aa) Im Mittelpunkt des Bedarfsmarktkonzepts – Die Kundennachfrage

Nach dem Bedarfsmarktkonzept gehören all diejenigen Güter und Leistungen zu demselben Markt, die nach dem Urteil des durchschnittlichen und vernünftigen Verbrauchers miteinander austauschbar sind[210]. Im Mittelpunkt der Analyse steht also das Interesse des Verbrauchers (subjektive Äquivalenz[211]). Bei der Frage, ob die Güter oder die Dienste die gleichen Grundbedürfnisse befriedigen, kommt es nicht nur auf ihre funktionelle Austauschbarkeit an, die mit demoskopischen Umfragen und Expertenbefragungen nachzuforschen ist; sondern hängt auch davon ab, ob die Kunden das Produkt tatsächlich mit dem Substitut ersetzen (sog. reaktive Austauschbarkeit[212]). Dies erfordert eine Untersuchung von allen einzelnen Veränderungen von Produktangebotsparametern und die Prüfung bestimmter Verhaltensweisen. Die Austauschbarkeit der Produkte wird nach verschiedenen Kriterien ermittelt.

Welche Kriterien am häufigsten bezüglich der Substitution verwendet werden, findet man mangels gesetzlicher Vorschriften in den Durchführungsverordnungen zu den Art. 85 und 86. EGV, insbesondere in Formblatt A/B zur Verordnung 17/62[213]

---

[203] Aus Sicht dieser Arbeit benötigt nur die sachliche Marktabgrenzung ausführliche Besprechung, deswegen wird demnächst nur diese Segment der Marktabgrenzung geprüft.
[204] S.o. Fn. 202, S. 235.
[205] Vgl. Regulierungsbehörde für Telekommunikation und Post (im weiteren: RegTP), Eckpunkte, 2001, Teil A. Eckpunkt Nr. 1.
[206] oder Substitutionskonzept, siehe Herzinda, 1994 S. 81.
[207] Siehe S.o. Fn. 202, S. 235 ff.
[208] Siehe S.o. Fn. 202, S. 235 ff.
[209] S.o. Fn. 202, S. 236.
[210] Vgl. Emmerich, 1994 S. 234 ff, oder Monopolkommission: Sondergutachten 29, 1999, Punkt 6.
[211] Rösler, 2000, FKVO, S. 20.
[212] Herzinda, 1994, S. 81 und Emmerich, 1994 S. 234 ff.
[213] Verordnung (EWG) Nr. 17/62 des Rates: Erste Durchführunsverordnung zu den Artikel 85 und 86 ABl. 1962 Nr. P 13 vom 21.2.1962 S. 204 ff., zuletzt geändert durch Verordnung (EG) Nr. 1/2003 des

und in Abschnitt 6 des Formblatts CO zur Verordnung 4064/89[214]. Nach der hier konzipierten Definition umfasst der sachlich relevante Produktmarkt „sämtliche Erzeugnisse und/oder Dienstleistungen, die von den Verbrauchern hinsichtlich ihrer Eigenschaften, Preise und ihres vorgesehenen Verwendungszwecks als austauschbar oder substituierbar angesehen werden."[215] Außer diesen Merkmalen ziehen die Kartellämter noch weitere Kriterien zur Untersuchung heran, wie z.B. die Verbraucherpräferenzen, die Produktgruppen, die Produktbündelung usw.

Für die Untersuchungen dieser Arbeit werden diese Grundkriterien verwendet. Falls es notwendig ist, werden noch weitere Kriterien wie z.B. die Produktbündelung miteinbezogen. Um die Prüfung durchzuführen, müssen deshalb diese Kriterien kurz erläutert werden.

bb) Einzelne Prüfungskriterien nach dem Bedarfsmarktkonzept

bba) Produkteigenschaften

Aus der Sicht der Substitution stehen bei Warenprodukten technische und physikalische Eigenschaften und bei Dienstleistungen die Gestaltung der Produktpalette im Vordergrund[216]. Die Austauschbarkeit wird daran gemessen, wie die Materialbeschaffenheit eines Produktes ist, welchen Standards es entspricht und ob der Kunde ein spezielles Know-how von dem Leistungserbringer erwartet oder nicht. Während man bei Kommunikationsgeräten oder Netzen einfach die technischen oder physischen Eigenschaften prüfen kann, erweist sich die Ermittlung bei Dienstleistungen als viel schwieriger. Hier sollte man viel mehr Qualitäts- und Leistungsmerkmale, wie z.B. die Geschwindigkeit des Datentransportes und die Sicherheit der verschiedenen Dienste, vergleichen. Bei der Mobilkommunikation kann die Reichweite, die länderübergreifende Erreichbarkeit (Roaming), für die Austauschbarkeit der Produkte relevant sein.

bbb) Verhalten bei Preisänderungen

Eine besondere Bedeutung haben bei dieser Prüfung die Preisdifferenzen zwischen den Produkten, weil der Preis bei ähnlichen Produkteigenschaften und gleichem Verwendungszweck entscheidend für den Kauf sein kann[217]. Kleine, dauerhafte Änderungen des Produktpreises können z.B. einen Produktwechsel bei den Kunden verursachen. In der Praxis sind Preisunterschiede die wichtigsten Gründe für die Ab-

---

Rates zur Durchführung der in den Artikeln 81 und 82 des Vertrags niedergelegten Wettbewerbsregeln ABl. 2003 Nr. L 1 vom 4.1.2003 S. 1 ff.

[214] Verordnung (EWG) Nr. 4064/89 des Rates über die Kontrolle von Unternehmenszusammenschlüssen ABl. 1989 Nr. L 395 vom 30.12.1989 S. 1 ff., zuletzt geändert durch Verordnung (EG) Nr. 139/2004 des Rates über die Kontrolle von Unternehmenszusammenschlüssen ABl. 2004 Nr. L 24 vom 29.1.2004 S.1 ff.

[215] Verordnung (EWG) Nr. 4064/89, (s.o. Fn. 214).

[216] Siehe Rösler, 2000, S. 23.

[217] Vgl. Emmerich, 1994, S. 234 ff.

grenzung von unterschiedlichen sachlichen Märkten[218]. Deswegen steht der Preis im Mittelpunkt der Marktabgrenzung[219].

Aus diesem Grund werden in der Praxis bei der Marktanalyse sog. Preistest durchgeführt.[220] Die Reaktion der Kunden auf Preisänderungen kann man leicht entweder durch Nachfrageelastizität oder durch die Kreuzpreiselastizität darstellen. Die Preiselastizität[221] der Nachfrage zeigt, welche Veränderung eine 1 %-ige Erhöhung des Produktpreises bei der Nachfrage nach diesem Produkt verursacht. Fraglich kann z.B. sein, wie die Kunden auf die Steigerung des Verbindungspreises für Festnetztelephonie reagieren? Telefonieren sie weniger oder gleich viel?

Durch den Index der Kreuzpreiselastizität kann man sogar das Substitutionsverhältnis zwischen mehreren Produkten messen. Die Kreuzpreiselastizität[222] zeigt, wie sich die nachgefragte Menge eines Produktes „A" sich auf die Änderung des Produktpreises „B" auswirkt. Wenn der Kreuzpreiselastizitätsindex hoch ist, spricht man von einer Substitution. Falls er aber niedrig ist, sind die Produkte miteinander nicht austauschbar.[223] Durch diesen Test kann man die Nachfragereaktion der Kunden konkreter prüfen. Hier wird z.B. nicht nur wie im vorherigen Fall untersucht, ob die Kunden mehr oder weniger telefonieren, sondern vielmehr, ob die Kunden die Festnetztelephonie wegen der Steigerung der Festnetzpreise durch Mobilkommunikation ersetzen. Bei dem Preis-Testen nimmt man eine kleine aber dauerhafte Preiserhöhung von 5-10 %[224] an und misst, wie der Kunde infolge dieser Preisänderung auf verfügbare Substitute ausweicht.

bbc) Verwendungszweck

Als zweitwichtigstes Prüfungskriterium in der Praxis der Marktabgrenzung gilt der Verwendungszweck des Produktes. Es wird angenommen[225], dass Produkte, die sich für die gleiche Verwendung eignen, von den Abnehmern als austauschbar betrachtet werden. Falls die Kunden z.B. ihren Kommunikationsbedarf genauso gut via Funktelefon oder Stromnetz wie via Festnetz befriedigen können, deutet es darauf hin, dass die Produkte und Preise – vorausgesetzt, dass andere Kriterien, wie z.B. der Preis, nicht dagegen sprechen –ein und demselben Markt zuzuteilen sind. Dennoch wird sehr oft bei Produkten oder Diensten danach unterschieden, ob man sie für private oder geschäftliche und für zivile oder militärische Zwecke benutzt.

bbd) Produktbündel

Es kann vorkommen – und bei der Kommunikation ist dies sehr oft der Fall – dass einige Kundengruppen nicht nur ein einzelnes Produkt beziehen, sondern mehrere Produkte oder Dienstleistungen in einem Paket, die einzeln unterschiedliche Ver-

---

[218] Vgl. Monopolkommission: Sondergutachten 33, 2001, S. 67 ff.
[219] Vgl. S.o. Fn. 202, S 19.
[220] Siehe S.o. Fn. 202, S. 19.
[221] Siehe Kopányi, 1996, S. 89.
[222] Siehe Kopányi, 1996, S. 88.
[223] Siehe Herzinda, 1994, S. 81.
[224] Siehe S.o. Fn. 202, S. 9.
[225] Rösler, 2000, S. 24.

wendungszwecke erfüllen.[226] Ein solches Leistungsbündel kann z.B. im Kauf eines Produktes zuzüglich seiner Installation bestehen, wie z.B. bei Software der Fall ist. Produktbündel können den Markteintritt der Wettbewerber erschweren, wenn das Bündel eines etablierten Unternehmens attraktiver ist als die separate Inanspruchnahme der einzelnen Dienstleistungen.[227] Weil das eingesessene Unternehmen Vollanbieter ist, hat es die Option, Bündel zu bilden.

Es kann außerdem vorkommen, dass die Kunden nach einem Sortiment von Produkten fragen. In diesem Fall kommt eine Gesamtheit von einzelnen Waren oder Leistungen in Betracht, die einzeln durchaus unterschiedliche Verwendungszwecke erfüllen.[228] Falls die Abnehmer tatsächlich nach der Gesamtheit von verschiedenen Produkten fragen, muss man diese demselben relevanten Markt zuordnen. Falls die Kunden z.B. bei der Auswahl von Verbindungen überhaupt nicht zwischen Verbindungen im Ortsnetz und Fernnetz unterscheiden, sollte man diese zwei Verbindungsarten zum selben Sortiment einordnen. Es ist durchaus denkbar, dass in der Praxis auch getrennte Märkte für einzelne Dienste und für Sortimente existieren; mit der Folge, dass dieselben Dienstleistungen sowohl den Märkten für einzelne Dienste, als auch dem Sortimentsmarkt angehören. Voraussetzung für eine solche Zuordnung ist, dass die Anbieter tatsächlich unterschiedliche Marktstrategien bezüglich dieser Produkte verfolgen[229].

b) Tatsächliche Kundennachfrage – Probleme bei der Analyse

Nach der allgemeinen Darstellung der einzelnen Kriterien, wonach die Kundennachfrage bzw. ihre Änderungen zu prüfen sind, muss man im Einzelnen untersuchen, wie weit diese Kriterien auf den Telekommunikationssektor anwendbar sind und welche spezifischen Besonderheiten man beachten muss.

aa) Anwendbarkeit der Kriterien der Marktabgrenzung – telekommunikationsmarktbedingte Spezialitäten

Die monopolistische Struktur des Telekommunikationsmarktes, als Altlast aus der Zeit der Marktöffnung, die wenig selbständige Nachfrage der Kunden in der Anfangsphase und die rasante, technologische Entwicklung erschweren die Prüfung des Konsumentenverhaltens.

aaa) Wenig aktive Nachfragerseite in der Öffnungsphase

Man darf nicht außer Acht lassen, dass man nach einer prinzipiellen Marktöffnung noch bei weitem nicht von „Märkten“ im klassischen Sinne sprechen kann. Besonders dann nicht, wenn man den Ex-Monopolisten weder strukturell noch betriebsmäßig antastet oder sogar im Ganzen bestehen lässt. Zu Beginn der vollständigen Libe-

---

[226] Immenga/Mestmäcker, 1997/2001, S. 824 Rn 61.
[227] Vgl. Elixmann/Metzler, 2001, S. 53.
[228] Vgl. RegTP, Eckpunkte, 2001, Punkt 9.
[229] RegTP, Eckpunkte, 2001, Punkt 9.

ralisierung des Telekommunikationssektors kann angesichts des einzigen Anbieters kein richtiger Austausch zwischen Angebot und Nachfrage zustande kommen[230].

Anstatt von der Nachfrage wird vielmehr die Öffnungsphase des Telekommunikationsmarktes vom Angebot des etablierten Unternehmens und dem der eingestiegenen neunen Anbieter geprägt[231], weswegen alleine die Kundennachfrage als Merkmal für die Substitutionsprüfung in der ersten Phase kaum ausreicht. Erst später im Laufe der Wettbewerbsentwicklungen kann man mit einer aktiven Kundenseite rechnen, die neue Produkte und Dienstleistungen sucht. Es wird nicht wenig Zeit vergehen bis sich die Kunden, vor allem die privaten Verbraucher, die fehlenden Auswahlmöglichkeiten und die Leistungen auf Antrag abgewöhnen und sich aktiv über die Dienstleistungen und Preise erkundigen oder sogar selbst neue Dienste anfordern.

aab) Mangelnde Wechselbereitschaft und Lock-in-Effekte

Als Wechselgrundlage könnten neue Technologien, zusätzliche Dienste, besserer Service oder niedrigere Preise in Frage kommen. Dennoch kann die fehlende Aktivität der Kunden Probleme für die Newcomer bereiten. Man muss nach der Marktöffnung damit rechnen, dass eine bestimmte Gruppe der Kunden auf ihren alten Versorger beharren oder die Entwicklungen am Markt vorsichtig abwartet wird, bevor sie den Anbieter wechselt. Diese Erscheinung bezeichnet man als mangelnde Wechselbereitschaft oder Kundentreue. Obwohl die Gründe für diese beiden Verhaltensweisen sehr unterschiedlich sind, könnten beide den aufkeimenden Wettbewerb hemmen.

Nach Untersuchungen des WIK von 2003 nutzen 41% der Haushalte und 30% der Unternehmen die Angebote von Wettbewerbern der Deutschen Telekom. Sie sind praktisch diejenigen, die zur Entwicklung des Wettbewerbs beitragen. Bei über 45% aller Haushalte bzw. mehr als 36% aller Unternehmen war die Marktöffnung praktisch ohne Wirkung[232]. Während die Wechselaffinität der Kunden mit dem Wachstum der Telekommunikationsausgaben und der Vielfalt der verschiedenen Kommunikationsanwendungen offensichtlich zunimmt, ist die mangelnde Wechselbereitschaft auf Bequemlichkeit, Gewohnheit[233], Unsicherheit oder unübersichtliche Dienste bzw. Informationsmangel[234] zurückzuführen. Als Hauptmotiv des Wechsels gilt die Kosteneinsparung(!).

Da in der Telekommunikation Netzexternalitäten bestehen (Siehe Kapitel B II. 1), also der Nutzen eines Netzes für die Kunden steigt, je mehr Teilnehmer an dieses Netz angebunden sind, kann es vorkommen, dass die Kunden bei ihrem alten Netzbetreiber bleiben, um mit dieser Vielzahl von Kunden netzintern telefonieren zu können. Dieses Verhalten (sog. Lock-in-Effekt[235]) kann trotz technologischen Vorsprungs

---

230 Vgl. RegTP, Eckpunkte, 2001 zu Punkt 1.

231 Vgl. RegTP, Eckpunkte, 2001 zu Punkt 1.

232 Siehe Schäfer, 2003, S. 102 und 104.

233 5 Jahre nach der Marktöffnung hängt immer noch 64% der Verbraucher aus Bequemlichkeit, 79% aus Gewohnheit (!) an dem Anbieter Deutschen Telekom. Siehe: Focus, 2001, S. 25.

234 Das Angebot im deutschen Telefonmarkt schien im Jahre 2001 für 44% der Kunden zu untransparent, sie fühlten sich nicht ausreichend imformiert. Siehe: Focus, 2001 S. 25.

235 Haas C., 2000, S. 46.

anderer Netze auftreten. Falls der eingesessene Anbieter auch nach der Marktöffnung eine immer noch zufrieden stellende Qualität zu ähnlichem Preis wie die neuen Wettbewerber anbietet und über eine hohe Teilnehmerzahl verfügt, existieren theoretisch kaum Gründe für einen Betreiberwechsel.

Wie bedeutend die Problematik des Kundenwechsels ist, zeigt die Zahl der Verbraucher, die keine Bereitschaft zeigt, ihren Festnetzanbieter zu wechseln. Nach einer Marktanalyse des Focus von 2001[236] betrug die Zahl der „Telekomtreuen Verbraucher" – ohne die Geschäftskunden[237] - Ende 2001 immer noch 20 Million, was cirka 40% aller Festnetzkanäle ausmacht(!). Bei einer solchen Einstellung der privaten Kunden wird es für die neuen Anbieter äußerst schwer, die notwendige Teilnehmerzahl, welche sie zu ihrer rentablen Geschäftsführung bräuchte, zu erreichen.

Interessant ist es zu bemerken, wie unterschiedlich sich Märkte entsprechend den herrschenden Wettbewerbsbedingungen entwickeln können. Wenn man die Beteiligung der verschiedenen Unternehmen am Mobilfunkmarkt und dem Festnetzmarkt miteinander vergleicht, so sieht man, dass während die Beteiligung der Deutschen Telekom am Festnetzmarkt im Jahre 2002 immer noch über 95% betrug, ihre Anteile am Mobilfunkmarkt auf 41% sanken, trotz des stetigen Zuwachses der Mobilfunkteilnehmer. Der Grund für ihren vergleichsmäßig kleineren Marktanteil kann u.a. sein, dass schon im Jahre 1992 ein Mitbewerber auf dem Mobilfunkmarkt zugelassen war, also praktisch von Anfang an mindestens oligopolistisch strukturiert wurde.

aac) Technologische Entwicklung und Prognostizierbarkeit

Die Telekommunikation ist eine dynamische Wirtschaftsbranche.[238] Wegen den rasanten technologischen Entwicklungen ist ständig zu prüfen, inwieweit diese Veränderungen des Nachfrageverhaltens nach sich ziehen.[239] Man muss u.a. die Differenzierung der Angebote, die veränderten Nachfragepräferenzen, den ständig wechselnden Preis und die Qualitätsunterschiede durchgehend untersuchen. Solche Untersuchungen sind in der Wettbewerbspraxis nicht unbekannt. Ähnlich zukunftsbezogen werden z.B. die Zusammenschlüsse von Unternehmen geprüft[240], wohingegen bei Missbrauchsaufsicht die Märkte eher statisch betrachtet werden. Der unterschiedliche Zeithorizont, wonach sich die Fusionskontrolle und die Missbrauchaufsicht richten, kann in der Praxis dazu führen, dass für das gleiche Produkt unterschiedliche räumliche Märkte abgegrenzt werden[241].

Die schnellen technischen Innovationen üben nicht nur auf das Nachfrageverhalten einen bedeutenden Einfluss aus, sondern auch auf die Technologien selbst. Infolge der Innovation laufen praktisch alle technischen Elemente einer Telekommuni-

---

[236] Siehe: Focus, 2001, S. 25

[237] Leider gibt es bislang keine Statistiken darüber, wieviel Prozent der Festnetzkanäle den Geschäftskunden und wieviel den Privatkunden gehört.

[238] Vgl. RegTP, Eckpunkte, 2001, Eckpunkt Nr. 3.

[239] Vgl. RegTP, Eckpunkte, 2001, Eckpunkt Nr. 8.

[240] Bei der gemeinschaftlichen Fusionskontrolle hat die Überwachung struktureller Veränderungen bei dem Angebot einer Ware das Ziel, die Begründung oder den Ausbau einer beherrschenden Stellung zu verhindern.

[241] Vgl. S.o. Fn. 202.

kationsinfrastruktur Gefahr, entwertet zu werden[242]. Man weisst allzu gut, wie schnell alte Computer kapazitätsschwach oder alte Handys ausgetauscht werden. Im Laufe der Zeit wächst permanent die nachgefragte Übertragungsgeschwindigkeit in der Datenkommunikation, und die Mobilnetzbetreiber müssen einen viel größeren Kommunikationsverkehr mit ausreichend Strom versorgen. Die neuen Möglichkeiten in der Telekommunikation bieten nicht nur Wettbewerbern eine Chance für den Markteinstieg, sondern zwingen das etablierte Unternehmen, die Leistungsfähigkeit seines vorhandenen Netzes ständig zu erhöhen. Aus diesem Grunde muss man bei der Untersuchung von alternativen Technologien die Wettbewerbschancen von beiden Unternehmensgruppen darstellen.

Schwierigkeiten bereitet bei der Prüfung von methodischen Ansätzen die Tatsache, dass das Ausgangspreisniveau der verschiedenen Dienstleistungen, wegen fehlender Wettbewerbspreise, mit den alten, teilweise staatlich festgesetzten Monopolpreisen gleichzustellen ist.[243] Dies vermindert die Aussagekraft der Preiselastizitäten. Außerdem ist es in der Praxis auch umstritten, wie groß eine Kreuz-Preiselastizität sein muss, um von Substituierbarkeit sprechen zu können.[244] Außer Frage steht, dass positive Elastizitäten Substitutionsbeziehungen zeigen. Dennoch hilft es nicht ausreichend bei der Bewertung der tatsächlichen Substitution.

aad) Unterschiedliche Nachfrage der Geschäfts- und Privatkunden

Erheblich unterschiedliche Bedürfnisse haben private Verbraucher und Geschäftskunden. Außerdem ist ihre Zahlungsbereitschaft vollkommen anders. Während die zweite, professionelle Kundengruppe als Großnachfrager individuelle Lösungen, mit hoher Ausfallsicherheit und Dienstqualität verlangt, haben die Privaten deutlich andere Anforderungen.[245] Die Geschäftskunden, die mit ihrer Nachfrage die technologischen Entwicklungen vorantreiben, fordern immer umfangreichere, schnellere Kommunikation nicht nur im sprachlichen, sondern auch im Datenbereich.

Aufgrund der Globalisierung und den durch Telearbeit gebotenen Beschäftigungsmöglichkeiten müssen die Firmen auch intern über gesicherte Intranets kommunizieren können. Dies erfordert das technische Zusammenwachsen von IT und Kommunikationsbranche. Gleichzeitig wächst der Bedarf der Unternehmen am Zugang zu international übergreifenden Netzen, wie das Internet[246]. Im Jahre 2002 hatten 97% der deutschen Firmen Zugang zum Internet und 85% von ihnen verfügten über eine eigene Website[247].

Im Gegensatz zu Geschäftskunden stellt der Markt der privaten Kunden einen Massenmarkt dar[248]. Obwohl wegen der geringen Umsätze pro Privatkunden kaum individuell zugeschnittene Angebote unterbreitet werden können, besitzen die Verbraucher differenzierte Bedürfnisse und schätzen passende Lösungen[249]. Den-

[242] Schäfer, 2003, S. 4.
[243] Siehe: RegTP, Eckpunkte, 2001, Eckpunkt Nr. 8.
[244] RegTP, Eckpunkte, 2001, Eckpunkt Nr. 8.
[245] Vgl. Schäfer, 2003, S. 81 ff.
[246] Vgl. Wichert-Nick, 1999, S. 51.
[247] Die Daten stammen NFO WorldGroup, 2003, S. 257, 259.
[248] Siehe Schäfer, 2003, S. 82.
[249] Vgl. Schäfer, 2003, S. 82.

noch gibt es auch Gruppen von Privatkunden, wie z.B. Rentner, Jugendliche unter 14 Jahren und Menschen, die auf einem niedrigeren sozialen Niveau leben oder aufgrund ihres Alters wahrscheinlich auch in der Zukunft einen geringeren Kommunikationsbedarf haben werden.

Auch wenn das Nachfrageverhalten von Geschäftskunden und Privatkunden separiert zu prüfen ist, sind diese zwei Gruppen eng miteinander verknüpft. Die Telekommunikationsfirmen haben nämlich festgestellt, dass diejenigen Kunden, die in den Hauptstunden von 8-18 Uhr Geschäftskunden gewesen sind, in den späteren Abendstunden zu Privatkunden werden[250]. Auch die Einordnung der Selbständigen macht die Unterscheidung schwieriger. Wahrscheinlich muss man in der Zukunft die Kundengruppen entsprechend ihrem Kommunikationsbedarf neu segmentieren. Man sollte in der Praxis zwischen Kunden mit großem und Kunden mit kleinem Kommunikationsbedarf unterscheiden.

bb) Nachfragen im Einzelnen

Nachdem die Untersuchung erschwerenden Faktoren dargestellt wurden, wird nun auf die tatsächliche Nachfrage der Kunden im 21. Jahrhundert eingegangen. Die Statistiken zwischen 1996 und 2002 haben einige vorausgesagte und dennoch bestrittene Tendenzen bestätigt, weswegen man sie am Anfang des neuen Jahrhunderts als Tatsache akzeptieren muss. Außerdem wird hier versucht, auf zukünftige Tendenzen hinzuweisen, womit die Arbeit auch Aussagekraft für die zukünftige Regulierung haben kann.

bba) Gleichzeitige Sprach- und Datenkommunikation

Die Sprachkommunikation ist heute als eine Unterart der Kommunikation anzusehen. Die Datenkommunikation dringt immer weiter nach vorne und spielt heutzutage eine weiter zunehmende Rolle. Man kann davon ausgehen, dass der Datenverkehr insgesamt, trotzt seines Messproblems, mindestens 50%[251] der gesamten elektronischen Kommunikation ausmacht(!). In der Zukunft wird der Kunde bei einem Kommunikationsgerät nicht die Ermöglichung von Sprachkommunikationsdiensten als Hauptfunktion verlangen, sondern eher fragen, welche Datenkommunikationsdienste mit welcher Übertragungsgeschwindigkeit das gefragte Gerät abwickeln kann. Sprachkommunikation wird eine selbstverständliche Funktion jedes Endgerätes, sog. Basisdienst sein und bei der Nachfrage nur eine untergeordnete Rolle spielen. Bei der Sprachkommunikation wird für die Kunden vor allem die Mobilität entscheidungsrelevant sein.

Der enorme Informationsbedarf unseres Jahrhunderts, die neue Zahlungsweisen, das Direktmarketing und der E-Commerce als neuer Vertriebsweg und der lebenslange Lernprozess[252], der alle Berufe begleiten wird, macht die Datenkommunikation unerlässlich. Dies gilt nicht nur für Unternehmen, sondern auch für Verbraucher. Nach Schätzungen wird die tägliche Nutzungszeit von Online-Diensten bis zum Jah-

---

[250] Vgl. Knoll, 2000, S. 144.
[251] Siehe: Kurth (Rede), 2002, S. 1.
[252] Vgl. Schäfer, 2003, S. 61.

re 2010 auf 62 Minute steigen, wobei sie im Jahre 2000 nur etwa 18 Minute/Tag betrug.[253] Aus diesen Gründen werden beide Kommunikationsdienste parallel gefragt sein, wobei die Rolle der Datenkommunikation in Zukunft noch mehr an Bedeutung gewinnen wird. Die Kunden werden nicht nur an der any-to-any-Kommunikation[254], sondern auch an der any-to-machine[255] sowie an der machine-to-machine-Kommunikation[256] interessiert sein.[257]

Aus diesem Grund werden in der Zukunft Sprach- und Datennetze weiter konvergieren, und die Sprachkommunikation wird wahrscheinlich nur eine Applikation neben vielen anderen Datenapplikationen darstellen (sog. Next Generation Networks[258]). Zukünftig werden immer höhere Breitbände nachgefragt werden, womit der Datentransfer schneller abgewickelt werden kann. Diese Tendenzen kann man auch an der Weiterentwicklung der Technologien sehen. Solange die Leistungskapazität von Netzen und Modems bislang in kbits/s (ISDN) gemessen wurde, misst man sie heute in Mbits/s (DSL-Technologien), Gbists/s (Glasfasernetz) und sogar Werte in Tbit sind zu finden.

bbb) Ständige Erreichbarkeit - Mobilität

Die Forderung nach ständiger Erreichbarkeit wurde neben dem Bedürfnis, mindestens einmal täglich im Internet zu sein, das Grundgebot der neuen Informationsgesellschaft. Während ein mobiles Telefon noch vor einem Jahrzehnt ein ausgesprochenes Luxusgut für erfolgreiche Manager und reiche Privatleute darstellte, wurde die Mobilkommunikation mittlerweile zum Massen- bzw. Konsumgut.[259] Die zusätzliche Funktionalität, welche der Mobilfunk neben der Sprachübermittlung ermöglicht hat, gewann an Bedeutung. Die Zahl der Mobilfunkanschlüsse überstieg in Deutschland erstmals im Jahre 1999 die Zahl der Festnetzanschlüsse. Im Jahre 2002 gab es in Deutschland 56,2 Million Mobilfunkkanäle, während die Zahl der Festnetzanschlüsse in der jungen Vergangenheit auf 39,7 Million Anschlüsse leicht zurückging(!).[260] Die Zahl der bestehenden Festnetzkanäle[261] (ca. 53 Million) unterliegt der Zahl der Mobilfunkkanäle.

Nicht nur die Sprachkommunikation wird immer mobiler, sondern es kann auch ein fester Trend in Richtung des mobilen Netzzugangs (sog. mobile Computing) beobachtet werden.[262] Dieser Sektor zeigt sich als klassischer Querschnittsbereich der Informations- und Kommunikationstechnik. Er bietet einen jederzeitigen netzlosen Zugang zum Internet für den Anwender, also auch Mobilität bei Datenkommunikati-

[253] Büllingen in: Kubicek/ Klumpp/ Büllesbach/ Fuchs/ Roßnagel, 2002, S. 173.
[254] any-to-any-Kommunikation bedeutet die sprachliche Kommunikation zwischen Personen.
[255] any-to-machine Kommunikation ist Kommunikation zwischen eine Person und dem Computer, z.B. Sprachprogramme für Erlernen von Fremdsprachen.
[256] machine-to-machine-Kommunikation bedeutet Datenkommunikation z.B. Senden von e-Mail.
[257] Siehe IZMF, 2002, S.2 oder WIK, 2002, S. 15.
[258] Vgl. Schäfer, 2003, S. 50.
[259] Knoll, 2000, S. 151 oder WIK, 2001. S. 21.
[260] Statistik von Kurth (Rede), 2002.
[261] Zu demselben Anschluss können mehrere Kanäle gehören.
[262] Vgl. Mummert, 2002, S. 154.

on, und kann vor allem über UMTS Technologie, WLAN[263]s oder durch Satelliten ermöglicht werden.

Falls sich in der nahen Zukunft signifikante Preissenkungen im Bereich der Mobilkommunikation zeigen, gehen die Experten davon aus, dass sich die Sprachtelephonie langfristig vollständig(!) in die Mobilfunknetze verwandeln wird[264]. M.E. nach kann man eine vollständige Substitution auch langfristig nicht erwarten, wenn man nur die Alterstruktur unseres Jahrhunderts betrachtet[265]. Dennoch wird die Substitution durch Mobilkommunikation sehr bedeutend. Falls sich das Preisniveau der Mobilkommunikation dem Niveau der Festnetztarife nähert, werden wahrscheinlich vor allem die Privatkunden die Festnetztelefone durch den Mobilfunk ablösen. Die Geschäftskunden werden zwar für alle ihre Mitarbeiter Diensthandys erwerben, aber wahrscheinlich werden sie auch parallel ihre Festnetze behalten.

bbc) Dienstleistungen aus einer Hand

Im vorigen Abschnitt wurde festgestellt, dass die Kunden in der Zukunft immer mehr nach Bandbreite und Mobilität fragen werden. Außerdem wurde auch die Bequemlichkeit der Kunden angesprochen. Daraus folgt, womit sich Prognosen und Wissenschaftler nur wenig beschäftigen, dass die Kunden komplette Lösungen aus einer Hand wollen. Die Technik interessiert die Kunden weniger als der Preis und die Anwendung. In der Zukunft werden die Kunden komplette Lösungen, also schnelle und möglichst mobile Datenkommunikation mit Sprachkommunikation als Basisdienst, aus einer Hand verlangen. Bereits jetzt fragen sie gleichzeitig nach Sprach- und Datenkommunikation und sind bereit, zusätzlich einen Vertrag über Mobilkommunikation mit einem anderen Anbieter zu schließen.

Ob man diese Dienste bezüglich der Marktabgrenzung in einem Bündel zusammenfassen oder sie als drei getrennte Dienste ansehen muss, wird vom Einzelfall abhängen. Aus der Sicht der Entwicklung des aufkeimenden Wettbewerbs wird grundsätzlich relevant, auf welchen Märkten das Ex-Monopol tätig wird. Diese Frage ist umso schwieriger, je weniger der Ex-Monopolist bei der Marktöffnung strukturell separiert wird. Falls sich der ehemalige Monopolist auf allen drei Märkten für Festnetz- Mobil- und Datenkommunikation behauptet, werden ausschließlich solche Unternehmen konkurrenzfähig, die auch alle drei Kommunikationsarten gleichzeitig anbieten.

Noch problematischer wird es, wenn das etablierte Unternehmen mindestens auf einem von diesen drei Märkten über eine marktbeherrschende Stellung verfügt. Es werden ihm nicht nur Synergieeffekte, Größen- und Verbundsvorteile zur Verfügung stehen, sondern es kann schnell seine Marktmacht von einem Markt auf den anderen verlagern und eine zusätzliche marktbeherrschende Stellung ergreifen. Der Regulator muss diese Probleme speziell beachten.

---

[263] WLAN=Wireless Local Area Network (Drahtloses lokales Netzwerk), bietet drahtlosen Internet-Zugang an öffentlichen Hotspots, wie Innenstädte, Flughäfen oder Hotels.
[264] Siehe Knoll, 2000, S. 153 oder Schäfer, 2003, S. 56, Leitlinie C 233 Punkt 30 vom 6.9.1991 S. 2 ff.
[265] Hinweise darauf im Schäfer, 2003, S. 61.

c) Alternative Technologien entsprechend der Kundennachfrage

Weil die Kunden in der Regel keine Forderung nach einer bestimmten Technik haben[266], sondern sich eher an konkreten Kriterien, wie etwa Verwendungszweck, Errichtungspreis und Tarife orientieren, muss man die alternativen Technologien nach der heutigen und zukünftigen Kundennachfrage (siehe Kapitel B, Punkt 3 b)) ermitteln. Die Nachfrage nach schneller und möglichst mobiler Datenkommunikation mit Sprachkommunikation als Basisdienst aus einer Hand kann nach dem heutigen Stand der Technologie, unabhängig von der technologischen Anwendung, auf sechs verschiedene Arten befriedigt werden:

1. *durch die UMTS-Technologie*
2. *durch Satellitenkommunikation*
3. *durch die Kombination von Festnetz und Mobilfunk*
4. *durch die Kombination von Mobilfunk und Kabelfernsehnetz*
5. *durch die Kombination von Mobilfunk, WLL und WLAN und*
6. *durch die Kombination von Mobilfunk und Powerline.*

Diese Varianten kann man aus der Zusammenfassung der ökonomischen und technologischen Eigenschaften der alternativen Technologien ablesen:

Tabelle Nr. 3

Alternative Technologien und ihre Substitutionschance

Netze		**Verwendungszweck**			**Ökonom. Effekte**	**Substitution**
		DatenK in kbit/s	SprachK	Mobilität		
Fest	Kupfer-DA	3,1-52000	gut	keine	Irreversibilität DichteV VerbundsV	
	Glas-Faser	2000-10Gbit/s	gut	keine	Irrevers. DichteV VerbundsV	++--*
Mobil	GSM	2000	gut	gut	DichteN VerbundsN	-+++
	UMTS		gut	sehr gut	keine Irrevers.	++++

[266] Orlamünder in: Kubicek/ Klumpp/ Büllesbach/ Fuchs/ Roßnagel, 2002, S. 325.

	WLL/ WLAN	1000-50000	gut	wenig	teuere Endgeräte	++-+
Satellit	Satellit	7,2 - 2000	mangelhaft	gut	VerbundsV Einstiegkosten hoch DichteN	+++-
Kabel	TV-Kabel	36000	mangelhaft	keine	Irrevers DichteV VerbundsV	+--- Rückkanalfähig: ++--
Strom	Power-Line	1000	mangelhaft	keine	VerbundsV Anfangsinvestition niedrig	+--+

Abkürzungen:

K: Kommunikation V: Vorteil N: Nachteil

* Die vier Kategorien der Bewertung (....) erfolgen nach den vier behandelten Kriterien

aa) die UMTS-Technologie

Aus dieser Tabelle geht hervor, dass die UMTS -Mobilfunktechnologie in Bereichen der Daten- und Sprachkommunikation bzw. der Mobilität überall über ein (+)-Zeichen enthält. Dies bedeutet, dass die neue UMTS -Technologie für die Kunden als theoretisch beste Alternativlösung in Frage kommen könnte. Diese Technologie wurde nämlich von vornherein auch für Daten- und Internetdienste entwickelt, neben dem Sprachkommunikationsdienst.[267] Durch die zusätzlichen Kapazitäten der UMTS-Netze wären die Mobilfunknetzbetreiber längerfristig in der Lage, eine Substitutionsstrategie zu verfolgen.[268]

Dennoch existiert ein Problem mit der UMTS-Technologie. Es wurde gesagt, dass die durch UMTS übertragene Bitrate von bis zu 2 Mbit/s zwar höher ist als die Übertragungsgeschwindigkeit von z.B. einem einfachen Kupferdoppeladernetz ohne Anwendung von zusätzlichen Modems, dennoch ist sie relativ niedrig im Vergleich zu den Glasfasernetzen. Fraglich ist, wie hoch man die Breitbandkapazitäten der UMTS mit zusätzlichen Techniken steigern könnte.

Zwei weitere Voraussetzungen für die Verbreitung dieser Technologie sind das Behalten der günstigen Kostenseite der UMTS-Netze und die Erzielung eines vergleichbaren Kundenpreises wie bei den Festnetzdiensten. Ansonsten entfällt dieser weitere attraktive Vorteil der UMTS-Netze. Die Mobilfunkgebühren und die Gerätekosten der UMTS-Technologie dürfen nicht übermäßig die Kosten des Festnetzes

267 Vgl. Schäfer, 2003, S. 55 ff.
268 Vgl. Schäfer, 2003, S. 56, WestLB Panmure, 2003, S. 7.

und der zusätzlichen Mobilkommunikation übersteigen, ansonsten werden die Kunden bei dem etablierten Festnetzbetreiber bleiben. Nach Schätzungen der ECIN[269] würde nur ein drittel der Kunden eine Preissteigerung der Mobilfunkkosten von höchstens 10% bei der UMTS-Technologie akzeptieren, das andere Zweidrittel würde keine Ausgabenerhöhung in Kauf nehmen. (Hier sind aber nicht mal die Kosten der Internetdienstleistungen miteinbezogen.)

Vorausgesetzt, dass die übertragbare Bitrate via UMTS in der Zukunft steigen wird und die günstige Kostenseite der Technologie nicht mit zusätzlichen hohen Kosten, z.B. mit hohen Lizenzgebühren, erhöht wird bzw., dass die Verbraucher den Kundenpreis für die UMTS-Technologie akzeptieren, kann die UMTS-Technologie eine sehr gute Alternative für Anwender bedeuten.

bb) Satellitenkommunikation

Wie die Tabelle zeigt, scheint die Kommunikation via Satelliten als zweitbeste Alternative. Dennoch sieht die Kostenseite dieser Kommunikationsart weniger vorteilhaft aus. Der Vorteil der drahtlosen Kommunikation via Satellit liegt zunächst einmal an der weiten Verbreitung von Satellitenempfangsantennen. In Deutschland besitzen 34% der Haushalte eine Empfangsantenne.[270] Von einem weiteren Vorteil können die Empfänger insbesondere in ländlichen Regionen profitieren, wo sich die Versorgung kurzfristig herstellen lässt. Durch Satelliten können Daten und Sprache gleichzeitig an mehrere Empfänger oder von mehreren Standorten an denselben Empfänger übertragen werden.[271]

Satelliten sind dennoch teuer und die nötigen Frequenzen sind ein knappes Gut. Außerdem sind sie empfindlich bei Wetterveränderungen und können Laufzeitverzögerungen haben. Wegen dieser technischen Mängel und des hohen Kundenpreises bildet die Satellitenkommunikation in der jetzigen Zeit jedoch keine ausreichende Alternative. Die Kommunikation via Satelliten wird wahrscheinlich eine Nischenlösung sein.

cc) Kombination von Mobilfunk mit Festnetz

Eine vernünftige Alternative für die Deckung der Kundennachfrage bietet die Kombination von Mobilfunk mit dem Festnetz. Solange der Mobilfunk dem Anwender mindestens für Sprachkommunikation und für wenige Datendienste eine ständige Mobilität zusichert, ermöglicht ein Festnetzzugang das schnelle Surfen und die aufwendige Datenkommunikation durch ISDN, DSL-Systeme oder via Glasfaser mit einer Geschwindigkeit von bis zu 10 Gbit/s[272]. Vor allem kann der etablierte Festnetz-Anbieter von dieser Lösung profitieren, falls er nach der Marktöffnung seine vorhandenen Festnetze behalten kann, weil er schon vor der Marktöffnung über eine Mobilfunklizenz verfügt hat. Auch wäre diese Lösungsart für einen Newcomer günstig, weil er sehr kostengünstig sein GSM-Netz errichten kann, vorausgesetzt, dass er entweder

---

[269] Siehe http://www.ecin.de/news/2002/09/30/04882.
[270] BITKOM, 2002, Siehe NFO WorldGroup, 2003, S. 83.
[271] Siehe Satellitenfunk - www.regtp.de.
[272] Dies ist die Kapazität von Glasfasernetzen.

mit dem etablierten Festnetzbetreiber kooperieren kann oder über ausreichend Kapital verfügt, womit er seine Festverbindungen ausbauen kann.

Wegen der kostenaufwendigen Neuerrichtung jedes Festnetzkabels kann es sehr wahrscheinlich sein, dass die Newcomer mit anderen Netzbetreibern bzw. Mobilbetreibern kooperieren müssen, um beide Dienstarten aus einer Hand vermarkten zu können. Dennoch ist es wichtig, dass alle Kundenbedürfnisse aus einer Hand befriedigt werden. Den Kunden ist es nämlich irrelevant, wenn gegebenenfalls mehrere Anbieter verschiedene Dienstarten und die dadurch entstehenden Einnahmen untereinander teilen. Er will aus einer Hand Daten- Sprachkommunikation und Mobilität bekommen. Es ist auch vorstellbar, dass die Kunden bereit sein werden, bei mehreren Anbietern die Dienste einzukaufen, falls sie Preisvorteile haben. Ein neuer Festnetzanbieter müsste dann eventuell mit niedrigeren Internet- und Sprachtelefontarifen agieren, damit er gegenüber dem etablierten Festnetzanbieter überhaupt konkurrenzfähig wird.

Ein drückendes Problem bereitet die Existenz des Etablierten, weil er keine Errichtungskosten bezüglich des Festnetzes hat. Außerdem verfügt er über „C"- Mobilfunklizenzen. Zudem liegen die Kosten einer flächendeckenden Ausbreitung und der Verbesserung des Mobilfunknetzes bedeutend unter den Kosten für Newcomer. Über tatsächliche Konkurrenzfähigkeit werden eventuell nur andere nationale Vollanbieter der Deutschen Telekom verfügen, was das Etablieren neuer Unternehmen am Telekommunikationsmarkt praktisch ausschließen kann.

Der Regulator muss diese Probleme vor den Augen halten, falls er tatsächlich Wettbewerbschancen für neue Unternehmen bieten will. Vor allem bei der Missbrauchsaufsicht und der Fusionskontrolle müssen die Wettbewerbshüter beachten, dass das eingesessene Unternehmen auf den Märkten für Festnetz- und Mobilkommunikation tätig ist. Man muss eine besondere Prüfungsweise der Marktabgrenzung einführen. Denkbar ist, dass man bei der Marktabgrenzung einen Gesamtmarkt für Mobil- und Festnetzkommunikationsmarkt bildet, die abgeleiteten Marktanteilsquoten gewichtet und mit allen anderen Anteilsquoten multipliziert.

Insgesamt bietet die Kombination von Mobil- und Festnetzkommunikation eine sehr gute Alternative für die Befriedigung der Kundennachfrage. Jedoch kann eine strukturell unangetastete nationale Fernmeldeorganisation am besten von dieser Lösung profitieren, weil sie über eine ausgebaute Netzinfrastruktur und über Mobilfunklizenzen verfügt. Sie spart einen großen Teil der Grabungskosten und ist nicht gezwungen, mit anderen Anbietern zu kooperieren. Nationale Vollanbieter können die Etablierung der Newcomer hemmen, sogar verhindern.

dd) Kombination von Mobilfunk mit Kabelfernsehnetz

Die Vorteile des schnellen Datentransfers und der weiten Verbreitung des Kabelfernsehnetzes[273] könnte man mit der Mobilität verknüpfen, wenn man Datenkommunikation und Mobilkommunikation aus einer Hand anbieten würde. In diesem Fall sollte der Mobilnetzbetreiber mit einem Kabelnetzbetreiber kooperieren, um die Wünsche

[273] Im Jahre 2001 verfügten 18 Millionen Haushalte über terristischen Kabelfernsehnnetz. Siehe Focus, 2002, S. 12 Außerdem werden Fernsehprogramme für weitere 11 Millionen Haushalte durch Satellit übertragen. Siehe RegTP, Jahresbericht, 2001.

der Kunden zu erfüllen. Ein kleines Problem bereitet die Breitbandkapazität des Kabelfernsehnetzes, die zwar nach heutigem Stand der Technik der Kapazität des ISDN entspricht und deutlich höher ist als die Bandbreite der Satelliten, dennoch der Übertragungsgeschwindigkeit der DSL-Technik und der Glasfasernetze unterliegt.

Insgesamt kann diese Lösungsmöglichkeit nur dann eine sehr gute Wettbewerbschance der Newcomer vor allem bei Privaten Nutzern sichern, wenn die Mobil- und Kabelnetzbetreiber ihre Allianzen sofort nach der Marktöffnung starten können. Die Durchdringung dieser Alternative kann die Eigentumsverhältnisse am Kabelfernsehmarkt hindern. Um einen Infrastrukturwettbewerb auf diese Weise zu ermöglichen, sollte man das Doppelmonopol des etablierten Telekommunikationsunternehmens im Kabelfernseh- und Festnetzbereich sofort bei Marktöffnung aufheben[274]. Ansonsten wäre zu erwarten, dass das etablierte Unternehmen wegen der beabsichtigten Zwangsveräußerung überhaupt nicht in seine Kabelnetze investiert, was die Infrastrukturentwicklung hindern kann. Viel bedrückender wäre es aus der Sicht des Wettbewerbs, wenn das etablierte Unternehmen schnell seine Festnetze mit ISDN-Anschlüssen oder DSL-Technologie ausrüsten würde, weil es damit einen unaufholbaren Wettbewerbsvorsprung erreichen[275] und die Entwicklungschancen einer solchen Lösungsalternative eliminieren könnte.

Eine Kombination von Mobilfunk und Fernsehkabelnetz kann vor allem den Newcomern eine kostengünstige Lösungsalternative bieten. Jedoch müssen sie die übertragbare Bitrate via Fernsehkabelnetz steigern, und die verschiedenen Anbieter müssen miteinander kooperieren. Eine unabdingbare Voraussetzung für die Konkurrenzfähigkeit dieser Alternative ist die rasche Lösung der Eigentumsverhältnisse.

ee) Kombination von Mobilfunk mit WLL und WLAN

Noch mehr Mobilität sichert die Kombination der Mobilfunktechnologie mit der WLL oder WLAN-Technologie. Weil die WLL-Technologie zurzeit nur eine niedrige Bitrate von bis zu 1 Mbit/s sichert, ist ein stärkerer Einsatz der WLAN-Technologie in der nahen Zukunft zu erwarten. Durch die drahtlose Anschlusstechnologie der WLAN könnte man um eine vierfach schnellere Datenübertragung von bis zu 54 Mbit/s erreichen als mit der UMTS-Technologie[276]. Damit wäre sie nicht nur mit dieser Kommunikationsform wettbewerbsfähig, sondern auch mit der ISDN- oder DSL- Kommunikation. Wie schon erwähnt unterliegt diese Übertragungskapazität dennoch den Glasfasernetzen. Trotzdem ist es fraglich, ob die Kosten des Ausbaus der WLAN-Technologie für die Wettbewerber haltbar sein werden.

Einen relativ guten Platz könnte diese Kombination für den Anbieter sichern, auch wenn man die Knappheit der zu vergebenden Mobil- bzw. WLAN-Frequenzen beachten muss. Falls die Tarife für Daten- und Sprachkommunikationsdienste bei der Kombination von Mobilfunk und WLAN vergleichbar bleiben mit den Kommunikati-

---

274 Vgl. Pressemitteilung der Europäischen Kommission vom 20. Juni 2000, siehe www.regtp.de/presse.
275 Paralleles Gedanke, siehe Deutsche Bank, 2003, S. 9.
276 Vgl. NFO WorldGroup, 2003, S. 116.

onstarifen anderer Alternativen, bietet diese Alternative eine sehr gute Substitutionschance[277].

ff) Kombination von Mobilfunk mit Powerline

Diese Lösungsalternative ist nach dem heutigen Stand der Technik leider unrealisierbar, weil die Powerline Kommunikation sich immer noch als ein extrem schlechtes Übertragungsmedium darstellt. Die Niederspannungsnetze (240 V) besitzen sehr ungünstige Abstrahlungseigenschaften. Zudem verursachen sie Störimpulse innerhalb des Netzes[278]. Diese verursachten einen sehr hohen technischen Aufwand. Dennoch haben die Stromnetze eine vergleichbar geringe Sendeleistung, denn man kann nur Daten bis zu wenigen Mbits via Stromnetz übertragen. Wie die Realisierung und die Tarife dieser Kommunikationsart in der Zukunft aussehen werden, kann man leider noch nicht sagen. Deswegen ist diese Lösungsalternative bislang nur eine theoretische Möglichkeit geblieben.

III. Abzubauende juristische Marktzutrittschranken und die Anweisungen der Grünbücher

1. Marktzutrittsschranken aufgrund staatlicher Regulierung

Das Wettbewerbspotenzial auf den Märkten für Telekommunikation wird nicht nur durch ökonomische Gegebenheiten beeinflusst, sondern auch durch staatliche Eingriffe determiniert[279]. Auch wenn die Juristen dies nicht gerne einsehen, bilden oft die Gesetze bzw. die gesetzlichen Vorschriften Schranken für die Entfaltung des Wettbewerbsgeschehens. Nicht nur die Gebühren, die durch die Unternehmen z.B. für die Lizenzerteilung bezahlt werden müssen, sondern auch die langwierigen Prozesse, die überschneidenden Zuständigkeiten verschiedener Behörden sowie die Knappheit der Lizenzen können den Wettbewerb hindern und gleichzeitig Schranken für den Zutritt von neuen Unternehmen auf den Markt bilden. Vor allem können staatlich geschützte Monopolrechte oder Tätigkeitsverbote, Eigentumserwerb-schranken und Steuerbegünstigungen Marktzutrittschranken verursachen.

Diejenigen juristischen Vorschriften, die den Marktzutritt erschweren, kann man in zwei Gruppen einordnen. Man kann nämlich zwischen staatlichen Marktzugangshindernissen, die den Eintritt von weiteren Unternehmen komplett verweigern und solchen, die dies nur beeinträchtigen, unterscheiden.

[277] Leider stiegen die tatsächlichen Kosten der Errichtung von WLL höher als prognostiziert, was das Marktpotenzial dieser Technologie vehement einengt. Siehe Deutsche Bank, 2003, S. 9.
[278] Siehe Schäfer, 2003, S. 54.
[279] Siehe Fredebeul-Krein, 2000, S. 68.

a) Arten der Marktzutrittsschranken

aa) Verweigerung des Marktzutritts

Vor der Liberalisierung waren nahezu alle europäischen, nationalen Telekommunikationsmärkte dadurch gekennzeichnet, dass die Telekommunikationsdienste für ein staatliches Fernmeldemonopol vorbehalten waren[280]. Ein freier Marktzugang für inländische und ausländische Investoren war vollkommen ausgeschlossen. Der Markteintritt war also nicht nur erschwert, sondern auch verboten. Gleichzeitig handelte es sich um ein Tätigkeitsverbot. Die staatlichen Schutzmaßnahmen waren besonders weitgehend bei der Netzinfrastruktur und bei der Sprachtelephonie. Nur einzelne, sog. geschlossene Benutzergruppen, durften nicht öffentliche Telekommunikation für eigene Zwecke betreiben (§ 3 FAG a.F.). Diese bevorzugten Gruppen waren vor allem städtische Versorgungsunternehmen, Sparkassen usw., an denen oder an deren Funktionieren der Staat Interesse hatte. Diese Unternehmen verrichteten entweder öffentliche Aufgaben oder waren wichtige Steuerzahler.

Die Diskriminierung von ausländischen Investoren und deren Ausschluss vom nationalen Telekommunikationsmarkt hing mit der strategischen Bedeutung der Telekommunikationsnetze und der Kommunikation zusammen. Der Erwerb von Anteilen am ehemaligen staatlichen Unternehmen durch ausländische Investoren war vor der Liberalisierung entweder ganz verboten oder prozentual limitiert. Solche Marktzutrittsschranken grenzen den Kreis der potenziellen Marktteilnehmer ein und bilden Hindernisse gegenüber der Wettbewerbsfreiheit. Auch dann, wenn gewisse sicherheits- und industriepolitischen Interessen eines Staates als begründet zu akzeptieren sind, sind solche Marktzutrittschranken in einer frei und offen gestalteten Wettbewerbsstruktur nicht zulässig.

bb) Beeinträchtigung des Marktzutritts

Das Recht, Telekommunikationsdienstleistungen anbieten zu dürfen, bedeutet für die Unternehmen noch bei weitem keine Sicherstellung eines offenen Marktzugangs. Die diskriminierungsfreie und gleiche Behandlung von verschiedenen Unternehmen durch die staatlichen Behörden ist für die Investoren von entscheidendem Belang. Besonders wichtig ist die Gleichbehandlung der Unternehmen bei der Zuteilung von knappen Ressourcen, wie bei der Vergabe von Nummern, Wegerechten und Frequenzen genauso wie bei Erteilung von Lizenzen. Der Staat muss darauf achten, dass die Vergabe von ohnehin knappen Ressourcen nicht durch eine künstliche Verknappung weiter reduziert wird[281].

Ähnliche Behinderungen stellen übermäßige staatliche Regulierungen dar, wie z.B. die zu weit reichenden Voraussetzungen für die Zuverlässigkeit und die Finanzkraft von Unternehmen, die unklaren Definitionen oder die zu weit gesetzten Ziele für die Sicherstellung einer störungsfreien Nutzung von Frequenzen. Auch die unsichtbaren, nichttarifären Handelshemmnisse bilden zwischenstaatliche Marktbarrieren,

---

[280] Dies entspricht einer vollkommenen Verweigerung des Marktzutritts, siehe bei Fredebeul-Krein, 2000, S. 58.
[281] Siehe Fredebeul-Krein, 2000, S. 63.

deren Bekämpfung deutlich komplizierter ist als die Bekämpfung der tarifären Handelshemmnisse. Um eine wettbewerbsfördernde Regulierung schaffen zu können, muss der Gesetzgeber besonders auf diese Eintrittsbarrieren achten. Diese Markteintrittsbarrieren sind nur schwer zu erkennen und noch schwieriger zu eliminieren[282]. Dennoch muss der Gesetzgeber diese Marktzutrittschranken bei der Öffnung eines dem Wettbewerb vorher verschlossenen Marktes abbauen.

b) Juristische Marktzutrittsschranken in Deutschland vor der Liberalisierung

Die gesetzlichen Grundlagen für den Telekommunikationsbereich lagen, wie es im Kapitel A. I. b) schon erwähnt wurde, in dem Gesetz über Fernmeldeanlagen (im weiteren: FAG a.F.) von 1928[283] und in dem Gesetz über die Postverwaltung (PostVerwG) von 1953[284] vor. Die verfassungsrechtliche Basis des Fernmeldewesens wurde in Artikel 73 Nr. 7 und in Artikel 87 Abs. 1 des Grund-gesetzes a.F. verankert. Diese Gesetze beinhalteten solche die Fernmeldestruktur bewahrenden Vorschriften, die den Marktzutritt von Wettbewerbern ausschlossen und dadurch die Weiterentwicklung des Telekommunikationssektors hemmten.

aa) Keine Betätigung von privaten Unternehmen im Fernmeldebereich

Die materiellen Grundlagen für die Verwaltung und für das Funktionieren des Fernmeldewesens liegen in Deutschland in verschiedenen Gesetzen. Diese Gesetze erfreuen sich einer langen Tradition und gelten seit Ende des 19. Jahrhunderts. Wenn man beachtet, dass diese Gesetze erst im Jahre 1989 bzw. 1994 grundlegend modifiziert wurden, merkt man, dass sie fast ein Jahrhundert lang die Entwicklung des Fernmeldewesens einerseits gestaltet, andererseits begrenzt haben.

aaa) Staatliche Fernmeldeorganisation, Deutsche Bundespost

Die staatliche Handlungskompetenz für den Sektor des Fernmeldewesens ergab sich aus der alten Fassung des Grundgesetzes. Der Artikel 73 Nr. 7 bestimmte erstens die bis heute geltende, ausschließliche Gesetzgebungskompetenz des Bundes im Bereich des Post- und Fernmeldewesens, zweitens schrieb der Artikel 87 Abs. 1 Satz 1. die Organisationsform der Deutschen Bundespost (DBP) vor. Gemäß dem Art. 87. Abs. 1 S. 1 war die DBP als unmittelbare Staatsverwaltung in Form einer Bundesbehörde zu führen.[285] Durch diese Verankerung der Deutschen Bundespost in die Staatsverwaltung war eine mögliche Privatisierung der Bundespost theoretisch ausgeschlossen.[286]

Das Gesetz über die Postverwaltung von 1953, welches an das Reichspostfinanzgesetz von 1924 anknüpfte, wiederholte die Vorschriften des Grundgesetzes über die

[282] Vgl. Feketeküty, Géza: International Trade in Services: An Overview and Blueprint for Negotiations, Cambridge, 1988, S. 141.
[283] vom 14. Januar 1928.
[284] Siehe in Fassung von 17.3.1977. BGBl. I. S. 459 ff.
[285] Gemäß Art. 87 Abs. 1 GG „In bundeseigener Verwaltung mit eigenem Verwaltungsunterbau werden geführt... die Bundespost..." Vgl. Klein, 2000, S. 271 ff.
[286] Vgl. Klein, 2000, S. 272.

Eigentumsverhältnisse der Deutschen Bundespost. Nach dem PostVerwG stellte die Deutsche Bundespost ein Sondervermögen des Bundes dar, welches unter dem Namen des Bundes handeln, klagen und verklagt werden konnte.

aab) Monopolstellung der Deutschen Bundespost

Für die Betätigung von privaten Unternehmen im Fernmeldebereich blieb in der Vergangenheit ein sehr kleiner Freiraum. Das Gesetz über Fernmeldeanlagen vom 1. Januar 1928, welches das Gesetz über das Telegraphenwesen von 1892[287] ohne wesentliche Veränderungen ablöste, normierte die Monopolstellung der Deutschen Bundespost. Zwar erlaubten die §§ 2 und 3 dieses Gesetzes einen winzigen Freiraum für die Betätigung privater Unternehmen, dennoch stand „das Recht, Fernmeldeanlagen, nämlich Telegrafenanlagen für die Vermittlung von Nachrichten, Fernsprechanlagen und Funkanlagen zu errichten und zu betreiben" ausschließlich dem Bund zu.[288]

Dieser sog. Freiraum und die Befugnis, Rechte zur Errichtung und zum Betrieb von Fernmeldeanlagen zu verleihen, stand gemäß § 2. Abs. 2. FAG oder nach §14 PostVerwG[289] dem Bundesminister für Post und Fernmeldewesen zu, der von dieser Befugnis nur selten Gebrauch machte. Erst im Jahre 1992 wurde noch ein Mitbewerber für den öffentlichen Mobilfunkmarkt zugelassen und eine GSM-Funklizenz der Mannesmann GmbH erteilt[290]. Außerdem bot der § 3 FAG eine weitere Möglichkeit für genehmigungsfreies Errichten und Betreiben von Fernmeldeanlagen[291], und zwar für Behörden, Transportanstalten, Betriebe bzw. für geschlossene Benutzergruppen. Dieser Freiraum wurde in der Vergangenheit äußerst eng gehalten.

Bezüglich der neuen Reformen konnte man zwischen zwei Wegen wählen: entweder konnte man sich innerhalb des durch den Ermessenspielraum der Gesetze gegebenen freien Rahmens bewegen oder durch tiefgreifende Gesetzesänderungen neue Rahmenbedingungen schaffen. Wie weit eine Ausdehnung der gesetzlichen Rahmenbedingungen geschaffen werden konnte, hing einerseits von der Akzeptanz traditioneller Strukturen und Grundprinzipien, andererseits vom politischen Willen der Regierung bzw. des Gesetzgebers ab. Falls der Gesetzgeber sich für eine chancengleiche und wettbewerbsfördernde Marktstruktur auf den Telekommunika-tionsmarkt entschied, hätte er diese Marktzutrittschranken abbauen müssen.

bb) Marktzutrittsschranken aufgrund geltender Grundprinzipien

Marktzutrittschranken bildeten nicht nur gesetzliche Vorschriften, sondern auch bestimmte fernmeldepolitische Grundprinzipien, welche die Fernmeldestruktur bedeutend prägten. Diese Prinzipien der deutschen Telekommunikationspolitik überliefer-

---

[287] In diesem Gesetz wurde das staatliche Fernmeldemonopol verankert. Das Gesetz über das Telegraphwesen wurde am 6. April 1892 verabschiedet.
[288] Siehe Artikel 1. Abs. 1 FAG a.F., in der Fassung der Bekanntmachung vom 17. März 1977 BGBl. I. S 459.
[289] Vgl. Aus der amtlichen Begründung des Poststrukturgesetzes vom 8. Juni 1989 (BT – Drs. 11/2854 S. 32 ff.).
[290] Vgl. Bundesregierung, Konzeption – 1988, S. 57
[291] Diese Freistellung galt aber nicht für Funkanlagen, siehe § 3 Abs. 2 FAG a.F.

ten zwar die traditionellen Rahmenbedingungen, die seit einem Jahrhundert auf dem Fernmeldemarkt herrschten, dennoch bildeten sie Hindernisse für die Weiterentwicklung und Neugestaltung dieses Sektors[292].

Die drei wichtigsten Grundprinzipien genossen eine so hohe gesellschaftspolitische Akzeptanz, dass sie bei der Neuordnung des Telekommunikationssektors weiterhin beibehalten werden sollten[293]. Diese Prinzipien hingen hauptsächlich mit den der Deutschen Bundespost zugewiesenen Infrastrukturaufgaben zusammen. Die drei wichtigsten Grundprinzipien waren: das Prinzip der flächendeckenden Versorgung mit Fernmeldediensten, das Prinzip der Tarifeinheit im Raum und das Prinzip des Kontrahierungszwangs. Die wettbewerbspolitische Rolle dieser Grundprinzipien ist weitgehend umstritten.

bba) Flächendeckende Versorgung, anstatt konkurrierender Leistungen

Das Grundprinzip der flächendeckenden Versorgung wurzelt in dem Gebot der Daseinsvorsorge und wurde als Staatsaufgabe der nationalen Fernmeldeorganisation auferlegt. Interessanterweise schien diese Pflicht der infrastrukturellen Grundversorgung in den anfänglichen Diskussionen über Fernmeldereformen weiterhin unantastbar zu sein[294]. Anstatt die Versorgung dem Marktteilnehmer zu überlassen, beharrte die Bundesregierung auf die Festhaltung am alleinigen Pflichtversorger, dem sie weiterhin Monopolrechte für die Netze und Dienste gewähren wollte. Eine solche Konzeption steht der Einführung des Wettbewerbs grundsätzlich nicht entgegen – erklärte die Bundesregierung[295]. Dennoch hätten diese Monopolrechte den Wettbewerb in den Grundbereichen vollkommen ausgeschlossen.

„Das Gemeinwohlargument", wie die Fachleute den Grund der Beibehaltung der Infrastrukturaufgabe der Deutschen Bundespost nannten, erwies sich nach der herrschenden Meinung als wenig stichhaltig[296]. Dieses Argument der Bundesregierung verkennt, dass der Wettbewerb, in der Regel nicht zur Unterversorgung, sondern eher zur Überversorgung tendiert[297]. Diese Erscheinung haben die Beispiele der Industriemärkte schon hinlänglich bewiesen. Als Garant für eine nachfragerechte Versorgung hielten die Experten aus diesem Grund die Dynamik des Wettbewerbs, statt der Versorgung durch ein staatliches Monopol.

Für den Fall, dass diese Wettbewerbsdynamik die Versorgungsaufgabe entweder nicht ausreichend oder nicht flächendeckend lösen könnte, würden dem Staat weitere Lösungsmethoden vorliegen, womit die privaten Unternehmen zur Versorgung verpflichtet werden könnten[298]. Außer der Versorgung durch ein öffentliches Unternehmen besitzt die Regierung nämlich noch eine breite Palette von Regulierungs-

---

[292] Bei Konzipierung von zukünftigem ordnungspolitischem Rahmen müssen die Regulierer auf jedem Fall einen Ziel–Kosten–Ergebnis – Bilanz ziehen, womit sie für das Zweckoptimum die best möglichsten Mittel auswählen können.
[293] Siehe in Bundesregierung, Konzeption – 1988.
[294] Bundesregierung, Konzeption – 1988, S. 2.
[295] Vgl. fügt die Bundesregierung zu der Erklärung ihrer Konzeption. Siehe Bundesregierung, Konzeption – 1988, S. 2 ff.
[296] Vgl. Hansen, 1988, S. 16, Sondervotum in: Witte-Bericht, 1987, S. 134 ff.
[297] Siehe Hansen, 1988, S. 16, Auch bei elementaren Versorgungsgütern ist das der Fall, siehe Witte in: Büchner, 1999, S. 174.
[298] Diese Lösung bevorzugt auch Hansen, siehe Hansen, 1988, S. 17.

maßnahmen, womit sie Marktversagen korrigieren kann. Die Erfüllung von Versorgungsaufgaben könnte z.B. mit Hilfe von bestimmten Lizenzauflagen, Fusionsauflagen oder von Steuerermäßigungen usw. unterstützt werden. „Schließlich verbleibt der Wirtschaftpolitik immer die Möglichkeit, regionalpolitische Ziele über Auflagen gegenüber neuen Netzträgern zu realisieren.“[299] Aus diesen Gründen sollte der Gesetzgeber bei der Liberalisierung die vollständige Öffnung der Dienstmärkte für den Wettbewerb befürworten und für den Fall der Unterversorgung Auflagen gegenüber den Netzträgern[300] vorbehalten.

bbb) Tarifeinheit anstatt freier Tarifgestaltung

Dem Prinzip der „Tarifeinheit im Raum“ kam vor der Liberalisierung eine besondere regionalpolitische Bedeutung zu. Mit der Tarifeinheit wurden unter anderem die folgenden regionalpolitischen Ziele bezweckt: ein günstiges Nahbereichsgespräch, eine besondere Gebührenvergünstigung für Ortsnetze in Randlagen, Gebührenvergünstigung für Berlin und für den Berlinverkehr usw.[301] Jedoch, den technischen Fortschritten verdankend, änderten sich die Kosten der Bereitstellung des Telefondienstes in den letzten Jahrzehnten erheblich, wodurch die Haltbarkeit und Wichtigkeit dieses Grundprinzips in Frage gestellt wurde. Besonders bemerkbar war es bei der Kostenstruktur.

Während die Kosten im Fernnetz stark sanken, bewegten sich die Kosten im Ortsnetz nur geringfügig. Die Gebühren der Deutschen Bundespost zogen bei diesen Entwicklungen überhaupt nicht nach, weshalb eine Verzerrung[302] zwischen den Kosten der Deutschen Bundespost und den Tarifen der Telefongespräche entstand. Diese nicht zu begrüßende Tatsache bekennt auch die Bundesregierung.[303] Laut Rechnungen der Regierungskommission Fernmeldewesen bedeutete der Tarifsprung zwischen dem Nahverkehr und der kürzesten Fernzone (20 km) eine Verzehnfachung des Entgeltes(!).[304] Während die Kosten eines Ferngesprächs über 100 km im Jahre 1988 während der Tagesstunden im Vergleich zu den Kosten im Nahverkehr ein Verhältnis von 4:1 aufwiesen, enthielt die Tarifstruktur der DBP ein Verhältnis von 40:1 (!).[305]

Die unveränderte Anwendung des Prinzips der Tarifeinheit im Raum bedeutete praktisch, dass der Staat eine interne Subventionierung der Deutschen Bundespost erwartet hatte. Dies hatte zur Folge, dass das Unternehmen gezwungen war, die mit unterschiedlich hohen Kosten produzierten Dienstleistungen zu gleichem Preis anzubieten (sog. staatliche Diskriminierungszwang[306]). In Bezug auf die Tarifeinheit be-

---

[299] Siehe Hansen, 1988, S. 17, aus dem Sondervotum einiger Mitglieder der Regierungskommission Fernmeldewesen lasst sich auch diese Argumentation entnehmen, vgl. Sondervotum in: Witte-Bericht, 1987, S. 137.

[300] Siehe Meinung von Mitglieder der Regierungskommission wie z.B. Fetsch-Röver, Dr. Möschel, Dr. Necker und Dr. Terrahe, Witte-Bericht, 1987.

[301] Vgl. Bundesregierung, Konzeption – 1988, S. 67.

[302] Die Unübersichtlichkeit eines Marktes führt zu Fehlinformationen auf Seite der Kunden und der Investoren, was zur Fehlallokationen, zu volkswirtschaftlichen Schaden führen kann.

[303] Vgl. Bundesregierung, Konzeption – 1988, S. 86.

[304] Vgl. Witte-Bericht, 1987, S. 91.

[305] Vgl. Witte-Bericht, 1987, S. 91.

[306] Siehe Hansen, 1988, S. 17.

tonten viele Experten, dass die interne Subventionierung volkswirtschaftlichen Schaden zufüge, weil sie künstlich verbilligte oder verteuerte Preise produziere[307]. Außerdem gäben diese künstlichen Preise falsche Signale für die Nutzer. Die Tarifeinheit im Raum führte deswegen zu kritisierter Fehlallokation von Ressourcen, die nach Effizienzgesichtspunkten äußerst negativ zu beurteilen sind[308].

Als die Regierung den Standortwettbewerb als Hintergrund der Tarifeinheit im Raum ins Gespräch brachte, deuteten die Experten darauf hin, dass die regionalen Unterschiede bei anderen Preisen, z.B. bei Preisen für Strom oder für Miete, vielleicht größere wirtschaftliche Bedeutung für die Unternehmer oder für die Verbraucher hätten als die kostengerechte Preisdifferenzierung von Fernmeldegebühren. Deswegen konnte man allein mit kostengerechter Preisdifferenzierung keine ausreichenden Signale für den Standortwettbewerb geben.

Da diese Tarifverzerrungen, besser gesagt, die Preis-Kosten-Unterschiede nach der Zulassung des Wettbewerbs „von Wettbewerbern leicht ausgenutzt" werden könnten, wollte die Bundesregierung die Einführung des Wettbewerbs im Dienstbereich vermeiden[309]. Sie argumentierte gegen die Zulassung des Wettbewerbs damit, dass die neuen Anbieter von den Tarifverzerrungen profitieren könnten und dadurch „selbst ineffiziente Anbieter eine Chance am Markt hätten"[310]. Ohne das Eindringen von „ab ovo ineffizienten" Anbietern zu beurteilen, muss man aber hinfügen, dass eine weitere Konservierung der bestehenden Tarifverzerrungen keinesfalls erwünscht war. Außerdem sollte der Regulator eine verstärkte Kostenorientierung in das Tarifsystem einführen.

bbc) Kontrahierungszwang anstatt freier Auswahl von Kunden

Durch das Prinzip des Kontrahierungszwanges erlegte die nationale Fernmeldeorganisation der DBP die Pflicht des Vertragschlusses mit allen Interessenten auf. Dieses Prinzip kann man von der Daseinsvorsorge ableiten, wodurch es mit dem Prinzip der flächendeckenden Versorgung eng zusammenhängt. Fraglich ist, ob Kontrahierungszwang in einem freien Wettbewerb den Unternehmen vorgeschrieben werden kann.

Einige Experten meinen[311], dass die Kombination von Infrastrukturauflagen oder von flächendeckender Versorgung mit dem Kontrahierungszwang in der Regel einen Wettbewerbsnachteil und zusätzliche Belastungen für das dienende Unternehmen bedeute. Andere[312] sagen hingegen, dass dieses Grundprinzip mit anderen Prinzipien gleichzustellen sei und es deswegen für den Verpflichteten keine besondere Belastung darstelle. Der Kontrahierungszwang als Infrastrukturauflage kann nach Erachten der Experten entweder mit der Verpflichtung des bundesweiten Ausbaus von

---

307 Vgl. Hansen, 1988, S. 17 ff.
308 Hansen, 1988, S. 18.
309 Siehe Bundesregierung, Konzeption – 1988, S. 8.
310 Vgl. Bundesregierung, Konzeption – 1988, S. 67 Auf die Fragen, ob das Eindringen von „ab ovo ineffizienten" Anbieter für den Mark eine drohende Gefahr darstelle, oder ob die tarifverzerrende Deutsche Bundespost selbst vielleicht ineffizient wäre, wird hier nicht eingegangen.
311 Vgl. Heuermann/Neu, 1998, S. 37.
312 Witte-Bericht, 1987, S. 86.

Netzen in Zusammenhang gebracht werden, oder er kann das Verbot der Zugangsverweigerung zu einem vorhandenen Netz bedeuten.

Solange die erste Variante mit dem Prinzip der flächendeckenden Versorgung gleichzustellen ist, lautet die zweite Variante, wie es die Essential-Facility-Doktrin[313] voraussetzt, dass das Telekommunikationsnetz die Bedingungen einer wesentlichen, nicht duplizierbaren Einrichtung erfüllt. In beiden Fällen entspricht also der Kontrahierungszwang anderen wettbewerbsrechtlichen Prinzipien und bereitet keine besondere Belastung für die verpflichteten Unternehmen. Aus diesen Gründen teilt die Mehrheit die Experten[314] nicht die Meinung der Bundesregierung, dass der Kontrahierungszwang der Deutschen Bundespost zusätzliche Kosten verursache. Als Lösung für den Ausgleich von Infrastrukturauflagen schlugen die Experten einen Finanzausgleich vor, der nicht zu einem unfairen Wettbewerb zwischen dem Nachfolgeunternehmen von DBP und den privaten Konkurrenten führen würde[315].

M.E. ist es schwer vorauszusagen, ob der Wettbewerb allein das Problem der flächendeckenden Versorgung löst. Dennoch wäre ein allgemeiner Kontrahierungszwang, der die freie Kundenwahl der Unternehmen verbieten würde, mit den Wettbewerbsprinzipien nicht vereinbar. Das Problem der mangelnden Versorgung sollte aber der Staat mit anderen Methoden, wie z.B. Finanzausgleich oder Steuerbegünstigung für das erbringende Unternehmen usw., lösen.

2. Abbau von Marktzutrittsschranken auf Anweisung der Grünbücher

Nach der Darstellung der ökonomischen und juristischen Voraussetzungen, welche notwendig für eine erfolgreiche Marktöffnung sind, muss man überprüfen, wieweit die tatsächlichen Reformprozesse diesen Voraussetzungen entsprachen. Bevor man jedoch die einzelnen Reformmaßnahmen betrachtet, sollte man sich mit den Grundsätzen der Grünbücher vertraut machen, weil diese die ordnungspolitischen Zielrichtungen der Reformmaßnahmen vorschrieben.

a) Bedeutung und Rechtskraft der Grundsätze von Grünbüchern

Wie schon im Kapitel A, II, 2 a) erwähnt, brachte die Konzipierung der gemeinsamen europäischen Telekommunikationspolitik von 1984 eine grundsätzliche Änderung in der Gestaltung der nationalen Telekommunikationspolitiken. Seit 1984 sollten sich die nationalen Vorschriften nicht nur nach dem allgemeinen Gemeinschaftsrecht richten, sondern auch den Grundsätzen der Telekommunikationsrichtlinien bzw. Verordnungen entsprechen.

In der Praxis der Europäischen Kommission wurde es Tradition, bei schwerwiegenden Fragen vor dem Erlass von Richtlinien ihre Konzeption in Grünbüchern zu

---

[313] Die Essential-Facility-Doktrin wurzelt in dem amerikanischen Wettbewerbsrecht. Siehe Fall „United States v. Terminal Railroad Association of St. Luis (224. U.S. 383, 1912 und 236 U.S. 194, 1915) Vgl. Reiffen/Kleit, 1990 S. 419 Es ist dann anzuwenden, wenn sich eine wesentliche Einrichtung in der Verfügungsgewalt eines marktmächtigen Unternehmens oder Monopols befindet, der einem Konkurrenten keine Mitbenutzung gegen ein kostenorientiertes Entgelt gestattet, obwohl der Konkurrent darauf hingewiesen ist.

[314] Vgl. Witte-Bericht, 1987, S. 85-86.

[315] Siehe Witte-Bericht, 1987, S. 86.

verfassen, die auch die mit den Mitgliedsstaaten geführten Verhandlungen und Abstimmungen beinhalten. Zwar haben die Vorbehalte[316] der Grünbücher weder unmittelbare Wirkung[317] für die Mitgliedsstaaten, noch muss sich die europäische Legislative daran halten, dennoch sind diese Grundsätze maßgeblich für die Legislative und geben Orientierungshilfen für die Verfasser des sekundären Rechts[318]. Durch die Erläuterung der Grünbücher kann man die allgemeinen normungs- bzw. ordnungspolitischen Ziele der Telekommunikationspolitik klar nachvollziehen.

Durch die ordnungspolitischen Grundsätze der Grünbücher werden gemeinsame Rahmen[319] für die konkrete Ausgestaltung der Telekommunikationsbranche bzw. für den Ablauf der Liberalisierungsreformen geschaffen. Durch diese werden nicht nur die Richtung, sondern auch die Grenzen des Umwandlungsprozesses festgeschrieben. Interessant ist es, dass außer den ordnungspolitischen Grundsätzen, die Grünbücher auch solche Grundsätze enthalten, die den Vorgang der Gesetzgebung regelten. Diese Grundsätze nennt man normungspolitische Grundsätze.

b) Normungspolitische Ziele für die Telekommunikationspolitik

Die gemeinschaftlichen Akten beinhalten strikte Hinweise bezüglich der Frage, wie der Wortlaut der Normen und Empfehlungen für den Telekommunikationsmarkt gestaltet werden sollte. Diese Hinweise, die sog. Normungspolitischen Grundsätze, bilden die Leitlinien der Gesetzgebung und sind als allgemeine Regulierungsprinzipien anzusehen. Vor allem das Grünbuch über die Entwicklung des Gemeinsamen Marktes für Telekommunikations-Dienstleistungen und Geräte (im weiteren: Grünbuch´87)[320] beinhaltet viele Grundsätze für die Legislative.

Als Ausgangspunkt jeder Kodifikation schreibt das Grünbuch´87 vor[321], dass die Vorschriften der Telekommunikationsreformen präzise und unmissverständlich formuliert werden müssen. Man muss die Vorschriften vervollständigen und dafür sorgen, dass das Instrumentarium tatsächlich funktionsfähig ist. Allein die Schaffung verschiedener Rechtsmittel stellt noch bei weitem nicht ihre Durchsetzbarkeit[322] sicher. Diese Grundsätze lassen nicht einmal das Tempo des Normungsprozesses außer Acht. Sie schreiben vor, dass der Normungsprozess drastisch beschleunigt werden muss, um eine leistungsstarke Kommunikation national, gemeinschaftsweit und weltweit gewährleisten zu können.

Unter diesen Grundsätzen regeln einige konkrete, wettbewerbspolitische Aspekte, wie z.B. die Struktur des Wettbewerbs oder die Integrität der Telekommunikations-

---

[316] Diese Vorbehalte sind schon wichtige Ausgangspunkte, die Entschlossenheit der Gemeinschaft widerspiegeln Über die Vorbehalte siehe: Grünbuch´87, Zusammenfassung S. 7 (s.o. Fn 49).

[317] Wobei die Grünbücher keine unmittelbare Wirkung, als sekundäres Gemeinschaftsrecht haben. Vgl. Fischer, 1997 S. 108 Rn. 20 ff.

[318] Interessanterweise auch bei der Richtlinienrevision im 1999, 10 Jahren nach dem Anfang der Reformen kann man diese ordnungspolitische Grundsätze in den Begründungerwägung wiederfinden.

[319] Damit wird durch diese Grundsätzen die erforderliche europäische Dimension in den damaligen Umwandlungsprozess eingeführt.

[320] Grünbuch´87, s.o. Fn 49.

[321] Dazu Grünbuch´87, Kapitel VII. (s.o. Fn. 49)

[322] Die Wichtigkeit der Normen und der Monotoring betonen die sich mit dem Zusammenhang zwischen der Betriebswirtschaft und Rechtspolitik beschäftigenden Arbeiten, siehe z.B.Kleinaltenkamp: Normung S. 82 ff. oder Sadowski/Czap/ Wächter, 1996, S. 7ff.

infrastruktur künftig aussehen müssen. Das Grünbuch'87 gibt die Hauptrichtung der Liberalisierung vor, womit es die Offenheit und Wettbewerbsorientiertheit der Märkte zum Ziel für die Zukunft festsetzt. Außerdem gilt gemäß diesem Grünbuch die Kompatibilität der verschiedenen Telekommunikationsdienste und die künftige Integrität der Telekommunikationsinfrastruktur als Grundsatz für die Gemeinschaft.

c) Ordnungspolitische Grundsätze der Grünbücher

Die drei Grünbücher, die für den Liberalisierungsprozess bislang konzipiert worden sind, stellen die Rahmenbedingungen unterschiedlich dar. Die ordnungspolitischen Grundsätze der Grünbücher aus den Jahren 1987, 1994 und 1997 entsprechen den aktuellen Erwartungen und den damaligen Entwicklungen auf den Telekommunikationsmärkten.

Dementsprechend fasst das Grünbuch über die Entwicklung des Gemeinsamen Marktes für Telekommunikationsdienstleistungen und Telekommunikationsgeräte vom Jahre 1987[323] die allerwichtigsten Grundzüge der europäischen Telekommunikationspolitik zusammen. Es gilt als Grundstein des über 10 Jahre dauernden Liberalisierungsprozesses. Weit detaillierter als das Grünbuch'87 sind die ordnungspolitischen Rahmen des Grünbuchs der Liberalisierung der Telekommunikationsinfrastruktur und der Kabelfernsehnetze[324] (im weiteren: Grünbuchs'94). Grund dafür ist, dass die nationalstaatlichen Vorschriften 7 Jahre nach dem Anfang des Liberalisierungsprozesses die Nutzung von vorhandenen alternativen Netzstrukturen immer noch behinderten und damit die Vollendung des Binnenmarkts für Telekommunikation verzögerten.[325] Das dritte telekommunikations-sektorbezogene Grünbuch, zur Konvergenz der Branchen Telekommunikation, Medien und Informationstechnologie und ihren ordnungspolitischen Auswirkungen[326] vom Jahre 1997 (im weiteren: Grünbuch'97), leitete den Richtlinien-Revisionsprozess von 1999 ein, wodurch der ganze Liberalisierungsprozess entsprechend den bisherigen Marktentwicklungen überprüft und ein neuer Weg eröffnet wurde.

aa) Grundsätze des Grünbuchs'87

Weil die Mitgliedsstaaten eine beachtlich abweichende Vorstellung über den Grundkurs der zukünftigen Maßnahmen hatten[327], hatte die Kommission keine einfache Aufgabe bei der Konzipierung der ordnungspolitischen Zielsetzungen des Grünbuchs'87. Ein großes Problem bereitete es, dass die Regierungen der Mitgliedsstaaten zwar einsahen, dass die neuen Telekommunikationsdienste und Endgeräte flexiblere und innovationsfördernde Marktbedingungen erforderten, sie dennoch neben der Unantastbarkeit der staatlichen Netzinfrastrukturen auch die starke Rolle und fi-

---

[323] Grünbuch'87, (Fn. 49).

[324] KOM (94) 440 endg. vom 27.4.1994 Grünbuch der Liberalisierung der Telekommunikationsinfrastruktur und der Kabelfernsehnetze (im weiteren: Grünbuch'94)

[325] Im weiteren war auch die Entwicklung transeuropäischer Netze und Diente auch betroffen.

[326] KOM (97) 623 endg. vom 3.1.1997 Grünbuch zur Konvergenz der Branchen Telekommunikation, Medien und Informationstechnologie und ihren ordnungspolitischen Auswirkungen, vom 3.12.1997.

[327] Dazu Grünbuch'87, Zusammenfassung S. 10 und Figur 9 des Grünbuchs (s.o. Fn. 49).

nanzielle Überlebungsfähigkeit[328] der damaligen Fernmeldeverwal-tungen behalten wollten. Dieses theoretische Bejahen des Prinzips von „mehr Wettbewerb", neben gleichzeitiger „Einbetonierung" der alten Monopolisten[329], drückt am besten die Haltung der Mitgliedsstaaten aus.

Trotzt der verschiedenen, nationalen Zielsetzungen blieb die Kommission bei der Vorbereitung der europäischen Telekommunikationspolitik konsequent und kündigte ein offenes, an mehr Wettbewerb orientiertes Umfeld für die Telekommunikation an. Das Grünbuch´87 brachte drei notwendige Änderungen[330]. Erstens mussten die noch vorhandenen ausschließlichen Rechte auf das Anbieten von bestimmten Endgeräten schrittweise abgebaut werden. Zweitens sollte eine klare Trennung zwischen den hoheitlichen und den betrieblichen Funktionen der Fernmeldeverwaltungen eingeführt werden. Und drittens sollte die Definition der „ausschließlichen Basis-Dienste" sehr eng gehalten werden, trozt dessen, dass die Kommission die klaren Verpflichtungen der Fernmeldeverwaltungen bezüglich des Anschlusses und des Netzzugangs für grenzübergreifende Dienste vorübergehend akzeptiert hatte.

Durch diese Kompromisslösung akzeptierte zwar die Kommission den Wunsch der Mitgliedsstaaten auf den Schutz der finanziellen Sicherheit der herkömmlichen Fernmeldeorganisationen, begrenzte ihn aber auf ein legitimes Niveau. Gleichzeitig betonte die Kommission, dass ein wettbewerbspolitisches Umfeld – entsprechend den angestrebten Zielen der Gemeinschaft - sowohl für den Dienstmarkt, als auch für den Endgerätemarkt verwirklicht werden sollte[331]. Diese substanzielle Ausweitung des Wettbewerbs sollte schrittweise durchgeführt werden. Zu bemerken ist allerdings, dass die Liberalisierung der Netzinfrastrukturen durch dieses Grünbuch noch nicht angestrebt worden war. Dennoch warnte die Kommission die Mitgliedsstaaten vor missbräuchlicher Tätigkeit der Fernmeldeorganisationen[332].

Die Grundsätze des Grünbuchs´87 dienten als Grundlage für die späteren Richtlinien, und beschäftigten sich grundlegend mit Marktzutrittschranken und anderen Problemen, die bei einer Marktöffnung entstehen können, wie z.B. der Netzzugang neuer Anbieter zu den Netzen der Fernmeldeverwaltungen. Außerdem berücksichtigen die Grundsätze auch die zukünftigen Möglichkeiten der Verschmelzung der Daten- und Telekommunikation und der Zweiweg-Kommunikation via Satellit oder Fernsehkabel.[333] Man kann also diesen ordnungspolitischen Rahmen des Grünbuchs´87 als Entwurf oder Arbeitspapier für die späteren Maßnahmen betrachten.

---

[328] Zu der Debatte über die finanzielle Überlebensfähigkeit der Fernmeldemonopole, siehe: Grünbuch´87 S. 75 (s.o. Fn. 49).

[329] In diesen Monopolen sahen die Mitgliedstaaten den Garant der notwendigen Investitionsbetätigungen. (Siehe Grünbuch´87, VI Kapitel, S. 92 (s.o. Fn. 49)) Der Autor keinen engen Zusammenhang zwischen diesen Faktoren und der Bewahrung von Monopolisten. Der potenzielle Verwenderkreis von solchen Systemen ist nämlich viel breiter als nur die Monopolisten.

[330] Dazu Grünbuch´87, Zusammenfassung 16-18 und, VI. Kapitel S. 73 ff. (s.o. Fn. 49).

[331] Siehe Grünbuch´87 S. 12 (s.o. Fn.49).

[332] Siehe Grünbuch´87 S. 77 (s.o. Fn. 49).

[333] Siehe Grünbuch´87 S. 14 (s.o. Fn. 49).

bb) Ordnungspolitische Grundsätze des Grünbuchs'94

Weil die nationalstaatlichen Vorschriften die Nutzung von vorhandenen alternativen Netzstrukturen 7 Jahre nach Beginn des Liberalisierungsprozesses immer noch behinderten[334], erließ die Kommission im Jahre 1994 das zweite Grünbuch. Im Mittelpunkt dieses Grünbuchs stehen die Telekommunikationsinfrastruktur und der Zugang zu den Infrastrukturen, also diejenigen Bereiche des Gesamtmarktes für Telekommunikation, die bislang nicht liberalisiert wurden. Entsprechend dem Ratentschluss 93/C213/01 von 1993[335] und den Zielsetzungen des Aktionsplans der Kommission vom 19. Juli 1994[336] wurden klare Endfristen für die Liberalisierungsmaßnahmen gesetzt, welche auch im Grünbuch'94 gefestigt wurden. Dementsprechend sollten bis zum 01.01. 1998 die Liberalisierung des öffentlichen Sprachtelefondienstes, die Abschaffung von Restriktionen für die Nutzung eigener Infrastrukturen oder Infrastrukturen Dritter und die vollkommene Liberalisierung der Infrastrukturen erfolgen[337].

Tabelle Nr. 4

Liberalisierung der TK-Dienste und der TK-Infrastruktur[338]

Bereiche	**Termine für die Öffnung für den Wettbewerb**		
	Dienste	**Infrastruktur**	
		Alternative Infrastrukturen	Vollständige Liberalisierung
DatenKommunikation	1990	1995	1998
SprachKommunikation für geschlossene Benutzergruppen	1990	1995	1998
SatellitKommunikation	1994	1995 Sommer	1998
MobilKommunikation	1998	1996	1998
Öffentlicher SprachK	1998	1995	1998

Quelle: KOM Grünbuch'94, Teil I. S. 43

Die ordnungspolitische Hauptaufgabe des Grünbuchs'94 bestand darin, genau zu erläutern, wie die Vorschriften des Vertrages auf die Bereitstellung der Infrastruktur angewendet werden sollten[339] und in welchen Schritten und zu welchem Zeitpunkt

[334] Im weiteren war auch die Entwicklung transeuropäischer Netze und Diente betroffen.
[335] vom 22. Juli 1993
[336] KOM (94) 347 endg. vom 19.07.1994.
[337] Siehe Grünbuch'94 I. Teil xi (s.o. Fn. 324).
[338] Siehe Grünbuch'94 Teil I., S. 43 (s.o. Fn. 324).
[339] Siehe Grünbuch'94 I. Teil, S. 11 (s.o. Fn. 324).

die Liberalisierung der Infrastrukturen stattfinden sollte. Was die Infrastruktur betrifft, folgt die Kommission wieder dem Prinzip der schrittweisen Öffnung. Sie befestigt dabei zuerst den Grundsatz der freien Wahl der Infrastruktur für die Bereitstellung liberalisierter Dienste[340] und schreitet anschließend vorsichtig mit der Infrastrukturliberalisierung fort.

Im zweiten Teil des Grünbuchs'94 sind wichtige, die Telekommunikationsmärkte bis heute prägende Grundprinzipien zu finden[341]. Bezüglich des Universaldienstes schreibt z.B. das Grünbuch'94 nicht nur eine sehr genaue Definition dieses Dienstes vor, sondern liefert auch Lösungsvorschläge für seine Finanzierung. Bei der Zusammenschaltung sollte der Grundsatz der ausgehandelten Zusammenschaltungsgebühren und des offenen Netzzuganges (ONP-Grundsatz) gelten. Bei der Lizenzerteilung sollte ein transparentes, nicht diskriminierendes Genehmigungsverfahren eingeführt werden, das den Bedingungen des fairen Wettbewerbs entspricht. Die Anzahl der erteilten Lizenzen darf nur auf der Basis der Anforderungen beschränkt werden, womit die Gewerbefreiheit unterstütz wird. Diese Grundsätze waren in den späteren Richtlinien unverändert wieder zu finden und trugen zur erfolgreichen Marktöffnung bei.

cc) Ordnungspolitische Grundsätze des Grünbuchs'97

Anlass zum Grünbuch'97[342] bot die technische Konvergenz[343] der verschiedenen Kommunikationsdienste, welche zur branchenübergreifenden Erweiterung der Geschäftsaktivitäten[344] führte. Die damals bestehenden rechtlichen Regeln wurden für ein nationales, analoges und monomediales Umfeld[345] definiert, die nicht ganz diesen Veränderungsprozess unterstützen konnten. Die Kommission, der Katalysator der wettbewerbsfreundlichen Marktentwicklungen, wollte den Wettbewerb weiter fördern, das Auftreten von neuen Engpässen vermeiden und eine offne, wettbewerbsfreundliche Marktstruktur bezüglich der Telekommunikations- und Kabel-TV- Netze schaffen[346].

Im Grünbuch'97 werden auch die juristischen Schranken des Marktzutritts, wie z.B. die beschränkten Zugangsmöglichkeiten zu Übertragungswegen von Kunden, die hohen Preise der Telekommunikationsdienste, die vorherrschende Rolle der ehemaligen Fernmeldeverwaltungen sowie die Engpassgefahr bei der Verfügbarkeit von Inhalten, angesprochen. Es wird auch auf die rechtliche Unbestimmtheit von Definitionen, auf die vermehrten Genehmigungs- bzw. andere Verfahren und auf die Zuständigkeit von einander überschneidenden Behörden hingewiesen[347], deren Behebung durch das Grünbuch'97 erfolgen sollte.

---

[340] „Sobald die notwendigen Sicherheitsmaßnahmen vorliegen, sollen die Anbieter der Telekommunikationsdienste, die bereits dem Wettbewerb geöffnet sind, die freie Wahl bezüglich der zugrundeliegenden Infrastruktur haben..." Siehe Grünbuch'94 I. Teil, S. 11 ff. und S. 27 ff (s.o. Fn. 324).

[341] Siehe zusammengefasst Grünbuch'94 Teil II, xi-xxiv (s.o. Fn. 324).

[342] Grünbuch'97 S. 623, (s.o. Fn. 326).

[343] Die Konvergenz im technischen Sinne bedeutet, dass mittels digitaler Technologie sowohl traditionelle als auch neue Kommunikationsdienste über zahlreiche verschiedene Netze angeboten werden könnten.

[344] Siehe Grünbuch'97, Inhaltsangabe ii, (s.o. Fn. 326).

[345] Siehe Grünbuch'97, Inhaltsangabe iii (s.o. Fn. 326).

[346] Siehe Grünbuch'97, Inhaltsangabe iii und viii (s.o. Fn. 326).

[347] Siehe Grünbuch'97, Kapitel III. S. 18-22 (s.o. Fn. 326).

In diesem Grünbuch werden eher allgemeine Grundprinzipien formuliert[348], und - im Gegensatz zu der Praxis der vorherigen Grünbücher - bietet dieses Grünbuch bietet nur Optionen dafür, wie die Regelung ausgestaltet werden sollte[349].

Als erste Option[350] sollten die bestehenden rechtlichen Strukturen beibehalten und in einer angemessenen Form erweitert werden, ohne dass neue Regulierungsmodelle geschaffen werden mussten (Aufbau auf bestehenden Regelungsstrukturen). Als zweite Option sollte ein neues Regulierungsmodell für die zahlreichen Online- und Interaktivdienste geschaffen werden, welches parallel zu den Regelungen für die traditionellen Aktivitäten im Telekommunikations- und Rundfunkbereich sein müsste. Als dritte Option schlug die Kommission vor, dass ein umfassendes, branchenübergreifendes Regulierungsmodell geschaffen werden sollte, wodurch ähnliche Regelungsansätze im Bereich der Telekommunikation, der audiovisuellen Dienste und des Rundfunks zur Anwendung kommen konnten.

Nach Ansicht der Kommission führe diese dritte Variante am weitesten. Sie setzt nicht unbedingt völlig neue Gesetze voraus, sondern Überlegungen darüber, wie die bestehenden Rahmen angepasst werden könnten[351]. Die Wahl über die einzusetzende Option liegt letzlich bei denjenigen, die die späteren Richtlinien erlassen werden, bzw. in der Hand der nationalen Gesetzgeber, die über die Umsetzung der Richtlinien zu entscheiden haben.

Trotz des Mangels an konkreten Grundsätzen, führte der mit dem Grünbuch'97 eingeleitete Prozess zu einer allgemeinen Überprüfung der Effektivität der bisherigen Richtlinien-Pakete. Durch diese Richtlinien-Revision bzw. durch das Richtlinien-Paket[352], das der Revision folgte, bekam die Regulierung der Telekommunikationsbranche ihren jetzigen Rahmen. Die neuen Richtlinien kündigten eine grundlegende Umgestaltung der bisher geltenden, nationalen, rechtlichen Vorschriften an.

Fazit des Kapitels B

Die Struktur des Telekommunikationsmarktes zeigt eine vielschichtige Dienst- und Wertschöpfungsebene. Dementsprechend sind sowohl die Grundmärkte der Telekommunikation, als auch die Marktstrategien der auf diesen Märkten tätigenden Unternehmen sehr unterschiedlich. Von den Märkten für Telekommunikationsnetze und –Dienste ist der Endgerätemarkt am besten separierbar, weil die Endgerätproduzenten sich kaum auf den zwei anderen Märkten betätigen. Die anderen zwei Märkte sind aus Rentabilitätsgründen stark miteinander verflochten. Die Telekommunikationsunternehmen laufen in der Regel nicht alle Wertschöpfungs-stufen durch, sie gestalten ihre Marktstrategien individuell. Dennoch kann man entsprechend ihrer

---

348 Über die Optionen und Grundsätze siehe Grünbuch'97 Kapitel IV. S. 22 ff, bzw. Kapitel V. S. 40 ff (s.o. Fn. 326).

349 Siehe Grünbuch'97 Kapitel IV. S. 36 ff (s.o. Fn. 326).

350 Siehe Grünbuch'97 Kapitel V. S. 41 (s.o. Fn. 326).

351 Siehe Grünbuch'97 Kapitel V. S. 42(s.o. Fn. 326).

352 Infolge dieser Überprüfung wurde das letzte Richtlinie-Paket verabschiedet. Siehe Mitteilung der Kommission an den Rat, das Europäische Parlament, den Wirtschafts- und Sozialausschuß und den Ausschuß der Regionen – Entwicklung neuer Rahmenbedingungen für elektronische Kommunikationsinfrastrukturen und zugehörige Dienste –Kommunikationsbericht 1999 (Review 1999) KOM(1999) 539.

Marktdiversifikation zwischen verschiedenen „strategischen Gruppen" unterscheiden. Typisch für diese Gruppen ist, dass innerhalb derselben Gruppe der Wettbewerb viel stärker ausgeprägt ist als zwischen unterschiedlichen Gruppen. Aus der Sicht der Marktöffnung, angenommen, dass man die nationalen Fernmeldeorganisationen strukturell nicht separiert, scheint die Vollanbieter-Gruppe am problematischsten zu sein, weil die Newcomer auf die Vorleistungen der Deutschen Telekom angewiesen sind.

Die Netzinfrastrukturen im Telekommunikationssektor sind mit positiven ökonomischen Effekten, wie Größen- und Verbundsvorteilen, verbunden. Diese Faktoren können gemeinsam mit der Irreversibilität der Investitionen in den ausgebauten Netzen schwerwiegende Marktzutrittschranken für Neulinge bedeuten, falls schon ein Unternehmen über eine flächendeckende Netzinfrastruktur auf dem Telekommunikationsmarkt verfügt. Weil die nationalen Vollanbieter über solche Netze verfügen, genießen sie die Schutzwirkung dieser Marktzutrittschranken. Obwohl die alternativen Technologien gewisse Engpassbereiche, und dadurch einen Teil der Zutrittschranken, aufheben können, kämpfen viele neue technische Lösungen mit Qualitätsproblemen oder sind wegen teuerer Endgeräte oder der niedrigen Übertragungsgeschwindigkeit der Daten weniger vorteilhaft als das Benutzen der bestehenden Infrastruktur der Vollanbieter.

Die Prüfung der Kundennachfrage, die nach den anwendbaren Prüfungskriterien des Bedarfsmarktkonzeptes durchgeführt wurde, hat gezeigt, dass zukünftig Daten-, Sprach- und Mobilkommunikation als komplette Lösungen aus einer Hand gefragt sein werden, weil die ständige Erreichbarkeit und die Datenkommunikation in unserer Zeit von erheblichem Belang ist. Diese Anforderungen wären durch eine preiswerte UMTS-Technologie, durch die Kombination von Festnetz- und Mobilkommunikation, durch die Kombination von Mobilfunk und Fernsehkabelnetz sowie durch die Kombination von Mobilfunk und einer preiswerten WLAN[353]-Technologie zu ermöglichen. Um eine erfolgreiche Marktöffnung unter Berücksichtigung dieser Nachfragebedürfnisse zu erreichen, sollte der Gesetzgeber verhindern, dass eintrittshemmende Preise oder eine Teilöffnung von Märkten zustande kommen.

Neben den ökonomischen sind auch juristische Marktzutrittschranken abzubauen, wie z.B. die Tätigkeits- oder Erwerbsverbote für Unternehmen, die Diskriminierung von Marktteilnehmern, die Konservierung von Tarifstrukturen usw. Der Gesetzgeber muss die künstliche Verknappung von Ressourcen, wie z.B. Frequenzen, vermeiden und die bestehenden Doppelmonopole von mehreren Kommunikationszweigen baldmöglichst abschaffen. Für die Abschaffung dieser Marktzutrittschranken bieten die telekommunikationsbezogenen Grünbücher der Europäischen Kommission aus den Jahren 1987, 1994 und 1997 umfangreiche Anweisungen. Zwar haben die Grünbücher keine unmittelbare Wirkung auf die Mitgliedsstaaten, dennoch sind die normungs- bzw. ordnungspolitischen Grundsätze der Grünbücher maßgeblich für die Legislative und sind fast unverändert in den nachfolgenden Richtlinien wieder zu finden.

---

[353] WLAN- Wireless Local Area Network, Internetzugang ohne Kabel, z.B. in Flughäfen, Bahnhöfe usw.

C. Darstellung und Bewertung der Liberalisierungsmaßnahmen

Nach der Darstellung der Entwicklung und Grundzüge der europäischen Telekommunikationspolitik muss man auf die einzelnen Liberalisierungsschritte in Europa und in Deutschland eingehen. Es wird geprüft, ob die Marktzutrittschranken durch die eingesetzten Maßnahmen hinreichend abgebaut werden könnten. Ausgehend von dem Umstand, dass die entscheidenden gesetzgeberischen Impulse zur Liberalisierung aller europäischen Märkte für Telekommunikation, in erster Linie von der europäischen Ebene ausgingen[354], werden zuerst die europäischen Liberalisierungsstufen dargestellt. Danach wird auf die Umsetzung der europäischen Liberalisierungsrichtlinien in Deutschland eingegangen.

I. Bilanz der europäischen Reformschritte

Bei der Liberalisierung des Telekommunikationssektors ging es im weiteren Sinne, wie es im ersten Kapitel A II, 2.b) schon dargestellt wurde, darum, eine ausreichende (flächendeckende), sichere und preisgünstige Versorgung zu schaffen[355] und eine größere Vielfalt und bessere Qualität für die Benutzer sicher zu stellen. Die Hauptziele der Reformen, durch die diese Zwecke verwirklicht werden sollten, bestanden in der Abschaffung aller Monopolrechte, in der Verbesserung der Unternehmensführung der damaligen Fernmeldeverwaltungen und in der Ermöglichung des Zugangs Dritter zu den Telekommunikationsnetzen.

Tabelle Nr. 5

Hauptziele der Reformen

Ziele	**Maßnahmen**
Abschaffung ausschließlicher Rechte	Im Endgerätemarkt sofort, in Dienst- und Netzbereichen stufenweise*
Verbesserung der Unternehmensführung	Trennung von hoheitlichen und betrieblichen Funktionen der Fernmeldeverwaltung, getrennte Rechnungslegung**
Ermöglichung des Zugangs Dritter zu den Netzen	Schaffung eines offenen Netzzugangs

* Bei den Monopolrechten im Telekommunikationsbereich rechnete die Kommission mit einer längeren Zeit für die Angleichung.

** Hinsichtlich der Unternehmensführung hielten die Experten die Entfaltung des Managements der verschiedenen Tätigkeitsbereiche für nicht notwendig oder für nicht durchsetzbar.

[354] Siehe Bundeskartellamt, Diskussion, 2002, S. 2.

[355] Interessanterweise ging es trotz erheblicher, struktureller Unterschiede auch bei den Energiereformen um die gleichen Hauptziele. Auch die getroffenen Maßnahmen waren weitgehend identisch.

Diese Reformen sollten durch die schrittweise Liberalisierung der ehemaligen Monopolsektoren, sowie durch flankierende Harmonisierungsmaßnahmen und durch immer stärkere Anwendung der Wettbewerbsregeln des Vertrages[356] abgewickelt werden.

1. Reformvorschriften und Aspekte ihrer Prüfung

Obwohl die Liberalisierungs- und Harmonisierungsrichtlinien von unterschiedlichen Institutionen erlassen wurden und sich auf unterschiedlichen Bestimmungen des Vertrags stützten, kann man sie als zwei Seiten des ein und desselben Vorgangs ansehen.[357] Diese zwei Arten von Richtlinien und die anhand der Richtlinienrevision von 1999 verabschiedeten Richtlinien prägen das Bild des heutigen europäischen Telekommunikationsmarktes.

Die ersten Liberalisierungsrichtlinien wurden durch die Kommission erlassen. Die Europäische Kommission wollte die gewährten ausschließlichen Einfuhr-, Vertriebs- und Dienstleistungsrechte der Fernmeldeorganisationen bekämpfen, weil sie der Auffassung war, dass die Gewährung besonderer und ausschließlicher Rechte für bestimmte öffentliche Unternehmen, Telekommunikationsausrüstungen herzustellen, Telekommunikationsdienste zu erbringen oder Netze zu betreiben, gegen die Wettbewerbs- und Binnenmarktregeln des EWG verstoße.[358] Anstatt zahlreicher Vertragsverletzungsverfahren gegen die einzelnen Mitgliedsstaaten entweder wegen Unterlassung der Umformungspflicht von staatlichen Handelsmonopolen gemäß Art. 169. Abs. 1 i.V.m. Art. 37 Abs. 1 EWG (Art. 226 i.V.m. Art. 31 EG) oder wegen Nichtanwendung des Artikels des Vertrages aus dem Art. 90 Abs. 3 EWG (Art. 86 Abs. 3 EG) einzuleiten, machte die Kommission von ihrer besonderen Richtlinienkompetenz nach Artikel 90 Abs. 3 EWG (Art. 86 Abs. 3 EG) Gebrauch. Sie erließ Richtlinien, wodurch die gewährten Monopolrechte der Fernmeldeorganisationen abgebaut wurden[359].

Neben den Liberalisierungsrichtlinien sind aus der Sicht des Liberalisierungsprozesses auch die Harmonisierungsvorschriften von erheblichem Belang. Zu den Harmonisierungsrichtlinien gehören solche Richtlinien, die zur Angleichung von Rechtsvorschriften für den gemeinsamen Markt nach Art. 100a EWG (Art. 95 EG) durch den Europäischen Rat oder durch die Kooperation des Rates mit dem Europäischen Parlament erlassen worden sind. Durch diese Richtlinien sollte sichergestellt werden, dass ein einheitlicher Rechtsrahmen für die Gemeinschaft geschaffen werden. Dadurch sollte die vollständige Verwirklichung des gemeinsamen Marktes für Telekommunikation vorangetrieben werden.[360]

---

[356] Auf diese Maßnahmen wurde schon im Grünbuch´87 hingewiesen. Vgl. noch: Arbeitsdokument der Kommissionsdienststellen – Europas liberalisierter Telekommunikationsmarkt – Ein Leitfaden zu den Spielregeln http://europa.eu.int/ISPO/infosoc/telecompolicy/de/userguide-de.pdf , S. 6.

[357] Es besteht eine unverweigerlich enge Verbindung zwischen diesen Richtlinien. Vgl. Mitteilung der Kommission an den Rat und das Europäische Parlament, den Wirtschafts- und Sozialausschuß und den Ausschuß der Regionen über die Umsetzung des Reformpakets für den Telekommunikationssektor vom 22. Mai 1997.

[358] Siehe Arbeitsdokument der Kommissionsdienstellen (s.o. Fn. 399), S. 7.

[359] Dazu noch Groeben/Thiesing/Ehlermann, 1997, Art. 37 Rn. 54 ff.

[360] Arbeitsdokument der Kommissionsdienstellen (s.o. Fn. 399) , S. 8.

Neben diesen sektorspezifischen Vorschriften galten für die Telekommunikation, genauso wie für jeden anderen Wirtschaftssektor, die gemeinschaftsrechtlichen Wettbewerbsvorschriften[361]. Die Wettbewerbsregeln waren aber im Kontext der besonderen Bedingungen des Telekommunikationsbereichs auszulegen[362]. Man sollte bei der Anwendung der Wettbewerbsvorschriften den übergeordneten Zielen der Telekommunikationspolitik Rechnung tragen. Damit die Anwendung der Wettbewerbsregeln präzisiert und erklärt wird, veröffentlicht die Kommission mehrere Leitlinien und Mitteilungen[363], die immer gute Anhaltspunkte für die einzelnen Märkte liefern.

2. Liberalisierungsmaßnahmen der Kommission

Die Liberalisierungsmaßnahmen waren grundsätzlich zweistufig[364]. Gemäß dem ursprünglichen Vorhaben der Experten ging es in der ersten Stufe um die Liberalisierung des Endgerätemarktes, in der zweiten Stufe um die Liberalisierung des Marktes für Telekommunikationsdienste- und Netze.

a) Die erste Liberalisierungsstufe – Liberalisierung des Endgerätemarktes

Der erste Schritt[365] in Richtung vollständiger Öffnung der verschiedenen Segmente des Telekommunikationsmarktes war die Richtlinie 88/301/EWG der Kommission vom 16.5.1988 über den Wettbewerb auf dem Markt für Telekommunikations-Endgeräte[366] (im weiteren: Endg-RL). Diese Richtlinie brachte die erste Einschränkung der nationalen Fernmeldemonopole. Gemäß Art. 2 Abs. 1 dieser Richtlinie sollten nämlich die Mitgliedsstaaten die besonderen und ausschließlichen Rechte bezüglich Einfuhr, Vertrieb, Einrichtung, Inbetriebsetzung und Wartung von Telekommunikationsgeräten aufheben.

aa) Liberalisierungsmaßnahmen und ihre Bewertung

Diese Tätigkeiten bezüglich der Endgeräte sollten im Sinne des Art. 3 Endg-RL in der Zukunft auch für andere Wirtschaftsteilnehmer gewährleistet werden, die eine entsprechende Qualifikation besitzen. Diese Maßnahme verbesserte eindeutig die Wettbewerbschancen von anderen Unternehmen und baute Tätigkeitsmonopole ab, auch wenn der Endgeräte-Bereich nur ein kleines Segment des Gesamtmarktes für Telekommunikation ausmachte. Dieses Gebiet war immerhin derjenige Teil des Gesamtmarktes, der am einfachsten, ohne die Rechte der Fernmeldeorganisationen an der Dienst- oder Infrastrukturaufgabe anzutasten, abzuspalten war.

---

[361] Wie schon früher unter Kapitel I. Punkt 2. dargestellt.
[362] Vgl. Kommission: Leitlinien für die Anwendung der EG-Wettbewerbsregeln ABl. C Nr. 233 S. 2 vom 6.9.1991
[363] Siehe z.B. Leitlinien für die Anwendung der EG-Wettbewerbsregeln im Telekommunikationsbereich vom 6.9.1991 oder Mitteilung der Kommission zur Anwendung der Wettbewerbsregeln auf Zugangvereinbarungen im Telekommunikationsbereich vom 22.8.1998.
[364] Vgl. Klein, 2000, S. 86 ff.
[365] Vgl. Klein, 2000 S. 86.
[366] Richtlinie 88/301/EWG der Kommission vom 16.5.1988 über den Wettbewerb auf dem Markt für Telekommunikations-Endgeräte, ABl. L 131 vom 27.5.1988. S. 73 ff.

Aus der Sicht der alternativen Technologien war es genauso zu begrüßen, dass die Richtlinie den Begriff der Endgeräte ziemlich ausweitete (Art. 1 Endg-RL) und sowohl Funkgeräte als auch die nicht öffentlichen Satellitenstationen, die allein den Empfang ermöglichten, zu den Endgeräten zählte. Dadurch unterstützte sie die technologischen Entwicklungen. Jedoch ist kritischer anzusehen, dass gemäß Art. 4 Endg-RL die Mitgliedsstaaten erst einmal nur die neuen Netzanschlüsse spätestens ab 01. Januar 1989 für alle Benutzer zugänglich machen sollten. Im Sinne dieser Regelung hatten die Benutzer von alten Anlagen keinen gesetzlichen Anspruch auf Netzzugang, sondern sie sollten zunächst einmal gemäß dem Art. 4 S. 2 Endg-RL den Zugang beantragen.

Bei diesem Zugangsantrag gab es mehrere Probleme. Erstens war es nicht genau geklärt, wer im Sinne der Richtlinie berechtigt war, einen Zugangsantrag zu stellen. Zweitens war keine feste Frist für die praktische Gewährung des Netzanschlusses vorgeschrieben. Die sog. „angemessene Frist", innerhalb der die alten Anlagen mit zugänglichem Netzanschluss versehen werden sollten (Art. 4 S. 2 Endg-RL), erlaubte bestimmte Verhinderungspraktiken der Anlageninhaber, was die Wechselbereitschaft der Kunden behindern konnte.

Die Kommission schrieb außerdem bestimmte Veröffentlichungspflichten hinsichtlich technischer Spezifikationen (Art. 5 Endg-RL) vor und ordnete an, dass die Festschreibung und die Kontrolle von Endgerät-Spezifikationen durch eine unabhängige Stelle vorgenommen werden sollte (Art. 6 Endg-RL). Dadurch gliederte sie bestimmte hoheitliche Funktionen der Fernmeldeverwaltungen aus, womit sie in erster Linie die Trennung zwischen unternehmerischen und regulatorischen Funktionen verwirklichte.

Als letzte Anordnung der Richtlinie sollten die Mitgliedsstaaten die langfristigen Miet- und Wartungsverträge kündbar machen (Art. 7 Endg-RL), wodurch die Wechselbereitschaft der Kunden unterstützt werden sollte. Jedoch erklärte der EuGH in seiner Entscheidung in der Rechtssache C-202/88[367] den Art. 7 der Endg-RL für nichtig, weil er den Art. 90 EWG (Art. 86 EG), worauf die Richtlinienkompetenz der Kommission basierte, nicht als geeignete Grundlage zur Beseitigung von Wettbewerbshindernissen ansah, die sich auf Langzeitverträge beziehen.

bb) Rechtsgrundlagen zum Richtlinienerlass und Klage der Mitgliedsstaaten

Hintergrund des Richtlinienerlasses war, dass die Kommission behauptete, die besonderen und ausschließlichen Rechte der Fernmeldemonopole würden den Handel zwischen den Mitgliedsstaaten beeinträchtigen[368] und dadurch gegen die Grundfreiheit des freien Warenverkehrs[369] verstoßen. Außerdem war die Ausübung dieser Rechte ihres Erachtens mit der Umformungspflicht nach Art. 37 EWG (Art. 31 EG) und mit der Aufhebungspflicht der den freien Dienstleistungsverkehr beschränkenden Maßnahmen der Mitgliedsstaaten im Sinne des Art. 59 EGW unvereinbar[370].

---

[367] Siehe EuGH-Entscheidung vom 19. März 1991 Rs. C-202/88, Slg. 1991 S. 1223 ff.
[368] Siehe Erwägungsgrund 13 der Endgeräte-RL, s.o. Fn 366.
[369] Eine der wichtigsten gemeinschaftsrechtlich gewährleisteten Grundfreiheiten ist die freie Warenverkehr.
[370] Siehe Erwägungsgrund 5 der Endgeräte-RL, s.o. Fn 366.

Als Rechtsgrundlage zum Erlass der Endgeräte-Richtlinie diente die Richtlinienkompetenz[371] der Kommission, die sie aus dem Art. 90 Abs. 3 EWG (Art. 86 Abs. 3 EG) in Verbindung mit dem Verbot mengenmäßiger Einfuhrbeschränkungen (Art. 30 EWG (Art. 28 EG)), mit der Umformung staatlicher Handelsmonopole (Art. 37 EWG (Art. 31 EG)), mit dem freien Dienstleistungsverkehr (Art. 59 EWG (Art. 49 EG)), mit dem Missbrauch einer marktbeherrschenden Stellung (Art. 86 b) und d) EWG (Art. 82 b) und d) EG)) und mit dem Schutz des Wettbewerbs innerhalb des Binnenmarktes vor Verfälschungen (Art. 3 g) i.V.m. dem Art. 5 EWG (Art. 3 g) i.V.m. Art. 10 EG)) ableitete.

Die Antwort der Mitgliedsstaaten auf den Angriff auf die staatlichen Monopole ließ nicht lange auf sich warten. Als Gegenmaßnahme erhob die französische Regierung am 22. Juli 1988 eine Klage gerichtet auf die Nichtigerklärung[372] der Artikel 2,6,7 und 9 der Richtlinie gemäß Art. 173 des Vertrages. Diese Klage wurde von vielen Mitgliedsstaaten wie Italien, Deutschland, Belgien und Griechenland unterstützt. Sie verwiesen darauf, dass die Kommission ihre Zuständigkeiten hinsichtlich ihrer aus Art. 90 Abs. 3. EWG (Art. 86 Abs. 3 EG) abgeleiteten Aufsichtspflicht überschritten und sich in Angelegenheiten des Rats eingemischt habe.[373]

Die klagenden Mitgliedsstaaten beharrten darauf, dass die Endgeräte keine Ware im Sinne des Art. 30 ff. EWG (Art. 28 EG) seinen, sondern Teile des Telekommunikationsnetzes. Sie sahen sich außerdem nicht zur Umformung ihrer Dienste-Monopole verpflichtet und hielten die sofortige Aufhebung der Monopolrechte als ungeeignete Maßnahme zur Umformung der staatlichen Handelsmonopole.[374] Neben der Unzuständigkeit beschuldigten sie die Kommission der Verletzung wesentlicher Rechtsvorschriften, des Verstoßes gegen den allgemeinen Grundsatz der Verhältnismäßigkeit und des Verfahrensmissbrauchs.

Trotz aller Bemühungen der nationalen Regierungen wies der Europäische Gerichtshof die Klage der Mitgliedsstaaten in den meisten Punkten zurück[375] und bestätigte die Anwendbarkeit der Richtlinienkompetenz der Kommission aus Art. 90 Abs. 3 EWG[376] (Art. 86 Abs. 3 EG). „Der Umfang dieser Befugnis hängt folglich – schrieb der EuGH – von der Tragweite der Vorschriften ab, deren Beachtung sichergestellt werden soll."[377] Die Aufsichtspflicht der Kommission kann „erforderlichenfalls durch den Erlass von an die Mitgliedsstaaten gerichteten Richtlinien oder Entscheidungen wahrgenommen werden."

Jedoch hielt der EuGH den Begriff der besonderen Rechte nicht für hinreichend konkret und erklärte aus diesem Grund die Artikel 2 und 9 der Endg-RL, welche die besonderen Rechte regelten, für nichtig. Für nichtig erklärte der EuGH auch den Art.

---

[371] Vgl. Callies, 1999, Art. 86 Abs. 3 Rn 60 ff.
[372] Siehe EuGH-Entscheidung vom 19. März 1991 Rs. C-202/88, Slg. 1991 S. 1223 ff.
[373] EuGH Rs. C-202/88, Slg. 1991 S. 1228 Punkt 18, s.o. Fn. 372.
[374] Siehe EuGH Rs. C-202/88, Slg. 1991 1229 ff, s.o. Fn. 372.
[375] Siehe das Urteil des Gerichtshofes, Siehe EuGH Rs. C-202/88, Slg. 1991, S. 1273, s.o. Fn. 372.
[376] Interessant ist, dass bei der Liberalisierung des Energiemarktes die Richtlinie für den Elektrizitätsbinnenmarkt weder durch die Kommission erlassen wurde, noch sich auf Art. 86 oder 37 stützte. Die Rechtfertigungsgrundlage der Elektrizitätsbinnenmarktrichtlinie bildete der Art. 57 EG, welcher den Rat zum Erlassen von Richtlinien zur Koordinierung der Rechts- und Verwaltungsvorschriften der Mitgliedstaaten ermächtigte. Hinzuzufügen ist, dass der Art. 57 i.V.m. Art. 7a EG die Zwecke der Verwirklichung des Binnenmarktes bewirkt.
[377] Urteil des Gerichtshofes, Siehe EuGH Rs. C-202/88, Slg. 1991, S. 1265, s.o. Fn. 372.

7 der Endg-RL (siehe Begründung oben), aber im übrigen wies er die Klage der Mitgliedsstaaten zurück. Diese Entscheidung des Gerichtshofes diente dazu, dass die Kommission auf diesem Wege weitere Liberalisierungsschritte vorantrieb, auch wenn ihre Richtlinienkompetenz aus Art. 90 EWG (Art. 86 EG) nicht auf alle Wettbewerbshemmnisse anzuwenden war.

Der Erfolg der Richtlinie ist unbestritten. Bis Juli 1990 wurden ungefähr 95 % der gemeinschaftsweiten Endgerätemärkte für den Wettbewerb geöffnet[378].

b) Die zweite Liberalisierungsstufe – Dienste-Richtlinie

Nach diesem ersten Liberalisierungsschritt stieß die Kommission auf das Hauptproblem, wie die den Fernmeldeorganisationen gewährten ausschließlichen und besonderen Rechte auf der Errichtung und Nutzung der TK-Netze und Erbringung der Telekommunikationsdienstleistungen unter Beachtung des finanziellen Gleichgewichts der Fernmeldeorganisationen aufgehoben werden sollten? Die Mitgliedsstaaten hatten nämlich nicht nur ein Interesse am Weiterbestand der vorhandenen Strukturen, sondern auch an der Sicherstellung der Geldquellen für die Erfüllung eines flächendeckenden Sprachtelefondienstes und Netzbetriebes.[379] Diese zweite Phase der Liberalisierung erwies sich als komplizierter und viel langwieriger als die Erste.

aa) Die Dienste-Richtlinie

Den Grundstein für diese Liberalisierungsstufe legte die Richtlinie der Kommission vom 28. Juni 1990 über den Wettbewerb auf dem Markt für Telekommunikationsdienste[380] (im weiteren: D-RL). Diese Richtlinie folgte dem roten Faden der Endgeräterichtlinie und wendete sich hauptsächlich gegen die Beeinträchtigung des freien Dienstleistungsverkehrs[381] (Art. 59 ff EWG (Art. 49 ff. EG)). Die Kommission wies darauf hin, dass Ausnahmen vom Grundsatz der freien Erbringung von Dienstleistungen gemäß Art. 66 in Verbindung mit Artikel 55 und Artikel 56 EWG (Art. 55 i.V.m. Art. 45 und 46 EG) nur aus nicht wirtschaftlichen Gründen zugelassen seien. „Die Telekommunikationsdienstleistungen sind nicht Bestandteil der Ausübung öffentlicher Gewalt, meinte die Kommission, und rechtfertigen keine außerordentlichen, über das gemeine Recht hinausgehenden Befugnisse oder Vorrechte der öffentlichen Hand“[382]

Diese Aussage der Kommission attackierte nicht nur die historisch gewachsene Staatsaufgabe, welche den Ausbau und das Betreiben des Telekommunikationswe-

---

[378] Vgl. Klein, 2000, S. 89.
[379] Siehe Grünbuch´87 (s.o. Fn. 49).
[380] Richtlinie 90/388/EWG der Kommission vom 28. Juni 1990 über den Wettbewerb auf dem Markt für Telekommunikationsdienste, ABl. L 192 vom 24.7.1990 S. 10 ff.
[381] Die Aufrechterhaltung oder Einführung besonderer und ausschließlicher Rechte für den Betrieb der Netze schränkte - nach Ansicht der Kommission nach – die Erbringung der entsprechenden Dienstleistungen durch andere Unternehmen ein. Vgl. Klein, 2000, S. 89
[382] Die Grundlagen dieser Begründungserwägung siehe: Erwägungsgrund 7 der Diensterichtlinie (s.o. Fn. 380).

sens dem Staat überließ, sondern auch die wirtschaftliche Sonderstellung der Fernmeldeorganisationen.[383]

aaa) Hauptbestimmungen der Dienste-Richtlinie

Die Diensterichtlinie brachte ähnliche Maßnahmen in den Randbereichen der Sprachtelephonie mit sich, wie die Endgeräte-Richtlinie auf dem Markt für Telekommunikationsendgeräte. In erster Linie beseitigte diese Richtlinie die Exklusivrechte bei der Erbringung von Telekommunikationsdienstleistungen, mit Ausnahme der Sprachtelephonie[384] (Art. 2 D-RL), wodurch die Bereitstellung von Mehrwert- und Datendiensten bzw. Sprachdiensten für geschlossene Benutzergruppen liberalisiert wurde. Jedoch galt die Dienstrichlinie - gemäß Art. 1 Abs. 2 der D-RL - weder für die Funkdienste noch für die Satellitenkommunikation. Diese Geltungseinschränkung behinderte bedeutend die Entwicklung von alternativen Infrastrukturen hinsichtlich der Mehrwertdienste.

Die Genehmigungs- und Anmeldeverfahren zur Erbringung von solchen Dienstleistungen sollten nach objektiven, nicht diskriminierenden und durchschaubaren Kriterien erteilt werden, um den Marktzutritt von neuen Anbietern chancengleich zu gestalten. Diese Gleichstellung löste aber das Problem der mangelnden Gleichbehandlung von früher und später erteilten Lizenzrechten nicht.

Bezüglich der Telekommunikationsnetze waren die Vorschriften dieser Richtlinie weniger großzügig. Statt der Aufhebung von ausschließlichen Rechten auf Errichtung und Nutzung der öffentlichen Netze, regelten die Zugangsbedingungen den Fall, dass die Mitgliedsstaaten die Exklusivenrechte aufrechterhalten. Dementsprechend sollten die Mitgliedsstaaten die Zugangsbedingungen objektiv und nicht diskriminierend gestalten (Art. 4 D-RL) und die technischen Merkmalen der Schnittstellen veröffentlichen (Art. 5 D-RL). Auch die bestehenden Einschränkungen der Verarbeitung von Signalen sollten beseitigt werden (Art. 6 D-RL).

Der Wiederverkauf der Kapazitäten von Mietleitungen bezüglich der Datendienste durfte nämlich gemäß Art. 3 D-RL bis Januar 1993 immer noch beschränkt bleiben. Erst die Richtlinie des Rates von 1992 setzt eine Angebotspflicht für Mietleitungen fest. Diese Beschränkung ist jedoch nicht im Ganzen als negativ zu beurteilen, weil sie den Ausbau eigener Infrastrukturen für den Datentransport förderte.

Positiv zu bewerten ist, dass die D-RL weitere Bereiche der hoheitlichen Funktionen vom Fernmeldewesen ausgliederte und damit die Zuständigkeit einer unabhängigen Telekommunikationsbehörde ausdehnte. Ab Juli 1991 gehörten die Erteilung von Betriebsgenehmigungen, Überwachungen von Zulassungen, Spezifikationen,

---

[383] Die nicht mehr rückgängig machenden Folgen des durch die Kommission vorgestellten Prozesses waren den Mitgliedstatten bewusst. Deswegen versuchten sie die Richtlinie durch Nichtigkeitserklärung wiederzurufen. Die Entscheidung des EuGH in den verbundenen Rechtssachen C-271/90, C-281/90 und C-28/90 vom 17.11.1992 brachte aber ähnliche Folgen, wie seine frühere Entscheidung bezüglich der Endgeräte-Richtlinie C-202/88.

[384] Siehe 18. Erwägungsgrund der Diensterichtlinie. (s.o. Fn. 380).

Frequenzen, Nutzungsbedingungen (Art. 7 D-RL) und Festschreibungen und die Kontrolle von Endgeräte-Spezifikationen zur Zuständigkeit dieser Institution.[385]

aab) Bemühungen um die Korrektur der Dienste-Richtlinie

Trotz der Diensterichtlinie blieb am Anfang der 90er Jahre ein bedeutender Marktteil für Telekommunikationsdienste dem Wettbewerb verschlossen[386]. Nicht einmal die Vorschriften der Dienste-Richtlinie galten für die alternativen Technologien[387]. Ein weiterer Mangel dieser Richtlinie war, dass sie keine endgültige Frist für die Aufhebung der gebliebenen Exklusivrechte festlegte.

Nach dem Erlass der Diensterichtlinie war die Kommission eher politisch tätig und versuchte mit Hilfe von öffentlichen Anhörungen die Mitgliedsstaaten über die Unerlässlichkeit der vollständigen Liberalisierung im Telekommunikationsbereich zu überzeugen. Diese Anhörungen mündeten in politischen Zusagen des Rates und des Europäischen Parlamentes. Während ein Ratsentschluss von Juli 1993 die Liberalisierung aller öffentlicher Sprachtelefondienste[388] – unter Aufrechterhaltung des Universaldienstes – bis zum 01. Januar 1998 ankündigte, beschloss der Rat Ende 1994, dass die Bereitstellung der Telekommunikationsinfrastrukturen[389] genauso bis zum 01. Januar 1998 liberalisiert werden sollte.

Bis zu dieser vollständigen Liberalisierung sollten jedoch die Mängel der Diensterichtlinie behoben werden, was eine sehr aktive legislative Tätigkeit der Kommission erforderte.

c) Änderungsrichtlinien zu den Endgeräte- und Diensterichtlinien

Mit den zahlreichen Änderungsrichtlinien dehnte die Kommission schrittweise den Anwendungsbereich der Diensterichtlinie und die Definition des Telekommunikationsdienstes aus, so dass sich die Ausnahmebereiche - bis zum Erlass der Wettbewerbsrichtlinie - nur auf den Telex- und Sprachtelefondienst beschränkten.

---

[385] Noch zu erwähnen ist die Bestimmung des Art. 8 der Diensterichtlinie (s.o. Fn. 380), welche ähnlich wie der Art. 7 der Endgeräte-Richtlinie die Langzeitverträge über die Erbringung von Telekommunikationsdiensten kündbar gemacht hatte.

[386] Siehe Klein, 2000 S. 92.

[387] Die Rundfunk- und Fernsehdienste waren entsprechend der Begriffserklärung der Telekommunikationsdienste (Art. 1 Abs. 4 der D-RL) von dem Geltungsbereich dieser Richtlinie genauso ausgenommen. (s.o. Fn. 380).

[388] Entschließung des Rates vom 22 Juli 1993 zur Prüfung der Lage im Bereich der Telekommunikation und zu den notwendigen künftigen Entwicklungen in diesem Bereich ABl. EG C 213, 1 (3).

[389] Entschließung des Rates vom 22. Dezember 1994 über die Grundsätze und den Zeitplan für die Liberalisierung der Telekommunikationsinfrastrukturen ABl. EG C 379, S. 4 ff.

aa) Richtlinien über Kabelfernsehnetze und Satelliten- und Mobilfunkkommunikation

aaa) Genehmigung zur Errichtung von Satelliten

Durch die Satellitenrichtlinie[390] von 1994 (im weiteren Sat-RL) wurden die Satellitenfunkanlagen zu den Telekommunikationsendgeräten (Art. 1 erster Gedankenstrich Endg-RL) und die Funk- oder Netzdienste via Satellit zu den Telekommunikationsdiensten gezählt und die Aufhebung von ausschließlichen bzw. besonderen Rechten in diesen Bereichen vorangetrieben. Das Genehmigungs- und Anmeldeverfahren für Satellitenfunkanlagen wurde auch an transparente Kriterien geknüpft (Art. 2 Punkt. 2 b) Sat-RL), und die Beschränkungen für Raumkapazitäten für zugelassene Satellitenfunkanlage-Betreiber sollten gemäß dieser Richtlinie (Art. 2 Punkt 3 b Sat-RL) aufgehoben werden. Diese Richtlinie machte den Weg für die technologischen Entwicklungen im Satellitenfunkbereich frei und ermöglichte die Betätigung von Unternehmen in diesen Dienstbereichen, mit Ausnahme des Sprach-telefondienstes.

Ähnliche Maßnahmen brachten die kurz danach erlassenen Kabel- und Mobilfunkrichtlinien. Außerdem wurde die Zusammenschaltung von festen und alternativen Netzen gewährleistet.

aab) Getrennte Buchführung für Kabelfernsehnetze

Bezüglich der Richtlinie 95/51/EG der Kommission vom 18. Oktober 1995 zur Änderung der Richtlinie 90/388/EWG hinsichtlich der Aufhebung der Einschränkungen bei der Nutzung von Kabelfernsehnetzen für die Einbringung bereits liberalisierter Telekommunikationsdienste[391] (im weiteren: Kab-RL) ist in erster Linie zu betonen, dass die Kommission getrennte Buch- und Rechnungsführung für die verschiedenen Tätigkeitsbereiche der eingesessenen Fernmeldeverwaltungen (Art. 2 Kab-RL) vorschrieb. Im Klartext heißt dies, dass die Kommission es politisch nicht für tragfähig hielt, die Fernmeldeorganisationen hinsichtlich der Kommunikation via Kabelfernseh- oder herkömmlichem Festnetz horizontal zu separieren. Jedoch griff diese Maßnahme zu kurz und die Kommission führte im Jahre 1999 eine juristische Trennung zwischen den Tätigkeitsbereichen für Fest- und Kabelfernsehnetze der Unternehmen durch. Gemäß Art. 1 der Richtlinie 1999/64/EG[392] sollten nämlich die Mitgliedsstaaten dafür sorgen, dass die Fernmeldeorganisationen ihre Kabelfernseh- und Telekommunikationsnetze in rechtlich getrennten Einheiten betreiben. Man könnte diese Verzögerung der horizontalen Trennung durch die Kommission beanstanden, weil sie die Entwicklung der Kabelkommunikation im gewissen Maße aufhielt.

---

[390] Richtlinie 94/46/EG der Kommission vom 13. Oktober 1994 zur Änderung der Richtlinien 88/301 EWG und 90/388/EWG,. Insbesondere betreffend die Satellitenkommunikation, s.o. Fn 85.

[391] Richtlinie 95/51/EG der Kommission vom 18. Oktober 1995 zur Änderung der Richtlinie 90/388/EWG hinsichtlich der Aufhebung der Einschränkungen bei der Nutzung von Kabelfernsehnetzen für die Einbringung bereits liberalisierter Telekommunikationsdienste, ABl. L 265 vom 26.10.1995 S. 49.

[392] Richtlinie 1999/64/EG der Kommission vom 23. Juni 1999 zur Änderung der Richtlinie 90/388/EWG im Hinblick auf die Organisation ein- und demselben Betreiber gehörender Telekommunikations- und Kabelfernsehnetze in rechtlich getrennte Einheiten vom 10.7.1999 L 175 S. 39 ff.

aac) Lizenzvergabe für Mobilkommunikation

Die Richtlinie 96/2/EG der Kommission vom 16. Januar 1996 zur Änderung der Richtlinie 90/388/EWG bezüglich der mobilen Kommunikation und der Personal Communication, ABl. L 20 vom 26.1.1996 S. 59[393] (im weiteren: Mobil-RL) von 1996 verbot die Erteilung von Mobil- oder Personalkommunikationslizenzen für solche Fernmeldeorganisationen, die ausschließliche Rechte für den Aufbau und die Bereitstellung der Netzinfrastruktur besaßen (Art. 1 Punkt 3 Abs. 5 zu Art. 3a der Mobil-RL). Mit dieser begrüßenswerten Vorschrift wollte die Kommission die Ausdehnung oder Verstärkung der bestehenden, marktbeherrschenden Stellung der etablierten Unternehmen verhindern[394]. Diese Regel unterstützte zwar den Infrastrukturwettbewerb, jedoch galt sie als nachträglicher Akt, weil einige Mitgliedsstaaten bereits Lizenzen an ihre alten Fernmeldeorganisationen erteilt hatten.

M.E. ist es außerdem problematisch, dass die Richtlinie die Lizenzerteilung an etablierte Fernmeldeorganisationen nur von ihren Monopolrechten im Netzbereich abhängig macht. Meiner Meinung nach hätten Fernmeldeorganisationen mit exklusiven Rechten für Sprachtelephonie ebenfalls keine Mobilkommunikationslizenz erhalten dürfen, solange sie über Monopolrechte in diesem Bereich verfügten. Dies hätte vielleicht das Interesse der Fernmeldeorganisationen daran geweckt, ihre Monopolrechte abzugeben, um in andere Segmente des Marktes einzusteigen.[395]

bb) Wettbewerbsrichtlinie – Endfrist für die Aufhebung von Monopolrechten

Die Richtlinie 96/19/EG der Kommission vom 13. März 1996 zur Änderung der Richtlinie 90/388/EWG hinsichtlich der Einführung des vollständigen Wettbewerbs auf den Telekommunikationsmärkten[396] (im weiteren: Wbw-RL) brachte bedeutende Forschritte für die Vollendung der Liberalisierung. Neben der frühzeitigen Liberalisierung alternativer Telekommunikationsnetze ab Juli 1996 - wie z.B. der internen Netze der Deutschen Bahn, von Energieunternehmen usw. - befristete die Richtlinie den Bestand der Exklusivrechte. Gemäß Art. 1 Punkt 2 der Wbw-RL sollten die Mitgliedsstaaten die bislang verbliebenen Monopolrechte im Netz- bzw. Sprachtelefonbereich bis zum 01. Januar 1998 endgültig aufheben[397]. Durch diesen Akt wurde die Auffassung aufgegeben, dass die Aufgaben im Bereich der Telekommunikation wegen ihres allgemeinen wirtschaftlichen Interesses zwingend über ein natürliches Monopol erfüllt werden müssten[398]. Die Bereitstellung von Telekommunikationsnetzen und das Angebot von Telekommunikationsdiensten wurden dadurch zur Aufgabe der privaten, wettbewerblich organisierten Unternehmen gemacht.

---

393 Richtlinie 96/2/EG der Kommission vom 16. Januar 1996 zur Änderung der Richtlinie 90/388/EWG betreffend die mobile Kommunikation und Personal Communications, ABl. L 20 vom 26.1.1996 S. 59.

394 Siehe Erwägungsgrund 11 der Richtlinie 96/2/EG vom 16. Januar 1996 (s.o. Fn. 393).

395 Außerdem schränkt die alleinige Errichtung von Netzen ohne das parallele Angebot von Sprachtelefondiensten die Einnahmenquellen der neuen Netzbetreiber unverhältnismäßig ein.

396 Richtlinie 96/19/EG der Kommission vom 13. März 1996 zur Änderung der Richtlinie 90/388/EWG hinsichtlich der Einführung des vollständigen Wettbewerbs auf den Telekommunikationsmärkten, ABl. L 74 vom 22.3.1996, S. 13.

397 Siehe Erwägungsgrund 4 der Wettbewerbsrichtlinie (s.o. Fn. 396).

398 Vgl. Klein, 2000, S. 97.

Außer den Endfristen brachte die Wettbewerbrichtlinie noch vier weitere, grundlegende Neuerungen mit sich. Erstens setzte sie durch Art. 1 Punkt 3 und Punkt 6 Wbw-RL konkrete Fristen für die Veröffentlichung der Kriterien für das Lizenzierungs-, und Anmeldeverfahren, und für die Zusammenschaltungsbedingungen fest. Zweitens regelte die Richtlinie die Grundzüge der Zusammenschaltungen, wie z.B. die ausgehandelte Zusammenschaltungsvereinbarung, die später durch die Zusammenschaltungsricht-linie des Parlaments und des Rates konkretisiert wurden (Art. 1 Punkt 6 Wbw-RL). Drittens verbot sie die künstliche Verknappung von Lizenzen (Art. 1 Abs. 3 UAbs. 4 Wbw-RL). Zuletzt schrieb sie eine getrennte Finanzkontenführung für große Unternehmen vor, die außer dem Telekommunikationsbereich über ausschließliche Rechte verfügten und gleichzeitig in der Telekommunikationsbranche tätig waren[399]. Diese Maßnahmen waren notwendig zur Verwirklichung der Marktöffnung.

3. Harmonisierungsmaßnahmen des Rates und des Europäischen Parlaments

Außer der Tätigkeit der Kommission, waren die Harmonisierungsmaßnahmen des Rates und des Europäischen Parlaments für die Schaffung einer einheitlichen Ordnungspolitik der Gemeinschaft im Telekommunikationsbereich[400] von Belang. Diese Maßnahmen liefen parallel zu den Liberalisierungsmaßnahmen der Kommission und sollten eine gleichzeitige, größtmögliche Vereinheitlichung der Mitgliedsstaatlichen Rechtsvor-schriften vorantreiben[401]. Dies setzte die Vertiefung und Harmonisierung der rechtlichen Rahmenbedingungen voraus.

Der Erlass der Harmonisierungsmaßnahmen beruhte auf Artikel 100a i.V.m. Art. 57-66 EWG (Art. 95 i.V.m. 47-55 EG) (freier Dienstleistungsverkehr), der den Rat zur Angleichung derjenigen Rechts- und Verwaltungsvorschriften der Mitgliedsstaaten ermächtigt, die sich unmittelbar auf die Errichtung oder das Funktionieren des gemeinsamen Marktes auswirken[402]. Aufgrund dieses legislativen Rechts verkündete der Rat bzw. das Parlament die ONP-Richtlinie[403], die Richtlinie über Mitleitungen[404], Zusammenschaltung[405] und Sprachtelefondienst[406] und sorgte dafür, dass ein Mindestangebot an Diensten sichergestellt, der Zugang zu öffentlichen Telekommunikationsnetzen und –Diensten und ihre Zusammenschaltung gewährleistet wurde.

---

[399] Falls ihr Umsatz auf dem relevanten Telekommunikationsmarkt mehr als 50 Millionen ECU beträgt. Siehe Art. 1 Punkt 8 der Wbw-RL. (s.o. Fn. 396).

[400] Vgl. Klein, 2000, S. 97 ff.

[401] Vgl. Klein, 2000, S. 98

[402] Siehe Art. 100a Abs.1 EWG

[403] Richtlinie des Rates vom 28. Juni 1990 zur Verwirklichung des Binnenmarktes für Telekommunikationsdienste durch Einführung eines offenen Netzzugangs (Open Network Provision – ONP) (90/387/EWG) ABl. 1990 L 192 vom 24.7.1990, S. 1, geändert durch RL 97/51/EG.

[404] Richtlinie des Rates vom 05. Juni 1992 zur Einführung des offenen Netzzuganges bei Mietleitungen (92/44/EWG) ABl. L 165 vom 19.6.1992, S. 27.

[405] Richtlinie des Europäischen Parlaments und des Rates vom 30. Juni 1997 über die Zusammenschaltung in der Telekommunikation im Hinblick auf die Sicherstellung eines Universaldienstes und der Interoperabilität durch Anwendung der Grundsätze für einen offenen Netzzugang (ONP) (97/33/EG) ABl. L 199 vom 26.7.1997, S. 32.

[406] Richtlinie des Europäischen Parlaments und des Rates vom 26. Februar 1998 über die Anwendung des offenen Netzzugangs (ONP) beim Sprachtelefondienst und den Universaldienst im Telekommunikationsbereich in einem wettbewerbsorientierten Umfeld (98/10/EG) ABl. L 101 vom 1.4.1998, S. 41, ersetzt die Richtlinie 95/62/EG.

a) Unterschiede zwischen den Liberalisierungs- und Harmonisierungsmaßnahmen

aa) Unterschiedliche Zielsetzung und Grundzüge

Solange die Liberalisierungsmaßnahmen zum stufenmäßigen Abbau der Monopolrechte berufen waren und grundsätzlich wettbewerbsfördernde Ziele erfüllten, dienten die Harmonisierungsrichtlinien der Vereinheitlichung und der Schaffung von Transparenz von Rahmenbedingungen auf dem Binnenmarkt. Dies hieß nicht, dass die Maßnahmen des Rates nicht mehr wettbewerbsfördernd sein sollten, sie erfüllte aber auch andere politische Ziele, wie z.B. die Sicherstellung des Universaldienstes oder die Schaffung eines offenen und effizienten Zugangs. Diese Grundsätze verlangten teilweise Vorschriften, die nicht unbedingt positiv auf den aufkeimenden Wettbewerb wirkten[407]. Im Sinne des Art. 1 92/44/EWG waren auch solche Unternehmen zum Angebot von Mietleitungen verpflichtet, die nicht einmal über eine beherrschende oder beträchtliche Marktmacht verfügten.

Die meisten sozialpolitischen Ziele, die die wettbewerbspolitischen Ziele der Marktöffnung kaum unterstützten, waren mit dem Universaldienst verbunden, wie z.B. die Sicherung der Dienste zu einem erschwinglichen Preis (Art. 3 Abs. 1 RL 98/10/EG), vor allem für ältere oder sozial bedürftige Menschen (Art. 3 Abs. 1 UAbs. 2 RL 98/10/EG). Die Beurteilung des Universaldienstes ist aus wettbewerbspolitischer Sicht sehr umstritten.

Durch den Universaldienst[408] sollte ein definiertes Mindestangebot an Diensten von bestimmter Qualität allen Benutzern, unabhängig von ihrem Standort, gemessen an den landesspezifischen Bedingungen, zu einem erschwinglichen Preis zur Verfügung gestellt werden. Durch diese sog. „last best“ – Lösung sollte die flächendeckende Versorgung mit Telekommunikationsdiensten durch die Ersetzung der Versorgung durch staatliche Fernmeldeorganisationen sichergestellt werden. Insofern förderte der Universaldienst mittelbar auch den Wettbewerb, dennoch zählt er nicht unbedingt zu den den chancengleichen Wettbewerb fördernden Ansätzen.

bb) Vielzahl von Änderungsrichtlinien

Zu beiden Arten von Richtlinien wurden viele Änderungsrichtlinien erlassen, die die Vorschriften präzisierten und an die wettbewerblichen bzw. an die technischen Entwicklungen angepassen. Diese Änderungen dienten der schrittweisen Einführung von ordnungspolitischen Maßnahmen.

Hinsichtlich der Änderungsrichtlinien kann man bestimmte Unterschiede feststellen. Während Änderungsrichtlinien der Kommission in erster Linie die Anwendungsbereiche der liberalisierenden Richtlinien ausdehnten, war bei den Änderungsrichtlinien des Rates keine solche Linie festzustellen. Bei den Änderungsrichtlinien der Harmonisierungsmaßnahmen ging es eher um die Korrektur der Definitionen und die Bearbeitung von Konzeptionen oder Verfahren. Bei diesem Tätigkeitsfeld bemerkt

---

[407] Z.B. Mietleitungsrichtlinie 92/44/EWG, s.o. Fn. 404.

[408] Siehe Definition Art. 2 Abs. 1 Punkt g) Zusammenschaltungsrichtlinie 97/33/EG vom 30. Juni 1999 ABl. L Nr. 199 vom 26.07.1997 S. 32 ff.

man einen gewissen Experimentalismus, schnelle Reaktionen und eine weitgehend flexible Anpassung. Die Zahl der Änderungsvorschriften übertraf auch die Zahl der Änderungsrichtlinien der Kommission.

b) Die wichtigsten Harmonisierungsmaßnahmen und ihre Bewertung

aa) Grundsätze des offenen und effektiven Netzzugangs – die ONP-Richtlinie

Die fundamentalen Grundsätze des Netzzugangs wurden durch die Richtlinie 90/387/EWG vom 28. Juni 1990 des Rates zur Verwirklichung des Binnenmarktes durch Einführung eines offenen Netzzuganges[409] (im weiteren: ONP-RL) festgelegt. Die ONP-Richtlinie forderte von den Mitgliedsstaaten nicht nur die Herstellung eines offenen Netzzuganges zu den öffentlichen Telekommunikationsnetzen und – Diensten, sondern auch die Harmonisierung der Nutzungsbedingungen (Art. 1 Abs. 1 ONP-RL)[410]. Diese Richtlinie wollte neben dem Tätigwerden der nationalen Mitbewerber, insbesondere die grenzüberschreitende Tätigkeit von Telekommunikationsunternehmen erleichtern (Art. 1 Abs. 2 ONP-RL). Eventuelle Einschränkungen gegenüber dem Grundprinzip waren laut Art. 3 Abs. 2 der ONP-Richtlinie ausschließlich aus nichtwirtschaftlichen Gründen möglich[411].

Aufgrund der unterschiedlichen Lage des Zugangsmarktes für Telekommunikation in den einzelnen Mitgliedsstaaten schrieb die Richtlinie ein sehr kompliziertes Verfahren für die Ausarbeitung der ONP-Bedingungen (Art. 4 i.V.m. Art. 10 ONP-RL) vor, in das die Europäische Kommission stark einbezogen wurde. Dieses Verfahren wurde durch spätere Änderungsrichtlinien[412] vereinfacht. Die ONP-Richtlinie wollte die ONP-Bedingungen stufenweise festlegen (Art. 4 Abs. 1 ONP-RL) und ließ Einzelbereiche offen (siehe Anhang I. der ONP-Richtlinie), in denen weitere Maßnahmen beabsichtigt waren.

bb) Die zu weit greifende Mietleitungsrichtlinie

Zwei Jahre nach der ONP-Richtlinie erließ der Rat die Richtlinie 92/44/EWG vom 5. Juni 1992 zur Einführung des offenen Netzzuganges bei Mietleitungen [413] (im weiteren: Mietl-RL), welche die Bedingungen der Nutzung von Mietleitungen harmonisierte und ein gemeinschaftsweites Mindestangebot von Mietleitungen mit harmonisierten technischen Merkmalen forderte (Siehe Art. 1 Mietl-RL). Dies ist die erste Richtlinie, die die Definition und Aufgaben der nationalen Regulierungsbehörden (Art. 2 vierter Gedankenstrich, Art 8 Mietl-RL) vorschreibt[414], weswegen ihr eine zentrale Bedeutung zukommt. Dies ist umso wichtiger, da sich die Mitgliedsstaaten zwei Jahre vor dem Erlass dieser Richtlinie noch stark gegen die Errichtung einer unabhängigen

---

[409] Richtlinie 90/387/EWG, S. 1 ff, s.o. Fn 403.
[410] Vgl. Klein, 2000, S. 99.
[411] Die grundlegenden Anforderungen worauf die Einschränkungen beruhen dürften, sind laut der ONP-Richtlinie: 1. die Sicherheit des Netzbetriebes, 2. die Aufrechterhaltung der Netzintegrität, 3. die Interoperabilität und 4. der Datenschutz.
[412] Siehe Art. 1 Abs. 3 b) der RL 97/51/EG vom 6. Oktober 1997.
[413] Richtlinie 92/44/EWG, S. 27 ff. s.o. Fn 404.
[414] Siehe Art. 2 Uabs. 3, Art 3, 5, 6 usw. der Mietleitungsrichtlinie. (s.o. Fn. 404)

Behörde, die technische Spezifikationen zuließ, gewehrt hatten[415]. Jedoch ist es gelungen die Reformgrundsätze der europäischen Gesetzgebungsorgane durchzusetzen.

Durch die Mietleitungsrichtlinie werden wichtige Grundsätze angewendet, wie z.B. die Gewährleistung von kostenorientierten und transparenten Tarifen, die Nichtdiskriminierung usw. Trotzt aller Wichtigkeit und Bedeutung muss man einige Mängel der Mietleitungsrichtlinie erwähnen. Die Richtlinie schrieb die Bereitstellungspflicht des Mietleitungsangebots in der Weise vor, dass die Mitgliedsstaaten im Sinne des Art. 7 Abs. 1 der Richtlinie ein Mindestangebot an Mietleitungen sicherstellen mussten. Die Menge des Mindestangebotes blieb jedoch ungeklärt, wie auch die Gruppe der zu verpflichtenden Unternehmen. Zwar führte dies am Anfang des Liberalisierungsprozesses praktisch zur keinerlei Diskriminierungen von Unternehmen, weil im Grunde genommen nur die nationalen Monopole über das öffentliche Telekommunikationsnetz verfügten, dennoch war eine solche Verpflichtung in einem wettbewerbsorientierten Umfeld nicht mehr gerechtfertigt. Die Richtlinie 97/51/EG korrigiert diese Regelungen und schreibt eine Pflicht zur Mietleitungsbereitstellung grundsätzlich für Organisationen mit beträchtlicher Marktmacht[416] vor (Art. 2 Abs. 1 und 2 RL 97/51/EG).

cc) Sprachtelefonrichtlinie

Nach der Mitleitungsrichtlinie wurde die Richtlinie 95/62/EG des Europäischen Parlaments und des Rates vom 13. Dezember 1995 zur Einführung des offenen Netzzuganges (ONP) beim Sprachtelefondienst [417] verabschiedet, die Maßnahmen zur Ermöglichung des universellen Dienstes vorschrieb. Der Universaldienst, der ein Mindestangebot an Diensten von bestimmter Qualität für alle Nutzer zu einem erschwinglichen Preis darstellte, war deswegen so wichtig, da die Mitgliedsstaaten, vor allem aber die Verbraucherverbände in den verschiedenen Ländern, darüber besorgt waren, ob die Benutzer auch auf einem liberalisierten Markt dasselbe Dienstleistungsniveau für denselben Preis bekommen würden.[418] Diese Problematik wurde dadurch gelöst[419], dass einige Richtlinien u.a. die Sprachtelefondienstrichtlinie detaillierte Bedingungen für den offenen Netzzugang stellten, um die Verfügbarkeit qualitativ hochwertiger, öffentlicher Telefondienste für die Nutzer sicherzustellen[420]. Außer-

---

[415] Siehe Entscheidung des EuGH in der Rechtssache 202/88, Punkt 49 des Sitzungsberichts oder Punkt 52 des Urteils.

[416] Eine Organisation verfügt dann über eine beträchtliche Marktmacht, wenn sie einen Anteil von über 25 % an einem bestimmten Telekommunikationsmarkt auf dem geographischen Gebiet in einem Mitgliedstaat, in dem sie zugelassen ist, besitzt. Der Begriff „beträchtliche Marktmacht" ist mit dem englischen Begriff „significant market power" (verkürzt: SMP) gleichzustellen.

[417] Richtlinie 95/62/EG des Europäischen Parlaments und des Rates vom 13. Dezember 1995 zur Einführung des offenen Netzzuganges (ONP) beim Sprachtelefondienst ABL. L. 321 vom 30.12. 1995 S. 6 ff.

[418] Vgl. Arbeitsdokument der Kommissionsdienststellen (s.o. Fn. 356) S. 28.

[419] Wenn man die Entwicklung des Dienstleistungsniveaus und des Niveaus der Telefongebühren ansieht, dann merkt man, dass die Angst unbegründet war. Die nationalen Regulierungsbehörden machten von der Möglichkeit, Universaldienste aufzuerlegen, wenig Gebrauch.

[420] Siehe Art. 1 Abs. 1(Zielsetzung) und Art. 3 (Verfügbarkeit von Diensten) der Sprachtelefonrichtlinie 98/10/EG. (s.o. Fn. 406).

dem sollten die Telekommunikationsorganisationen Kostenrechnungssysteme einführen, die eine kostenorientierte Tarifierung ermöglichten.

dd) Genehmigungsrichtlinie

Auch im Bereich der Genehmigungen bemühte sich der Rat, das Gemeinschaftsrecht zu vereinheitlichen. Die Richtlinie 97/13/EG des Europäischen Parlaments und des Rates vom 10. April 1997 über einen gemeinsamen Rahmen für Allgemein- und Einzelgenehmigungen für Telekommunikationsdienste[421] (im weiteren: Genehmigungsrichtlinie) glich das Verfahren zur Erteilung von Lizenzen für die Erbringung von Telekommunikationsdiensten an. Unter den zwei Arten von Genehmigungen bevorzugte die Genehmigungsrichtlinie die Erteilung von Allgemeingenehmigungen, die ausschließlich mit dem EG-Recht vereinbarten Bedingungen enthalten[422]. Die Zahl der Einzelgenehmigungen sollte begrenzt werden, und davon sollten die nationalen Genehmigungsstellen nur aus bestimmten Gründen, wie z.B. Frequenzzuweisung oder Nummererteilung, Gebrauch machen.

ee) Zusammenschaltungsrichtlinie

Die Zusammenschaltungen, wie schon im Kapitel B I. 2 bb) dargestellt, sind Schlüsselfaktoren bei der Förderung offener und wettbewerbsfähiger Märkte[423], weil das Festnetz der etablierten Telekommunikationsunternehmen einen Engpass, insbesondere in der Anfangsphase der Marktöffnung, darstellt. Es fehlte den Ex-Monopolisten an Anreizen, eine effiziente Zusammenschaltung bereitzustellen. Die zu zahlenden Entgelte für Zusammenschaltungen stellten nach Schätzungen der Experten einen der größten Aufwandposten für neu auf den Markt eintretende Unternehmen dar. Nach Meinung der Experten machten die Zusammenschaltungsentgelte bis zu 40 %(!) aller Aufwendungen der Marktneulinge aus[424]. Aus diesem Grunde war die Preisgestaltung bei Zusammenschaltungen für die Bestimmung der zukünftigen Marktstruktur und der Intensität des Wettbewerbs von Bedeutung.

Die Richtlinie 97/33/EG des Europäischen Parlaments und des Rates vom 30. Juni 1997 über die Zusammenschaltung in der Telekommunikation im Hinblick auf die Sicherstellung eines Universaldienstes und der Interoperabilität durch Anwendung der Grundsätze für einen offenen Netzzugang (ONP)[425] (im weiteren: Zs-RL) legte einen einheitlichen Rechtsrahmen für die Rechte und Pflichten aller Marktakteure fest, die feste oder mobile, öffentliche Telekommunikationsnetze bzw. –Dienste oder Mietleitungen bereitstellten[426]. Andererseits regelte die Richtlinie die notwendigen

---

[421] Vgl. Erwägungsgrund 5 und 7 der Richtlinie 97/13/EG des Europäischen Parlaments und des Rates vom 10. April 1997 über einen gemeinsamen Rahmen für Allgemein- und Einzelgenehmigungen für Telekommunikationsdienste, ABl. L 117 vom 7.5.1997, S. 32

[422] Vgl. Mitteilung der Kommission vom 22.5.1997.

[423] Laut Erwägungsgrund 2 der Zusammenschaltungsrichtlinie sind die chancengleiche, verhältnismäßige und nichtdiskriminierende Zusammenschaltungs- und Interoperabilitätsbedingungen Schlüsselfaktoren der Förderung der Märkte., s.o. Fn. 405.

[424] Siehe Begründung - Empfehlung der Kommission 98/195/EG S. 4.

[425] Richtlinie 97/33/EG, S. 32 ff, s.o. Fn. 405.

[426] Außer diese drei Arten von Organisationen gehören noch zu dem Geltungsbereich der Richtlinie solche Organisationen, die Telekommunikationsdienste bereitstellen und in dieser Kategorie gemäß

Befugnisse der nationalen Regulierungsbehörden. Das wichtigste Ziel der Zusammenschaltungsrichtlinie war die Aufhebung von Beschränkungen, welche die Zusammenschaltungsverhandlungen von Telekommunikationsorganisationen hinderten (Art. 3 Abs. 1 Zs-RL). Dadurch war der Weg zu ausgehandelten Netzzusammenschaltungen eröffnet[427].

Durch diese Zusammenschaltungsmethode wurde einerseits der sog. Fehler erster Ordnung[428], also dass eine Behörde sich in solche Angelegenheiten einmischt, die der Markt besser selbst regeln kann, vermieden. Andererseits wurde der Informationsmangel der Behörden hinsichtlich der Kostenstruktur der Telekommunikationsunternehmen durch die kommerziellen Verhandlungen zwischen privaten Unternehmen behoben. Dieser Informationsmangel hätte zur falschen Feststellung bestimmter Zusammenschaltungsbedingungen führen und dadurch den Marktteilnehmern bzw. dem Gesamtmarkt wirtschaftlichen Schaden zufügen könnten.

Zwar verfügten gemäß Art. 4. Abs. 1 Zs-RL die Unternehmen über gleiche Rechte bei der Aushandlung von Zusammenschaltungsvereinbarungen, aber die Pflichten der Telekommunikationsorganisationen waren asymmetrisch entsprechend ihrer Marktmacht und der Art der erbrachten Dienste[429]. Die Verpflichtungen der Netzbetreiber fasst die folgende Tabelle zusammen:

---

der relevanten nationalen Lizenzierungs- oder Genehmigungsverfahren zur Zusammenschaltung befugt sind. Siehe Anhang II der Zusammenschaltungsrichtlinie, s.o. Fn. 406.

427 Die Zusammenschaltungsbedingungen sollten also in erster Linie durch die betroffenen Unternehmen untereinander – ohne Einmischung einer staatlichen Behörde – ausgehandelt werden.

428 Fehler erster Ordnung heißt, dass eine Behörde in solche Prozesse eingreift, wo kein staatlicher Handlungsbedarf besteht. Eine Behörde, die die Unvollkommenheiten des Marktes „reparieren" soll, sollte nur als second-best-Lösung in die Marktprozesse eingeschaltet werden.

429 Bezüglich der Mobilfunkbetreiber muss man betonen, dass unter ihnen zwei unterschiedliche Märkte, als sachlich relevante Märkte, abgrenzbar sind. Erstens kommt der Markt für nationale Mobilkommunikation in Betracht, zweitens der Markt für die nationalen Zusammenschaltungen. Vgl. Art. 4 Abs. 3 UAbs. 1 mit dem Art. 7 Abs. 2 der Zusammenschaltungsrichtlinie, s.o. Fn. 406.

Tabelle Nr. 6

Betreiberpflichten nach der Zusammenschaltungsrichtlinie

Verpflichtungen:	**Verpflichtete Betreiber**
1. Aushandlung gegenseitiger Zusammenschaltungen (Art.4 Abs.1) 2. getrennte Buchführung für Aktivitäten in anderen Sektoren, wo der Betreiber ausschließliche Rechte hat (Art.8 Abs.1) 3. auf Anforderung finanzielle Informationen an die NRB zu liefern (Art. 8 Abs. 3)	Alle Betreiber (i.S.d. Art. 4 Abs. 1)
1. allen begründeten Anträgen auf Netzzugang stattzugeben (Art. 4 Abs. 2) 2. Nichtdiskriminierung, Gleichbehandlung und Bereitstellung von Zusammenschaltungsleistungen, wie bei der eigenen Tochtergesellschaft (Art. 6 Punkt a)) 3. Bereitstellung von notwendigen Informationen und Spezifikationen (Art. 6 Punkt b)) 4. Zusammenschaltungsvereinbarungen den zuständigen NRB zu übermitteln und Interessierten zugänglich machen (Art. 6 Punkt c))	Alle Betreiber mit beträchtlicher Marktmacht[430] (i.S.d. Art. 4 Abs.3)
1. Transparenz und Kostenorientierung der Zusammenschaltungsentgelte 2. auf Anforderung der NRB, Begründung der Zusammenschaltungs-Entgelte abzugeben (Art 7. Abs. 2) 3. Veröffentlichung von Standard-Zusammenschaltungsangeboten (Art. 7 Abs. 3) 4. hinreichende Aufgliederung der Zusammenschaltungsentgelte (Art. 7 Abs. 4) 5. getrennte Buchführung über die Tätigkeiten im Rahmen der Zusammenschaltung und über die übrigen Tätigkeiten (Art. 8 Abs. 2)	Zusätzliche Pflichten der Festnetzbetreiber mit b MM (i.S.d. Art. 7 Abs. 1)
1. Transparenz und Kostenorientierung der Zusammenschaltungsentgelte	Zusätzliche Pflichten

[430] Eine Organisation verfügt dann über eine beträchtliche Marktmacht (oder SMP)– im Sinne des Art. 4 Abs. 3 ZS-RL – wenn sie einen Anteil von über 25% an einem bestimmten Telekommunikationsmarkt in dem geographischen Gebiet eines Mitgliedstaates, in dem sie zugelassen ist besitzt. Außerdem haben die nationalen Regulierungsbehörden unter Berücksichtigung von anderen Faktoren - wie Beeinflussen von Marktbedingungen, Umsatz im Verhältnis zur Marktgröße, Kontrolle über den Zugang zu Endbenutzer und Zugang zu Finanzmittel - die Möglichkeit auch unter dem Anteil von 25% die beträchtliche Marktmacht einer Organisation festzustellen. Die Regulierungsbehörden verfügen also über gewissen Ermessenspielraum bezüglich der Feststellung von beträchtlicher Marktmacht.

2. auf Anforderung der NRB, Begründung der Zusammenschaltungs-Entgelte abzugeben (Art 7. Abs. 2)	der Mobilnetzbetreiber mit b MM auf dem Markt für Zusammenschaltungen (i.S.d. Art. 7 Abs. 2)

NRB = Nationale Regulierungsbehörden b MM = beträchtliche Marktmacht

Die Tabelle macht gut deutlich, dass diese Richtlinie viele Reformgrundsätze angewandt hat, die für die Sicherstellung des chancengleichen Wettbewerbs notwendig waren. Diese Richtlinie außerdem deswegen zu würdigen, weil den nationalen Regulierungsbehörden genügend Ermessenspielraum eingeräumt wurde, die Zusammenschaltungsverpflichtungen nach Bedarf des betroffenen Marktes (sog. second-best-Lösung) zu ordnen. In Einzelfällen können die Regulierungsbehörden einige Pflichten der Betreiber zeitlich begrenzen (Art. 4 Abs. 1 Zs-RL)[431] oder ihnen Extra-Pflichten auferlegen, so z.B. auf die gemeinsame Nutzung von Einrichtungen hinwirken[432] oder Änderungen des Standardzusammenschaltungsangebotes (Art. 7 Abs. 3 UAbs. 2 Zs-RL) anordnen.

Wegen der grundlegenden Bedeutung von geeigneten Nummerierungsmechanismen, wie etwa Nummernübertragbarkeit und Betreibervorauswahl, wurde[433] durch Änderung der Zusammenschaltungsrichtlinie statt ab Anfang 2003 schon ab Januar 2000 die Nummernübertragbarkeit im öffentlichen Festnetz und im dienstintegrierten digitalen Fernmeldenetz (ISDN) bzw. die Betreibervorauswahl im öffentlichen Festnetz der SMP-Unternehmen ermöglicht[434].

II. Umsetzung der europäischen Liberalisierungsrichtlinien in Deutschland

Der Rechtsrahmen, den die Liberalisierungs- und Harmonisierungsrichtlinien bildeten, sollte die Umstellung vom Monopolbetrieb auf den Wettbewerb steuern[435] und einen wettbewerbsorientierten Markt schaffen, auf den die Rechte der neuen Marktteilnehmer gesichert waren. Diese Richtlinien genügte alleine jedoch nicht für die erfolgreiche Liberalisierung. Eine weitere Bedingung für das Erreichen der gewünschten Marktentwicklungen war, dass die Mitgliedsstaaten einzelstaatlichen Vorschriften erließen, durch die sich die Marktprozesse positiv entwickeln konnten. Es sollte ein wettbewerbsorientiertes Umfeld auch für den nationalen Gesetzesrahmen geschaf-

[431] Sofern hinreichende Alternativen zur Zusammenschaltung bestehen und der Aufwand der ursprünglichen Zusammenschaltung nicht in einem angemessenen Verhältnis zu den zur Verfügung stehenden Mitteln steht.

[432] Wenn es keine praktikable Alternative gab.

[433] Siehe Erwägungsgrund 2 der Änderungsrichtlinie 98/61/EG und die Entschließung des Rates vom 22. September 1997 ABl. C 303 vom 4. 10.1997 S. 1.

[434] Ausnahmen darunter bildeten die Mitgliedstaaten, wie Irland, Spanien, Portugal, Luxemburg und Griechenland, für die eine zusätzliche Übergangfrist für die vollständige Liberalisierung eingeräumt wurde. Siehe Art. 1 Punkt 2 und Punkt 3 der Änderungsrichtlinie 98/61/EG

[435] Siehe Vorschlag der Kommission KOM (2000) 393 endg.

fen werden. Aus diesem Grund muss man bei der Bewertung der Richtlinien gleichzeitig auch prüfen, wie erfolgreich die Umsetzung in das nationale Recht gelungen ist.

1. Umsetzungspflicht der Mitgliedsstaaten

Gemäß Art. 189 Abs. 3 EGW (Art. 249 Abs. 3 EG) sollten die Mitgliedsstaaten „hinsichtlich des zu erreichenden Zieles verbindlich" die Richtlinien der europäischen Gesetzgebungsorgane umsetzen. Mit welchen Mitteln die Mitgliedsstaaten dieser Umsetzungspflicht nachkamen, war ihnen überlassen.

a) Konkrete Umsetzung und wirksame Anwendung der Richtlinien

Entsprechend dem in Art. 189 Abs. 3 EWG (Art. 249 Abs. 3 EG) festgelegten Grundprinzip durften die Mitgliedsstaaten bei der Umsetzung frei die Form und die Mittel wählen, um ihren speziellen Bedürfnissen und dem eigenen Rechtssystem Rechnung zu tragen[436]. Sie durften z.B. den einzelnen Netzbetreibern zusätzliche Anforderungen innerhalb ihrer Landesgrenzen auferlegen, wobei sie das Prinzip der Nichtdiskriminierung gewähren mussten. So wurde z.B. in Belgien den Telekommunikationsunternehmen die Auflage gemacht, allen Schulen einen ISDN-Zugang zum Internet bereitzustellen[437]. Jedoch gab es bestimmte Kriterien, die bei der Umsetzung eine zentrale Rolle spielten.

Die Umsetzung sollte erstens konkret sein, betonte die Kommission, die für die wirksame Umsetzung der Richtlinien gemäß Art. 155 i.V.m. Art. 90 Abs. 3 EWG (Art. 211 i.V.m. Art. 86 Abs. 3 EG) Sorge trägt. Ihrer Ansicht nach - was der EuGH auch weitgehend unterstützt hatte[438] - schafft „nur die konkrete Umsetzung des Gemeinschaftsrechts Rechtsicherheit für die Marktteilnehmer"[439]. Dies heißt, dass bei abschließender Auflistung von Voraussetzungen durch die Gemein-schaftsvorschrift, die Mitgliedsstaaten den Unternehmen keine weiteren Bedingungen auferlegen dürfen.

Neben der Erwartung, dass die Mitgliedsstaaten alle durch die europäischen Gesetzgebungsorgane diktierten Maßnahmen in vollem Umfang umsetzen werden, sollte das europäische Recht auch wirksam angewandt werden.[440] Die wirksame Anwendung war vor allem für die Marktneulinge von zentraler Bedeutung, weil ihre wirtschaftliches Überleben teilweise davon abhing, ob die Grundsätze der Richtlinien in der Praxis tatsächlich Anwendung fanden. Die beiden Grundsätze waren dafür aus der Sicht des Wettbewerbs begrüßenswert.

---

[436] Vgl. Arbeitsdokument der Kommissionsdienststellen (s.o. Fn. 356), S. 13

[437] In diesem Fall dürfen aber diese Verpflichtungen nicht aus dem Universalfond finanziert werden, und die Vorschriften über staatliche Beihilfen müssen auch eingehalten werden. Vgl. Arbeitsdokument der Kommissionsdienststellen (s.o. Fn. 356), S. 13.

[438] Siehe z.B. Rechtssache 239/85, ECR 1986, S. 3645 oder Rechtssache 363/85, ECR, 1987 S. 1740. Das Zitat stammt aus dem Vorschlag der Kommission KOM (2000) 393 endg.

[439] Das Zitat stammt aus dem Vorschlag der Kommission KOM (2000) 393 endg.

[440] Siehe Vierter Bericht der Kommission über die Umsetzung des Reformpakets für den Telekommunikationssektor vom 1998 KOM(98) 596.

b) Prüfung der Umsetzung

Die Umsetzung des europäischen Telekommunikationsrechts durch die Mitgliedsstaaten prüfte die Kommission seit den ersten Liberalisierungsmaßnahmen. Sie verfasste entsprechend den Umsetzungsfristen seit 1994 jährlich einen Bericht über die Umsetzung des Reformpakets für den Telekommunikationssektor, wobei sie einen großen Wert auf die Wirksamkeit der Vorschriften legte.

Die Prüfung der wirksamen Anwendung[441] wurde durch die Bewertung von ausgewählten Indikatoren vollzogen. Falls ein Mitgliedsstaat durch seine nationalen Vorschriften das mit der Richtlinie bezweckte Ergebnis nicht erreichte, leitete die Kommission auf der Grundlage von Art. 169 EWG (Art. 226 EG) ein Vertragsverletzungsverfahren gegen den betreffenden Mitgliedsstaat beim Europäischen Gerichtshof ein.

2. Ziele der Reformen auf den deutschen Telekommunikationsmarkt

Vor der Darstellung der konkreten Gesetzgebung, wodurch die Telekommunikationsrichtlinien in Deutschland umgesetzt worden sind, sollte man kurz die Lage auf den deutschen Telekommunikationsmarkt und die Ziele der deutschen Reformen zusammenfassen.

a) Wirtschaftliche Ziele und ordnungspolitische Grundsätze der Reformen

aa) Die ersten erfolglosen Reformversuche

Die ersten Reformversuche, die darauf abzielten, der Deutschen Bundespost eine andere Rechtsform zu verliehen bzw. ihren ordnungspolitischen Rahmen umzugestalten, wurden Ende der 1960er und Anfang der 1970er Jahre erfolglos ausgelöscht. Zwar beauftragte die Bundesregierung im Jahre 1964 eine Kommission von Sachverständigen mit der Aufgabe, eine Untersuchung über die Verbesserung der Ablaufprozesse der Bundespost durchzuführen, jedoch kam es nicht zu einer Änderung der damaligen Strukturen[442]. Das einzig positive an dieser Verzögerung war, dass je länger die Reformen hinausgezögert wurden, desto klarer ihre Unvermeidlichkeit wurde. In den 1980er Jahren wurde der politische Wille zum Handeln in den Regierungskreisen immer stärker[443].

Zum ersten mal kam es in dem Bericht über die „Informationstechnik" aus dem Jahre 1984 zum Ausdruck, dass die Regierung der Bundesrepublik Deutschland, zur Sicherung und Förderung der Leistungsfähigkeit der deutschen Industrie, den ordnungspolitischen Rahmen der Telekommunikation an die veränderten Marktbedingungen anpassen sollte[444].

---

441 Siehe Rechtssache 432/92 ECR 1995 S. 1 Entscheidungsgründe 21,22.

442 Die Gutachter kamen schon damals zu dem Fazit, dass die Organisationsform der Deutschen Bundespost für die bestmögliche Erfüllung ihrer Aufgaben nicht geeignet war. Vgl. Kühn in: Büchner, 1999, S. 3

443 Über einen „Wandel des politischen Willens" spricht Broß in seiner Rede vom 23-24. Juni 1992, siehe Broß in: Bauer, 1992, S. 48.

444 Vgl. Werle, R. Telekommunikation in der Bundesrepublik – Expansion, Differenzierung, Transformation, Frankfurt a.M. 1990 S. 324

Die kurz danach 1985 ins Leben gerufene „Regierungskommission Fernmeldewesen" lieferte Empfehlungen für die Umstrukturierung verschiedener Telekommunikationssegmente. Obwohl die „Regierungskommission Fernmeldewesen" erst nach dem Erhalt des ersten Grünbuchs der Europäischen Kommission im Jahre 1987 ihre Vorschläge[445] verfasste(!), die auch nicht über die europäischen Reformzwecke hinausgingen, ist dieser Bericht zu würdigen. Die Regulierungskommission Fernmeldewesen betonte in ihrem Bericht die „Neuordnung der Telekommunikation"[446]: „um den veränderten Aufgabestellung zu entsprechen, ist eine Neuordnung der Telekommunikationsmärkte zu erwägen, die der Deutschen Bundespost einen hinreichenden Gestaltungsspielraum gewährt und gleichzeitig den Wettbewerb mit privaten Unternehmen öffnet."

Die Kommissionsmitglieder waren sich darüber einig, dass ein verfassungsrechtlicher Monopolschutz für die Deutsche Bundespost nicht bestehe[447]. Deswegen bevorzugten sie die Marktöffnung im Dienste- und Endgerätebereich[448]. Jedoch sollten das Netz und die Sprachübermittlung nach ihrer Ansicht weiterhin, allerdings bedingt, zu den Monopolbereichen gehören[449]. Den privaten Unternehmen sollten aber das Angebot von sog. „freien Leistungen[450]" und die Zusammenschaltung mit bestimmten Verbindungen erlaubt werden[451]. Nur das Sondervotum von vier Kommissionsmitgliedern ging radikal über diese Empfehlungen hinaus und schlug die Zulassung konkurrierender Telekommunikationsnetze vor.[452]

bb) Reformvorschläge der Bundesregierung

Die aufgrund dieses Berichts ausgearbeiteten Reformvorschläge der Bundesregierung waren jedoch viel kürzer gefasst als die Empfehlungen der Fernmeldekommission. Zwar erzielten die Reformen volkswirtschaftliche Effekte, die durch den Wettbewerb zu erreichen waren, dennoch glaubte die Regierung damals nicht daran, dass der Markt alleine einen hohen Versorgungsgrad sichern könnte.

Die neuen Reformen sollten eher die Neustrukturierung und die Stärkung der Leistungsfähigkeit der Deutschen Bundespost verwirklichen, als die Eröffnung von monopolistischen Märkten[453]. Entsprechend dem Misstrauen gegenüber der Versorgung durch den Wettbewerb, erwiesen sich die ersten Reformschritte auf dem deutschen Fernmeldemarkt eher als eine Organisationsreform der alten Deutschen Bundespost als eine Gesamtreform des Telekommunikationsmarktes. Dies der Stellenwert, den man „dem ökonomisch so schwer fassbaren Infrastrukturbegriff zuteilte, und das Vertrauen in die Funktionsfähigkeit der Marktwirtschaft in diesem Wirtschaftsbereich."[454]

---

[445] Vergleiche Müller, 1997, S. 10.
[446] Witte-Bericht, 1987.
[447] Witte-Bericht, 1987, S. 1-2.
[448] Siehe Witte-Bericht, 1987, S. 3-4.
[449] Siehe für Bedingungen Witte-Bericht, 1987, S. 81 ff.
[450] Freie Leistungen sind solche, die nicht zum Bereich der Monopolleistungen bzw. Pflichtleistungen gehörten. Siehe Witte-Bericht, 1987, S. 94 ff.
[451] Bericht der Regierungskommission Fernmeldewesen S. 95.
[452] Siehe Witte-Bericht, 1987, S. 136.
[453] Siehe Bundesregierung, Konzeption – 1988, S. 2.
[454] Das Zitat stammt von Broß, siehe: Broß in: Bauer, 1992, S. 58.

cc) Ordnungspolitische Grundsätze in Deutschland

Die ordnungspolitischen Grundsätze der Reformen für den deutschen Telekommunikationsmarkt untermauerten die wichtigsten Grundsätze des Grünbuchs´87. Die Reformziele wurden durch die gesetzliche Umsetzung verwirklicht, die einen Neunovellierungsboom im Telekommunikationsbereich in Deutschland auslösten.

cca) Trennung von hoheitlichen und unternehmerischen Aufgaben

Die erste und wichtigste ordnungspolitische Neuerung der Reformen zielte darauf ab, die Deutsche Bundespost neu zu strukturieren. Die Hoheits- und Unternehmensaufgaben der Deutschen Bundespost sollten voneinander getrennt und eine marktnahe und leistungsfähige Unternehmensorganisation verwirklicht werden.[455] Einerseits sollte eine unabhängige Regulierung für die Rahmenbedingungen des Fernmeldemarktes geschaffen werden und andererseits sollte das Unternehmen DBP gegenüber seinen Eigentümer mehr Verantwortung tragen.[456] Die Neugestaltung der Unternehmensverfassung der Deutschen Bun-despost erforderte gesetzliche Maßnahmen und die Ablösung des Postverwaltungsgesetzes von 1953.

Weil die unangefochtene Monopolstellung der DBP und der fehlende Rationalisierungsdruck gegenüber der Unternehmensführung[457] in der Vergangenheit zu erheblichen Tarifverzerrungen geführt hatten, lautete das wichtigste Gebot für das neustrukturierte Unternehmen: Kostenbewusstsein und Orientierung an den Kunden. Das Unternehmen sollte sich mehr am Absatz und an den Kunden orientieren, weshalb das Kostenbewusstsein und die Bereitschaft zu einem ergebnisorientierten Handeln bei der Deutschen Bundespost gestärkt werden mussten.[458]

ccb) Wettbewerb auf verschiedenen Ebenen des Telekommunikationsmarktes

Zwar verfolgten die neuen Reformen das Ziel, dass „zukünftig auch im Fernmeldewesen der Grundsatz des Wettbewerbes die Regel und das Monopol des staatlichen Anbieters die zu begründende Ausnahme sein“[459] sollte, dennoch wurde dieser Hauptgrundsatz wegen der Infrastrukturaufgabe praktisch umgedreht. Der Wettbewerb wurde - unter Bewahrung des Telefondienstmonopols der DBP - nur auf dem Endgerätemarkt und in den Randbereichen des Netzmonopols zugelassen.

---

[455] Bundesregierung, Konzeption – 1988, S. 2. Mit der Ausgliederung der Hoheitsaufgaben werden die Unternehmensaufgaben deutlicher erkennbar - meinten die Mitglieder der Regierungskommission Fernmeldewesen in ihrem Bericht, siehe Witte-Bericht, 1987, S. 71.

[456] Vgl. BMWI – Wiss. Beirat, 1995, S. 5.

[457] Grund für den fehlenden Rationalisierungsgrund war, dass der Staat und das Unternehmen DBP nicht gezwungen waren einen Zusammenhang zwischen Tarifen und Kosten herzustellen. Stattdessen konnte der Staat z.B. seine regionalpolitischen Ziele durch die Tarife leicht durchsetzen. Vgl. BMWI – Wiss. Beirat, 1995, S. 6.

[458] Bundesregierung, Konzeption – 1988, S. 2.

[459] Bundesregierung, Konzeption – 1988, S. 4.

i) Marktöffnung in den Randbereichen des Netzmonopols

Obwohl die Bundesregierung genauso wie die Fachexperten es für möglich hielt, dass private Netzbetreiber parallel zu dem Netz der Deutschen Bundespost einzelne Übertragungsstrecken im Fernnetz errichteten, prognostizierten sie solche Entwicklungen nur für die hochfrequentierten Verkehrsbereiche. Eine eventuelle Zulassung von privaten Unternehmen im Netzbereich hätte nach Ansicht der Regierung die Gefahre mit sich gebracht, dass von dem Netzwettbewerb nur wenige angeschlossene Kunden profitiert hätten, wodurch die fernmeldepolitischen Auflagen, wie z.B. die Bereitstellung des Übertragungsnetzes zu gleichen Bedingungen und für gleiches Entgelt in der gesamten Fläche, nicht mehr hätten sichergestellt werden können.[460]

Wegen der Sicherung der flächendeckenden Versorgung und der Gewährung von chancengleicher Nutzung von Infrastruktur, hat sich die Bundesregierung für das Behalten des Netzmonopols entschieden. Aus diesen infrastrukturellen Gründen wurde also das Netz weiterhin im Monopol des Bundes bzw. der Deutschen Bundespost gehalten, auch wenn das Netzmonopols enge ausgelegt werden sollte. Durch dieses Vorhaben der Bundesregierung wurden zwei wichtige Grundsätze der Marktöffnung verletzt. Erstens wurde eine Teilöffnung von Märkten erzwungen und zweitens ein Votum für den Ausschluss des Wettbewerbs abgegeben[461], statt der Bevorzugung von „wettbewerbsfreundlicheren Auflagen“ im Netzbereich.

Eine weitere Schwachstelle der Konzeption der Bundesregierung war es, dass das Behalten des Netzmonopols - trotz der Vorschläge der Regierungskommission Fernmeldewesen - bedingungslos blieb. Die Regierungskommission betrachtete die Aufrechterhaltung des Netzmonopols für nur in soweit als gerechtfertigt, als dass das Nachfolgeunternehmen der Deutscher Bundespost „Mietleitungen zu angemessenen und wettbewerbsfähigen Bedingungen entsprechend dem qualitativen und Quantitativen Bedarf anderen überlässt“[462]. Für den Fall, dass die Marktentwicklungen der nächsten drei Jahre nicht zufrieden stellend vorankamen, empfahl die Regierungskommission, weitere konkurrierende Netze zuzulassen[463]. Diese Lösung hätte mindestens den Wettbewerb im Dienstebereich teilweise fördern können.

Die Regierung versuchte ähnliche Fehlentwicklungen auf dem Mietleitungsmarkt dadurch zu verhindern, und legitimierte praktisch die Aufrechthaltung des Monopols damit, dass sie den Bundesminister für Post und Telekommunikation für die Genehmigung der Tarife für Mietleitungen und für die Zusammenschaltungen bei Mietleitungen zuständig machte.[464] Für die Aufhebung aller Beschränkungen im Infrastrukturbereich nannte die Bundesregierung in ihrer Konzeption kein festes Datum[465].

Positiv zu bewerten ist es immerhin, dass die Bundesregierung weitere Auflockerungen bezüglich der Satellitenfunkanlagen, der Funkrufdienste, bestimmter Betriebsfunknetze und dem zellularen digitalen Funktelefonnetz (D-Netze) anstreben

---

[460] Siehe Bundesregierung, Konzeption – 1988, S. 42-43.
[461] Vgl. These Nr. 9.
[462] Vgl. Witte-Bericht, 1987, S. 3-4.
[463] Vgl. Witte-Bericht, 1987, S. 3.
[464] Vgl. Bundesregierung, Konzeption – 1988, S. 63 .
[465] Wer weiß, wie lange sich die deutschen Politiker, ohne ein verbindliches Enddatum für die Aufhebung dieser Beschränkungen auf Europaebene, über die Endfrist der Marktöffnung gestritten hätten.

wollte.[466] Diese Bereiche wurden neben den bisherigen Ausnahmen des FAG freigestellt, was in Randbereichen des DBP-Netzes eine gewisse Entmonopolisierung bedeutete.[467]

Diese geplante Marktöffnung blieb aber gegenüber den möglichen Marktentwicklungen unangemessen und nahm die Zielsetzung der europäischen Reformen bezüglich der schrittweisen Marktöffnung nicht richtig wahr. M.E. hätte die Bundesregierung ein Konzept für den schrittweisen Abbau des Netzmonopols ausarbeiten und gemäß einem Zeitplan den Ausbau von parallelen Netzen erlauben sollen. Dies hätte zu mehr sektoralen Investitionen und schnelleren infrastrukturellen Entwicklung geführt. Das Recht zur Festlegung bestimmter Infrastrukturauflagen für den Fall unausreichender Grundversorgung hätte der Gesetzgeber für sich behalten können, wodurch die flächendeckende Versorgung hätte sichergestellt werden können.

ii) Dienste

Neben der Aufrechterhaltung des Monopols im Netzbereich beharrte die Regierung in ihrer Konzeption auch auf den Schutz der Monopolrechte der Deutschen Bundespost im Bereich des Telefondienstes herkömmlicher Art.[468] Obwohl die Mehrheit der Experten[469] dafür war, dass das Dienstmonopol möglichst eng und nur für die reine Sprachübermittlung beibehalten werden sollte, fasste die Regierung die Grenzen des Monopols weiter. Nicht nur die Sprachvermittlung im ISDN und bestimmte Formen der Mischkommunikation[470] wurden dem Monopolbereich zugeordnet[471], sondern auch Weiterentwicklungen und Ergänzungen des Telefon-dienstes, wo die Sprachübermittlung den Hauptzweck darstellt (sog. dynamische Interpretation des Monopols)[472].

Die sonstigen Basis- und Mehrwertdienste wurden - entsprechend der Konzeption der Regierungskommission Fernmeldewesen[473] - in zwei Kategorien eingestuft. Sie gehörten entweder zur Kategorie der regulierten Pflichtleistungen oder zu den freien Leistungen. Zur Erfüllung der Pflichtleistungen war grundsätzlich die DBP verpflichtet, aber auch Private durften diese Leistungen anbieten. Die freien Leistungen waren für den Wettbewerb freigegeben und sie durften nach dem freien unternehmerischen Ermessen durch jeden, angeboten werden[474]. Auch wenn die Verzögerung der Öffnung der Dienstmärkte mit der Daseinsvorsorge und mit der Mehraufwendung für

---

[466] Zusammengefasst: Bundesregierung, Konzeption – 1988, S. 5.

[467] Schon das alte FAG kannte zwei Möglichkeiten für privates Errichten oder Betreiben von Netzen: entweder durch Verleihung (§2 FAG a.F.) oder im Falle von Behörden, Transportanstalten oder Corporate-Networks innerhalb einer 25 km Grenze sogar auch ohne Verleihung (§3 FAG a.F.).

[468] Private Dienstangebote zum Zwecke direkter Sprachübermittlung waren nach den ersten und zweiten Postreformen weitgehend unzulässig. Vgl. Bundesregierung, Konzeption – 1988, S. 5 und 86 ff.

[469] Vgl. Witte-Bericht, 1987, S. 69, Broß S. 58, Hansen, 1988, S. 16.

[470] Unter Mischkommunikation ist die Mischung von Sprache mit einer anderen Kommunikationsform, wie Text, Bild oder Daten, gemeint. Siehe Bundesregierung, Konzeption – 1988, S. 68.

[471] Bundesregierung, Konzeption – 1988, S. 68.

[472] Die dynamische Interpretation bedeutete, dass das Monopol auch neue, zum Zeitpunkt der Gesetzverkündung noch nicht bekannte Techniken der Nachrichtenübertragung umfasste. Siehe Rechtssprechung des Bundesverfassungsgerichts, BMWI – Wiss. Beirat, 1995. S. 5.

[473] Witte-Bericht, 1987, S. 92 ff. vgl. mit der Bundesregierung, Konzeption – 1988, S. 65.

[474] Konzeption der Bundesregierung S. 65.

die Erfüllung der Infrastrukturauflagen begründet wurde[475], greift dieser Grundsatz m.E. viel zu weit.

Erstens wurde die Quersubventionierung zwischen den Monopol- und Wettbewerbsbereichen der DBP weiter erlaubt, wodurch der Rationalisierungsdruck auf die DBP weiterhin fehlte; auch wenn die missbräuchliche Beeinträchtigung von anderen Unternehmen jetzt strenger kontrolliert wurde[476]. Zweitens führte die Zuordnung der Sprachvermittlung durch das ISDN[477] zu den Monopolbereichen zur Ausbreitung der Monopolbereiche der DBP, was einerseits die Überlebensfähigkeit der DBP Telekom sicherte, andererseits unerwünschte Marktentwicklungen in der Zukunft mit sich brachte. Das Übergewicht des Nachfolgeunternehmens der DBP auf dem Markt für ISDN-Netze ist immer noch, mehrere Jahre nach der vollkommenen Marktöffnung, spürbar. Durch diese Grundsätze verschob die Regierung das ungelöste Problem der zukünftigen Wettbewerbsfähigkeit der DBP und verursachte unerwünschte Fehlentwicklungen auf dem zukünftigen Markt.

iii) Öffnung des Endgerätemarktes

Freier Wettbewerb war in den neuen Reformvorschlägen allein für den Markt für Endgeräte vorgesehen. Dieser Markt war jedoch auch in der Vergangenheit derjenige, der als weitgehend liberalisiert galt. Die Deutsche Bundespost verfügte über ein Monopol ausschließlich für Telefonapparate am einfachen Hauptanschluss und für die Wartung von Telexendgeräten. Von dem Markt für Herstellung von Endgeräten war nämlich die Deutsche Bundespost in der Vergangenheit ausgeschlossen, was ein seltenes Beispiel in Europa darstellte.

Die ersten deutschen Reformansätze sorgten dafür, dass das Monopol im Endgerätenbereich aufgehoben und für die Zulassung von Endgeräten der Bundesminister für Post und Telekommunikation[478] zuständig gemacht wurde. Die Produktion von Endgeräten wollte die Bundesregierung der DBP weiterhin verbieten. Außerdem musste die DBP ihre zu vertreibenden Endgeräte genauso genehmigen lassen wie auch andere Unternehmen. Diese Grundsätze sind aus der Sicht des Wettbewerbs eindeutig positiv zu bewerten. Dieser war derjenige Marktsegment, mit dessen Liberalisierung am frühesten begonnen worden war.

ccc) Sonstige Grundprinzipien

Obwohl die Konzeption der Bundesregierung auf fernmeldepolitische Grundprinzipien der Vergangenheit beharrte, wie z.B. die Prinzipien der flächendeckenden Versorgung, des Kontrahierungszwangs und der Tarifeinheit (siehe Kapitel B II. b) bb)), wurde sie einigen ordnungspolitischen Grundsätzen der Grünbücher gerecht.

Ein zu begrüßendes Grundprinzip war die stärkere Kostenorientierung der DBP bei der Tarifsgestaltung. Obwohl sich die Bundesregierung im Bereich der Sprachtelephonie bei den Tarifen für Endkunden weiterhin zum Prinzip der Tarifeinheit unter

[475] Siehe Bundesregierung, Konzeption – 1988, S. 6.
[476] Siehe Bundesregierung, Konzeption – 1988, S. 81.
[477] ISDN= Integrated Service Digital Network (Integriertes Dienst- und digitales Netzwerk).
[478] Siehe Bundesregierung, Konzeption – 1988, S. 74.

Akzeptanz der Subventionierung der verkehrsschwachen Strecken bekannte[479], wurde eine stärkere Anpassung der Tarife an die Kostenstruktur bei ISDN-Leistungen und bei den Tarifen für die Mietleitungen angekündigt[480]. Es wurde auch eine Korrektur der nutzungszeitabhängigen Tarifierung bei Mietleitungen angestrebt.[481] Die Mietleitungstarife spielen für die Weiterentwicklung der Dienstmärkte eine bedeutende Rolle, weil die Höhe der Tarife als Fixkosten eine Grenze für den Wettbewerb darstellt. Deswegen ist die Kostenorientierung positiv zu bewerten.

3. Die deutschen Postreformen

Die deutschen Reformschritte im Fernmeldesektor folgten nicht im ganzen den Liberalisierungsstufen auf der Europaebene. Zwischen die ersten beiden Liberalisierungsstufen, der Eröffnung des Endgerätemarktes und dem Schritt zur vollständigen Marktöffnung, wurde in Deutschland noch eine Liberalisierungsstufe eingeschoben, nämlich die Postreform II, die sich als Privatisierungsstufe bezeichnen lässt. Über die Dauer der verschiedenen Reformschritte kann man aussagen, dass sie sowohl in Deutschland, als auch auf Europaebene ähnlich lang andauerten. Nur die letzte Liberalisierungsstufe verzögerte sich in Deutschland ein wenig. Die folgende Tabelle fasst die europäischen Liberalisierungsstufen zusammen.

Tabelle Nr. 7

Europäische Liberalisierungsstufen und das deutsche Umsetzungsverfahren im TK-Bereich

Stufen	**Deregulierte Telekommunikationsbereiche**	
	Europäische Vorgaben	**Deutsche Umsetzung**
I.	Marktöffnung auf dem Markt für Endgeräte, Deregulierung Endgeräte-Richtlinie (88/301/EWG)	Deregulierung und Marktöffnung im Endgerätebereich Postreform I. PostStrG von 1989
		Postreform II. – Privatisierung
II.	Vollkommene Marktöffnung und Harmonisierung Dienste-Richtlinie (90/388/EWG) und Änderungsrichtlinien	Vollständige Liberalisierung Postreform I. Postreform III., TKG von 1996
III.	Richtlinienrevision´99: RahmenRL 2002/21/EG	

[479] Vgl. Bundesregierung, Konzeption – 1988, S. 87.
[480] Siehe Bundesregierung, Konzeption – 1988, S. 86-88.
[481] Mittelfristig sollte man auf das Prinzip der Pauschaltarife bei Mietleitungen übergehen. Siehe, Bundesregierung, Konzeption – 1988, S. 88.

	ZugangsRL 2002/19/EG UDienstRL 2002/22/EG GenehmRL 2002/20/EG DatenSRL 2002/58/EG	Gesetzesänderung von Juni 2004

a) Erste deutsche Liberalisierungsstufe: Postreform I

Im Jahre 1989 war es endlich soweit und nach einem cirka zweijährigen Gesetzgebungsvorgang wurde das Poststrukturgesetz[482] verabschiedet, womit der Liberalisierungsprozess auch in Deutschland seinen Auftakt fand. Diesen Reformschritt bezeichnet die Literatur als erste deutsche Postreform.[483]Das Poststrukturgesetz war ein Artikelgesetz[484], welches im Grunde genommen alle Änderungen mit sich brachte, die nach dem Europäischen Gemeinschaftsrecht unausweichlich waren[485]. Im Vordergrund der Reformen standen, entsprechend der europäischen Vorgaben, die Liberalisierung des Endgerätemarktes und die Trennung der hoheitlichregulativen Aufgaben von den unternehmerischen Tätigkeiten der DBP, damit also die Neustrukturierung der Organisation der Deutschen Bundespost.

aa) Trennung der regulativen und unternehmerischen Aufgaben der DBP

Im Kern diente diese Postreform als Organisationsreform der DBP und bezweckte die Verselbständigung der drei Betriebseinheiten des Monopolunternehmens, jedoch innerhalb des geltenden verfassungsrechtlichen Rahmens[486]. Die Deutsche Bundespost wurde gemäß § 1 Abs. 2 PostVerfG in die drei Teilbereiche, die DBP Postbank, DBP Postdienst und DBP-Telekom untergegliedert[487]. Diese Unternehmen blieben trotzt ihrer Eigenwirtschaftlichkeit (§ 2 Abs. 1 PostVerfG) immer noch Bestandteile der Bundesverwaltung[488]. Damit wurde auf eine Änderung des Art. 87 GG verzichtet und die DBP-Telekom weder privatisiert noch vom Einfluss des Bundes ausgenommen.[489]

aaa) Grosse Einflussmöglichkeiten des Bundesministers auf die DBP-Telekom

Nunmehr wurde der öffentliche Auftrag zur Erfüllung der Infrastruktur- bzw. Dienstaufgaben im Fernmeldewesen durch die DBP-Telekom erledigt, während der Bun-

[482] Gesetz zur Neustrukturierung des Post- und Fernmeldewesens und der Deutschen Bundespost vom 8. Juni 1989 BGBl. I. 1989 S. 1026. Dieses Gesetz ersetzte das Postverwaltungsgesetz von 1953 durch das Gesetz über die Unternehmensverfassung der Deutschen Bundespost.
[483] Siehe Büchner, 1999.
[484] Das heißt, es bestand aus mehreren Teilgesetzen.
[485] Vgl. BMWI –Wiss. Beirat, 1995, S. 3.
[486] Auf eine Änderung des Grundgesetzartikels 87 wurde verzichtet. Bei der Beauftragung der Regierungskommission Fernmeldewesen wurde an diesem Grundsatz festgehalten: „Die Empfehlungen der Kommission sollten von der bestehenden Verfassungslage, insb. Art. 73 und 87 GG, ausgehen." Siehe Witte in: Büchner, 1999, S. 156.
[487] Siehe § 1 Abs.2 PostVerfG. (s.o. Fn. 482).
[488] Als Teilsondervermögen des Bundes.
[489] Ähnliche Kritik z.B. Monopolkommission, Hauptgutachten 1992/1993, S. 18, Rn. 22.

desminister für Post und Telekommunikation die politischen und hoheitlichen Aufgaben wahrnahm und die mittel- und langfristigen Ziele des Unternehmens festschrieb[490]. Durch diese Regulierung wurde Art. 7 der Diensterichtlinie (90/388/EWG)[491] vorzeitig verwirklicht, weil die hoheitlichen Aufgaben in eine „von den Fernmeldorganisationen unabhängige Einrichtung" ausgegliedert wurden[492]. Zu den Regulierungsaufgaben des Bundesministers gehörte vor allem die Zulassung von Endgeräten (§2a FAG n.F.) und die Erteilung von Genehmigungen zum Errichten und Betreiben von Fernmeldeanlagen (§2 FAG n.F.). Die zu leistenden Infrastrukturdienstleistungen und Pflichtleistungen der DBP Telekom schrieb die Bundesregierung durch Verordnungen (§ 25 Abs. 2 PostVerfG) vor.

Was die Verwirklichung der Trennung zwischen hoheitlichen und unternehmerischen Aufgaben der DBP Telekom betrifft, kann man nicht ohne Vorbehalt sagen, dass sie vollkommen gelungen war. Zwar betont der Grossteil der Meinungen[493], dass die Befreiung der Betriebe von der Behördenbindung durch das Poststrukturgesetz „erstaunlich weit gelungen"[494] sei, dennoch kann die unternehmerische Unabhängigkeit der Telekom nicht bekundet werden. Der Bundesminister für Post und Telekommunikation hatte viel zu große Einflussmöglichkeiten auf die Arbeit des Managements. Der Bundesminister war nämlich, außer seinen weitgehenden Aufsichtsbefugnissen wie z.B. zum Verlangen von Unterlagen vom Vorstand und zur Veranlassung von Wirtschaftlichkeitsprüfung (§ 31 PostVerfG), zu Abberufung von Vorstandsmitgliedern berechtigt[495]. Auf der anderen Seite durfte der Bundesminister der DBP Telekom solche Aufträge im öffentlichen Interesse erteilen, die über den Aufgabenbereich der Telekom hinausgingen[496] (§ 29 PostVerfG). Die Führungsautonomie des Unternehmens wurde also durch diese Gesetzänderungen weitgehend nicht gewährt.

aab) Wenig gelungene horizontale Aufteilung

Genauso wenig gelang die horizontale Aufteilung der drei Unternehmenszweige. Die drei Zweige der Deutschen Bundespost wurden nach außen einheitlich von einem Direktorium geleitet, das die DBP gerichtlich und außergerichtlich vertrat und die Tätigkeiten der drei öffentlichen Unternehmen zusammenfasste und koordinierte (§8 PostVerfG). Das Direktorium bestand aus den Vorstandvorsitzenden der drei DBP-Unternehmen und manifestierte dadurch die Einheit der Deutschen Bundespost.[497]

[490] § 1 Abs. 1 i.V.m. § 25 PostVerfG. (s.o. Fn. 482).
[491] Richtlinie der Kommission (90/388/EWG), S. 10 ff, s.o. Fn. 380.
[492] Wie unabhängig DBP Telekom von dem Bundesministerium gewesen ist, oder umgekehrt, ist sehr umstritten.
[493] Wie z.B. Witte, van Haaren, Kühn, Klein usw.
[494] Witte in: Büchner, 1999 S. 166.
[495] Über diese Befugnis verfügen am meisten die Eigentümer der Firma.
[496] Die einzige Voraussetzung für die Aufgabenerteilung des Bundesministers war, dass die Aufgaben im Verbund mit Dienstleistungsaufgaben der DBP erfüllt werden können. Siehe § 29 PostVerfG. (s.o. Fn. 482).
[497] Die Schaffung des Direktoriums lag im Interesse der Deutschen Postgewerkschaft, die dadurch die einheitliche Führung des Bereichs des Sozialwesens weiterhin sichern wollte. Siehe Kühn in: Büchner, 1999, S. 8.

bb) Marktöffnung und ihre Auswirkungen auf die DBP-Telekom

bba) Liberalisierung des Endgerätemarktes

In der ersten Postreform – wie schon erwähnt – erfolgte die Einführung des Wettbewerbs nur auf dem Endgerätemarkt und in einigen Randbereichen des alten Monopols. Gemäß § 1 Abs. 3 FAG n.F.[498] wurde das staatliche Monopol für Endgeräte bis zum 1 Juli 1990 vollständig aufgehoben, womit den Verpflichtungen der Endgeräterichtlinie, wie z.B. der Art. 2 88/301/EWG[499], binnen der vorgeschriebenen Zeitfrist nachgekommen wurde. Für die DBP Telekom war schon allein die Entziehung der Wartungs- und Einführungsrechte ein schmerzlicher Eingriff, weil in der Zukunft auch die Geräteprüfung[500] dem Bundesministerium für Post und Telekommunikation unterstellt wurde. Dieses neue Prüfungsverfahren entsprach dem Art. 6 der Endgeräterichtlinie, welcher die Vornahme der Endgerätezulassung durch eine unabhängige Stelle vorschrieb.

bbb) Kleinere Marktöffnungen im Dienstleistungsbereich

Gemäß § 1 Abs. 2 und 4 FAG n.F. verblieben „nur noch" zwei Bereiche im Monopol der DBP Telekom: das Errichten und Betreiben von Übertragungswegen und der Sprachtelefondienst. Sonstige Exklusivrechte bei der Erbringung von Telekommunikationsdienstleistungen wurden beseitigt. Die Märkte für Mehrwertdienste (§ 1 Abs. 4 FAG n.F.) und die Sprachtelephonie für geschlossene Benutzergruppen (§ 1 Abs. 4 FAG n.F.) wurden liberalisiert. Außerdem wurden die Märkte für Mobil[501]- und Satellitenkommunikation[502] (§ 2 Abs. 1 und Abs. 2 S. 2 FAG n.F.), unter der Voraussetzung der Verleihung der Betriebsbefugnis durch den Bundesminister für Post und Telekommunikation, für den Wettbewerb geöffnet. Damit verwirklichte die Bundesregierung vorzeitig ihre Umsetzungspflicht bezüglich der ein Jahr später verabschiedeten Diensterichtinie (90/388/EWG). Nach der Änderung des alten FAG blieb kein Anpassungsbedarf[503] des nationalen Rechts mehr bezüglich Art. 2 der Diensterichtlinie.[504]

---

[498] Art. 5 des Postneuordnungsgesetzes über Änderung des Gesetzes über Fernmeldeanlagen (FAG) vom 14. September 1994 BGBl. I. S. 2324.
[499] Richtlinie der Kommission (88/301/EWG), S. 73 ff, s.o. Fn. 366.
[500] Jetzt waren Telefongeräte genauso wie das Fernsehen und andere Haushaltsgeräte frei zu erwerben.
[501] Infolge der Liberalisierung wurde Ende 1989 die Mannessmann Mobilfunk GmbH, als erster Konkurrent der DBP-Telekom für den Bereich der digitalen Mobilfunksdienste (D 2) zugelassen. Dazu Plagemann, CR 1990, 317 S. 319 ff.
[502] Bei Satellitenfunkanlagen wurde immerhin nur die Übermittlung von niedrigen Bitraten (bis zum 15 kbit/s) erlaubt, aber laut § 2 Abs. 2 S. 2 FAG n.F. hatten private Unternehmen faktisch Anspruch auf Erteilung der Befugnis. Für höhere Bitraten war ein spezielles Genehmigungsverfahren im Rahmen des § 2 Abs. 1 FAG n.F. vorgesehen.
[503] Hinzuzufügen ist, dass die ONP-Richtlinie durch die am 24. Juni 1991 verkündete Telekommunikationsverordnung (TKV) umgesetzt worden ist. (§ 9 TKV). Im Jahre 1992 wurde die TKV novelliert und bekannt gemacht.
[504] Nach Experten des Instituts für Weltwirtschaft der Universität Kiel ist es jedoch fraglich, ob § 1 FAG n.F. mit der Diensterichtlinie überhaupt vereinbar ist, wenn dem Wettbewerber der Telekom besondere Verpflichtungen auferlegt werden können. Siehe Siebert in Klodt/Laaser/ Lorz/Maurer, 1995, S. 8.

Diese Änderungen bedeuteten für die DBP Telekom bedeutende Berechtigungsverluste bezüglich ihrer Leistungserbringung, weil sie über Jahrzehnte selbst bestimmen konnte, welche Leistungen sie selbst erbringt und welche sie anderen Unternehmen durch Duldung überlässt[505]. Die Monopolleistungen, wie z.B. Telefondienst und Mietleitungen, die sie zu erbringen verpflichtet war, wurden umfassenden Regulierungen unterworfen, wodurch die Kunden und die eventuellen privaten Wettbewerber geschützt wurden. Die Pflichtleistungen, die auch private Unternehmen anbieten durften, wie etwa die Auskunftserteilung über Rufnummern, Bereitstellung von öffentlichen Telefonzellen, Notrufmöglichkeiten usw.[506], wurden vom Bundesminister gemäß § 25 Abs. 2 PostVerfG bestimmt. Die sonstigen sog. freien Leistungen, wie z.B. die Mehrwertdienste, blieben unreguliert und durften durch jeden erbracht werden.

Die wichtigsten Ereignisse dieser Postreform waren aus der Sicht der zukünftigen Marktentwicklungen m.E. die Einengung des Telefondienstmonopols und die Ausbreitung der Zulassung von sog. „corporate Networks". Nach § 1 Abs. 4 des FAG n.F. wurde jedermann zur Erbringung von Telekommunikationsdienstleistungen über die Fest und Wählverbindungen der DBP Telekom berechtigt, vorausgesetzt, dass man diese Dienste nicht „für andere" erbrachte. Die Bildung einer geschlossenen Benutzergruppe wurde danach nicht nur Behörden oder Transportanstalten erlaubt, wie es in der Vergangenheit der Fall war (siehe Kapitel B I. 1. b). Seit 1989 durfte außer der Daten-, Festbild- und Textkommunikation auch diese mündliche Art von Kommunikation durch die geschlossenen Benutzergruppen ausgeübt werden. Die Auslegung des Begriffs „für andere", somit die Bedeutung der „corporate Networks", gehörte zu den Zuständigkeiten des Bundesministers.[507]

Die „corporate Networks" erwiesen sich als wirksames Druckmittel für den schnellen Fortgang des Reformprozesses. Einige Experten befürchteten sogar, dass, falls sich der Reformprozess zu lange hinauszögerte, nach der vollkommenen Marktöffnung die DBP Telekom nur noch Haushalte mit wenig Kommunika-tionsbedarf als Kunden haben würde[508], weil die Geschäftskunden schon alle ihre geschlossenen Kommunikationssysteme ausgebaut haben würden. Infolge dessen würde die Nachfrage für Leistungen durch die DBP-Telekom sehr gering sein, meinten die Experten. Die Geschwindigkeit des Reformprozesses eliminierte aber diese Gefahr.

bbc) Kaum angetastetes Netzmonopol

Solange bei der ersten Postreform Erfolge in den Marktbereichen für Endgeräte und Dienstleistungen zu verzeichnen waren, wurde das Netzmonopol kaum angetastet. Gewisse Änderungen wurden bei den Vermittlungsstellen und bei den Mietleitungstarifen durchgeführt. Einerseits gehörten die Vermittlungsstellen gemäß dem Wortlaut

[505] Vgl. Witte in: Büchner, 1999, S. 168.
[506] Weitere Pflichtleistungen waren die Herausgabe von Teilnehmerverzeichnissen und das Übermitteln von Fernschreiben und von Telegrammen. Siehe Klein, 2000, S. 304.
[507] Vgl. Witte in: Büchner, 1999, S. 171.
[508] Vor diesem Problem warnten einige Experten, wie etwa Witte.

des § 1 Abs. 2 FAG n.F. nicht mehr dem Monopolbereich der DBP-Telekom[509] an, andererseits senkte das Bundesministerium auf Verlangen der privaten Betreiber die Mietleitungstarife der DBP Telekom.

Die Einschränkung des Netzmonopols war zwar äußerst umstritten, weil die bisherige Definition des Netzmonopols nicht nur die Übertagungswege und die Abschlusseinrichtungen, sondern auch die Vermittlungsstellen beinhaltete[510]. Solange das Recht, Fernmeldeanlagen zu errichten, wegen der Infrastrukturziele[511] weiterhin dem Bund zustand, durften auch die privaten Unternehmen ihre Vermittlungsanlagen einsetzen, falls sie keine Kommunikationsleitung für andere betrieben. Diese neue Auslegung[512] des Gesetzes erlaubte einen gewissen Wettbewerb in den Randbereichen des Netzmonopols.

Die Mitwirkung des Bundesministeriums bei Mietleitungen unterstützte auch die Entwicklung des Wettbewerbs. Damit die privaten Unternehmen über ein ausreichendes Netz zum Funktionieren ihrer „corporate Networks" verfügten, waren sie auf Mietleitungen der DBP Telekom hingewiesen. Jedoch wuchs die Nachfrage für Mietleitungen nach den ersten Lizenzvergaben erheblich. Die Mietleitungstarife der DBP Telekom wuchsen aber progressiv. Deswegen reichte der neue Gesetzesrahmen ohne wettbewerbsunterstützende Mitwirkung des Bundes-ministeriums für die Marktentwicklung nicht aus. Das Ministerium erzwang eine drastische Preissenkung der Mietleitungen. Diese Lösung war gegenüber der DBP Telekom andererseits restriktiv, weil sie z.B. aus regionalpolitischen Gründen ihre Tarife nicht unbedingt entsprechend der Kostenfaktoren berechnen konnte.[513] Durch die Senkung der Mietleitungstarife wurde die Quersubventionierungsmöglichkeit der DBP-Telekom stark eingeschränkt.

cc) Postreform II

Trotzt aller Einschränkungen wurde die DBP Telekom bei der ersten Postreform im Strukturbereich von weitgehenden vertikalen Trennungen verschont. Weder eine organisatorische Trennung von Infrastruktur und Dienstleistung, wie es später bei der Deutschen Bahn der Fall war, noch eine Trennung von Fernverkehr und Nahverkehr, wie es in den USA stattgefunden hat, wurde in Deutschland durchgeführt. Dadurch wurde die „maschinelle Intelligenz", die in das Netz und die Dienste bzw. in die Endgeräte verlagert war, geschützt und die Verkehrsbereiche vor einer differenzierten Liberalisierung bewahrt.[514] Die DBP Telekom konnte also ihre Innovationslösungen frei optimieren.

Die zweite Postreform, die im Jahre 1994 während der Mitte des Infrastrukturausbaus in den neuen Bundesländern anfing, hat zwar die DBP-Telekom für den interna-

---

[509] Der Bereich der Nebenstellenanlagen, die sog. Hausinternen Telefonnetze (PABX), wurde schon am Anfang des 20. Jahrhunderts liberalisiert, wodurch der Weg zur zukunftweisenden Innovation für Private schon früher freigegeben war. Vgl. Witte in: Büchner, 1999, S. 161.
[510] Zur Begründung siehe BT-Drs, 11/2855. S. 21.
[511] Siehe Müller, 1997, S. 13.
[512] Siehe ferner die Begründung des Bundestages zum FAG, BT-DRs. 11/2855, S. 21 f.
[513] Über das Prinzip der Tarifeinheit und die damit verbundenen Probleme siehe oben bei Kapitel B Punkt III.1. b) bbb).
[514] Siehe Witte in. Büchner, 1999, S. 160.

tionalen Wettbewerb gestärkt, lies aber keinen neuen Wettbewerber zum Telekommunikationsmarkt zu, obwohl der Liberalisierungsdruck mit dem Entschluss des Rates über die Endfristen der Liberalisierung des Sprachtelefondienstmarktes[515] erheblich stieg. Bei dieser Postreform ging es um die materielle[516] Teilprivatisierung[517] der Deutschen Telekom AG und um die verfassungsrechtliche Festlegung von einigen Grundprinzipien, womit die Versorgung mit Telekommunikationsdienstleistungen gesichert werden sollte, falls der Markt von sich aus nicht für angemessene Versorgung dient.

Durch die zweite Postreform wurde das Postneuordnungsgesetz[518] (im weiteren: PTNeuOG) am 14. September 1994 erlassen und das Grundgesetz[519] am 30. August 1994 modifiziert.

cca) Befristung der Monopolrechte

Als wichtigste Neuregelung dieser Postreform galten die Befristung der Gültigkeit des FAG (§ 28 FAG) und, dass das FAG die Aufhebung der Monopolrechte bis Ende 1997 in Aussicht stellte (§ 2 Abs. 2 des FAG[520]). Außer dieser Befristung wurde grundsätzlich an dem durch die erste Postreform geschaffenen Regulierungsrahmen des FAG nichts geändert, mit Ausnahme einiger kleinerer Änderungen. Das Nutzungsrecht der Wettbewerber von Fest- und Wählverbindungen der Telekom AG. wurde z.B. im FAG (§ 1 Abs. 4 FAG) normiert. Außerdem wurden die Hoheitsaufgaben des Bundesministers durch das Gesetz über die Regulierung der Telekommunikation und des Postwesens (im weiteren: PTRegG)[521] (Art. 7 Postneuordnungsgesetz) klarer geregelt. Auch das PTRegG war ähnlich dem FAG bis zum 31.12.1997 befristet. Dadurch erreichten das Fernmeldemonopol und die Existenz des Bundesministeriums für Telekommunikation und Post[522] langsam ihr Ende.

ccb) Verfassungsrechtliche Verankerung des Wettbewerbs und der Daseins- vorsorge

Die Änderung des Grundgesetzes brachte zwei erhebliche Neuheiten für den Telekommunikationsmarkt mit sich. Erstens wurde die Telekommunikation als „privatwirtschaftliche Tätigkeit" (Art. 87 f Abs. 2 GG) der Nachfolgeunternehmen der DBP-

---

[515] Ratenschließung 93/C 213/01 vom 22. Juli 1993.

[516] In der Literatur wird es betont, dass bei der Privatisierung nicht nur um eine Organisationsprivatisierung, sondern auch um eine Aufgabenprivatisierung ging. D.h., dass nicht nur die Organisationsform der Unternehmen privatrechtlich sein soll, sondern auch die Art der Aufgabewahrnehmung. Immerhin sollte ein privatrechtliches Monopol auf dem Telekommunikationsmarkt vermieden werden (!). Siehe z.B. Kühn in: Büchner, 1999, S. 15 oder Klein, 2000, S. 313.

[517] Die Anteile des Bundes werden durch die neugegründeten Bundesanstalt für Post und Telekommunikation gehalten.

[518] Gesetz zur Neuordnung des Postwesens und der Telekommunikation BGBl. Vom 14. Sept. 1994 BGBl. I S. 2245.

[519] Siehe Gesetz zur Änderung des Grundgesetzes vom 30. August 1994, BGBl. I. 1994 S. 2245.

[520] Siehe Art. 5 des Gesetzes zur Neuordnung des Postwesens und der Telekommunikation, Änderung des Gesetzes über Fernmeldeanlagen Punkt 1 b) (s.o. Fn. 543).

[521] Gesetz über die Regulierung der Telekommunikation und des Postwesens, Art. 7 des Postneuordnungsgesetzes, vom 14. Sept 1994, BGBl. I S 2245.

[522] Siehe § 66 i.V.m. § 98 des TKG vom 25. Juli 1996, BGBl. I. S. 1120.

Telekom und anderer privater Unternehmen deklariert. Dadurch wurde am Wettbewerb, als Organisationsform des Telekommunikationsmarktes[523] in Deutschland, verfassungsrechtlich festgehalten, obwohl das Monopol des Post- und Fernmeldewesens nie Bestandteil der Verfassung[524] war.

Andererseits wurde - aus Angst vor der Gefährdung des öffentlichen Infrastrukturauftrages[525] - die Daseinsvorsorge, die flächendeckend angemessene und ausreichende Versorgung mit Telekommunikationsdienstleistungen, im Grundgesetz (Art. 87 f Abs. 1 GG) verankert. Der Begriff „Angemessenheit" bezog sich auf die Qualität der Leistung und damit auf die Beschaffenheit. Durch das Adjektiv „ausreichend" wurde die notwendige Quantität, also die Menge beschrieben.[526] Dieses Grundprinzip wurde als Versorgung mit Universaldienstleistungen auch in die weiteren Postreformen übernommen und als eine der wichtigsten Regulierungsaufgaben[527] befestigt. Außerdem wurde im Grundgesetz der Ausdruck „Fernmeldewesen" durch den Begriff „Telekommunikation" ersetzt[528].

ccc) Privatisierung der Deutschen Bundespost

Außer der Organisationsform des Telekommunikationsmarktes wurde mittelbar die Privatisierung der Deutschen Bundespost (Art. 143b GG) im Grundgesetz deklariert. Am 20. Dezember 1994, drei Monate nach dem Erlass des PostNeuOG, wurden in Köln drei Aktiengesellschaften von der ehemaligen Deutschen Bundespost gegründet und das Eigentum an dem jeweiligen Teilsondervermögen auf die neue Gesellschaften übertragen.

Die Aktiengesellschaft „Deutsche Telekom AG" verfügte über eine eigene Rechtspersönlichkeit, und nach § 2 ihrer Satzung durfte sie theoretisch im gesamten Bereich der Telekommunikation und in den verwandten Bereichen im In- und Ausland tätig werden. Ihre Unabhängigkeit wurde jedoch durch den weit gefassten Zuständigkeitsbereich der Bundesanstalt für Post und Telekommunikation eingeschränkt. Nach § 3 des Gesetzes über die Errichtung einer Bundesanstalt für Post und Telekommunikation DBP (Art. 14 des PTNeuOG) verfügte die Bundesanstalt – im Namen und für Rechnung der Bundesrepublik Deutschland – über die Aktionärsrechte, entschied über die Verwendung von Dividenden, koordinierte das Unternehmen, schloss die Manteltarifverträge, wirkte bei Genehmigung des Stellenplans mit usw. Von einer Unabhängigkeit der Telekom AG im privatrechtlichen Sinne ist deshalb schwer zu sprechen. Durch diesen Reformschritt verwandelte sich das Staatsunternehmen DBP Telekom in eine „staatliche" Aktiengesellschaft. Zusätzliche Impulse wurden dem Wettbewerb diesmal aber nicht gegeben.[529]

---

523 Nach Art. 87 f Abs. 2 GG sind die Telekommunikationsdienstleistungen als privatwirtschaftliche Tätigkeit durch das Nachfolgeunternehmen der DBP und von „anderen privaten Unternehmen" zu erbringen.

524 Vgl. Witte in: Büchner, 1999 S. 172.

525 Siehe z.B. van Haaren in: Büchner, 1999, S. 189.

526 Vgl. Witte in: Büchner, 1999, S. 174.

527 Vgl. § 2 Abs. 2 Punkt 3 des TKG.

528 Siehe Art. 73 und 80 GG, vgl. Gesetzentwurf zur Änderung des GG, BT-Drs. 12/7269. S. 7 ff.

529 Zur Kritik an der Postreform II, siehe Monopolkommission, Hauptgutachten 1992/1993, S. 18 Rn. 21 ff.

dd) Kritik an der ersten Liberalisierungsstufe

Was die erste Stufe der Liberalisierung des deutschen Telekommunikationsmarktes betrifft, kann man zusammenfassend sagen, dass zwar die Reformen den aktuell umzusetzenden europäischen Richtlinien entsprachen, jedoch boten sie keine relevanten Lösungen für die in dieser Arbeit angesprochenen juristischen und ökonomischen Probleme. Die Märkte wurden nur zum kleinen Teil geöffnet, das Doppelmonopol der DBP-Telekom wurde nicht abgeschafft und die zu erteilenden Lizenzen sowohl für Kommunikationsdienstleistungen als auch für den Infrastrukturausbau waren künstlich verkappt. Zwar wurden gewisse Bemühungen zur Stärkung der Kostenorientierung und für günstigere Mietleitungstarife unternommen, dennoch wurden juristische Marktzutrittschranken, wie etwa Tätigkeits- und Erwerbsverbote, nicht aufgehoben. Die privaten Unternehmen wurden also diskriminiert und nicht zu allen Telekommunikationsmärkten zugelassen.

b) Zweite Liberalisierungsstufe: Postreform III

Kurz nach der Verabschiedung des Postneuordnungsgesetzes hat die Ministerratsitzung vom 17. November 1994 beschlossen, dass die Arbeiten an einem Telekommunikationsgesetz aufgenommen werden sollten. Die sog. dritte Postreform[530] sollte die bislang ungelösten Regulierungsaufgaben bewältigen und Rahmenbedingungen schaffen, die auf die Erfordernisse des Europäischen Gemeinschaftsrechts abgestimmt sind.[531] Die neuen Vorschriften sollten drei Anforderungen genügen: es sollte erstens ein freier Marktzugang für jedermann geschaffen, zweitens die grundgesetzlichen Verpflichtungen der Art. 87 f. GG mit marktkonformen Mitteln umgesetzt und drittens eine Regulierung geschaffen werden, die den monopolistisch geprägten Markt in den Wettbewerb überführt[532].

Der Gesetzgeber und die Experten waren darüber einig, dass für den Aufbau eines fairen, freien und uneingeschränkten Wettbewerbs weder eine Aufhebung des bisherigen Monopols noch die geltenden Vorschriften über Wettbewerbsbeschränkungen alleine ausreichen würden[533]. Solange das Gesetz gegen Wettbewerbsbeschränkungen (im weiteren: GWB) von der grundsätzlichen Existenz eines funktionsfähigen Wettbewerbs ausging, wollte man auf den traditionell monopolistisch geprägten Märkten der Telekommunikation erst einmal den Wettbewerb stimulieren.[534] Aus diesen Gründen wurde am 13. Juni 1996 ein sektorspezifisches Telekommunikationsgesetz[535] (im weiteren: TKG) erlassen, welches praktisch alle bisherigen Gesetze auf diesem Gebiet ablöste und das Funktionieren der deutschen Telekommunikationsmärkte bis heute prägt.

---

[530] Die Experten des ehemaligen Bundesministeriums für Post und Telekommunikation und der Regulierungsbehörde verneinen, dass es drei Postreformen gegeben hat. In der Literatur hat sich aber diese Bezeichnung über die Postreform III., als Erlass des Telekommunikationsgesetzes bzw. der ergänzenden Gesetzen und Verordnungen ziemlich verbreitet.

[531] BMWI – Wiss. Beirat, 1995, S. 8 oder Orientierungen, 1995, S. 8.

[532] Vgl. Etling-Ernst, 1996, S. 7.

[533] Siehe Beschlussempfehlung und Bericht des Ausschusses für Post und Telekommunikation zum Gesetzentwurf der Bundesregierung – Drucksache 13/3609 S. 33ff, Drucksache 13/4864, S. 73.

[534] Siehe Geppert/Ruhle/Schuster, 1998, S. 48, Rn. 20 und Beschlussempfehlung Drucksache 13/4864, S. 73.

[535] Telekommunikationsgesetz vom 25. Juli 1996, BGBl. I. 1996, S. 1120.

Bezüglich des TKG muss man anmerken, dass es mit einer „Hypothek" belastet war[536]. Das Gesetz konnte die Rahmenbedingungen des Marktes nicht vollkommen frei gestalten, weil an einigen Strukturen aus politischen Gründen festgehalten wurde. Infolge des Verzichts auf die Entflechtung der Deutschen Telekom AG, wenigstens bezüglich ihres Kabelfernsehnetzes, und wegen der Übergangsvorschriften gemäß § 97 Abs. 3 für genehmigte Entgelte wurde die Regulierung in vielen Bereichen praktisch dazu berufen, anstatt freier Marktgestaltung, die Marktmacht des ehemaligen Monopols zu bändigen[537]. Aus anderer Sicht bestand dadurch die Gefahr, dass unter dem Deckmantel der Wettbewerbsförderung, Wettbewerbslasten den Newcomern abgenommen und den Exmonopolisten, als allgemeine public utility – Anforderungen, aufgebürdet werden würden[538]. Ob diese Gefahren auch tatsächliche Probleme bereiten, muss man in der Praxis prüfen (siehe Kapitel D I.).

aa) Wettbewerbsfördernde Regulierung des TKG

In dieser Liberalisierungsphase genoss die Wettbewerbsförderung, neben der Sicherstellung der flächendeckend, angemessenen und ausreichenden Dienstleistungen, höchste Priorität. Wegen der Wichtigkeit dieses Grundsatzes wurde die Förderung des Wettbewerbes auch als Gesetzeszweck deklariert und ist in vielen Regulierungsmaßnahmen wiederzuerkennen. Auf diese Maßnahmen wird jetzt näher eingegangen.

aaa) Zielsetzung und ihre Erklärung

Ziel des Telekommunikationsgesetzes ist gemäß § 1 TKG die Wettbewerbsförderung, die durch den § 2 Abs. 2 Nr. 2 des TKG weiter konkretisiert wird. Danach soll durch die Regulierung ein „chancengleicher und funktionsfähiger Wettbewerb auch in der Fläche, auf den Telekommunikationsmärkten" sichergestellt werden. Das Modell des TKG zielt damit nicht auf einen vollständigen Wettbewerb[539]ab, sondern (nur) auf einen funktionsfähigen.[540] Die Märkte der Telekommunikation werden insofern an einem wettbewerbspolitischen Leitbild orientiert[541].

Chancengleicher Wettbewerb wird gemäß der Begründung des TKG[542] durch die „neu hinzutretenden Anbieter" ermöglicht. Was aber genau unter einem funktionsfähigen Wettbewerb[543] zu verstehen ist, geht aus der Begründung nicht hervor. Die Funktionsfähigkeit des Wettbewerbs ist jedoch ein wichtiger Maßstab für die Marktentwicklungen und für das Fortbestehen von Bestimmungen des Gesetzes. Nach §

---

[536] Innovation und Telekommunikation, Hoffman-Riem/ Schulz/Held, 2000, S. 18.

[537] Vgl. Innovation und Telekommunikation, Hoffman-Riem/ Schulz/Held, 2000, S. 18.

[538] Ullrich in: Hoffmann-Riem, 2000, S. 100.

[539] An dieser Stelle ist anzumerken, dass nach den neusten wettbewerspolitischen Modellen (Shapiro/Varian) der Markt für Information in der Zukunft nicht mehr von relativ dauerhaften oligopolartigen großen Firmen geprägt sein wird, sondern durch temporäre Monopole bestimmt sein wird. Vgl. Shapiro/Varian, Information Rules, S. 173 ff. 1998, Cambridge.

[540] Dies ist ein im Wettbewerbsrecht anerkanntes Konzept. Siehe Innovation und Telekommunikation, Hoffman-Riem/ Schulz/Held, 2000, S. 17.

[541] Zu den Wettbewerbsleitbildern siehe: H. Bartling, Leitbilder der Wettbewerbspolitik, 1980 München

[542] Siehe Drucksache 13/3609, S. 34 .

[543] Siehe Drucksache 13/3609, S. 36.

81 Abs. 3 i.V.m. §2 Abs. 2 Nr. 2 TKG soll nämlich die Regulierungsbehörde alle zwei Jahre einen Bericht über die Funktionsfähigkeit der Märkte vorlegen. Auf der Grundlage dieses Jahresberichts legt die Monopolkommission dar (§ 81 Abs. 3 S. 2), ob die regulatorischen Maßnahmen des Gesetzes noch notwendig sind. Dadurch wird ein sog. „Phasing-out" der Regulierung und vor allem der Entgeltregulierung ermöglicht[544]. Dieses Phasing-out wird mittelbar an der Funktionsfähigkeit der Märkte gemessen. Dadurch wird es deutlich, dass trotz ihrer mangelnden Erläuterung diese zwei Begriffe[545] von zentraler Bedeutung sind.

bbb) Wettbewerbsförderung durch Regulierung

Die Sicherstellung und Förderung des Wettbewerbes werden durch zahlreiche Vorschriften des TKG vorangetrieben. Hierzu zählen vor allem die Vorschriften, die das Verhalten der marktbeherrschenden Unternehmen regulieren. Aber dazu gehören auch diejenigen, die das Tätigwerden von Unternehmen erlauben, genauso wie, die eine Schlichtung im Falle von Streitigkeiten zwischen Unternehmen leiten. M.E. nach kann man diese Regelungen - entsprechend den wettbewerbspolitischen Ansätzen - in drei Hauptgruppen einordnen. Diese Einordnung entspricht nicht ganz den genannten Regulierungsarten in der Gesetzesbegründung.

Zu der ersten Gruppe gehören die Vorschriften, die zum Tätigwerden der Unternehmen unerlässlich sind, wie z.B. gerechte Lizenzierung. Zu der zweiten Gruppe werden die Regelungen gezählt, die das Marktverhalten von Unternehmen durch Entgeltregulierungen, oder Missbrauchsaufsicht regeln. Zu der dritten Gruppe gehören die Regelungen, die auf die Marktstruktur Einfluss nehmen, wie z.B. die Fusionskontrolle.

i) Marktzugang durch Lizenzen

Obwohl das deutsche Lizenzmodell sich verwaltungstechnisch eher einem präventiven Verbot mit Erlaubnisvorbehalt nähert, gilt Betätigungs- und Gewerbefreiheit für die Telekommunikationsdienstleistungen[546]. Nach dem TKG ist „jedermann berechtigt, Telekommunikationsdienstleistungen am Markt anzu-bieten"[547]. Hierzu zählen alle privaten Unternehmen, sowohl Energieversorger als auch Unternehmen der Kommunen[548] und ausländische Unternehmen[549]. Die Marktzutrittmöglichkeiten dieser Unternehmen hängen davon ab, in welchen Bereichen sie tätig werden möchten. Die Anzahl der zu erteilenden Lizenzen ist grundsätzlich unbeschränkt, mit Ausnah-

---

[544] König/Kühling, WuW 6/2000 S. 597.
[545] Siehe Drucksache 13/3609, 33 oder 36.
[546] Vgl. Drucksache 13/3609 S.38.
[547] Siehe Drucksache 13/3609 S. 34.
[548] Gegen die Betätigung der Energieversorger und der Kommunen hatte u.a. die Monopolkommission Bedenken und schlug die umgehende Privatisierung des Energiesektors und die Begrenzung der Beteiligung der Kommunen an einem Telekommunikationsunternehmen vor. Siehe Monopolkommission, Sondergutachten 24, 1996, Rn. 53, S. 35 ff.
[549] Aus wirtschaftpolitischen Gründen, die vor allem mit Reziprozität zusammenhängen, sind solche Lösungen bei der Marktöffnung sehr selten (!). Die liberalisierenden Staaten wollen im allgemeinen für ausländische Unternehmen nur dann ein Recht sichern, wenn der Staat des Unternehmenssitzes gleiche Rechte den inländischen Unternehmen gewährt.

me der Lizenzen von knappen Ressourcen, wie z.B. Frequenzen (§10 i.V.m. § 47 TKG)[550], wodurch die künstliche Verknappung von Lizenzen vermieden wird. Die Lizenzvergabe geschieht auf Antrag durch die unabhängige Regulierungsbehörde für Telekommunikation und Post.

Wobei das TKG objektive, nichtdiskriminierende und transparente Kriterien für die Lizenzvergabe schaffte, war die Betätigungsfreiheit nach dem TKG ist dennoch nicht so hoch, wie es die Bundesregierung in ihrer Begründung zum TKG behauptete. Eine Lizenzpflicht besteht zwar ausschließlich in den Bereichen des bisherigen Monopols[551] (§ 6 TKG) bei Übertragungswegen und Sprachtelefondienst jedoch geschieht die Marktöffnung in beiden Bereichen nach dem TKG nicht gleichzeitig. Solange man mit dem Inkrafttreten des TKG Lizenzanträge zum Betrieb von Übertragungswegen stellen konnte, wurde das Sprachtelefondienstmonopol der Deutschen Telekom bis zum 1. Januar 1998 aufrechterhalten. Damit öffnete zwar Deutschland seinen Markt für Übertragungswege anderthalb Jahre vor dem Ende der Umsetzungsfrist und entsprach dabei auch den Vorschriften der Mobilkommunikationsrichtlinie, die die Erteilung von Mobilfunklizenzen von der Abschaffung des Netzmonopols abhängig machten. Dennoch bedeutete es faktisch ein vorübergehendes Verbot von Sprachtelefondienstleistungen.

Unter den Lizenzregeln gibt es einige, die strengere Regelungen für Unternehmen mit marktbeherrschender Stellung festlegen. So müssten z.B. Lizenznehmer, die über marktbeherrschende Stellung auch außerhalb der Telekommunikationsmärkte verfügen und gleichzeitig Telekommunikation anbieten, ihre Telekommunikationsdienstleistungen in ein rechtlich selbständiges Unternehmen ausgliedern (§ 14 Abs. 1 TKG, strukturelle Separierung). Für Unternehmen, die auf einem Telekommunikationsmarkt marktbeherrschend sind, gelten besondere Regel für die Rechnungsführung (§ 14 TKG). Damit stellt das TKG gewissermaßen strengere Anforderungen als der Art. 8 der Wettbewerbsrichtlinie und der Art. 2 der Kabelfernsehnetzrichtlinie. Anzumerken ist, dass solange das TKG die marktbeherrschende Stellung zur Voraussetzung für die getrennte Rechnungs-legung macht, die Vorschriften der Wettbewerbsrichtlinie unabhängig vom Marktumsatz[552] gelten. Diese Regelung ist einfacher durchsetzbar und benötigt keine Anteilsprüfungen.

Der Gesetzgeber sah auch die Wichtigkeit der Rufnummerportabilität[553] im Hinblick auf die Entwicklung des Wettbewerbs (§43 Abs. 5 TKG) und festigte die Möglichkeiten einer dauerhaften Voreinstellung (Preselection) von anderen Netzbetreibern bzw. die Wahl einer Verbindungsnetzbetreiberkennzahl (Call by call) (§ 43 Abs. 6 TKG). Diese Ermächtigungen geben zwar der Regulierungsbehörde einen gewis-

---

[550] Vgl. Drucksache 13/3609 S. 34.

[551] Diese Einschränkung von den einschränkenden Vorschriften gegenüber der Berufsfreiheit weckt die staatsrechtliche Wechselwirkungstheorie auf, laut der zwar allgemein Gesetze dem Wortlaut nach dem Grundgesetz Schranken setzen, ihrerseits aber in ihrer Grundrechte begrenzenden Wirkung selbst wiederum eingeschränkt werden müssen.

[552] Nach den europäischen Vorschriften sollten Unternehmen, die über ausschließliche oder besondere Rechte in anderen Bereichen als dem Telekommunikationsbereich verfügen, getrennte Finanzkonten für Telekommunikations- und andere Dienste führen, falls sie einen Umsatz von mehr als 50 Millionen ECU erzielen. Siehe Art. 8 der Richtlinie 96/19/EG S. 13 ff, s.o. Fn. 396.

[553] Er bezeichnet sogar die Rufnummerportabilität als ausschlaggebend für den Erfolg des TKG. Siehe Drucksache 13/4868 S. 75.

sen Spielraum, aber es ist fraglich, ob die Regulierungsbehörde tatsächlich von diesen Möglichkeiten Gebrauch machen wird.

ii) Regulierung des Marktverhaltens

Die zweite Säule der wettbewerbsfördernden Vorschriften bildet die Regulierung des Marktverhaltens der Unternehmen. Die missbräuchliche Ausnutzung von marktbeherrschender Stellung, wie z.B. der Behinderungs- Preis- bzw. Konditionsmissbrauch[554], ist nach dem allgemeinen Kartellrecht gleichwohl verboten (§ 22 ff. GWB a.F. und Art 86 EWG (Art. 82 EG)). Jedoch enthält das TKG, nach § 2 Abs. 3 TKG als lex specialis, einige spezielle Tatbestände der Missbrauchsaufsicht. Durch diese Regelungen sollten die speziellen Missbrauchsgefahren im Kommunikationsbereich vermieden werden. Das TKG regelt neben der Preisaufsicht die Missbrauchsaufsicht über den Netzzugang und die Zusammenschaltungen.

α) Entgeltregulierung

Solange die europäischen Richtlinien von 1996 höchstens die Kostenorientierung, die Verhältnismäßigkeit und die Transparenz der Tarife, z.B. der Zugangstarife[555] oder der Mietleitungstarife[556], vorschrieben, unterwarf der deutsche Gesetzgeber die marktbeherrschenden Unternehmen einer Preisregulierung[557]. Obwohl diese Regulierungsart, vor allem seine ex-ante Form, eine erhebliche Einschränkung der Autonomie der privaten Unternehmen darstellte[558], setzten fast alle europäischen Gesetzgeber die Preisregulierung ein, um die Preisunterbietung durch dominante Anbieter zu verhindern. Dennoch wurde die Preisregulierung im deutschen TKG als befristetes Regulierungsinstrument geschaffen, worauf nach Entstehen eines funktionsfähigen Wettbewerbs laut § 81 Abs. 3 TKG verzichtet werden sollte.[559]

Die Preisregulierung ist einerseits deswegen problematisch, weil ein regulierter Preis das Verhältnis zwischen Angebot und Nachfrage überhaupt nicht widerspiegeln kann. Er kann sich höchstens als „first best Price"[560] den Grenzkosten nähern. Andererseits kämpft der Regulator bei der Preisregulierung ständig mit dem Problem der asymmetrischen Informationen. Er wird versuchen, den Kosten- und Nachfragebedingungen des regulierten Unternehmens nachzukommen, wobei das regulierte Unternehmen nicht an seiner Information interessiert ist, und trotzt der eventuellen Information über gewisse Kostenbereinigungspotenziale[561] verfügt. Auch der Zeitfaktor

---

[554] Siehe Emmerich, 1994 zu § 17 S.259 ff oder Herzinda, 1993 S. 204 ff.
[555] Art. 4a der Wettbewerbsrichtlinie 96/19/EG (s.o. Fn. 396).
[556] Art. 10 der Mietleitungsrichtlinie 92/44/EWG S. 27 ff, s.o. Fn. 404.
[557] Über ökonomische Grundlagen der Preisregulierung siehe: Knieps, 1995 S. 11 ff.
[558] Die autonome Preisgestaltung, ist eine der wichtigsten unternehmerischen Freiheiten. Die Preisdifferenzierung sogar – trotz der falschen ökonomischen Beurteilung der Vergangenheit, welche sie als Ausbeutungsinstrument von Monopolisten ansah - besitzt eine wohlfahrtserhöhende Wirkung sowohl für die Produzenten, als auch für die Konsumenten. Über die Wirkung der Preisdifferenzierung, siehe Knieps, 2001
[559] Siehe Drucksache 13/3609, zu § 24, S. 43.
[560] Im Falle eines „first best Price" oder Ramsey-Preis verbleiben keine Monopolrenten und können wohlfahrtsmaximierende Preise ermittelt werden. Dazu Knieps, 2001.
[561] Dazu Knieps, 2001.

spielt bei der Preisregulierung eine erhebliche Rolle. Wegen der Dynamik des Telekommunikationsmarktes darf einerseits das Entgelt-genehmigungsverfahren nicht zu lange hinausgezögert werden, wobei der Zeitdruck die grundlegende Kostenprüfung negativ beeinflussen kann, andererseits dürfen die genehmigten Tarife nicht zu lange gelten, weil durch die Marktentwicklung die Preise schnell überholt sein können[562].

Trotz dieser Schwierigkeiten schreibt das TKG sowohl eine ex-ante als auch eine ex-post Preisregulierung vor. Eine ex-ante Preisregulierung wird durch die Regulierungsbehörde durchgeführt, wenn das marktbeherrschende Unternehmen Preise für Übertragungswege oder für Sprachtelephonie setzt (§ 28 i.V.m. § 25. Abs. 1 TKG). In sonstigen Fällen stehen die Entgelte und entgeltsrelevante Bestandteile der AGB der Marktbeherrscher gemäß § 30 i.V.m. 25 Abs. 2 TKG unter nachträglicher Preisaufsicht. Die Preise der marktbeherrschenden Unternehmen dürfen nach 24. Abs. 2 TKG keine missbräuchlichen Auf- oder Abschläge enthalten oder diskriminierend sein. Außerdem müssen sie sich an den Kosten der effizienten Leistungsbereitstellung[563] orientieren (§ 24. Abs. 1 TKG).

Als Verfahren der Entgeltregulierung sieht das Gesetz entweder eine Einzelpreisprüfung (§ 27. Abs. 1 Nr. 1 TKG) oder eine Price-Cap-Regulierung[564] (§ 27 Abs. 1 Nr. 2 TKG) vor. Dieser zweite Verfahrenstyp wurde u.a. auf Vorschlag der Monopolkommission eingeführt, die zugleich die Einzelpreisprüfung stark kritisiert hatte.[565] Solange die Regulierungsbehörde bei der Einzelpreisprüfung die Entgelte nach den Maßstäben des § 24 TKG gesondert prüft, genehmigt sie im Falle der Price-Cap-Regulierung eine Gruppe oder einen Korb von Entgelten, abhängig davon, ob ihre durchschnittliche Änderungsrate einer zuvor festgelegten Maßgröße entspricht.[566] Welche Verfahrensart einzusetzen[567] ist und welche Leistungen in einem Korb zusammenzufassen sind, regelt die Telekom-munikationsentgeltverordnung[568] (im weiteren: TEntgV).

Aus der Sicht der Förderung des Wettbewerbs sind die Vorschriften der TEntgV bezüglich der Zusammenstellung der Körbe relevant. Da durch die Price-Cap-Regulierung die Quersubventionierung von Leistungen kaum auszuschließen war, sollten nur solche Leistungen derselben Lizenzklasse in einem Korb zusammengefasst werden, bei denen sich die erwartete Wettbewerbsstärke nicht wesentlich voneinander unterschied (§ 1 Abs. 2 S. 2 TEntgV). Außerdem sollten einerseits die Leis-

---

[562] Drucksache 13/3609, zu § 27 Abs. 3, S. 44.

[563] Dieser – in der Praxis oft umstrittene – ökonomische Begriff sollte nach Willen des Gesetzgebers, ausschließlich die Kosten enthalten, die mit „dem bewerteten Güterverzehr in Betracht kommen" und „in engem Zusammenhang mit der Leistungsbereitstellung" stehen. Siehe Drucksache 13/3609, zu § 23, S. 42.

[564] Price-Cap= Preis-Hut oder Preis-Korb. Nach diesem Verfahren wird ein Ausgangspreisniveau anhand des Vergleichsmarktkonzepts für einen vorgegebenen Warenkorb bestimmt. Dieses Niveau darf in der Folge jährlich um einen Gesamtindex der Konsumentenpreise abzüglich einem Faktor x, der dem überdurchschnittlichen Produktivitätsforschritt der Branche entspricht, ansteigen. Wie das Unternehmen seine Einzelpreise innerhalb dieses Warenkorbs bestimmt, bleibt grundsätzlich seine Sache. Diese Verfahrensart wurde in der Praxis von der britischen OFTEL übernommen. Siehe Knieps, 1995, S. 11 oder Knieps, 2001.

[565] Siehe Monopolkommission, Sondergutachten 24, 1996, Rn. 51. S. 34.

[566] Siehe Drucksache 13/3609, zu § 26 Abs. 1, S. 44, vgl. Monopolkommission, Sondergutachten 24, 1996, Rn. 51. S. 34

[567] Gemäß § 1 Abs. 1 TEntgV ist das Price-Cap-Verfahren bevorzugt.

[568] Vom 1. Oktober 1996, BGBl. I. S. 1492.

tungen für Sprachtelephonie und für Übertragungswege (§ 1 Abs. 2 S. 1 TEntgV) und die Leistungsangebote für besondere Netzzugänge (§ 7 Abs. 2 TEntgV) unterschiedlichen Körben zugeordnet werden.

Neben der Korbzusammenstellung ist es m.E. problematisch, dass die Regulierungsbehörde die den Maßstäben des § 24 TKG nicht entsprechende Entgelte der Marktbeherrscher zwar untersagen bzw. für unwirksam erklären darf, es aber nicht geregelt ist, welchen Preis das Unternehmen bis zur rechtskräftigen Entscheidung verwenden darf. Außerdem muss die Regulierungsbehörde das Ausgangspreisniveau der zusammengefassten Dienstleistungen im Preis-Cup feststellen (§ 4 Abs. 1 TEntgV), wobei sie ja nur über Kostennachweise des alten Monopols verfügt. Es ist deswegen nahezu auszuschließen, dass sie das richtige Preisniveau, was im Wettbewerb zustande kommen würde, treffen kann.

Zwar könnte die Preisregulierung theoretisch zur Verhinderung der eintrittsverhindernden Preise der eingesessenen Unternehmen beitragen, jedoch ist es aus der Sicht der Praxis fraglich, ob die betroffenen Unternehmen transparente Kostennachweise liefern werden, wie gut die Regulierungsbehörde mit der Kostenbearbeitung zurechtkommen wird und ob die eventuelle Untersagung der Tarife ein geeignetes Mittel für die Unterstützung des Wettbewerbs sein wird? Im Voraus anzunehmen ist, dass die Regulierungsbehörde auf Benchmarking[569] angewiesen sein wird. Es wird jedoch schwierig, solche Leistungen zu finden, die von Unternehmen angeboten werden, die einerseits auf kompetitiven, andererseits auf vergleichbaren Märkten tätig sind.

β)Regulierung des Netzzugangs und der Zusammenschaltungen

Die zweite Säule der Regulierung des Marktverhaltens ist zur Schaffung eines offenen und effizienten Netzzugangs (ONP) berufen[570]. Sie besteht aus Vorschriften für den Netzzugang und für die Zusammenschaltung zwischen Netzen. Solange die Vorschriften über Netzzugang als spezielle Missbrauchsaufsichtsregeln, z.B. als Schaffung spezieller Vermutungstatbestände (§ 33 Abs. 2 S. 2 TKG), Zugangsgewährungspflichten für marktbeherrschende Unternehmen (§ 35 Abs. 1 TKG) oder spezielle Kartellverbote[571] (§ 38 TKG) anzusehen sind, gehen die Zusammenschaltungsverpflichtungen über die üblichen Verhaltensregel hinaus und schreiben den Netzbetreibern besondere Pflichten vor. Der allgemeine Kontrahierungszwang gemäß § 36 TKG, wonach alle öffentlichen Netzbetreiber zur Verhandlung von Zusam-

---

[569] Benchmarking heißt, im Sinne der Preisregulierung, dass die Regulierungsbehörde Preise und Kosten solcher Unternehmen als Vergleich heranziehen darf (und wahrscheinlich soll), die entsprechende Leistungen auf vergleichbaren Märkten im Wettbewerb anbieten.

[570] Die Regel für Netzzugänge sollten die vollständige Verwirklichung des gemeinsamen Marktes für Telekommunikation vorantreiben. Siehe 90/387/EWG, Erwägungsgründe (s.o. Fn. 403).

[571] Dieses Kartellverbot weicht von dem allgemeinen Kartellverbot nach § 1 GWB insoweit ab, als dass hier nicht nur die wettbewerbsbeschränkenden Vereinbarungen zwischen miteinander im Wettbewerb stehenden Unternehmen verboten sind. Rein theoretisch wäre es nämlich möglich, dass eine Zugangsvereinbarung zwischen einem Resaler und einem Dienstanbieter, die nicht potenzielle Wettbewerber voneinander sind, zustande kommt. In diesem Fall wäre das Kartellverbot des TKG tiefer greifend als das des GWB.

menschaltungen verpflichtet sind, fördert die Interessen der Verbraucher und die Interoperabilität der Dienste[572].

Nach diesen Vorschriften werden den Betreibern von Telekommunikationsnetzen und den Anbietern von Telekommunikationsdiensten besondere Pflichten auferlegt[573]. Diese Pflichten fasst die folgende Tabelle zusammen:

Tabelle Nr. 8

Netzzugangs- und Zusammenschaltungsverpflichtungen nach dem vierten Teil des TKG

Verpflichtungen	**Verpflichtete Betreiber**
1. Angebot auf Zusammenschaltung abzugeben, quasi auszuhandeln (§ 36 TKG) 2. mangels erfolgreicher Zusammenschaltungsvereinbarung den Zusammenschaltungsanordnungen der RegTP nachzukommen (i.S.d. § 37 i.V.m. § 71 TKG)	Alle öffentliche Netzbetreiber
1. Gewährung des gleichwertigen Zugangs für andere Nutzer / Vereinbarungen müssen auf objektiven Maßstäben beruhen und nachvollziehbar sein (§ 35 Abs. 1 und 2. TKG)	öffntl. Betreiber mit marktbeherrschender Stellung auf Dienstmärkten
1. Ermöglichung von diskriminierungsfreiem Zugang zu wesentlichen Leistungen und zu internen Bedingungen, mit Ausnahme eines sachlich gerechtfertigten Grundes (§ 33 Abs. 1 TKG) 2. Einhaltung von ONP-Normen, bezüglich der Schnittstellen, Dienstleistungsmerkmale usw. (§ 34TKG)	öffntl. Anbieter mit marktbeherrschender Stellung auf Dienstmärkten

Diese Verpflichtungen stärken eindeutig die Verhandlungspositionen der Parteien, die auf eine Zusammenschaltung angewiesen sind und setzen die bisherigen ONP - Grundsätze durch. Außerdem schreiben sie teilweise[574] den betroffenen Netzbetreibern solche Verpflichtungen vor, die erst die spätere Zusammenschal-tungsrichtlinie nominiert. Solange das TKG die Auferlegung der Zugangsverpflichtungen von dem Vorhandensein der marktbeherrschenden Stellung des Unternehmens abhängig macht, verpflichtet die zukünftige Zusammen-schaltungsrichtlinie die Betreiber mit beträchtlicher Marktmacht[575] (!) zur Stattgabe von Zusammenschaltungen, was einen Hauptunterschied zwischen diesen zwei Maßnahmen darstellt. Außerdem kann man

---

572 Vgl. Zielsetzung der Richtlinie 2002/19/EG des Europäischen Parlaments und des Rates vom 7. März 2002 über den Zugang zu elektronischen Kommunikationsnetzen und zugehörigen Einrichtungen sowie deren Zusammenschaltung ABl. L Nr. 108 vom 24.4.2002 S. 7 ff. .

573 Eine gute Zusammenfassung der Verpflichtungen der Anbieter findet sich bei Moritz, 2000, S. 43 ff.

574 Der Hauptunterschied besteht darin, dass die verpflichteten Betreiber gemäß des TKG noch nicht allen begründeten Anträgen stattgeben müssen. Vgl. Art. 4 Abs 2. 97/33/EG (s.o. Fn. 405).

575 Vgl. Art 4 Abs. 3 97/33/EG (s.o. Fn. 405).

die deutsche Zugangsregulierung nicht als klar und transparent bezeichnen. Zwischen einigen europäischen und deutschen Definitionen treten sogar solche Unterschiede auf, die eine einheitliche Auslegung des europäischen ONP-Rechts oder des Wettbewerbsrechts erschweren.

Ein Definitionsunterschied besteht z.B. in der Formulierung der „essential facilities Doktrin" bei der besonderen Missbrauchsaufsicht. Die „essential facilities Doktrin", stammt, wie schon erwähnt, aus dem amerikanischen Wettbewerbsrecht[576] und ist dann anzuwenden, wenn sich eine wesentliche Einrichtung in der Verfügungsgewalt eines marktmächtigen Unternehmens oder Monopols befindet, das einem Konkurrenten keine Mitbenutzung gegen ein kostenorientiertes Entgelt gestattet, obwohl der Konkurrent darauf angewiesen ist.[577] Nach der amerikanischen bzgl. europäischen Praxis und sogar nach dem späterem § 19 Abs. 4 Nr. 4 GWB bedarf die Anwendung dieser Doktrin zwei Voraussetzungen: Erstens, dass die Einrichtung unabdingbar ist, um Kunden zu erreichen und/oder Wettbewerbern die Durchführung ihrer Geschäftstätigkeiten zu ermöglichen und zweitens, dass die Einrichtung mit angemessenen Mitteln –aus technischen, rechtlichen oder wirtschaftlichen Gründen - nicht neu geschaffen werden kann, entweder weil es unmöglich oder wirtschaftlich unvernünftig ist.[578]

Während der § 19 Abs. 4 S. 4 des später neunovellierten GWB beide Voraussetzungen deutlich deklariert, verwischt sie das TKG im § 33 Abs. 1 S. 1 unter dem Begriff „wesentlich". Zwar genügt der Kommission die „Wesentlichkeit" der Einrichtung gemäß der Access Notice[579] zur Anwendung der „essential facilities Doktrin", jedoch normierte der Referentenentwurf des TKG vom 06.10.1995 die Voraussetzungen für Zugangsleistungen noch so: „soweit sie wesentlich und anderweitig am Markt nicht verfügbar sind."[580] M.E. ist eine unterschiedliche Formulierung des gleichen Instruments oder Doktrins in einem nationalen Recht zu vermieden, weswegen man hätte die § 31 Abs. 1 S. 1 TKG und § 19 Abs. 4 S. 4 GWB n.F. wortgleich formulieren sollen.

Andererseits ist darüber nachzudenken, ob eine zu weit gefasste Zugangs- bzw. Zusammenschaltungspflicht die Anreize für Innovationen oder Investitionen nicht verzerrt[581]? Durch Netzzusammenschaltungen werden zwar einerseits die Netzeigentümer in ihren Eigentumsrechten beschränkt, weil es Dritten ermöglicht wird, das eigentumsrechtlich geschützte Sacheigentum des Betreibers mitzubenutzen; andererseits werden die Newcomer dazu gelockt, anstatt eigene Infrastrukturen auszubauen, sich einfach mit dem Netz des Etablierten zusammenzuschalten. Auch wenn aus ökonomischen Gründen die Duplizierung von Netzen nicht sinnvoll ist, das Allgemeinwohlinteresse „an der Ermöglichung der Kommunikation mit allen"[582] für eine

---

576 Diese Doktrin wurzelt im amerikanischen Wettbewerbsrecht. Siehe Fall „United States v. Terminal Railroad Association of St. Luis (224. U.S. 383, 1912 und 236 U.S. 194, 1915) Vgl. Reiffen/Kleit, 1990, S. 419.
577 Gabelmann/Gross in: Knieps/Brunekreeft, 2000, S. 94.
578 Wirtschaftliche Unrentabilität reicht jedoch nicht aus, Siehe EuGH c. 26.11.1998 Oskar Bronner/Mediaprint, Rs, C-7/97, (1999) 4. C.M.L.R. 112 (144f) Pt. 45, vgl. Knieps in: Knieps/Brunekreeft, 2000, S. 18.
579 Europäische Kommission: Access Notice, Ziffer 68, 1998.
580 Siehe § 31 Abs. 1 S. 1 Referentenentwurf des TKG vom 06.10.1995.
581 Änliche Fragestellung siehe bei Knieps in: Knieps/Brunekreeft, 2000 S. 19.
582 Vgl. Begründung des TKG, Drucksache 13/3609, S. 35.

Zusammenschaltung spricht und zur Vermeidung von Separierung der ehemaligen Monopolzweige die Newcomer tatsächlich auf Zusammenschaltungen angewiesen sind, muss man prüfen, inwieweit ein notwendiger Bedarf für den Zugang bzw. die Zusammenschaltung besteht. Nach dem disaggregierten Regulierungsansatz[583] sollte sich die Regulierung auf monopolistische Bottleneck-Einrichtungen beschränken, ansonsten tritt eine Überregulierung ein[584]. Ob tatsächlich eine Überregulierung vorhanden ist und wie weit die Zugangsvorschriften, unter Beachtung der Thesen, im Hinblick auf die alternativen Technologien ausgestreckt sein sollten, wird im nächsten Kapitel dargestellt.

iii) Einfluss auf die Marktstruktur

Nach der Aufgabenverteilung zwischen dem Bundeskartellamt und der Regulierungsbehörde erhielt die Regulierungsbehörde wichtige Zuständigkeiten bezüglich der telekommunikationsspezifischen Missbrauchaufsicht, die die Kompetenzen des Bundeskartellamtes erheblich einschränkten. Es blieb jedoch gemäß § 2 Abs. 3 i.V.m. § 82 TKG allein das Bundeskartellamt für die Zusammenschlusskontrolle im Telekommunikationsbereich zuständig. Trotz dieser ausschließlichen Befugnis des Bundeskartellamtes beinhaltet das TKG einige Vorschriften, wonach auch die Regulierungsbehörde Einfluss auf die Entwicklungen der Marktstruktur nehmen kann. Zur Einflussnahme der RegTP geben die §§ 11 Abs. 3 i.V.m. § 11 Abs. 4 S. 3 und § 32 TKG Möglichkeit, die aber in erster Linie die Lizenzierung betrifft, also die Zulassung von Unternehmen zu den Telekommunikationsmärkten. Diese Gestaltungserlaubnis der RegTP ist einerseits zu begrüßen, andererseits sollte man ihr einige kritische Bemerkungen hinfügen. Außerdem ist es fraglich, in wie weit die RegTP ihre Gestaltungsmöglichkeiten in der Praxis ausnutzt.

Nach § 11 Abs. 3 TKG kann die RegTP zum Schutz des chancengleichen Wettbewerbs Unternehmen von dem Vergabeverfahren ausschließen. Zwar kann der Ausschluss eines Unternehmens von Vergabeverfahren praktisch eine zu vermeidende, künstliche Verknappung von Lizenzen bedeuten, es ist jedoch der Zweck dieser Maßnahme mit der Förderung des Wettbewerbs im Einklang zu bringen. Jedoch kann diese Erlaubnis nichts an der Tatsache ändern, dass dem ehemaligen Monopol schon Lizenzen im Bereich der Festnetz- und Mobiltelefone[585] einschließlich der ISDN-Merkmale erteilt worden waren, und dass man, weil das TKG die Möglichkeit der Auferlegung von nachträglichen Auflagen zu den erteilten Lizenzen nicht kennt, auf diese Weise in die Betätigung der Deutschen Telekom nicht eingreifen kann.

Zwar sind bei Versteigerungsverfahren – nicht aber bei Ausschreibungsverfahren - die Belange kleiner und mittelständischer[586] Unternehmen nach § 11 Abs. 4 S. 3 TKG zu berücksichtigen. Allerdings stellt diese Gestaltungserlaubnis der RegTP m.E. im Ganzen die Wettbewerbsförderung nicht sicher. Einerseits ist es ziemlich fraglich, ob die durch § 66 Abs. 1 i.V.m. Abs. 5. TKG gesicherte Unabhängigkeit der RegTP ausreicht, um die wettbewerbspolitischen Ziele eventuell gegenüber den industriepolitischen Zwecken des Bundesministeriums durchzusetzen. Andererseits hätte aus-

[583] Siehe Knieps in: Knieps/Brunekreeft, 2000, S. 13 ff
[584] Vgl. Gabelmann/Gross in: Knieps/Brunekreeft, 2000, S. 96.
[585] Siehe Problematik im Kapitel B II. 3 c) cc).
[586] Siehe § 11 Abs. 3 TKG (s.o. Fn. 1).

drücklich in § 11 Abs. 3 TKG normiert werden müssen, dass nur Unternehmen mit überragender Markstellung gemäß § 19 GWB (§ 22 GWB a.F.) aus dem Vergabeverfahren auszuschließen sind. Ansonsten erfüllt die Norm nicht die Bedingungen des chancengleichen Wettbewerbs, was gemäß der Gesetzesbegründung[587] durch die neu hinzutretenden Anbieter ermöglicht wird.

Das Zusammenschlussverbot durch § 32 TKG schließt die Verknappung von erteilten Lizenzen durch Zusammenschluss von Unternehmen aus, falls die Anzahl der erteilten Lizenzen begrenzt ist, und einer der Lizenznehmer über eine marktbeherrschende Stellung verfügt. Dieses Verbot will der weiteren Verengung der Marktstruktur mit Hilfe von Lizenzauflagen entgegenwirken[588], in der Weise, dass die RegTP dem marktbeherrschenden Unternehmen eine Lizenzauflage erteilt. Fraglich ist nun, ob die RegTP berechtigt wäre eine solche Lizenzauflage nachträglich aufzugeben. Nach den Bestimmungen des § 97 Abs. 4 TKG, die die auf der Grundlage des FAG erteilten Lizenzen für bestandskräftig erklären[589], ist es eher zu verneinen. Dies heißt, dass die RegTP diese Auflage nur bezüglich der neuen Lizenzen nach 1998 aufgeben kann. Zwischen 01.08.1996 und 01.01.1998 entschied das Bundesministerium für Post und Telekommunikation über die Auflagen.

bb) Behüter der Marktentwicklungen – die RegTP

Laut § 66. ff. des neuen TKG wurde kurz nach dem Erlass des Gesetzes ein unabhängiger Regulator geschaffen, der für staatliche Eingriffe „etwas unterhalb der Gesetzgebung"[590] gegenüber dem Marktverhalten der Anbieter zuständig war. Als seine Hauptaufgabe galt es, den bislang monopolistischen Telekommunikationsmarkt durch Regulierungen in einen wettbewerbsorientierten Markt zu überführen[591]. Diese Regulierungsbehörde für Telekommunikation und Post sollte die Aufgaben erledigen, die gemäß den Liberalisierungs- und Harmonisierungsrichtlinien für eine unabhängige nationale Behörde vorgesehen waren. (Am 13.07.2005 wurde die Regulierungsbehörde als Bundesagentur für Elektrizität, Gas, Telekommunikation, Post und Eisenbahnen umbenannt.)

Dementsprechend sollte die RegTP in Sachen der Lizenzierung, Frequenzzuteilung und Auferlegung von Universaldienstleistungsverpflichtungen Entscheidungen treffen und die sektorspezifische Missbrauchsaufsicht mit einer ex-post und mit einer ex-ante Entgeltregulierung durchführen. Durch diese Zuständigkeiten wurde in die Kompetenzen des Bundeskartellamtes bezüglich der Missbrauchsaufsicht stark eingeschnitten. Jedoch hatte das Bundeskartellamt wichtige Mitwirkungsbefugnisse nach dem TKG, vor allem bezüglich der Marktabgrenzungsfragen (§ 82 TKG). Diese zwei Behörden sollten nach § 82 S. 5 TKG auf eine einheitliche, das Gesetz vor Wettbewerbsbeschränkungen wahrende Auslegung des TKG hinwirken.

---

[587] Siehe Begründung zum TKG Drucksache 13/3609 S. 34.
[588] Siehe Drucksache 13/3609 S. 45.
[589] Vgl. Drucksache 13/3609 S. 59.
[590] Die Eingriffe „der leichten Hand" war aus der Sicht vorteilhaft, dass die regulatorischen Fehlentscheidungen schnell korrigiert werden könnten, als dies z.B. bei einer Gesetznovellierung möglich ist. (Siehe bei Witte in: Büchner, 1999, S. 177). Diese Möglichkeit war vor allem wegen der schwierigen Einschätzbarkeit der zukünftigen Marktentwicklungen und wegen dem Informationsnachteil des Regulators von Belang.
[591] Vgl. Drucksache 13/3609 S.34.

Die Errichtung der Regulierungsbehörde wurde damals mit den über die Kompetenzen des Bundeskartellamtes hinausgehenden Regulierungseingriffe begründet[592], wobei einige Experten die Weiterbeschäftigung der Personalbestände des ehemaligen Postministeriums, als Existenzberechtigung der RegTP ansahen[593] und vor der Zersplitterung der Wettbewerbsaufsicht warnten[594]. Wegen der vom Kartellrecht abweichenden Besonderheiten der Lizenzerteilung, Frequenzzuordnung und Zulassung von Sendeanlagen war m.E. die Errichtung der RegTP notwendig, jedoch hätten die Aufgabenbereiche der Missbrauchsaufsicht und der ex-post Entgeltregulierung auch im GWB einen Platz finden können. Aus der Sicht des Erfolgs der Marktentwicklungen ist letztendlich irrelevant, welche Behörde die Regulierungsaufgaben erledigt. Die Hauptsache ist, dass die Behörde institutionell angemessen gestaltet ist, auf effektive Wettbewerbsregeln zurückgreifen[595] kann und schnell durchsetzbare, wettbewerbsfördernde Entscheidungen trifft.

Mit Hinsicht auf den Aufbau wurden beide Behörden ähnlich gestaltet. Beide sind Bundesoberbehörde im Geschäftsbereich des Bundesministeriums für Wirtschaft (vgl. § 66 Abs. 1 TKG i.V.m. § 51 Abs. 1 GWB). Ein relevanter Unterschied ist jedoch, dass solange gegen die Entscheidungen der RegTP der Verwaltungsrechtsweg gegeben ist[596], sich die Betroffenen gegen die Entscheidungen des Bundeskartellamtes an das zuständige Landgericht wenden müssen[597]. Außerdem weichen die Formulierungen beider Behörden hinsichtlich der „Unabhängigkeit" voneinander ab. Solange das Bundeskartellamt gemäß § 51 Abs. 1 GWB Selbständigkeit genießt, ist dieses Recht der RegTP nach § 66 Abs. 1 nicht gegeben. Ob der Unterschied des Wortlauts tatsächlich etwas an der Stellung dieser Behörden ändert, wird die Praxis zeigen.

Fazit des Kapitels C

Solange die Europäische Kommission den stufenmäßigen Abbau von Monopolrechten auf dem Telekommunikationsmarkt – aufgrund ihrer Gesetzgebungszuständigkeit gemäß Art. 90 Abs. 3 EWG (Art. 86 Abs. 3 EG) - anstrebte, dienten die nach Art. 100a EWG (Art. 95 EG) erlassenen Harmonisierungsrichtlinien des Rates bzw. des Parlaments der Vereinheitlichung der Rahmenbedingungen des Telekommunikationssektors im ganzen Binnenmarkt. Obwohl der Engerätemarkt, der am leichtesten zu öffnen war, und im Jahre 1989 vollständig liberalisiert wurde, konnte die Kommission am Anfang der 90er Jahre nur eine schmale Sparte des Dienst- und Netzsektors öffnen. Unter Akzeptanz des Sprach- und Netzmonopols der nationalen Fernmeldemonopole führte die Kommission begrüßenswerte Sicherheitsmaßnahmen bzgl. der Buchführung, der Lizenzierung usw. ein, welche der Zügelung der Monopolisten dienten. Außerdem dehnte sie den Geltungsbereich ihrer Liberalisierungsrichtlinien

---

[592] Siehe Katzenbach, Orientierung zum Wirtschafts- und Gesellschaftspolitik 89 3/2001, S. 5 vgl. mit Drucksache 13/3609 S.34.
[593] Siehe Koenig/Kühling, WuW 9/2001 S. 818.
[594] Diese Fragen werden bei der Errichtung eines Regulierungsbehörde für Energie oder für Eisenbahn wieder auftauchen. Koenig/Kühling, Orientierung zum Wirtschafts- und Gesellschaftspolitik 89 (3/2001), S. 8.
[595] Diese erste zwei Voraussetzungen kann man auch bei Koenig/Kühling, WuW 9/2001 S. 819 finden.
[596] Hinweis auf die Verwaltungsgerichtsbarkeit Drucksache 13/3609 S. 51.
[597] Siehe § 91 GWB.

auf die Mobil- und Satellitenkommunikation und auf die Kabelfernsehnetze kontinuierlich aus.

Die Harmonisierungsrichtlinien des Rates bzw. des Parlaments waren neben der Förderung des Wettbewerbes auch zu anderen politischen Zielen berufen, wie z.B. zur Sicherstellung des Universaldienstes oder des offenen und effektiven Netzzuganges, was sich nicht immer positiv auf den aufkeimenden Wettbewerb auswirkte. Diese Richtlinien sollten klare und einheitliche Definitionen und Verfahren schaffen und trugen zur Errichtung von unabhängigen, nationalen Regulierungs-behörden bei. Aus der Sicht des Wettbewerbes waren die Zusammenschaltungsrichtlinie und ihre Änderungsrichtlinien unerlässlich für die Ermöglichung des Zugangs und für die Sicherstellung der Zusammenschaltung mit den Netzen der etablierten Fernmeldeorganisationen. Den letzten Schub zur vollständigen Marktöffnung gab der Rat mit seinen Ratsenschließungen, wonach sowohl die Sprachtelefonsparte als auch der Netzbereich bis zum 01.01.1998 vollständig liberalisiert werden sollten.

Ähnlich den politischen Führungen anderer europäischer Länder, zweifelte die deutsche Bundesregierung an der Selbstregulierungsfähigkeit eines offenen Telekommunikationsmarktes. Auch wenn die Unvermeidlichkeit der Umstrukturierung des deutschen Telekommunikationssektors der Bundesrepublik bewusst war, wurden die ersten Reformschritte letzen Endes durch europäische Richtlinien erzwungen. Aus diesem Grunde wurde in diesem Kapitel neben der Bewertung der deutschen Liberalisierungsmaßnahmen aus der Sicht der Wettbewerbsförderung auch darauf eingegangen, ob die europäischen Richtlinien in ihrem vollen Umfang umgesetzt worden sind.

Solange die ordnungspolitischen Ziele der deutschen Reformen die wichtigsten Grundsätze der Grünbücher untermauerten, folgten die deutschen Reformschritte nicht im Ganzen den europäischen Liberalisierungsstufen. Einerseits geschah in Deutschland die Eröffnung des Endgerätemarktes gleichzeitig mit der Liberalisierung der Randbereiche des Dienstmarktes, andererseits wurde in die deutschen Reformen noch eine sog. Privatisierungsstufe eingebaut, bei der, außer der Privatisierung der Deutschen Bundespost, auch die privatwirtschaftliche Betätigung auf dem Telekommunikationsmarkt und die Daseinsvorsorge in der deutschen Verfassung verankert wurde. Durch die sog. dritte Postreform durch das TKG vom 13. Juni 1996 wurde das Netzmonopol in Deutschland anderthalb Jahre vor der europäischen Endfrist aufgehoben und am 01.01.1998 die Marktöffnung im Bereich der Sprachkommunikation vollendet bzw. eine Regulierungsbehörde für Telekommunikation und Post errichtet. Obwohl das TKG eine gute Rechtsgrundlage für die Verhinderung von eintrittshemmenden Preisen schaffte, schloss es die Teilöffnung der Märkte nicht aus. Außerdem wurden Unternehmen mit marktbeherrschender Stellung - statt SMP-Unternehmen - unter der Entgeltregu-lierung und der besonderen Missbrauchsaufsicht einbezogen. Obwohl das TKG gewisse Einflussmöglichkeiten für die RegTP auf die Entwicklungen der Marktstruktur verleiht, schafft es die Doppelmonopole nicht ab.

D. Entwicklungen und verbleibende Probleme auf den liberalisierten Märkten – Wettbewerb um die Teilnehmeranschlussleitung?

I. Entwicklung des deutschen Telekommunikationsmarktes im Spiegel der Sondergutachten der Monopolkommission

Die Marktöffnung von 1996 bzw. 1998 brachte nicht nur neue Marktzutrittschancen für alternative Telekommunikationsunternehmen und vielfältige Kommunikationsarten für die Konsumenten mit sich, sondern beeinflusste auch die Marktsituation des ehemaligen Monopolunternehmens. In diesem Kapitel wird dargestellt, welche Marktentwicklungen - mit besonderer Berücksichtigung der Telekommunikationsinfrastruktur – sich im Telekommunikationssektor vollgezogen haben. Es wird eine Antwort auf die Fragen gesucht, wie die Infrastrukturentwicklung, vor allem im Ortsnetzbereich, durch die Regulierung unterstützt worden ist und, ob das neue europäische bzw. deutsche Telekommunikationsrecht hinreichende Lösungen für das Voranschreiten des Infrastrukturwettbewerbes bot.

1. Entwicklungen auf dem deutschen Telekommunikationsmarkt

a) Sinkende Preise, vielfältige Dienstleistungen und wachsender Telekommunikationsverkehr

aa) Stetige Preissenkung, Durchbruch der Betreibervorauswahl

Nach den teueren und teilweise unter mangelnden Angeboten leidenden Telekommunikationsdienstleistungen der Vergangenheit konnten die Konsumenten nach der Marktöffnung zwischen vielfältigen Kommunikationsarten und Produkten auf verschiedenen Preisniveaus wählen und durch alternative Telekommunikationsunternehmen das alte staatliche Unternehmen austauschen. Die Kosten, die sie für Telekommunikation ausgeben mussten, sanken mit Ausnahme der Ortsgespräche, wo gewisse Preiserhöhungen zu beobachten waren, erheblich[598]. Die Tarife für Ferngespräche sanken z.B. von 1998 bis 2001 um 47,3%. Dieser Trend hält bis heute an. Noch höhere Preisabfälle (56,1%) verzeichneten die Auslandsverbindungen. Die Preise für Auslandsverbindungen sind 2004 z.B. um 96% billiger geworden als im Jahre 1998[599], welches Preisniveau seitdem anhält. Diese Preisanpassungen bewiesen nicht nur die Kostenüberdeckung der ehemaligen Tarifstruktur des alten Telekommonopols, sondern lieferten auch ein wichtiges Indiz für die Funktionsfähigkeit des Wettbewerbes in diesen Bereichen.[600]

Die Lust am Telefonieren wuchs offensichtlich mit dem Sinken der Telefontarife. Die Festnetz-Wählverbindungsminuten stiegen von 178 Milliarden Minuten im Jahre 1997 auf 355 Milliarden Minuten im Jahre 2002, was bislang der höchste Wert in

[598] Vgl. Lagenfurth, in: Immenga/Kirchner/Knieps/Kruse, 2001, S. 176.
[599] RegTP, Jahresbericht, 2003 S. 31.
[600] Immenga/Kirchner/Knieps/Kruse, 2001, S. 10.

Deutschland war[601]. Die Antreiber des Preiszerfalls und dadurch Motor des aufkeimenden Dienstwettbewerbs waren die Call by Call-[602] oder Preselektionanbieter[603].

bb) Schnelle Verbreitung der Mobil- und Datenkommunikation

Neben dem Telefonieren im Festnetz gewannen auch die Mobilkommunikation und die Datendienste erheblich an Bedeutung. Ende 2005 gab es 79 Millionen Mobilfunkteilnehmer, wobei die Penetrationsrate im Jahre 1998 nur bei 17% lag.[604]

Die Zahl der Internetkunden wird heute auf 33 Million geschätzt[605], deren knappe Mehrheit aus Schmalband-Nutzern besteht, die Daten unter der Übertragungsgeschwindigkeit von 128 kbit/s weiterleiten können. Diese Schmalband-Kunden haben in den letzten 2-3 Jahren ungefähr 1/3 aller Festnetz-Verbindungsminuten für ihre Internetdienste aufgewendet[606]. Man kann in neuerer Zeit jedoch einen Rückgang der schmalbandigen Internetverbindungsminuten zugunsten der breitbandigen Internetdienste beobachten. Diese Hochgeschwindigkeits-Internetdienste sind immer beliebter. Die Aktiv-Nutzer des weltweiten Netzes wechseln gerne auf DSL[607] und sind bereit, weitere alternative Zugangstechnologien auszuprobieren. Im Jahre 2005 wurde die Menge von 650 Million Gigabyte Daten via DSL übertragen, wobei der DSL-Verkehr im Jahre 2001 nur etwa 25 Million Gigabyte betrug[608] (!).

Diese Entwicklungen spiegeln die zuvor aufgestellten, die Kundennachfrage betreffenden Thesen wieder, wonach in der Zukunft (nach der Liberalisierung) nicht nur Sprachkommunikation, sondern auch Datenkommunikation in wachsender Menge parallel, als komplette Lösungen, nachgefragt sein werden. Auch wenn die Nachfrage nach diesen Dienstleistungen erheblich vom Alter und vom monatlichen Kommunikationsaufwand der verschiedenen Konsumentengruppen abhängt[609], kann man an der Richtigkeit dieser These weiter festhalten. Auch die Behauptungen, welche die ständige Erreichbarkeit und die immer höheren Breitbände für Datenkommunikation betrifft, erwies sich – im Spiegel der statistischen Daten - als richtig. Fraglich ist, ob und wie die erweiterte Nachfrage nach diesen Leistungen die Marktbeteiligung der verschiedenen Anbieter beeinflusste?

b) Mangelnde Wechselbereitschaft, langsame Entwicklung auf dem Infrastrukturmarkt

Obwohl im Jahre 2000 die Wechselmöglichkeit zu einem alternativen Anbieter schon in allen deutschen Großstädten über 100.000 Einwohner vorhanden war[610], schien die Wechselbereitschaft der Kunden nicht besonders hoch zu sein. Obwohl der Um-

---

601 Siehe RegTP, Jahresbericht, 2005 S. 34.
602 Call by Call: Betreiberauswahl im Einzelverfahren durch Wählen einer Kennzahl.
603 Preselektion: Betreibervorauswahl mit dauerhafter Voreinstellung eines Verbindungsnetzbetreibers.
604 RegTP, Jahresbericht, 2003 S. 33, und Jahresbericht 2005, S. 45
605 Jedoch ist die Zahl der Internetnutzer viel höher, ungefähr 45 Million.
606 Siehe Kurth in Kubicek/ Klumpp/ Büllesbach/ Fuchs/ Roßnagel, 2002, S. 18.
607 DSL: Digital Subscriber Line, bietet eine breitbandige Übertragung von mindestens über 128 kbit/s.
608 RegTP, Jahresbericht, 2003, S. 37 und Jahresbericht 2005, S 36.
609 Siehe: Schäfer, 2003, S. 60 ff.
610 Siehe Lagenfurth in: Immenga/Kichner/Knieps/Kruse, 2001, S. 172.

satzanteil der neuen Anbieter bedeutend wuchs, z.B. die neuen Wettbewerber im Dezember 2000 ca. 40% der gesamten Telekommunikationsumsätze[611] auf dem Festnetzmarkt für sich verbuchten, konnten die Newcomer nur 5 Million eigene Kunden gewinnen. Davon waren 4,6 Millionen (!) Preselection-Kunden gewesen, und allein eine halbe Million Kunden haben bis 2002 den Netzbetreiber komplett gewechselt[612].

aa) Ausbleibender Komplettwechsel, fehlender Pioniergewinn

aaa) Beliebtheit der Betreibervorauswahl nimmt nicht ab

Der Grund für die Beliebtheit der Preselection- und Call by Call-Dienste waren nicht nur die attraktiven Tarife der Verbindungsnetzbetreiber, sondern auch, dass die Kunden ihren alten Anschlussbetreiber, die Deutsche Telekom, nicht wechseln mussten. Einerseits ersparten sie sich damit die Wechselkosten, andererseits haben sie kein Leistungsrisiko auf sich genommen. Die Deutsche Telekom galt nämlich - und gilt immer noch - bei der Mehrheit der Kunden als zuverlässige Netzbetreiberin mit hoher Leistungsqualität. Im Jahre 2003 liefen z.B. mehr als 30 %, im 2005 ca. 54% aller Telefongespräche, die durch einen Wettbewerber der DT AG abgewickelt wurden, als Call by Call-Dienst ab[613].

Obwohl nach vorigen Schätzungen[614] der Experten die Bedeutung dieser zwei Angebotsformen, vor allem aber der Call by Call-Dienst, mit der Zeit sinken sollte, schien am Ende 2003 die Inanspruchnahme von Preselektion- und Call by Call-Diensten immer noch bequem und billig zu sein. Im Gegensatz zu diesen Diensten bereitete ein Komplettwechsel des Anbieters einerseits Wechselkosten, andererseits die Einschränkung der Dienstleistungswahl[615].

aab) Harter Preiswettbewerb – Fehlende Gewinne

Während der § 43 Abs. 6 TKG - in seiner alten Form von 1996 - unabhängig von der Markstellung praktisch jeden Netzbetreiber zur Sicherstellung der Betreibervorauswahl verpflichtete (!), beendete erst eine Gesetzesänderung von 2002 (Art. 2 des Ersten Gesetzes zur Änderung des TKG vom 21.10.2002) diese den Infrastrukturwettbewerb vernichtende Situation. Nach 2002 waren nur marktbe-herrschende Unternehmen zur Gewährung von Betreibervorauswahl verpflichtet. Die neuen Mitbewerber waren an der Abschöpfung ihres eigenen Kommunikationsverkehrs durch die Verbindungsnetzbetreiber überhaupt nicht interessiert. Aus diesen Gründen war in ihren Netzen weder Preselection noch günstiger Call by Call möglich. Diese Einschränkungen der Leistungspalette machten aber die Angebote der neuen Netzbetreiber weniger attraktiv, was nur zu langsamem Kundenerwerb führte. Ein anderer

---

[611] Man muss anmerken, dass die Wettbewerber einen großen Teil ihrer Umsätze für Vorleistungen an die DT AG weitergegeben haben.
[612] Lagenfurth in: Immenga/Kichner/Knieps/Kruse, 2001, S. 163, 164.
[613] Monopolkommission, Sondergutachten 39, 2003 S. 20 und Sondergutachten 2005, S. 26.
[614] Vgl. Monopolkommission, Sondergutachten 39 , 2003, S. 19.
[615] Vgl. Lagenfurth in: Immenga/Kichner/Knieps/Kruse, 2001, S. 173.

Grund für die geringe Wechselbereitschaft der Kunden kann sein, dass die Deutsche Telekom unerwartet schnell auf die Preissenkungen der alternativen Anbieter reagierte. Sie senkte umgehend ihre Tarife, wodurch sie nach anfänglichem Anteilsverlust langsam Marktanteile, z.B. auf dem Markt für Auslandsgespräche, zurück gewann[616].

Der schnelle Preisverfall zwang die Newcomer dazu, am Preiswettbewerb teilzunehmen. Dies verringerte ihre Gewinne und dadurch auch ihre zu investierenden Mittel. Wobei die Kostenseite der Wettbewerber wegen ihrer anfänglich aufzuwendenden Investitionen weniger günstig war, als die Kostenseite des etablierten Monopols, hätten die Newcomer darauf basieren können, dass ihre Innovationen zu Wettbewerbsvorsprüngen führen, wodurch sie einen Markterfolg hätten sichern können. Auch im Kartellrecht gilt nämlich das Prinzip, dass „der Innovator einen Pioniergewinn verdient"[617]. Falls ein Unternehmen eine neue Technologie auf dem Markt einführt, soll es nach diesem Prinzip kurz- oder mittelfristig davon profitieren. Dieser Pioniergewinn ist die Voraussetzung dafür, dass die Innovationen, die Forschungs- und Einführungskosten eines innovativen Unternehmens amortisiert werden können. Gemäß diesem Prinzip hätte z.B. die Viag Intercom (später O2) durch ihre Mobil-WLL Mischtechnologie einen Marktvorteil erringen können. Jedoch ging der Zuwachs seines Marktanteils an Mobilfunkanschlüssen zurück, denn während die Zuwachsrate im Jahre 2005 12,3 % betrug, war sie nur 2,6% im Jahre 2003.[618]

Im starken Preiswettbewerb kann ein Innovator seine Preise schwer über den Preisen seiner Mitbewerber halten, vor allem dann, wenn seine Dienstleistungen durch andere Technologien billiger auf dem Markt angeboten werden. In der Telekommunikationsbranche gilt nämlich grundsätzlich, dass es dem Kunden gleichgültig ist, ob seine nachgefragten Dienstleistungen, durch Glasfaser, Kupferdoppelader-Netze, mit Hilfe von WLL oder Internettelefonie abgewickelt werden. Für die Kunden sind bei der Wahl des Netzbetreibers weniger dessen Technologien, sondern vielmehr seine Tarife oder die Qualitätsmerkmale seiner Dienste entscheidend[619].

Neben den schon besprochenen ökonomischen Gegebenheiten des Netzausbaus, spielten wahrscheinlich auch diese Grundlagen eine wichtige Rolle bei der Verursachung von Anfangsverlusten bei alternativen Netzbetreibern. Die Viag Interkom (später O2) und o.tel.o mussten z.B. im Jahre 1998 hohe Verluste infolge des Aufbaus ihres Netzes verkraften[620].

bb) Langsamer Aufbau eigener Infrastruktur

Trotzt der Vielzahl von Unternehmen, die ihre Dienste mit möglichst wenig eigenem Infrastrukturaufbau anboten, bemühten sich viele alternative Telekommunikationsanbieter um die Beendigung ihrer Abhängigkeit von den Vorleistungen der DT AG.

---

[616] Siehe Schütz, MMR 6/2003 S. 362.
[617] Über Pioniergewinn siehe Innovation und Telekommunikation Hoffmann-Riem/Eifert in: Hoffman-Riem, 2000, S. 26.
[618] Monopolkommission, Sondergutachten 33, 2001, S. 65 mit Sondergutachten 39, 2003 S. 83. und BNA Jahresbericht, 2005, S. 46.
[619] Die Kunden stellen in der Regel keine Forderung nach einer bestimmten Technik, sondern nach bestimmten Kriterien. Orlamünder in: Kubicek/ Klumpp/ Büllesbach/ Fuchs/ Roßnagel, 2002, S. 326.
[620] Gabelmann/Gross in: Knieps/Brunekreeft 2000 S. 110

Nach dem Motto, „wer grabt – gewinnt" investierten sie immer mehr in den Ausbau ihrer eigenen Infrastruktur. Die Wettbewerber der Deutschen Telekom, die sich als Vollanbieter platzieren wollten oder umfangreiche Sprach- und Datenkommunikationsdienste anbieten wollten, haben erhebliche Investitionen vor allem in Fern- und regionale Netze betätigt[621]. Diese waren die Netzbereiche, in dem die Höhe der anfänglichen Investitionen immer noch niedriger war als im Ortsbereich. Jedoch entwickelten sich die Technologien, womit man den monopolistischen Engpassbereich überwinden wollte, nicht nach ihren Erwartungen.

bba) Die alternativen Technologien sind kaum einsetzbar

Die alternativen Technologien, wie die WLL-Technologie, Strom- oder Fernsehkabelnetz, über deren Einsatzfähigkeit man sich in der Mitte der 90er Jahre sehr optimistisch äußerte und von denen man die Substitution der vorhandenen Ortsnetze der Deutschen Telekom erwartete, konnten sich aus unterschiedlichen Gründen nicht hoffnungsgerecht entwickeln. Zwar wurden und werden diese Technologien in immer höherer Zahl eingesetzt, doch konnten sie sich nicht massenhaft durchsetzen. Sie blieben bislang spezielle Lösungen für individuelle Nachfragen.

Nach der WLL (Wireless Local Loop)-Technologie besteht z.Z. eine Nachfrage wegen ihrer Errichtungskosten und hohen Tarife nur bei kleineren Unternehmen, Freiberuflern[622] oder an sog. HotSpots[623], wie große Bahnhöfe und Flughäfen. Durch Satelliten konnte man die Bidirektionalität nur mit dem Aufbau von teueren Bodenstationen verwirklichen, weshalb Grund sie hauptsächlich nur für gewerbliche Nutzer eine Alternative bieten[624]. Das Strom-Kommunikationsnetz ist bisher entweder technisch unzuverlässig oder unwirtschaftlich.

Wegen der technologischen Unterentwicklung und der nachteilhaften Kostenstruktur, muss man die Powerline-, WLL- und Satelliten-Technologie zur Zeit in Deutschland von den aktuellen Möglichkeiten zur Befriedigung der Kundennachfrage ausschließen. Von den behandelten sechs Möglichkeiten kann man nur drei erwähnen, durch welche die Kundennachfrage ausreichend befriedigt werden kann. Diese sind: die Kombination von Mobilfunk mit Festnetz, die Kombination von Mobilfunk mit Kabelfernsehnetz und die UMTS-Technologie. Aus diesem Grund werden im Folgenden die Entwicklungen der Festnetz-, Kabelfernsehnetz- und Mobil-Technologien näher untersucht.

---

621 Vgl. Monopolkommission Sondergutachten 39, 2003, S. 31.
622 Vgl. COMP/C-1/37.451, 37.578, 37.579-DT, K(2003) 1536, Tz. 83.
623 Siehe NFO WorldGroup, 2003, S. 117 ff.
624 COMP/C-1/37.451, 37.578, 37.579-DT, vom 21.5.2003 Tz. 86 ff.

bbb) Aktuelle Lösungsalternativen zur Befriedigung der Kundennachfrage

i) Festnetz: Anschlussmonopol der DT, Abhängigkeit der Wettbewerber

Die alternativen Festnetzanbieter, die seit 2000 immer mehr Aufmerksamkeit dem Ausbau eigener Netze widmen, kamen mit dem Infrastrukturaufbau sehr langsam voran. Die folgende Abbildung stellt die Entwicklung der Eigentümerverhältnisse bezüglich der verschiedenen Festnetz-Technologien dar.

Abbildung Nr. 6

Anteil der Telekommunikationsanbieter an Telefonkanälen

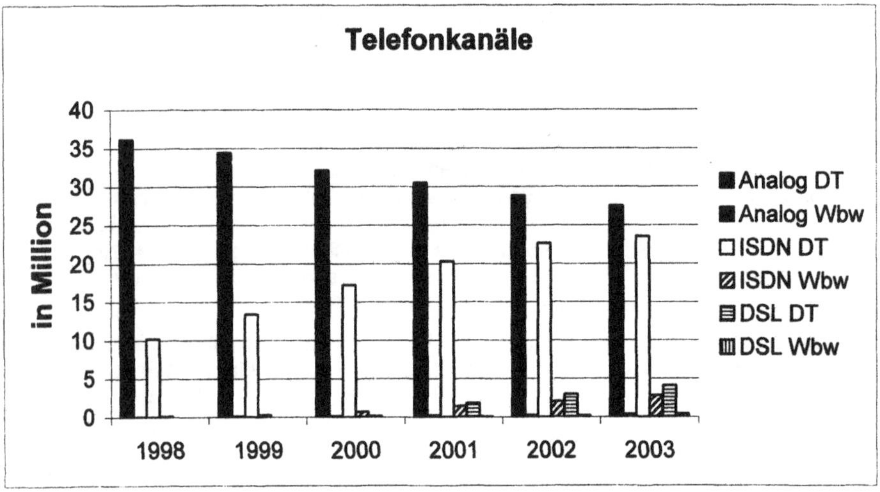

Quelle: Zusammengestellt aus den Jahresberichten der RegTP

Der Aufbau von Telefonkanälen besteht einerseits aus der Kabellegung[625], andererseits aus der Errichtung von Teilnehmeranschlüssen direkt bei den Kunden. Bezüglich der ausgebauten Festnetz-Telefonkanäle muss man einige Phänomene erwähnen. Aus den statistischen Daten kann man erstens ermitteln, dass die Newcomer lieber Netze mit größerer Kapazität, wie z.B. die ISDN Anschlüsse[626], ausbauten.

[625] Die Länge der Telefonleitungen verschiedener Anbieter ist aus Sicht des Wettbewerbs weniger aussagekräftig, einerseits, weil keine vollständige Statistik zur Verfügung steht, andererseits, weil abhängig von der angewandten Technologie und der Marktstrategie der Anbieter die Netze unterschiedlich strukturiert sind.

[626] Während die Analoganschlüsse nur über einen Sprechkanal verfügen, hat ein ISDN-Anschluss zwei bzw. einen ISDN-Primärmultiplexanschluss bis zu 30 unabhängig nutzbare Sprachkanäle.

Wegen den hohen Errichtungskosten für eigene Anschlüsse und der Großzahl der schon vorhandenen Teilnehmeranschlüsse, die überwiegend im Eigentum des Nachfolgeunternehmens der DBP stehen, mieteten die Wettbewerber die Teilnehmeranschlussleitungen (im weiteren: TAL) der Deutschen Telekom. Im Jahre 2002 z.B. basierten knapp 90% aller durch Wettbewerber errichteten Telefonkanäle auf dem entbündelten Zugang.

Obwohl es für die alternativen Anbieter ökonomisch sinnvoller war die bestehenden Anschlüsse zu mieten[627] als eigene aufzubauen, wurden sie infolge des Quasimonopols der DT an TAL stark von den Vorleistungen der DT AG abhängig. Diese eindeutige Abhängigkeit verlieh der DT gewisse Behinderungspotenziale bezüglich des Preises, der Lieferungsfristen und der Qualität ihrer Leistungen, wovon sie, wie es später bei der infrastrukturbezogenen Rechtsprechung dargestellt wird, auch Gebrauch machte.

Diese lokale Dominanz der Deutschen Telekom ist auch bei den Mietleitungen nachzuvollziehen. Die Monopolkommission hat mehrmals in ihren Sondergutachten[628] darauf hingewiesen, dass die Abhängigkeit der Wettbewerber von Mietleitungen der DT AG im lokalen Bereich zu groß sei, auch wenn sich die Abhängigkeit im Fernbereich infolge des dort angestrebten Netzausbaus lockerte. Was das Mietleitungsgeschäft betrifft, nimmt das Marktvolumen des Mietleitungsmarktes laut dem Sondergutachten '2003 der Monopolkommission ab, aber gleichzeitig steigt der Marktanteil der Wettbewerber.[629] Dies ist dennoch ein Zeichen des erfolgreichen Infrastrukturausbaus der Newcomer, auch wenn der Markt für Festnetzkanäle bzw. für Festnetzanschlüsse unverändert durch die Deutsche Telekom dominiert wird.

ii) Durchdringung mit DSL-Anschlüssen verschlechtert die Chancen des TV-Kabels

Neben den positiven Ausbauanstrengungen der Mitbewerber blieb der ehemalige Monopolist nicht untätig. Die DT AG hatte inzwischen einen erheblichen Teil ihrer Analoganschlüsse in ISDN-Anschlüsse umgebaut und bemühte sich, ihre DSL[630]-Anschlüsse zu vermarkten. Diese Anschlüsse sind vor allem für den schnellen Zugang zum Internet notwendig und äußerst effektiv. Weil der Internetverkehr einen immer größeren Anteil des gesamten Telekommunikationsverkehrs ausmachte (ca. 30%)[631], wuchs das Kundeninteresse an dieser Anschlusstechnologie blitzschnell. Während der Anteil der Mitbewerber an dem schmalbandigen Internetverkehr im Jahre 2005 auf 74% stieg, erkämpfte sich im 2003 die Deutsche Telekom eine Quasi-Monopolstellung (ca. 91%) bei dem breitbandigen Internetanschluss.[632] Diese Tendenz konnte erst nach der Änderung der TKG im 2004 angehalten werden.

---

[627] Eine Verdoppelung der Teilnehmeranschlüsse hätte volkswirtschaftlichen Schaden verursacht. Vgl. Monopolkommission, Sondergutachten 29, 1999 Tz. 23 ff.
[628] Monopolkommission, Sondergutachten 33, 2001, S. 63, Rn. 83.
[629] Monopolkommission, Sondergutachten 39, 2003, S. 28, Rn. 63.
[630] DSL-Anschlüsse sind Breitband-Anschlüsse, die auf der Kupferleitung von der Vermittlungsstelle zum Endkunden aufgebaut sind. DSL kann sowohl auf der Basis des analogen als auch des ISDN-Teilnehmeranschlusses realisiert werden.
[631] Der Anteil des Internetverkehrs an dem gesamten Telekommunikationsverkehr betrug schon 2001 cirka 30%. Ein Messproblem bereitet, dass der Internetverkehr via DSL nicht im Minutentakt, sondern in Datenvolumen gemessen wird.
[632] Monopolkommission, Sondergutachten 39, 2003, S. 21 Rn. 43.

Die Experten haben vom Ausbau des Breitbandkabels durch alternative Netzbetreiber einen kräftigen Wettbewerbsschub im Ortnetz[633] und bei den Datendiensten erwartet. Dazu sollte das Hochgeschwindigkeitsnetz via Fernsehkabel beitragen. Das Fernsehkabel, als eine wettbewerbsfähige Datenkommu-nikationsalternative, galt als Hoffnungsträger, von dem sowohl die RegTP, die Regierung als auch die Wettbewerber selbst die Fesselung der Deutschen Telekom auf dem deutschen Datenkommunikationsmarkt erwarteten. Der verzögerte Verkauf von Kabelfernsehnetzen und eine durch die Regulierungsbehörde nicht beanstandete Dumpingstrategie der Deutschen Telekom bei der Expansion[634] führten jedoch zu einer erfolgreichen Marktpositionierung der Deutschen Telekom, was die Entwicklungsmöglichkeiten des Ortsnetzwettbewerbs hemmte.

Um diese Entwicklungen besser einschätzen zu können, sollte man einen Blick auf den internationalen Breitbandkabelmarkt, mit besonderer Berücksichtigung der britischen Breitbandinfrastruktur, werfen. Man wird feststellen können, dass bezüglich der Breitbandkabelinfrastruktur erhebliche landesbezogene Unterschiede bestehen, wofür teilweise die Regulierung verantwortlich ist.

α) Unterschiedliche Breitbandtechnologien in ausgewählten Ländern

Die Verbreitung der Breibandnetze wurde in einigen europäischen Ländern erst später als in Deutschland angefangen. Dennoch wird diese Technologie heute in anderen europäischen Ländern viel öfter angewendet, als in Deutschland. Nach der Untersuchung der BITKOM[635] gelten heute die TV-Kabelanschlüsse als die dominierenden Breitbandtechnologien weltweit (!), während die Zahl der weltweit existierenden DSL-Anschlüsse nur einen Bruchteil der breitbandigen TV-Kabelanschlüsse darstellt. Im Jahre 2003 betrug die Zahl der breitbandigen TV-Kabelanschlüsse 365 Millionen[636], während knapp 45 Millionen DSL-Anschlüsse im selben Jahr vorhanden waren.

---

[633] RegTP Pressemitteilung Nr. 11119 vom 30.04.2001 Müller: „Wettbewerbsorientierter Kurs in der Telekommunikationspolitik wird fortgesetzt".

[634] Siehe vatm, 2001, S. 17 ff., Schütz, MMR 6/2003, S. 362 und Monopolkommission, Sondergutachten 39, 2003, S. 22.

[635] Siehe NFO WorldGroup, 2003, S. 73, Abb. 55.

[636] Siehe NFO-WorldGroup, 2003, S. 73.

Abbildung Nr. 7

Breitband-Anschlüsse weltweit

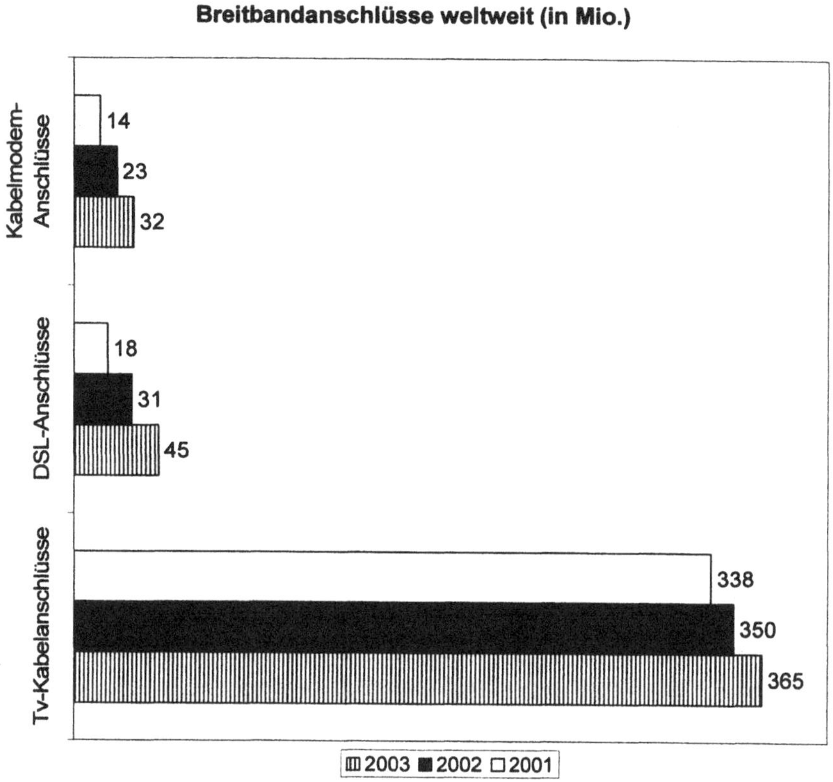

Quelle: BITKOM, 2003 S. 73

Abbildung Nr. 8

Breitband-Anschlüsse in Deutschland

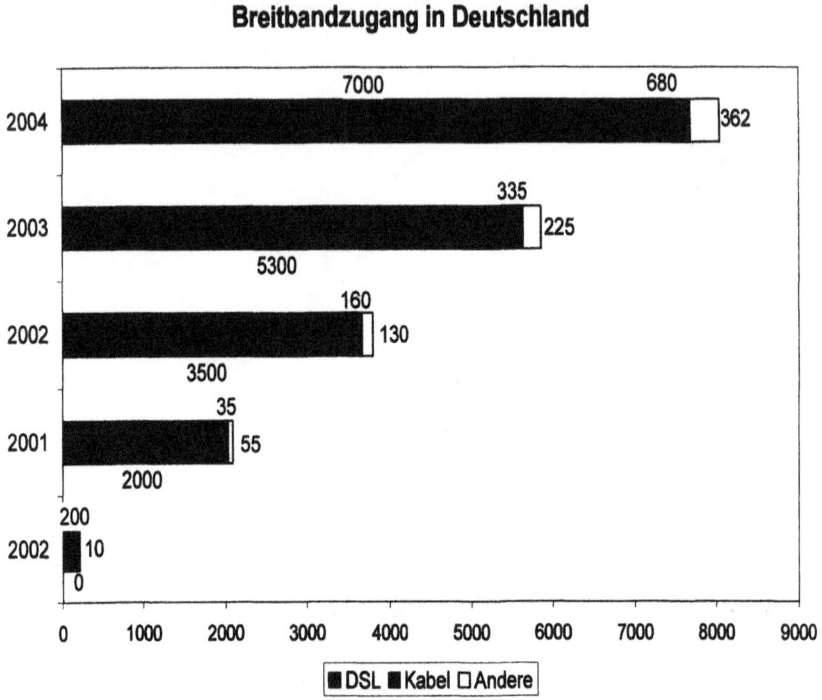

Quelle: BITKOM, 2003 S. 71

Im Deutschland kann man jedoch einen Gegentrend beobachten. Hier – wie die Abbildung es zeigt - spielt die TV-Kabeltechnologie eine sehr unbedeutende Rolle, während die DSL-Technologie die am meisten durchgedrungene Technologie in Deutschland darstellt. Andererseits sieht man schnell, dass sich cirka 1/8-tel aller DSL-Anschlüsse in Deutschland befinden, was Deutschland einen bemerkenswerten Platz am weltweiten DSL-Anschlussmarkt verleiht. Andere Technologien, wie die WLL oder die Powerline-Technologie, haben bislang weltweit eine untergeordnete Bedeutung bezüglich der Breitbandkommunikation gespielt[637], dennoch wächst die Verbreitung dieser Technologien weltweit viel dynamischer als in Deutschland.

Parallel zum Unterschied zwischen den anwandten Zugangstechnologien auf den nationalen Breitbandmärkten, besteht auch ein erheblicher Unterschied zwischen den Wettbewerben auf dem Markt für Breitbanddienste - so betonen einige Local

[637] Außerdem ist die Anbindung von Kunden mit Glasfaserkabeln in Korea einzigartig, was teilweise mit der Siedlungsstruktur in Großstädten zusammenhängen kann. Vgl. Höckels, 2001 S. 83.

Loop-Studien[638]. Während in den Ländern mit hoher DSL-Anschlusspenetration die ehemaligen Monopolisten auf dem Markt für Breitbanddienste dominieren (USA, Niederlande, Deutschland), sieht das Umfeld des Wettbewerbs in Ländern, wo breitbandige TV-Kabelnetze verbreitet sind, deutlich anders aus.

In Großbritannien[639]z.B. führte ein vergleichsweise schneller Markteintritt der Kabelnetzbetreiber zur raschen Durchdringung der Breitbandtechnologie via TV-Kabel. Zu diesem europaweit einmaligen Erfolg des TV-Kabels trug jedoch die Regulierung erheblich bei. In Großbritannien wurde nämlich ab Anfang der 1990-er Jahre die Verlegung von Kupferkabel-Netzen parallel zu den Fernsehkabelnetzen durch die Rahmenbedingungen erlaubt. Kurz nach der Marktöffnung wurde es den Kabelfernsehnetzbetreibern auch ermöglicht, neben Kabelfernsehendiensten auch Breitband- und Sprachtelefondienste anzubieten.[640] Durch diese Angebotsvielfalt ist es den britischen Kabelnetzgesellschaften NTL und Telewest gelungen, gegenüber der British Telecom einen Wettbewerbsvorteil zu erzielen. Den Kabelnetzgesellschaften ist innerhalb weniger Monate gelungen, mehr Endkunden für breitbandige Anschlüsse zu gewinnen als die BT. Dies obwohl die Kabelnetzpenetration damals viel geringer war als die Penetration des kupferdoppeladrigen Teilnehmeranschlusses.[641] Dies führte dazu, dass die Wettbewerbsintensität zwischen den herkömmlichen und den alternativen Technologien in Großbritannien viel größer war als in Deutschland.

β) Hinterbliebener Fernsehkabelmarkt in Deutschland

Warum dringt die TV-Breitbandkabel-Technologie in Deutschland dennoch nur so langsam durch, wenn einerseits der Welttrend, andererseits die Penetration (siehe Kapitel B II.2 b) bb)) der deutschen Kabelfernsehnetze zu einem anderen Ergebnis hätten führen sollen? Eine mögliche Antwort könnte sein, dass eine schnelle Verbreitung der DSL-Technologie sich negativ auf die Durchdringungschancen der Kommunikation via Fernsehkabel auswirkt; vor allem dann, wenn die Rückkanalfähigkeit des Fernsehkabelnetzes noch weitere Investitionen benötigt.

Angesichts des stark gesunkenen Preisniveaus für Telefongespräche erscheint die noch weitere Investitionen benötigende Kabeltelefonie wirtschaftlich nicht sinnvoll zu sein[642]. Die verbreitete DSL-Technologie, als breitbandiger Internetzugang, zeigte sich als harter Wettbewerber gegenüber dem Kabelfernsehnetz. Falls sich die DSL-Zugangssysteme auch zur Übertragung von Audio- und TV-Programmen sowie für Video on Demand eignen werden, was angesichts der technologischen Entwicklungen gut möglich ist, könnte die DSL-Technologie sogar die Nutzung des Fernsehkabels überflüssig machen.[643] Umgekehrt ist es in Großbritannien geschehen, wo die Fernsehkabelnetze die Verbreitung der DSL-Netze verhindert haben. Diese Entwick-

---

[638] Höckels, 2001.
[639] Vgl. Höckels, 2001 S. 80 ff.
[640] Vgl. Höckels, 2001 S. 82.
[641] Vgl. Höckels, 2001 S. 82.
[642] Stamm in: Kubicek/ Klumpp/ Büllesbach/ Fuchs/ Roßnagel, 2002, S. 182.
[643] Ähnliche Meinungen siehe: vatm, 2001, S. 18, 23, Monopolkommission, Sondergutachten 39, 2003, S. 33.

lungsmöglichkeiten könnten den Wettbewerb zwischen DSL- und Kabelfernseh- Anbietern noch mehr verschärfen[644].

Außer den technologischen Möglichkeiten, ist in Deutschland der Eintritt der neuen Betreiber in den Kabelfernsehnetzmarkt sehr kompliziert. Der Markteintritt wird einerseits durch die langsame Veräußerung der Kabelnetze der Deutschen Telekom gehemmt. Zwar hat die DT AG im Jahre 1999 - auf Druck der neuen Kabelrichtlinie 1999/64/EG[645] der Europäischen Kommission vom 23.06.1999 hin - eine GmbH für den Verkauf ihrer Kabelnetze gegründet, allerdings ging die Veräußerung der 9 regionalen Kabelgesellschaften sehr langsam voran. Im Jahre 2000 sind Mehrheitsbeteiligungen der Regionalgesellschaften der DT AG in Nordrhein-Westfalen und Baden-Württemberg an ish (Callahan) und in Hessen an iesy (eKabel) veräußert worden[646]. Die restlichen sechs Kabelgesellschaften wurden wegen der Untersagung des Verkaufs an Liberty Media durch das Bundeskartellamt im Jahre 2002[647] erst im Jahre 2003 an ein Finanzkonsortium aus Apax Partners, Goldman Sachs Capital Partners und Providence Equity veräußert[648].

Die Entwicklung der Kabelfernsehnetze ist andererseits durch die zergliederte Eigentümerstruktur auf den Netzebenen[649] 3 und 4 erschwert. Zur Netzebene 3 zählt das örtliche Verteilernetz, das in der Regel bis zum Grundstück der Kunden reicht. Zur Netzebene 4 gehört der Anschluss einzelner Haushalte und Wohneinheiten.[650] Wegen der strukturellen Separierung der Kabelnetze in die Netzebenen 3 und 4 ist eine direkte Kundenbeziehung für die Betreiber der ehemaligen Telekomnetze nur bei knapp einem Drittel der Kabelhaushalte (ca. 6 Millionen Haushalte) möglich. Nach einigen Experten[651] ist die Netzebene 3 ohne Zugang zu den Haushalten wirtschaftlich wertlos, vor allem dann, wenn sich die Betreiber der Netzebene 4 durch eigene Satellitenkopfstellen von der Netzebene 3 abkoppeln.

Auch die Trennung des Netzeigentums von den transportierten Inhalten ist ein interessantes Problem in der deutschen Fernsehkabelbranche. Weil die Netzbetrei-ber in der Regel keine Programmanbieter sind, werden weitere positive Synergieeffekte und Verbundsvorteile liquidiert. Andererseits ist die Sorge, dass der gleichzeitige Transport und Vermarktung von eigenen Inhalten die bestehenden Programm- oder Dienstanbieter benachteiligen kann, oder dass es zu einer marktbeherrschenden Stellung der Netzbetreiber führen kann, sehr groß[652]. Eine erfolgreiche Vermarktung von neuen Kommunikationsdiensten setzt gemäß dieser Darstellung voraus, dass

---

[644] Vgl. WIK, 2001 S. 42.
[645] Richtlinie 1999/64/EG der Kommission vom 23.06.1999 zur Änderung der Richtlinie 90/388/EWG im Hinblick auf die Organisation ein- und demselben Betreiber gehörender Telekommunikations- und Kabelfernsehnetze in rechtlich getrennten Einheiten, ABl. L 175 vom 10.07.1999 S. 39 ff.
[646] Vgl. Monopolkommission, Sondergutachten 39, 2003 Tz. 25, S. 12
[647] Siehe Böge in: Kubicek/ Klumpp/ Büllesbach/ Fuchs/ Roßnagel, 2002, S. 23 ff.
[648] Monopolkommission, Sondergutachten 39, 2003, Tz. 25, S. 12.
[649] Zur Netzebene 1 zählen die Sendestationen bis zur Breitbandkabel-Verteilstation. Die Ebene 2 umfasst die Programmzuführung zu übergeordneten Breitbandkommunikations-Verstärkerstellen. Die Netzebene 3 besteht aus Weiterverteilung der Signale von der Rundfunkeinspeisstelle bis zu einem Übergabepunkt und die Netzebene 4 aus Weiterleitung der Signale vom Übergabepunkt an die einzelnen Empfänger/Haushalte. Siehe Marshall, 2003.
40, vgl. Böge in: Kubicek/ Klumpp/ Büllesbach/ Fuchs/ Roßnagel, 2002, S. 23.
[651] Siehe WIK Consult, 2003, S. 41.
[652] Siehe Liberty Problematik, z.B. Böge in: Kubicek/ Klumpp/ Büllesbach/ Fuchs/ Roßnagel, 2002, S. 23.

die Betreiber der verschiedenen Netzebenen miteinander kooperieren[653]. Dies beschränkt aber die unternehmerischen Tätigkeitsfelder von einzelnen Unternehmen.

iii) Ständige Erreichbarkeit und Datenkommunikation mit Handys

Wegen der Funksteuerung kann man die ausgebauten Mobilnetze nicht nach ihrer Länge, sondern nach ihren die Deckungs-, Empfangs- und Roaming-Möglichkeiten miteinander vergleichen. Mangels solcher Informationen und weil anzunehmen ist, dass die etablierten vier Mobilnetzbetreiber heute deutschlandsweit mit gleicher Empfangsmöglichkeit ihre Dienstleistungen anbieten, kann man auf eine vielseitige Untersuchung verzichten.

α) Enger Zusammenhang zwischen Lizenzerteilung und Marktanteilen

Der Mobilfunk-Markt in Deutschland war - im Gegensatz zum Festnetzmarkt - von Anfang an wettbewerblich organisiert. Diese Tatsache ist anhand der Marktanteile der Marktteilnehmer gut nachzuvollziehen. Der heutige Mobilfunk-Markt wird durch zwei gleichmäßige Anbieter, wie die T-Mobile und das Vodafone dominiert. Die anderen zwei Marktteilnehmer haben eine viel kleinere Marktmacht.

Abbildung Nr. 9

Anteile der Mobilfunk-Netzbetreiber in Deutschland

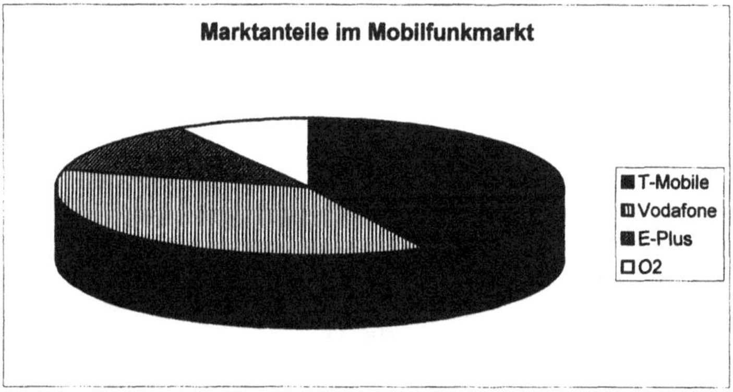

Quelle: Daten der BNA, Jahresbericht 2005, S. 46.

[653] Außerdem müssen gemäß dem Rundfunkstaatsvertrag die Kabelnetzbetreiber bestimmte digitale Programmpakete zwingend einspeisen (sog. „Must-Carry)[653], was die frei verfügbare Kapazität der Netzbetreiber begrenzt. Nach Experten können die Kabelnetzbetreiber ungefähr über 2/3 ihrer Kapazitäten frei verfügen. Stamm in: Kubicek/ Klumpp/ Büllesbach/ Fuchs/ Roßnagel, 2002, S. 181.

Diese Ungleichverteilung der Marktmacht ist sehr gut mit der zeitlichen Erteilung der Lizenzen zu erklären. Die Lizenzerteilung an die Unternehmen Mannesmann und T-Mobile erfolgte nämlich im Jahre 1992, wobei Lizenzen an E-Plus im 1994 und an O2 (damals Viag Intercom) erst im Jahre 1998 vergeben wurden[654]. Ob die neue Marktstrategie von E-Plus, Gespräche ins Festnetz[655] für 3 Cent/Minute anzubieten, an der jetzigen Marktstruktur etwas verändern kann, wird die Zukunft zeigen. Aus diesem Zusammenhang könnte man den Schluss ziehen, dass die zeitliche Erteilung der Lizenzen langfristig die Struktur des betroffenen Marktes bestimmt. Auch wenn die Freimachung von Lizenzen eine bestimmte Zeit benötigt, ist fraglich, ob die Vorbereitungen zur Lizenzvergabe nicht hätten schneller laufen können.

β) Langsame Verbreitung der UMTS-Technologie, Datenkommunikation

Die Weiterentwicklung des Wettbewerbs und damit eine mögliche Anteilsverschiebung zwischen den Wettbewerbern auf dem Mobilfunkmarkt wird in der Zukunft von der erfolgreichen Umsetzung der UMTS-Lizenzen abhängen. Bei der Erteilung von UMTS-Lizenzen im August 2000[656] bekamen außer den vier Etablierten auch noch zwei weitere Unternehmen Lizenzrechte, namentlich Mobilcom und Group3G[657]. Die Großzahl der erteilten Lizenzen ist, entsprechend dem vorher dargestellten Zusammenhang zwischen Lizenzerteilung und Marktanteilgröße, zu begrüßen, auch wenn die schon bestehende Marktgröße der etablierten vier Anbieter wahrscheinlich auch zukünftig die Marktstruktur bestimmen wird. Fraglich ist, welche Auswirkung die UMTS auf den bestehenden Mobilfunk-Markt haben wird?

Sicher ist, dass man heute nicht mehr mit einem UMTS-Boom rechnet wie früher. Im 2005 nutzen ca. 3% der gesamten Handykunden UMTS-Dienste (ca. 2 Million Personen)[658]. Nach der Ansicht von Experten[659] wird die UMTS-Technologie die bisherigen Mobilfunkstandards schrittweise ergänzen und ersetzen. Auch wenn die Vorteile der UMTS-Technologie, wie etwa schnellerer und umfangreicher Datentransfer und permanenter mobil Internet-Zugang, viele Kunden interessieren, hemmen z.Z. noch hohe Mobilfunkgebühren für UMTS und die Anschaffungskosten für neue Handys die Verbreitung dieser Technologie. Auch wenn man erwartet hat, dass die UMTS-Handys einen großen Teil des Internetverkehrs in nahestehender Zukunft abwickeln werden, läuft nach Schätzung von A.T. Kearney[660] weltweit mehr als 70% der Internet-Nutzung immer noch über die herkömmliche Telefonleitung.

Bezüglich der Befriedigung der Kundennachfrage ist es sehr relevant, welche Rolle die UMTS-Handys bei der Datenkommunikation übernehmen können. Wenn in der nächsten Zukunft die UMTS-Technologie massenhaft verbreitet wird, und entweder der Preis für Datendienste in dem gleichen Maße sinkt oder die Zahlungsbereitschaft der Kunden wegen der Vorteile der ständigen Erreichbarkeit und des Zugangs zum Internet für die Datendienste via UMTS-Handys so relevant wächst, dass die Kunden

[654] Dazu noch Monopolkommission, Sondergutachten 39, 2003, S. 83.
[655] Beim sog. Professional-Tarif, siehe www.e-plus.de.
[656] Siehe RegTP, Jahresbericht, 2000, S. 25 ff.
[657] Wobei Mobilcom Ende 2004 die Lizenzen zurückgegeben hat.
[658] BNA Jahresbericht 2005, S. 47.
[659] Siehe NFO WorldGroup, 2003, S. 113.
[660] http://www.ecin.de/news/2002/09/23/04834 und Siehe NFO WorldGroup, 2003, S. 113.

– einschließlich der privaten Kunden - massenhaft (≈in vergleichbarer Mengengröße wie via Festnetz) Datendienste via Handy nachfragen, und dadurch der Datenkommunikationsverkehr via Handys relevant wächst, kann die Mobilkommunikation die Datenkommunikation via Festnetz bestreiten und als Substitut eine wichtige Rolle spielen.

χ) Besteht Substituierbarkeit zwischen Sprachkommunikation via Mobil- und Festnetz?

Neben Datendiensten, die einen Teil der Sprachkommunikation ersetzten, bieten die Mobilfunkbetreiber zum großen Teil Sprachkommunikation an. Was die Sprachkommunikation angeht, besteht ein interessantes Verhältnis zwischen Sprachkommunikation via Festnetz und via Mobilfunk. Obwohl in der Literatur[661] eine Substitution zwischen Festnetz- und Mobiltelefonie immer noch verneint und das Verhältnis dieser zwei Kommunikationsarten als eher komplementär eingestuft wird[662], kann man zwischen den beiden Kommunikationsarten eindeutige Substitutionseffekte beobachten. Nicht nur internationale Studien[663] deuten immer öfter auf positive Kreuzpreiselastizitäten zwischen Mobilfunkvertragsabschlüssen und Festnetzanschlusspreisen[664] hin, sondern auch deutsche Forschungsergebnisse.

In ihrem dritten Bericht über die Wettbewerbsentwicklungen des deutschen Telekommunikationsmarktes gibt sogar die Monopolkommission zu, dass der Rückgang des Gesprächsvolumens im Orts- und Nahverkehr[665] auf zunehmende Substitutionseffekte zwischen Festnetz und Mobilfunk hindeutet[666]. Nach Untersuchungen des WIK - Instituts,[667] gab es in Deutschland bereits im 2003 1,1 Millionen Haushalte, die ausschließlich über einen Mobilfunkanschluss verfügen. Und cirka ¼ aller deutschen Haushalte und Unternehmen stufen die Sprachkommu-nikation via Mobil- und Festnetz für die Zukunft als miteinander austauschbar ein. An dieser Prozentzahl hat sich inzwischen nicht viel geändert.

Während einige Forscher sich sicher sind, dass mit sinkenden Mobilfunkpreisen und verbesserter Mobilfunkqualität die Festnetztelefonie an Bedeutung verlieren wird[668], plädiert die Mehrheit der Experten für zukünftig wachsende Nachfrageimpulse für das Festnetz[669]. Tatsache ist, dass die Produktpalette der deutschen Festnetzkommunikation z.Z. erheblich breiter ist als die der Mobilkommunikation. Nicht nur preisgünstige Call by Call-Leistungen sind durch das herkömmliche Netz mög-

---

661 Monopolkommission, Sondergutachten 29, 1999, Tz. 9 und Sondergutachten 33, 2001, Tz 92 und Sondergutachten 39, 2003 Tz. 26.

662 Grund dafür ist, dass parallel mit der zunehmenden Penetration des Mobilfunks die Zahl der Festnetzanschlüsse nicht zurückgeht. Siehe Monopolkommission, Sondergutachten 33, 2001, Tz. 96 S. 68.

663 z.B. Dot.econ, 2000; Fülöp, 2000; Rodini/Ward/Woroch, 2003 usw. Siehe Wengler/ Schäfer, 2003, 104 ff.

664 Wengler/ Schäfer, 2003, S. 105.

665 Nahgespräche werden innerhalb eines 20 km-Radius geführt, zwar mittels der Vorwahl einer Ortskennziffer. Siehe Monopolkommission, Sondergutachten 39, 2003, Tz. 28, Fn. 5, S. 13.

666 Monopolkommission, Sondergutachten 39, 2003, Tz. 28, S. 13.

667 Wengler/ Schäfer, 2003, S. 115.

668 Wengler/ Schäfer, 2003, S. 106

669 z.B. Monopolkommission, Sondergutachten 33, 2001 Tz. 99, S. 70.

lich, sondern auch breitbandige Internetdienste[670]. Hier stößt man wieder auf das Problem der sich schnell verbreiteten DSL-Anschlüsse (!). Auch der große Tarifunterschied zulasten der Mobilfunktarife, der teilweise durch hohe Terminierungsentgelte[671] verursacht wird, spricht gegen eine Substitution.

M.E. kann man jedoch zwischen wachsendem Mobilkommunikationsverkehr und Substitution der Sprachkommunikation durch Mobilkommunikation einen ähnlichen Zusammenhang feststellen, wie es bereits zwischen der massenhaften Nachfrage von Datenkommunikation via UMTS-Handys und der Substitution der Datenkommunikation durch Mobilkommunikation der Fall war. Also, je mehr Kunden bereit sind, ihren Sprachbedarf über Mobilfunk abzuwickeln, desto stärker wird die Substitutionsbeziehung[672] zwischen Festnetztelefonie und Mobiltelefonie. Wenn parallel dazu auch bei der Datenkommunikation ein ähnlicher Kurs eingeschlagen wird - also Datenkommunikation massenhaft durch Mobilfunk erledigt wird - wird die Annahme, dass die Kundennachfrage allein über UMTS-Mobilfunkdienste befriedigt werden kann, bestätigt. Diese zwei Voraussetzungen bezüglich der Sprachkommunikation und der Datenkommunikation via Mobilfunk müssen aber gleichzeitig erfüllt werden.

2. Regulierung als Ursache des unzureichenden Ortsnetzwettbewerbs

Die langsame Entwicklung des Wettbewerbs und des Infrastrukturausbaus auf dem deutschen Telekommunikationsmarkt kann – wie schon erwähnt – direkt oder indirekt auf die Regulierung selbst zurückgeführt werden. In vielen Fällen spielen die Gerichte oder der Regulator selbst eine Rolle dabei, dass die Entwicklung langsam vorangeht. Im weiteren wird zunächst untersucht, in wieweit in Deutschland die wettbewerbsfördernden Vorgaben des europäischen Rechts umgesetzt worden sind. Dann wird das schwerwiegendste Problemfeld des deutschen Telekommunikationsmarktes, der Festnetzmarkt, betrachtet und geprüft, ob die Regulierung für die ungenügenden Entwicklungen des Marktes mitverantwortlich ist. Anschließend werden die umstrittensten festnetzbezogenen Entscheidungen der deutschen Rechtssprechung dargestellt.

a) Mangel der Richtlinienumsetzung – Wettbewerbsunterstützende Maßnahmen

aa) Richtlinienumsetzung im Allgemeinen

Die Europäische Kommission überprüfte gemäß Art. 155 i.V.m. Art. 90 Abs. 3 EWG (Art. 211 i.V.m. Art. 86 Abs. 3 EG) die Umsetzung der europäischen Richtlinienvorgaben[673] und damit die Liberalisierung des Telekommunikationsmarktes in den einzelnen Mitgliedsstaaten. Wie schon erläutert (siehe Kapitel C. II. 1.) prüfte die Kom-

---

670 Interessante Zusammenfassung: Wengler/ Schäfer, 2003, S. 111.

671 Ausführliche Erklärung der Terminierungsentgeltproblematik: Monopolkommission, Sondergutachten 39, 2003, Tz. 230 ff, S. 89 ff.

672 Die Höhe der Verbindungsminuten via Mobilfunk war sowohl in 2002 als auch in 2005 nur ca. ein Zehntel der Verbindungsvolumina via Festnetz. Dieser andauernde Trend und die relevanten Unterschiede in der Maßgröße könne nur für eine teilweise Substitution sprechen. Daten: RegTP, Jahresbericht, 2002 und 2005.

673 Siehe Mitteilung der Kommission über die Umsetzung des Reformpakets für den Telekommunikationssektor vom 22. Mai 1997 PBR/ALC/HLH/pbr D(97) draft/ratrep S. 22.

mission nicht nur die konkrete Umsetzung einzelner Maßnahmen, sondern auch die wirksame Anwendung der nationalen Vorschriften. Seit 1995 verfasste die Kommission jährlich Berichte über die Umsetzung des Reformpaketes für den Kommunikationssektor, in welchem sie die konkreten Regulierungsmaßnahmen der einzelnen Mitgliedsstaaten bewertet hat. Wie der Umfang der Berichte und die Zahl der infolge dieser Untersuchungen eingeleiteten Vertragsverletzungsverfahren gegen die einzelnen Mitgliedsstaaten zeigt, war diese Tätigkeit der Kommission nicht unerheblich.

Die Richtlinienumsetzung kam in den verschiedenen Mitgliedsstaaten mit unterschiedlicher Geschwindigkeit voran. Kurz vor der vollständigen Marktöffnung zählten nach Ansicht der Kommission nur die vier Mitgliedsstaaten Dänemark, Finnland, Schweden und England zu den Ländern, in denen die Liberalisierung und Harmonisierung weitgehend abgeschlossenen waren.[674] Deutschland gehörte neben Frankreich und der Niederlande zu den Mitgliedsstaaten, bei denen die vollständige Umsetzung des Richtlinienpakets erst bis Ende 1997 zu erwarten war, also in den letzten fristgemäßen Minuten. Irland, Italien, Luxemburg und Österreich zählten hingegen zu den Ländern, die zwar die wichtigsten Grundsätze des Pakets übernommen haben, aber noch intensive Bemühungen treffen sollten, um die notwendigen Vorschriften zu erlassen[675]. Aus der Sicht der Umsetzung galten die übrigen vier Mitgliedsländer Griechenland, Belgien, Portugal und Spanien als am wenigsten vorangeschrittenen.[676]

Dieser Zustand hat sich nach der vollständigen Marktöffnung im Jahre 1998 zügig verändert. Die Mitgliedsstaaten versuchten aufgrund der oft eingeleiteten Vertragsverletzungsverfahren der Kommission ihre Rechtslage auf harmonisierten Stand zu bringen. Die Zahl der laufenden Vertragsverletzungsverfahren war jährlich regelmäßig über fünfzig. Im Jahre 1997 hat z.B. die Kommission in mehr als 80 Fällen[677] Verfahren gegen die Mitgliedsstaaten wegen unrichtiger oder unvollständiger Umsetzung von Richtlinien eingeleitet. Im Jahre 2000 waren 53 und Anfang 2003 sogar 62 Vertragsverletzungsverfahren anhängig[678]. In den meisten Fällen kam es aber nur zu einer förmlichen Entscheidung[679], weil die Mitgliedsstaaten prompt auf das Mahnschreiben oder auf die Stellungnahme der Kommission reagierten und gesetzliche oder administrative Änderungen in ihrem geltenden Recht zügig vornahmen[680].

Dank der erfolgreichen Arbeit der Kommission und der Bemühungen der Mitgliedsstaaten, waren viereinhalb Jahre nach dem Beginn der Liberalisierung des Telekommunikationsdienstmarktes die einzelstaatlichen Regelungen „weitetestgehend

---

674 Siehe Mitteilung der Kommission (s.o. Fn. 673).

675 Siehe Mitteilung der Kommission (s.o. Fn 673), S. 23.

676 Die meisten von diesen Ländern, wie Griechenland, Portugal und Spanien, bzw. Irland und Luxemburg beantragten eine Fristverlängerung für die Umsetzung gemäß den Richtlinien 96/2/EG und 96/19/EG.

677 Entweder aufgrund von Beschwerden oder aus eigener Initiative.

678 Siehe einzelne Berichte der Kommission über die Umsetzung des Reformpaketes für den Telekommunikationssektor.

679 Siehe z.B. Omnitel-Entscheidung ABl. L 280 vom 23.11.1995, S. 49, in der die italienische Regierung verpflichtet wurde, bei der Festsetzung der Höhe der Lizenzgebühren für Mobilfunk das staatliche Unternehmen nicht zu bevorteilen, siehe noch Klotz, 1998, S. 4.

680 Siehe XIX. Jahresbericht der Kommission über die Kontrolle der Anwendung des Gemeinschaftsrechts (2001) KOM (2002) 324. endg. vom 28.6.2002 S. 45.

mit dem EU-Rechtsrahmen vereinbar“[681]. Obwohl im Jahre 2003, kurz vor dem Inkrafttreten des neuen europäischen Rechtsrahmens für elektronische Kommunikation[682], schon alle nationalen Regulierungsbehörden über die zu ihrem Tätigwerden notwendige Unabhängigkeit verfügten, und die Genehmigungs- und Zusammenschaltungsregelung einen guten Marktanstieg der neuen Anbieter ermöglichte, blieb u.a. im Bereich der Kostenrechnung, der Wegerechte, der entbündelten Teilnehmeranschlussleitungen und vor allem der langwierigen Behördenverfahren noch weiterhin viel zu bewegen[683].

bb) Umsetzungslücken in Deutschland

bba) Das TKG bringt sicheren ordnungspolitischen Rechtsrahmen

Was den Umsetzungsprozess des Richtlinienpakets in Deutschland betrifft, kann man im allgemeinen sagen, dass sich Deutschland, vor allem in der Anfangsphase der Marktöffnung, um schnelle und wirksame Umsetzung bemüht hat. Das Telekommunikationsgesetz von 1996 - mit den ergänzenden Verordnungen - hat einen „breit gestreckten ordnungspolitischen Rahmen für die Umsetzung des gesamten Telekommunikations-Reformpakets“[684] gegeben. Es tauchten dennoch einige Umsetzungsprobleme auf, die zu „mit Gründen versehener Stellungsnahme“ der Kommission führten. Schwierigkeiten gab es vor allem bei den Richtlinien über Zusammenschaltung (97/33/EG), Lizenzierung (97/13/EG) und Übertragbarkeit von Nummern (98/61/EG). Bei der Umsetzung des neuen Rechtsrahmens für elektronische Kommunikation von 2002 schnitt der deutsche Gesetzgeber nicht so gut ab wie im Jahre 1998 und überschritt die vorgeschriebene Umsetzungsfrist um ein knappes Jahr.

bbb) Hauptprobleme bei der deutschen Richtlinienumsetzung

In den jährlichen Berichten der Kommission über die Umsetzung des Reformpakets werden bezüglich Deutschland vor allem solche Problemfelder angemerkt, die die deutsche Regulierungsbehörde, die Regulierungsbehörde für Telekommunikation und Post (im weiteren: RegTP[685]) bzw. ihre Entscheidungen betreffen.

i) Langsame Entscheidungen, nicht genutzte Befugnisse der RegTP

Obwohl sich die Bedenken der Europäischen Kommission wegen mangelnder Unabhängigkeit der RegTP[686] später eliminiert haben, hat die Kommission in mehreren

---

[681] Achter Bericht der Kommission über die Umsetzung des europäischen Reformpaketes für Telekommunikationssektor KOM(2002) 695 endg. vom 03.12.2002 , Zusammenfassung S. 6 ff.

[682] Mitteilung der Kommission – Elektronische Kommunikation in Europa – Regulierung und Märkte 2003 – Bericht über die Umsetzung des europäischen Reformpaketes für elektronische Kommunikation KOM (2003) 715 endg. vom 19.11.2003, S. 3.

[683] Achter Bericht der Kommission (s.o. Fn. 681), S. 6 ff.

[684] Mitteilung der Kommission (s.o. Fn 673), Anhang III. Deutschland.

[685] Seit 13. Juli 2005 wurde als Bundesnetzagentur für Elektrizität, Gas, Telekommunikation, Post und Eisenbahn umbenannt.

[686] Mitteilung der Kommission (s.o. Fn 673), Anhang III. Deutschland.

Berichten[687] Rügen wegen mangelnder Befugnisse der RegTP und wegen ihrer verzögerten Entscheidungen erteilt. Diese Mängel, wie z.B. die eingelegten Einsprüche der Deutschen Telekom gegen die Entscheidungen der RegTP, was sie gerne als Verzögerungstaktik anwandte[688], könnten die Marktentwicklungen verzögern, so warnte die Kommission[689]. Auch die Vertraulichkeitsbestimmungen trugen dazu bei, dass sich die Einspruchsverfahren hinauszögerten, wodurch sie zum Wettbewerbshindernis wurden, meinte die Kommission in einem späteren Bericht.[690]

Die Kommission betonte öfter, dass die gesetzlichen Grundlagen bzw. die der RegTP zur Verfügung gestellten Mittel, nur eine Möglichkeit zur Marktsteuerung geben würden. Die tatsächliche Steuerung erfolgt dann, wenn die RegTP ihre zur Verfügung stehenden Mittel wirklich anwendet. Nach Vorschlägen der Kommission sollte z.B. die RegTP bestimmte Strafen bei nicht Leistung der Genehmigungsbedingungen verhängen dürfen, womit sie die Leistungsbereitschaft der Betreiber fördern sollte[691]. Wegen hoher Genehmigungs- oder Lizenzgebühren richtete sich die Kommission öfter gegen die deutsche RegTP. Schon im Jahre 1997 hat sie zum ersten mal Bedenken gegen die geplanten Genehmigungsgebühren des TKG geäußert. Sie meinte, dass Genehmigungsgebühren von bis zu 40 Millionen DM einerseits nicht mit der Auflage der Kostenorientierung der Genehmigungsricht-linie in Einklang zu bringen seien, andererseits könnten die überhöhten Gebühren die potenziellen Marktteilnehmer vom Marktzutritt abschrecken[692]. Aus diesen Gründen leitete die Kommission ein Vertragsverletzungsverfahren[693] wegen nicht ausreichender Umsetzung der Richtlinie 97/13/EG im Jahre 1999 ein, wobei das Verfahren kurz danach ausgesetzt worden ist, weil die deutschen Verwaltungsgerichte diese Gebühren für ungültig erklärten. Auch im 6. Bericht der Kommission wurden diese Rügen wiederholt, vor allem wegen der hohen UMTS-Lizenzgebühren, die europaweit Anlass zu heftigen Diskussionen gaben[694].

ii) Machtunterschiede bei der Aushandlung von Zugangs- und Zusammenschaltungsbedingungen

Bezüglich der Zugänge und Zusammenschaltungen beinhalten die Umsetzungsberichte der Kommission zahlreiche Kritik gegen die deutsche Telekommunikationspraxis. Diese Mängel hinderten die Newcomer in der Ausführung ihrer Geschäfte. Die neuen Marktteilnehmer beschwerten sich, dass sie ständig auf Streitbeilegung zurückgreifen müssten, weil z.B. die vorgeschriebenen oder ausgehandelten Fristen für

---

[687] Siehe Fünfter Bericht KOM(1999) 537 endg., Sechster Bericht KOM(2000) 814 endg. Siebter Bericht KOM(2001) 706 endg. und Achter Bericht KOM(2002) 695 endg. über die Umsetzung des Reformpaketes für den Telekommunikationssektor.

[688] Die RegTP hat z.B. ihre Entscheidung betreffend der DSL-Dienste ausgesetzt, um einen Gerichtsbeschluss hinsichtlich der Begründetheit der Aussetzung abzuwarten. Siehe 7. Bericht KOM(2001) 706 endg. vom26.11.2001, Punkt 4.2.1.

[689] 6. Bericht KOM(2000) 814 endg. vom 7.12.2000.

[690] 8. Bericht KOM(2002) 695 endg. vom 3. 12.2002

[691] Siehe 8. Bericht (s.o. Fn. 681) Punkt 4.1.1.

[692] Mitteilung der Kommission (s.o. Fn 673), Anhang III. Deutschland.

[693] Nach mehrmaligem Auskunftsersuchen über die noch laufenden deutschen Vertragsverletzungsverfahren ist es leider nicht gelungen, entweder von der Bundesregierung oder von der Europäischen Kommission die notwendigen Akten zu erhalten.

[694] Siehe 6. Bericht (s.o. Fn. 689).

die Bereitstellung der Zusammenschaltung nicht eingehalten wurden[695]. Solche Praktiken stellten den Neueinsteiger nicht nur beim Aufbau ihrer logischen Verbindungen, sondern auch bei der Abwicklung ihres Kommunikationsverkehrs vor ernsthafte Probleme.

Obwohl in Deutschland die vollständige Entbündelung der Teilnehmeranschlussleitungen schon im Jahre 1996 ermöglicht wurde - noch vor der Verabschiedung der Verordnung (EG) Nr. 2887/2000[696], die als erste europäische Rechtsgrundlage für die Entbündelung[697] gilt - war der gemeinsame Zugang zum Teilnehmeranschluss dem deutschen Recht unbekannt[698]. Gemeinsamer Zugang zu Teilnehmeranschlüssen bedeutet praktisch einen Teilzugang zum TAL, also die Teilbenutzung eines aufgeteilten Frequenzenspektrums der Doppelader-Metal-leitung[699]. Außerdem verlangte die Deutsche Telekom von den Zusammenschluss begehrenden Betreibern den Ausbau von weiteren 23 Zusammenschaltungspunkten mit dem Netz der DT AG über ein bestimmtes Verkehrsaufkommenniveau. Zwar könnte ein höheres Verkehrsaufkommen eine Bedrohung der Netzintegrität der Deutschen Telekom darstellen, welche Ursachen begründet hätten, dass der Kommunikationsverkehr über zusätzliche Zusammenschaltungspunkte abgewickelt werden sollte[700]; jedoch hat die DT AG nicht hinreichend nachgewiesen hat, ob das fragliche Verkehrsaufkommen tatsächlich die Netzintegrität der DT AG stört.

Aus der Sicht der Wettbewerber war es problematisch, dass die neuen Markteinsteiger für die Anrufzustellung in ihre Festnetze nur ein auf Gegenseitigkeit beruhendes Entgelt verlangen konnten. Falls z.B. von dem Netz der Deutschen Telekom in das Netz der NetCologne angerufen wurde, konnte die NetCologne für die Anrufzustellung nur genauso hohes Entgelt verlangen, wie sie im umgekehrten Fall an die Deutsche Telekom entrichtete. Diese Gegenseitigkeit ist zwar ökonomisch nachvollziehbar, jedoch unterläuft dies Prinzip der unterschiedlichen Kostenorientierungspflicht der Betreiber mit abweichender Marktmachtgröße. Während die DT AG, als Betreiber mit beträchtlicher Marktmacht, verpflichtet war, ihre Entgelte aufgrund der Auflage der Kostenorientierung zu berechnen, unterlagen kleinere Betreiber nach den europäischen Richtlinien nicht der Kostenorientie-rungspflicht. Eine vergleichbare Zusammenschaltung hätten die kleineren Netzbetreiber letztendlich nicht anbieten müssen.[701] Entweder durch die Unterstützung der Verhandlungen der Newcomer durch die RegTP oder durch andere Prinzipien für die Kostenrechnung bei der Zusammenschaltung hätte man dieses Grundprinzip besser zur Geltung gebracht.

---

[695] 6. Bericht (s.o. Fn. 689).
[696] Verordnung (EG) Nr. 2887/2000 des Europäischen Parlaments und des Rates vom 18. Dezember 2000 über den entbündelten Zugang zum Teilnehmeranschluss ABl. L Nr. 336 vom 30.12.2000 S. 4 ff.
[697] Zur Entbündelung musste der Marktbeherrscher Deutsche Telekom wegen seines Widerstandes[697] trotz klarer gesetzlichen Verpflichtung (§ 35 Abs. 1 TKG und § 3 Abs. 1 TKV) gezwungen werden. Siehe Anordnung des BMPT, Beschluss 223a des BMPT vom 28.05.1997 im Rechtsstreit Mannesmann Arcor gg. DT.
[698] Siehe 7. Bericht (s.o. Fn. 687).
[699] Siehe Art. 2 g) Verordnung (EG) Nr. 2887/2000 (s.o. Fn. 696).
[700] Siehe 6. Bericht (s.o. Fn. 689).
[701] Siehe 8. Bericht (s.o. Fn. 681). Punkt 4.2.1.4.

iii) Monopolisierung neuer Märkte, Tolerierung wettbewerbshemmender Angebote

Auch gegen die Tätigkeit der RegTP fand die Kommission Einwände, entweder wegen der Tolerierung von gebündelten Angeboten von Sprachtelefonie und innovativen Diensten der Deutschen Telekom, oder wegen der Kombination von Rabatten für Ferngespräche mit Mitleitungen.[702] Die Duldung von solchen Angeboten der Marktbeherrscher schränkte nicht nur die Preisbildungsmöglichkeiten von neuen Marktteilnehmern ein, sondern verschärfte auch den Wettbewerb zulasten der Newcomer.

Ein Vertragsverletzungsverfahren drohte Deutschland auch wegen nicht kostenorientierter Preise für Bereitstellung des analogen Teilnehmeranschlusses. Die DT AG bot nämlich ihren Endkunden die analoge Teilnehmeranschlussleitung (TAL) billiger an, als den entbündelten Anschluss ihren Wettbewerbern. Infolge dessen hat die DT AG die Tarife für die TAL auch für ihre Endkunden erhöht[703]. (Diese Problematik wird detaillierter unter D I. 2 b) cc) ccc) angesprochen.) Die Kommission leitete tatsächlich ein Vertragsverletzungsverfahren wegen unzureichender Anwendung der Nummerierungsrichtlinie (98/61/EG) ein, weil Deutschland nicht fristgemäß ab dem 01.01.2000 eine Betreibervorauswahl für Ortsgespräche ermöglichte[704], sondern erst ab Mai 2003.

Ein großes Problem bereitete für die Marktneulinge außerdem das Fehlen von Pauschalzusammenschaltungen beim Internetzugang (FRIACO)[705]. Während die Deutsche Telekom ihren Endkunden einen ungetakteten Internetzugang für Flat-Rate-Tarife anbot, stellte sie ihren Mitbewerbern für die gleichen Leistungen entweder ungünstigere Bedingungen oder setzte hinsichtlich der Netzarchitektur solche Voraussetzungen, die die Mitbewerber kaum erfüllen konnten. Die Kommission hat diesbezüglich darauf hingewiesen, dass die Netzbetreiber mit beträchtlicher Marktmacht ihren Mitbewerbern die gleiche Zusammenschaltung nach dem Grundsatz der Nichtdiskriminierung ermöglichen müssen, wie ihren Endkunden[706]. Daraufhin stellte die DT AG ihr Pauschalangebot für Endkunden im März 2001 ein und musste dementsprechend auch keine FRIACO-Leistungen für ihre Mitbewerber anbieten.

In den 7. Umsetzungsbericht geht die Kommission auch auf die DSL-Dienste ein. Ähnlich wie damals beim FRIACO-Tarif bemängelte sie, dass die DT AG kein vergleichbares DSL-Angebot für ihre Großkunden anbietet wie für ihre Endkunden. Außerdem biete die DT AG weder den gemeinsamen Zugang zum DSL-Anschluss an, noch seien die DSL-Dienste der DT AG kostendeckend - meinten die konkurrierenden Anbieter von breitbandigen Dienstleistungen.[707] Solche künstlich verbilligten Tarife würden den Markt gegen den Wettbewerb verschließen - meinte die Kommission - und einen Preisdruck ausüben, der den Marktneulingen kaum eine Gewinnspanne ermögliche. Zwar diente der schnelle Ausbau der DSL-Infrastruktur den Zielen der

[702] 6. Bericht (s.o. Fn. 689).
[703] Monopolkommission Hauptgutachten 1998/1999, S. 55 Punkt 38 ff.
[704] Siehe IP/00/619 Pressemitteilung, Brüssel, 15. Juni 2000.
[705] 7. Bericht KOM(2001) 706 endg. Punkt 4.2.3. und 8. Bericht KOM(2002) 695 endg. Punkt 4.2.1.3.
[706] 7. Bericht KOM(2001) 706 endg. Punkt 4.2.3.
[707] 7. Bericht KOM(2001) 706 endg. Punkt 4.2.4.

„Informationsgesellschaft"[708], dennoch hinderte die Monopolisierung dieses breitbandigen Netzes den Wettbewerb.

ix) Deutsche Betreiber ohne beträchtliche Marktmacht

Interessanterweise wandte der deutsche Gesetzgeber das SMP-Konzept im deutschen Rechtsystem an. Während die Zusammenschaltungsrichtlinie (97/33/EG) nach Art. 4. Abs. 3 den Betreibern mit beträchtlicher Marktmacht Zugangs- und Zusammenschaltungsverpflichtungen auferlegt, macht das TKG gleiche Verpflichtungen vom Vorhandensein einer marktbeherrschenden Stellung auf dem betreffenden Markt abhängig. Dieser Auslegungsunterschied bestand über 5 Jahre, bis der neue europäische Rechtsrahmen für die elektronische Kommunikation von 2002 diese Unterschiede zwischen der Auslegung des deutschen und des europäischen Rechts verwischte und den bislang bestehenden Konflikt entschärfte[709].

Nach den europäischen Grundsätzen der Marktmachtsvermutung liegt eine beträchtliche Marktmacht dann vor, wenn ein Unternehmen auf dem betroffenen Markt einen Marktanteil von 25% erreicht. Die Vermutungsregel im deutschen TKG wird jedoch, an den als lex generalis geltenden § 19 Abs. 3 GWB angeknüpft[710], wonach Marktmacht erst ab einem Marktanteil von einem Drittel (ca. 33%) vermutet wird. Im Ergebnis ging die europäische Vermutungsregel von einem mit cirka 7% niedrigeren Marktanteil aus. An diesen 7 % lag den Europäischen Organen viel. Im April 1999 leitete die Europäische Kommission gegen die Bundesrepublik Deutschland, wegen nicht hinreichender Umsetzung der Zusammenschaltungsrichtlinie (RL 97/33/EG), ein Vertragsverletzungsverfahren ein. Obwohl die Bundesregierung entgegen hielt, dass die zuständigen deutschen Behörden (RegTP) den durch die Richtlinie 97/33/EG vorgesehenen Marktanteil, also die sog. 25%-Regel, als Aufgreifkriterium betrachteten[711], und sie aus diesem Grunde eine Änderung des TKG für nicht notwendig hielt, stellte die Kommission das Verfahren nicht ein[712].

Trotz der Annerkennung der SMP-Grundsätze als Aufgreifkriterium, wurden in Deutschaland sowohl im Jahre 2001 als auch im Jahre 2002 Betreiber mit beträchtlicher Marktmacht weder auf dem nationalen Zusammenschaltungsmarkt, noch beim Markt für Mobilkommunikation angemeldet. Damit legte Deutschland bzw. die RegTP ihre Meldepflicht nach der ONP-Richtlinie ziemlich eigenartig aus[713]. Deutschland erklärte z.B. die Umbenennung der Betreiber auf dem Mobilfunkmarkt mit der Annahme, dass, trotz der die 25%-Schwelle überschreitenden Marktanteile, ein ausreichendes Gegengewicht - aus der Seite der Endnutzer[714] - auf dem betroffenen Markt

[708] Siehe eEurope 2002 – Eine Informationsgesellschaft für alle – Aktionsplan – vorbereitet von Rat, Europäischer Kommission zur Vorlage auf der Tagung des Europäischen Rates am 19/20. Juni 2000 in Feira vom 14.6.2000

[709] Monopolkommission, Hauptgutachten 2000/2001 S. 51 ff..

[710] Vgl. Klaue/Schwintowski, 2001, S. 79 ff.

[711] Die Bundesregierung stellte den Erlass verbindlicher Verwaltungsvorschriften in Aussicht, welche die Berücksichtigung der 25%-Regel durch die deutschen Behörden im Anwendungsbereich der RL 97/33/EG sicherstellen sollten. Siehe Mitteilung der Regierung der Bundesrepublik Deutschland an die Kommission der Europäischen Gemeinschaften vom 3.2.200, S. 4 ff.

[712] Siehe Monopolkommission, Sondergutachten 33, 2001 S. 117.

[713] 7. Bericht (s.o. Fn. 687), Punkt 4.2.2. oder 8. Bericht (s.o. Fn. 681), Punkt 4.2.1.1.

[714] Siehe 8. Bericht (s.o. Fn. 681). Punkt 4.2.1.5.

bestehe. Diese Auslegung weicht gravierend von der einheitlichen Anwendung der festgelegten ONP-Grundsätze ab.

Erst durch den neuen Rechtsrahmen für elektronische Kommunikation von 2002 wurde das Problem der Marktmachtregulierung gelöst, weil die europäische Definition der beträchtlichen Marktmacht der ständigen Rechtssprechung der Europäischen Gerichte zur markbeherrschenden Stellung gemäß Art. 82 EG entlehnt wurde[715]. Nach ständiger Rechtsprechung liegt der Schwellenwert für die Annahme der Marktbeherrschung bei Werten über 40% Marktanteil, und in der Regel begründen nur hohe Marktanteile von über 50% eine beherrschende Stellung[716]. Dadurch werden nicht nur die begrifflichen Unterschiede, sondern auch die unterschiedlichen Auslegungen der beträchtlichen Marktmacht und der beherrschenden Stellung behoben.

c) Unterschiedliche Wettbewerbsintensität, Stagnation im Ortsnetz

Nach dem heutigen Stand der Verbreitung verschiedener Telekommunikationstechnologien in Deutschland kann man der Kundennachfrage ausschließlich durch die Kombination von Festnetz- und Mobilkommunikation gerecht werden. Andere Alternativen erfüllen nicht die notwendigen Nachfragemaßstäbe. Betrachtet man die Teilnahme der deutschen Telekommunikationsanbieter an den verschiedenen Marktbereichen und die Markstrategien der Unternehmen, kann man feststellen, dass bislang nur die Deutsche Telekom (mit ihren Tochtergesellschaften) in der Lage ist, alleine, ohne dass der Kunde weitere Angebote eines anderen Anbieters wahrnehmen muss, die Kundennachfrage zu befriedigen.

Weil es dem Kunden in Deutschland keine Schwierigkeiten bereitet Mobilfunkdienste als separate Dienstleistung anzunehmen, und weil der Markt für Mobilkommunikation - wie die Statistiken es beweisen (siehe unter Punkt Kapitel D I. 1. b) bba)) - wettbewerblich organisiert ist, kann man diesen Marktbereich von den weiteren Untersuchungen freistellen. Umso mehr muss man sich mit der Entwicklung des Wettbewerbs auf dem Festnetzmarkt befassen. Nach einer Darstellung der möglichen Marktabgrenzungen im Festnetzbereich wird auf die Wettbewerbsintensität der einzelnen Teilmärkte eingegangen.

aa) Unterschiedliche Wettbewerbsintensität auf den verschiedenen Festnetzmärkten

Nicht nur der Marktanteil der Newcomer an den Telefonkanälen hat eine Aussagekraft über die Wettbewerbsentwicklungen auf dem Festnetzmarkt, sondern auch das abgeleitete Gesprächsvolumen der verschiedenen Anbieter und die Länge der abgelegten bzw. kontrollierten Leitungen durch einen Dienstanbieter. Jedoch sind bestimmte Faktoren, wie z.B. die Länge der eigenen Infrastruktur, schwer zu berechnen, entweder weil einfach zu wenige zugängliche Informationen über sie vorhanden sind, oder weil es aus technischen Gründen kompliziert wäre, diese miteinander zu vergleichen.

---

[715] Vgl. Monopolkommission, Sondergutachten 33, 2001 S. 114.
[716] Siehe Monopolkommission, Sondergutachten 33, 2001 S. 115.

aaa) Mögliche Marktabgrenzungen bei Festnetzdiensten

Im Wettbewerbsrecht wir die Wettbewerbsintensität bestimmter betroffener Märkte in einem Wettbewerbsfall bei Marktmissbrauch oder bei Fusionsvorhaben ermittelt[717]. Ohne die wettbewerbsrechtliche Betrachtung eines Einzelfalls[718] geschieht keine Marktabgrenzung. Nach dem Bedarfsmarktkonzept[719] muss man die Marktabgrenzung von der Nachfrageseite her vornehmen. Dementsprechend kann man auch bei Telekommunikationsmärkten[720] zwischen sog. vorgelagerten (Zugangsmarkt) und nachgelagerten (Endkundenmarkt) Märkten unterscheiden. Maßgeblich für die Marktabgrenzung ist jedoch, dass übereinstimmende Wettbewerbsverhältnisse existieren müssen.[721]

Nach den Leitlinien der Kommission zur Marktanalyse[722] und nach ihrer jetzigen Praxis wird der Endkundenmarkt für Festnetz-Dienstleistungen den Märkten für festnetzgestützte Telefondienste und für Datendienste zugeordnet. Zum Markt für Festnetz-Telefondienste ordnet die Kommission die Teilmärkte für Ortsgespräche, für Regionalgespräche und für Ferngespräche[723], wobei sie eine Unterteilung auch nach Märkten für herkömmliche Telefondienste (Sprach- und Schmalband-Daten-Übertragung) und für schnelle Telekommunikationsdienste (XDSL-Dienste) für möglich hält[724]. Zum Zugangsmarkt zählt die Kommission den Markt für Netzinfrastruktur und macht die Frage der Bildung von gesonderten Teilmärkten, wie z.B. den Markt für herkömmliches Telefonnetz, für Glasfasernetze, für aufgerüstete Kabelfernsehnetze oder für drahtlose Teilnehmeranschlüsse, davon abhängig, ob und in welchem Maße diese Netze für die Telekommunikationsanbieter miteinander substituierbar sind[725]. Jedoch betont die Kommission hinsichtlich der Marktabgrenzung bei Telekommunikationsdiensten, dass die getroffenen Marktdefinitionen wegen der ständigen Innovation und der rapiden technologischen Konvergenz schon in kurzer Zeit irrelevant werden können.[726]

In der deutschen Rechsprechung[727] werden ähnlich relevante Märkte abgegrenzt, wobei teilweise sowohl in räumlicher als auch in sachlicher Hinsicht kleinere Märkte ermittelt werden. Die Regulierungsbehörde beschäftigte sich z.B. öfter mit der Frage, ob ein Teilmarkt für Auslandsgespräche nach der Türkei oder ein „Streckenmarkt"

---

[717] „Hauptzweck der Marktdefinition ist die systematische Ermittlung der Wettbewerbskräfte, denen sich die beteiligten Unternehmen zu stellen haben." Zitat aus Bekanntmachung der Kommission ABl. 1997 Nr. C 372 vom 9.12.1997 S. 5.

[718] Nach Emmerich: „Marktabgrenzung ist daher nichts anderes als der Versuch einer möglichst genauen Fixierung der genannten Dimensionen im Einzellfall." Kartellrecht, § 17 4. b) Emmerich, 1994.

[719] Siehe Herdzina, 1993, S. 81 ff., vgl. Mayen, MMR 8/2001 S. 496 ff.

[720] Siehe z.B. COMP/C-1/37.451, 37.578, 37.579-DT, Tz. 59 ff. oder Praxis der RegTP, bzw. Monopolkommission.

[721] Mayen, MMR 8/2001 S. 498, Ruppelt – Langen/Bunte, 2001, Bd I. § 19 GWB Rdnr 8, 32

[722] KOM (2001) 175 vom 28.03.2001 Tz. 54 ff.

[723] Siehe KOM(2001) 175 vom 28.09.2001 S. 16 ff. und KOM (2002) ABl. C/165 vom 11.7.2002 S. 14

[724] Siehe KOM(2001) 175 vom Tz. 56 28.09.2001.

[725] Siehe KOM(2001) 175 vom 28.09.2001 Tz. 59- 60 und KOM (2002) ABl. C/165 vom 11.7.2002 Tz. 67-68

[726] Siehe KOM(2001) 175 vom 28.09.2001 Tz. 54 oder verbundenen Rechtssachen T-125/97 und T-127/97 The Coca-Cola Company u.a./Kommission, Slg. (2000) II-0000, Rn. 81 ff.

[727] Dazu RegTP, Eckpunkte, 2001, vgl. Monopolkomission Sondergutachten 33, 2001, Tz. 177 ff. S. 118 ff.

zwischen Berlin-Bonn bestehe.[728] Die Festnetzmärkte für Endkundenleistungen werden in der Regel als Märkte für Ortsgespräche (einschließlich Miete der TAL)[729] gegenüber Inlandsferngesprächen und Auslandsgesprächen abgegrenzt[730]. Die Vorleistung-Festnetzmärkte (Zugangsmärkte) werden durch die RegTP zu den Märkten für Zugang zur TAL, für Zusammenschaltungen[731], für Mietleitungen[732] und für Fakturierungs- und Inkassoleistungen[733] eingeordnet.

aab) Unterschiedliche Wettbewerbsintensität – Monopolistische Zugangsmärkte

Je mehr Teilmärkte dem Markt für Festnetz-Dienste unterordnet sind, desto unterschiedliche Ergebnisse bekommt man bei der Prüfung der Wettbewerbsintensität dieser Märkte. Im Gegenteil zu den Wettbewerbsentwick-lungen auf dem Endkundenmarkt für die Bereitstellung des Teilnehmeranschlusses und für Ortsgespräche, wo weder die Regulierungsbehörde noch die Monopolkom-mission bis heute einen nennenswerten Wettbewerb[734] gemessen haben, entwickelte sich der Wettbewerb auf den Teilmärkten für Fern- und Auslandsgespräche äußerst positiv.

i) Intensiver Wettbewerb auf den Teilmärkten für Fern- und Auslandsgespräche

Auf den Teilmärkten für Fern- und Auslandsgespräche herrschte - laut Monopolkommission - schon im Jahre 1999 ein intensiver Preiswettbewerb[735], welcher sich vor allem im Fernbereich mit der Zeit noch mehr verstärkte. (Siehe nächste Tabelle) Diese positiven Entwicklungen können einerseits mit dem durch die im Fern- und Auslandsbereich erlaubten, und durch Call-by-Call- und Preselektion-Dienste stimulierten Preiswettbewerb, andererseits mit dem voranschreitenden Aufbau von alternativen Infrastrukturen auf der Fernebene zusammenhängen. Der Netzaufbau führte dazu, dass die Fernnetze errichtenden Unternehmen niedrigere Terminierungsentgelte für die Deutsche Telekom zahlen mussten und dadurch ihre Dienstleistungen billiger vermarkten konnten, wodurch die Nachfrage der Endkunden deutlich wuchs.[736]

[728] Monopolkommission, Sondergutachten 33, 2001 Tz. 145 und 159.
[729] Diese Dienste werden in der Regel gebündelt angeboten.
[730] Vgl. Tätigkeitsberichte der RegTP bzw. Telekommunikations-Sondergutachten der Monopolkommission, bzw. Entscheidungspraxis.
[731] Hier kann man noch die Märkte für Terminierung und Zuführung voneinander trennen.
[732] Den Mietleitungsmarkt kann man in einen Markt für lokale oder regionale Mietleitungen unterordnen.
[733] Weil diese Leistungen nicht unmittelbar die Netzinfrastruktur betreffen, werden sie im folgenden nicht behandelt.
[734] Siehe Monopolkommission, Sondergutachten 29, 1999, Tz. 14, Siehe Monopolkommission, Sondergutachten 33, 2001, Tz. 46, Siehe Monopolkommission, Sondergutachten 39. 2003, Tz. 30.
[735] Siehe Monopolkommission, Sondergutachten 29, 1999, Tz. 31.
[736] Eine Tatsache, die das niedrige Volumen der Zusammenschaltungsleistungen der DT AG auf Fernebene beweist. Beweise bei Siehe Monopolkommission, Sondergutachten 33, 2001, Tz. 75.

Tabelle Nr. 9

Marktanteile der Wettbewerber im Festnetz nach Verbindungsminuten in Prozent

	1998	1999	2000	2001	2002	2003	2004	2005
Ortsverbindungen	-	1	2,3	4,7	6,4	**18**	**33**	37
Nahverbindungen*	3	21	26	19	23	28	33	34
Fernverbindungen	16	34	41	40	42	45	49	**51**
Fernverbindungen inkl. Nahverb.	10,3	28,4	35,3	33,0	35,6	40	44	46
Verbindungen ins Ausland	20	48	56	46	54	59	66	**68**
Verbindungen in Mobilfunknetze	9	25	33	30	34	38	43	47

*Nahverbindungen sind Verkehr in angrenzende Ortsnetze innerhalb eines Radius bis zu 20 km.

Quelle: MK, Sondergutachten 2005, S. 23-24.

Einige positive Verbesserungen verzeichneten im Laufe der Zeit auch die Ortsnetzmärkte, vor allem in Ballungsräumen, und die Märkte für Geschäftskunden[737]. Dies wurde eindeutig durch den Ausbau eigener Infrastruktur der alternativen Netzbetreiber verursacht. Während z.B. 2001[738] die Marktanteile der Wettbewerber der Deutschen Telekom auf dem Markt für Teilnehmeranschlüsse in Berlin und Frankfurt mit 2-4% über dem bundesweiten Durchschnitt lagen, war der Anteil der Wettbewerber in Köln und Düsseldorf mit 16-12% höher (!).

ii) Monopolistischer DSL-Markt, wettbewerbsorientierter Schmalband-Markt

Bei schmalbandigen Internetdiensten herrscht ein herausragender Wettbewerb, wobei bei breitbandigen Diensten die DT AG eine monopolartige Marktstellung erwarb. Im Jahre 2003 war der Anteil der Wettbewerber an dem breitbandigen Verkehr nur 7%, auch wenn es heute schon auf ca. 28% hochgestiegen ist.

737 Siehe Monopolkommission, Sondergutachten 33, 2001, Tz. 50.

738 Siehe Monopolkommission, Sondergutachten 33, 2001, Tz. 50 und Siehe Monopolkommission, Sondergutachten 39, 2003, Tz. 36.

iii) Kein Wettbewerb auf Märkten für Zugang zum TAL und bei lokalen Mietleitungen

Auf den Märkten für den Zugang zu Teilnehmeranschlussleitungen und für Mietleitungen galt die Deutsche Telekom am Anfang nach der Liberalisierung als Alleinanbieter[739]. Grund dafür war ihre Infrastrukturdominanz und ihre Präsenz im Ortsnetz, was in erster Linie mit der politischen Entscheidung der deutschen Fernmeldereform zusammenhing. Sowohl den TAL als auch den Mietleitungen kam für die Mitbewerber bei dem Angebot ihrer Telekommunikationsdienste eine enorme Bedeutung zu. Wegen der schon besprochenen ökonomischen Probleme bei der Errichtung des eigenen Netzes, wie etwa die hohen irreversiblen Kosten, die mangelnden Größenvorteile und die mangelnde Einsetzbarkeit der alternativen Technologien, war es für die Newcomer, vor allem in der Anfangsphase sinnvoll und notwendig, bestimmte Netzteile von dem eingesessenen Unternehmen zu mieten. Infolge dessen waren (und sind) die Newcomer vollkommen auf die Teilnehmeranschlussleitungen der Deutschen Telekom angewiesen.[740]

Die Marktstellung der Wettbewerber bei den Festnetzanschlüssen war im Jahre 2003 mit unter 5 %immer noch schwach. Im Jahre 2005 erreichte die Marktbeteiligung der Wettbewerber kaum den 9%(!).[741] Aus diesem Grund ist es relevant, dass die alternativen Netzbetreiber die TAL zu solchen Bedingungen bekommen, dass sie ihre Netze noch wirtschaftlich betreiben können. Infolge dessen spielen die Höhe des Mietpreises und der Bereitstellungskosten, die Umschal-tungsmodalitäten und andere Lieferbedingungen der TAL-Miete für die Wirtschaftlichkeit und indirekt für die Realisierung der Marktzutritte eine erhebliche Rolle[742]. Anders sieht es mittlerweile bei den Mietleitungen aus. Während bei lokalen Mietleitungen das alternative Angebot immer noch gering ist, lockert sich die Abhängigkeit von der DT AG bei den Fernmietleitungen und bei bestimmten Haupttrassen zwischen und innerhalb von Großstädten[743]. Im allgemeinen kann man über den Mietleitungsmarkt sagen, dass das Marktvolumen zwar abnimmt, aber der Marktanteil der Wettbewerber langsam steigt. Auch wenn der Marktanteil der Wettbewerber an dem gesamten Mietleitungsmarkt inzwischen im Jahre 2002 auf 60% gewachsen ist, dominiert die DT AG den Markt für schmalbandige Mietleitungen mit einem Marktanteil von über 80%.[744] Weil der Infrastrukturaufbau alternativer Anbieter nicht zu neuen Marktzutritten auf dem Mietleitungsmarkt geführt hat, kann man die Schlussfolgerung ziehen, dass die Wettbewerber die aufgebauten Netze selbst benutzen[745].

α) Zunehmende Wettbewerbsintensität auf Zusammenschaltungsmärkten

Durch Zusammenschaltung wird der Zugang zu den angeschlossenen Teilnehmeranschlüssen ermöglicht. Damit die Kunden alternativer Netzbetreiber Gespräche mit den Kunden der DT AG führen können, müssen Zusammen-schaltungspunkte mit dem Netz der Deutschen Telekom ausgebaut werden. Nach Zusammenschaltungen

[739] Monopolkommission, Sondergutachten 29, 1999 Tz. 49 und 52.
[740] Siehe RegTP: Ortsnetzwettbewerb, 2000 Tz. 6.1., S. 35.
[741] Siehe Monopolkommission, Sondergutachten 39, 2003, Tz. 32. und Sondergutachten 2005, S. 21.
[742] Vgl. Monopolkommission, Sondergutachten 29, 1999 Tz. 25.
[743] Monopolkommission 33, Sondergutachten 2001 Tz. 85.
[744] Siehe Monopolkommission, Sondergutachten 39, 2003 Tz. 63.
[745] Vgl. Monopolkommission, Sondergutachten 39, 2003 Tz. 61.

fragt praktisch jeder Anbieter, sogar die Deutsche Telekom, der ein Gespräch zu einem Endkunden von einem anderen Teilnehmernetzbetreiber weiterleiten möchte. Bei Zusammenschaltung kann man zwischen Terminierungs- und Zuführungsleistungen unterscheiden, abhängig davon, ob eine Verbindung von einem Netzübergabepunkt zum angewählten Telefonanschluss (Terminierung) oder vom rufenden Anschluss zum Netzübergabepunkt (Zuführung) hergestellt wird[746]. Aus Sicht des Wettbewerbs sind die Terminierungsleistungen von mehr Relevanz.

Bei Zusammenschaltungen, ähnlich den Mietleitungen, kann man entsprechend den Netzebenen zwischen lokalen (sog. local Transit), regionalen (sog. single Transit) und nationalen (sog. double Transit) Zusammenschaltungsleistungen unterscheiden. Betrachtet man die Einzugsgebiete der verschiedenen Netzebenen, kann man die vor der Liberalisierung existenten Netze der Deutschen Telekom in 23 Grundeinzugsbereiche auf nationaler Ebene und in 293[747] Einzugsgebiete auf regionaler Ebene (sog. Standardeinzugsgebieten) einteilen. Angenommen, ein Netzbetreiber hat z.B. in allen 23 Grundeinzugsgebieten Zusammenschaltungspunkte mit dem Netz der DT ausgebaut, so wird er keine zusätzlichen Zusammenschaltungsleistungen auf den obersten Ebenen, in diesem Fall auf der nationalen Ebene, benötigen.

Anhand der durch die Carrier-Geschäfte erwirtschafteten Umsätze, kann man feststellen, dass die Entwicklung der Wettbewerbsintensität sich von höheren Netzebenen auf niedrigere Ebenen verbreitete. Während die DT AG schon seit Ende 1999 nicht mehr marktbeherrschend bei der Terminierung in ausländische Netze war, und die Verbindungsnetzbetreiber schon im Jahre 2001 bei der Terminierung ins Mobilfunknetz auch auf andere Netzbetreiber ausweichen konnten[748], war ein solches Ausweichen bei der Terminierung ins regionale Fernnetz erst im Jahre 2003 möglich[749]. Im Jahre 2003 verfügte die DTAG über 58% der Carrier-Umsätze, wobei andere Festnetzbetreiber 12% und andere Mobilnetzbetreiber (ohne T-Online) 31% der Umsätze erwirtschafteten[750]. Während die Märkte für regionale und nationale Zusammenschaltungen eine höhere Wettbewerbsintensität aufweisen, kann man bei den lokalen Zusammenschaltungen bislang kaum einen nennenswerten Wettbewerb feststellen[751].

Die Wettbewerbintensität auf diesen Märkten hängt grundsätzlich von zwei Faktoren ab. Erstens ist es wichtig, wie viele Zusammenschaltungspunkte die Netzbetreiber ausbauen, und wie viele Kapazitätsüberhänge sie für eine Zusammenschaltungsplattform übrig lassen, damit sie Zusammenschaltungsdienste für andere Unternehmen anbieten können. Zweitens, infolge dessen, dass die Terminierungsleistungen ausschließlich von demjenigen Netzbetreiber erbracht werden können, zu dessen Netz der Angerufene gehört[752], spielt es eine erhebliche Rolle, wie viele Kunden die verschiedenen Netzbetreiber an ihr Netz angeschlossen haben. Diese

---

[746] Monopolkommission, Sondergutachten33, 2001 Tz. 31.
[747] Mit der Entwicklung der Netze bzw. der Einzugsgebiete unterschied man in 2003 zwischen 475 Einzugsgebieten auf regionaler Ebene. Dazu Monopolkommission, Sondergutachten 39, 2003, Tz. 56.
[748] Siehe Monopolkommission, Sondergutachten 33, 2001, Tz. 77 ff.
[749] Siehe Monopolkommission, Sondergutachten 39, 2003 Tz. 57.
[750] Monopolkommission, Sondergutachten 39, 2003 Tz. 59.
[751] Vgl. Monopolkommission, Sondergutachten 29, 1999 Tz. 43, Monopolkommission, Sondergutachten33, 2001 Tz. 76.
[752] Vgl. Monopolkommission, Sondergutachten 39, 2003 Tz 59.

Frage hängt wiederum mit der Wechselbereitschaft der Kunden zusammen und indirekt mit der Entwicklung des Wettbewerbs bei Teilnehmeranschlussleitungen.

Was den Ausbau von Zusammenschaltungspunkten betrifft, möchten die Verbindungsnetzbetreiber in erster Linie ihren eigenen Bedarf decken und haben in der Regel keine Kapazitätsüberhänge, womit sie Übertragungsleistungen für andere Unternehmen anbieten könnten. Im Jahre 2003 gab es in Deutschland z.B. gerade 3 solcher Netzbetreiber, die in allen 475 Standardeinzugsgebieten Zusammenschaltungspunkte mit dem Netz der DT AG ausgebaut hatten[753], und deswegen die wenigsten Zusammenschaltungsgebühren zahlen mussten. Anderer-seits verfügt die DT AG über eine hohe Reputation[754] für gute Qualität bei den Zusammenschaltungen. Zudem verursacht der Wechsel des Zusammenschaltungs-partners auch erhebliche Kosten, was sich negativ auf die Wettbewerbsentwicklung auswirkt.

β) Zusammenfassung

Nach der Darstellung der Wettbewerbsintensität der verschiedenen Teilmärkte der Festnetzkommunikation kann man feststellen, dass der am wenigsten ausgeprägte Wettbewerb in den lokalen Marktbereichen, wie etwa auf dem Markt für Ortsgespräche, für lokale Mietleitungen und für lokale Zusammenschaltungen, zu beobachten ist. Außerdem ist der Wettbewerb in denjenigen Bereichen gehemmt, wo die DT AG über eine monopolartige Marktstellung verfügt, wie z.B. auf dem Markt für Bereitstellung von Teilnehmeranschlüssen und auf dem Markt für breitbandige Internetleistungen. Zusammenfassend kann man behaupten, dass die negativ ausfallenden Wettbewerbsentwicklungen entweder mit dem langsam vorankommenden Infrastrukturaufbau alternativer Anbieter, oder mit den immer noch als monopolistischer Engpass zu bezeichnenden Teilnehmeranschlüssen der Deutschen Telekom zusammenhängen. Aus diesem Grund muss man untersuchen, wie die deutschen Regulierungsmaßnahmen den Aufbau eigener Infrastrukturen und die Entwicklung des Wettbewerbs bei Teilnehmeranschlüssen unterstütz haben.

bb) Unterstützung des Infrastrukturaufbaus und des TAL-Wettbewerbs durch das TKG

Erstens muss man untersuchen, ob das TKG den Infrastrukturwettbewerb unterstützt, und zweitens, ob der Infrastrukturaufbau auf irgendeine Art unmittelbar durch das Gesetz gefördert wird.

bba) Keine Priorität für den Infrastrukturwettbewerb durch das TKG

Obwohl es in der Wettbewerbspraxis einen eventuellen Zielkonflikt zwischen der Verwirklichung von Dienst- und Infrastrukturwettbewerb geben kann, wollte anscheinend der deutsche Gesetzgeber durch das TKG weder der einen noch der anderen Wettbewerbsart einen Vorzug bieten[755]. Durch § 1 TKG ist die Wettbewerbsförde-

[753] Nach Ansicht von Experten hängt diese Ausbaubewegung mit der Einführung der Netzbetreibervorauswahl in 2003 zusammen. Siehe Monopolkommission, Sondergutachten 39, 2003 Tz. 57.
[754] Monopolkommission, Sondergutachten 33, 2001 Tz. 80.
[755] Vgl. Schmidt/Rommel, MMR 4/2002 S. 227.

rung im allgemeinen zum Ziel gesetzt worden, wobei in der Begründung des § 1 TKG sowohl auf den Infrastrukturwettbewerb - mit Hinweis auf den funktionsfähigen Wettbewerb - als auch auf den Dienstwettbewerb - durch die Erweiterung des Angebotes hinsichtlich seiner Art, seiner Qualität und seinem Preis - indirekt hingewiesen wurde[756].

Diese zwei Arten von Wettbewerb treten in der Praxis sowohl substitutiv, als auch komplementär zueinander auf. Realistischerweise, so zeigen die Forschungsergebnisse der ZEI/Boston University, kann der Wettbewerb auf beiden Stufen oder nur auf der Dienststufe stattfinden[757]. Dies besagt, dass normalerweise - ohne abweichende Regelungen - der Dienstwettbewerb dem Infrastrukturwett-bewerb vorauseilt. Von einem reinen Dienstwettbewerb[758] spricht man, wenn Unternehmen mit konkurrierenden Angeboten miteinander im Wettbewerber stehen und für das Angebot ihrer Diensten keine eigene Netzinfrastruktur benutzen, sondern die Infrastruktur eines anderen Infrastrukturanbieters in Anspruch nehmen[759], wie z.B. i.d.R. die Call by Call-Dienstanbieter. Um einen Infrastrukturwettbewerb[760] handelt es sich dann, wenn ein Wettbewerb auf der Infrastrukturebene besteht[761], wie z.B. am Mobilfunkmarkt.

Obwohl es im TKG tatsächlich keine unterschiedliche Bedeutung dieser zwei Wettbewerbsarten gibt, spielt der Infrastrukturwettbewerb aus der Sicht der Rückführung bestimmter Regulierungsmaßnahmen bezüglich der Entgeltregulierung nach § 81 Abs. 3 TKG eine wichtige Rolle.

i) Funktionsfähiger Wettbewerb strukturell gesichert

Die Funktionsfähigkeit des Wettbewerbs wird mangels gesetzlicher Definition durch die Monopolkommission ermittelt, die laut § 81 Abs. 3 TKG über den Stand des Wettbewerbs auf den Telekommunikationsmärkten berichten soll. Nach der Monopolkommission liegt ein funktionsfähiger Wettbewerb dann vor, wenn der Wettbewerb strukturell gesichert ist und auch dann fortbesteht, wenn die wettbewerbsgestaltende Regulierung zurückgeführt wird[762]. Obwohl die genaueren Kriterien zur Prüfung des funktionsfähigen Wettbewerbs - nach der Mehrheit der Experten[763] - im Dunkeln bleiben werden, bringen die Sondergutachten der Monopolkommission den Begriff durch zahlreiche Hinweise mit dem Infrastrukturwettbewerb in Verbindung.

ii) Im Mittelpunkt: der infrastrukturbasierte Wettbewerb

Obwohl die Monopolkommission sich ganz vorsichtig von der Forcierung eines Infrastrukturwettbewerbes, zulasten eines Dienstwettbewerbes, zurückhält[764] und betont,

---

[756] Drucksache 13/3609 zu § 1 S. 36.
[757] Vgl. ZEI - Boston University, 2002, S. 6.
[758] Sog. Intrasystem-Wettbewerb .
[759] Definition siehe Koenig/Kühling, WuW 6/2000, S. 599.
[760] sog. Intersystem-Wettbewerb.
[761] Definition siehe Koenig/Kühling, WuW 6/2000, S. 599.
[762] Siehe Monopolkommission, Sondergutachten 29, 1999, Punkt 4.1.
[763] Siehe ZEI – Boston University, 2002 S. 1.
[764] Mit der Begründung des volkswirtschaftlichen Schadens durch ineffiziente Duplizierung der schon bestehenden Infrastruktur, siehe Monopolkommission, Sondergutachten 33, 2001, S. 32, Tz 36-37.

dass diese zwei Arten von Wettbewerb sich ergänzen, macht sie deutlich, dass „infrastrukturbasierter Wettbewerb eher und umfassender auf Regulierungen verzichten kann als ein reiner Dienstwettbewerb."[765] Nach Meinung der Monopolkommission können nämlich nur solche Unternehmen einen Wettbewerbsdruck auf die DT AG ausüben, die sich für den Aufbau einer möglichst flächendeckenden alternativen Infrastruktur entschieden und eigene Kunden gewonnen haben[766]. Auch in ihrem zweiten Telekommunikationsgutachten verdeutlicht sie, dass die Infrastrukturausstattung bei der Beurteilung der Funktionsfähigkeit von zentraler Bedeutung sei.

Auch andere Studien betonen die Substitutivität oder die Komplementäriarität dieser zwei Arten des Wettbewerbs[767], jedoch bewerten sie den Dienstwettbewerb dann als strukturell abgesichert, wenn auch Infrastrukturwettbewerb auf der vorgelagerten Ebene stattfindet. M.E. ist dem infrastrukturbasierten Wettbewerb eine zentrale Bedeutung zuzumessen. Dieser Behauptung stimmen sogar - jeweils aus anderem Aspekt - Anwälte der Deutschen Telekom zu[768]. Obwohl der Dienstwett-bewerb mit seinen Preissenkungen und seiner Dienstleistungsvielfalt, wie auch die statistischen Daten des vorliegenden Punkts 1. zeigen, kurzfristig zum Nutzen der Kunden führen kann und aus diesem Grund für die Endkunden von Hauptrelevanz ist, ist der Infrastrukturwettbewerb dennoch unentbehrlich für die Verwirklichung eines selbstragenden, ohne Hilfe von Regulierung funktionierenden Marktes. Diese Art von Wettbewerb kann man bei einer Sektorliberalisierung nur langsam vorantreiben. Man muss jedoch seine Zielkonflikte gegenüber dem Dienstwettbewerb abwägen und langfristig dem Infrastrukturwettbewerb die Priorität zuteilen.

bbb) Unterstützung des Netzaufbaus auf Anordnungen der RegTP

Obwohl im TKG - abgeleitet vom europäischen Prinzip des offenen Netzzugangs - eine Vielzahl von den Zugang ermöglichenden Paragraphen exisitieren, gibt es doch einige das TKG ausführende Anordnungen der Regulierungsbehörde, welche unmittelbar oder mittelbar den Aufbau der Netze unterstützen.

i) Positive Wirkung der EBC-Tarifierung auf den Netzaufbau

Eine mittelbare Anordnung zur Unterstützung des Netzaufbaus bietet m.E. die Einführung des elementbasierten Tarifsystems (EBC) bei der Regulierung der Zusammenschaltungsentgelte. Während der Grundzweck dieser RegTP-Anordnung[769] die Ersetzung des bislang verwendeten Kostenmodells der DTAG[770] war, wurde damit auch eine bessere Orientierung an dem Kosten-Maßstab und eine Anpassung an ein effizientes Netz angestrebt. Nach der neuen Kostenkalkulation ist die RegTP nicht an die in dem Entgeltantrag der DT AG vorgeschlagene Entgelt- und Netzstruktur ge-

---

765 Siehe Monopolkommission, Sondergutachten 33, 2001, S. 32, Punkt 37 Vgl. mit Schmidt/Rommel MMR 4/2002 S. 227.
766 Siehe Monopolkommission, Sondergutachten 29, 1999, Tz. 59.
767 Siehe ZEI – Boston University, 2002 S. 6.
768 Schmidt/Rommel MMR 4/2002 S. 227.
769 Siehe RegTP B vom 8.9.2000BK 4a-00-018/Z 30.6.00, MMR 2001, S. 262 ff.
770 Kritik zum analytischen Kostenmodell, siehe WIK Analytisches Kostenmodell Nationales Verbindungsnetz, Referenzdokument 2.0, 30.6.2000 S. 4 ff, oder Koenig/Braun MMR 9/2001 S. 567 ff.

bunden[771], sondern kann das Entgelt anhand eines analytischen Kostenmodells bestimmen. Auch wenn die Einführung dieses Kostenmodells gewisse Zeit brauchte, weil die sog. erste EBC-Entscheidung der RegTP[772] vom 08.09.2000 sowohl durch das VG Köln[773] als durch das OVG Münster[774] vorläufig ausgesetzt wurde[775], wurde das neue Kostenrechnungssystem mit einer Verzögerung von knapp 15 Monaten am 01.01.2002 doch eingeführt[776].

Aus der Sicht des Netzaufbaus bringt das neue Tarifsystem erfreuliche Neuigkeiten. Die bisher geltenden entfernungsabhängigen Tarife für Zusammenschaltungsentgelte wurden letztendlich durch ein sich nach der Anzahl der beanspruchten Netzelemente gerichtete Tarifsystem abgelöst[777]. Die Netzelemente werden, entsprechend dem Netzaufbau, auf zwei Ebenen in 475 lokale Einzugsgebiete und 23 Grundeinzugsgebiete eingeteilt, und die Tarife werden entsprechend der Ebene der Elemente in drei Zonen[778] eingestuft. Wenn ein Wettbewerber sein Netz so ausbaut, dass er in allen Einzugsgebieten Zusammenschaltungspunkte mit dem Netz der DT hat, zahlt er nur den niedrigsten Tarif[779]. Über je mehr Zusammenschaltungspunkte bzw. Netze ein Wettbewerber verfügt, desto niedrigere Zusammenschaltungstarife muss er zahlen. M.E. kann eine niedrigere Tarifierung zur Förderung des Netzaufbaus führen, auch wenn diese Förderung regulierungsbedingt ist. Die Regulierungsbedingtheit bedeutet, dass die Förderung des Infrastrukturbaus nur solange gilt, bis die RegTP von diesem Tarifmodell abweicht und eventuell ein anderes, den Infrastrukturbau nicht förderndes Tarifsystem einführt.

ii) Zu frühzeitige Einführung der Betreibervorauswahl

Der durch die Betreibervorauswahl nach § 43 Abs. 6 TKG verursachte, starke Preiswettbewerb hat die Gewinnspanne der sog. Vollanbieter, also Unternehmen, die neben Sprachtelefonie- und Internetleistungen auch TAL-Zugang angeboten haben, erheblich vermindert[780]. Diese negativen Wirkungen betrafen unmittelbar den infrastrukturbasierten Wettbewerb. Andererseits wurde durch Betreibervorauswahl unmittelbar der Dienstwettbewerb und die Nutzen der Kunden relevant erhöht. Dennoch schien dieses Geschäftsmodell - wegen seiner Abhängigkeit von Fakturierungs- und

---

[771] RegTP B vom 12.10.2001 – BK 4a-01-26 MMR 3/2001 S. 186 ff.
[772] RegTP B vom 8.9.2000 BK 4a-00-018/Z 30.6.00, MMR 2001, S. 262.
[773] VG Köln B. vom 18.12.2000 – 1 L 2484/)), MMR 2001 S. 410 ff.
[774] OVG Münster, B. vom 3.5.2001 – 13 B 69/01 MMR 2001 S. 548 ff.
[775] Die Gerichte bestritten, ob dem Gemeinschaftsrecht Vorgaben bezüglich eines Maßstabs zur Bestimmung der Kosten entnommen werden können. Sie meinten, dass das EG-Recht diesbezüglich keine entscheidungsrelevanten Vorgaben enthalte. Dazu noch: Koenig/Braun, MMR 9/2001 S. 563 ff.
[776] Siehe Entscheidungen RegTP B vom 12.10.2001 – BK 4a-01-026/E 03.08.01 MMR 3/ 2002 S. 186 ff, VG Köln B. vom 17.12.2001 – 1 L 2575/01 MMR 4/2002 S. 269, OVG Münster B. vom 8.5.2002 – 13 B 1636/01 MMR 8/2002 S. 567 ff.
[777] Vgl. Monopolkommission, Sondergutachten 33, 2001 Tz 106 ff.
[778] Die dritte Tarifzone (Tarifzone I) gilt dann, wenn der Wettbewerber in allen Einzugsgebieten Zusammenschaltungspunkte ausbaute.
[779] Vgl. Monopolkommission, Sondergutachten 33, 2001 Tz. 106 ff.
[780] Über versuchte Verzögerung der Einführung der Betreibervorauswahl im Ortsnetz siehe WIK Newsletter 49, 2002 Dezember S. 1

Inkassoleistungen des Marktbeherrschers[781] - äußerst vorleistungsabhängig und regulierungsbedingt zu sein.

Bei der Einführung dieses Geschäftsmodells wurden m.E. zwei schwerwiegende Fehler begangen. Erstens wurde die Sicherstellungspflicht der Bertreibervorauswahl für alle Betreiber, unabhängig von ihrer Marktmacht, vorgeschrieben. Dieser Fehler wurde dann im Jahre 2002 behoben und der § 43 Abs. 6 TKG geändert. Zweitens war m.E. die Einführungsfrist zu kurz. Während auf europäischer Ebene die Verpflichtung zur Sicherstellung der Bertreibervorauswahl durch den Art. 2 der Richtlinie 98/61/EG[782] erst später, ab Anfang 1999, und nur für Unternehmen mit beträchtlicher Marktmacht vorgeschrieben wurde, galt sie in Deutschland gemäß § 100 Abs. 2 TKG ab 01.01.1998 für jedes Unternehmen. Nach dem Inhalt des TKG von 1996 erscheint es teilweise so, als ob der Gesetzgeber sich überhaupt keine Gedanken bezüglich der Förderung des Infrastrukturwettbewerbs gemacht hätte. M.E. hätte man mit der Einführung der Betreibervorauswahl mindestens bis zu der von Richtlinie 98/61/EG gesetzten Frist[783] warten sollen, womit die neuen regionalen Netzbetreiber ihre Netzinvestitionen mindestens teilweise erwirtschaftet bekommen könnten.

Inzwischen hat auch der Gesetzgeber diese Problematik gesehen und bei der Neunovellierung des TKG im Jahre 2002 über die Förderung entsprechender Anreize für die Errichtung von Infrastruktureinrichtungen debattiert[784]. Mittlerweile wirkte sich das den Netzausbau fördernde EBC-Tarifierungssystem der RegTP auch auf den Infrastrukturausbau der Call-by-Call- bzw. Preselection-Anbieter positiv aus. Damit diese Verbindungsnetzbetreiber auch die Zusammenschaltungsleistungen der DTAG billiger kaufen konnten, waren sie wegen der Infrastrukturauflangen[785] des neuen Tarifmodells am Ausbau eigener Zusammenschaltungspunkte interessiert. Ähnlich infrastrukturwettbewerbsfördernd ist die durch das OVG Münster[786] bestätigte Entscheidung der RegTP über den sog. Anschlusskostenbeitrag[787]. Nach diesem Beschluss müssen die Call-by-Call- und Preselektion-Anbieter einen Zuschlag i.H.v. 0,04 EUR/Min auf das Entgelt für die Zuführung von Sprachverbindungen aus dem Netz der DT AG zahlen. Mit diesem Instrumentarium sollten die durch Dienstwettbewerb erzielten Gewinne an den Netzbetreiber zurückgesteuert werden. Diese Neuerungen sind aus Sicht des funktionsfähigen- bzw. infrastrukturbezogenen Wettbewerbs zu begrüßen. Jedoch kann man die Folgen der übereilt eingeführten Betreibervorauswahl nicht mehr rückgängig machen.

iii) Verbesserte Lieferbedingungen für Mietleitungen

Obwohl die Mietleitungsrichtlinie 92/44/EWG[788] Betreiber nicht unmittelbar verpflichtet hat, Mietleitungen anzubieten[789], wurde i.S.d. § 35 Abs. 1 TKG das marktbeherr-

[781] Siehe Problematik bei Monopolkommission, Sondergutachten 39, 2003 Tz. 138 ff.
[782] Eingeführt durch die RL 98/61/EG vom 24. September 1998 ABl. L 268 v. 3.10.98 S. 37 ff.
[783] Art. 2 Abs. 1 RL 98/61/EG (s.o. Fn. 433).
[784] Der Gesetzgeber wurde durch den Bundesrat darauf aufmerksam gemacht. Siehe WIK Newsletter 49, 2002 Dezember S. 2
[785] Hinweis zu Infrastrukturauflagen: Monopolkommission, Sondergutachten 39, 2003 Tz. 31.
[786] OVG Münster B. vom 2.12.2003 – 13 B 1423/03, MMR 3/2004 S. 203.
[787] RegTP BK 2 vom 29.4.2003, siehe auch Monopolkommission, Sondergutachten 39, 2003 Tz. 88 ff.
[788] vom 5.06.1992 ABl. L 165 vom 19.06.1992 S. 27 ff.

schende Unternehmen, die Deutsche Telekom, zur Zugangsgewährung zu ihren Telekommunikationsnetzen und im Sinne des § 3 Nr. 21 TKG zu ihren Übertragungswegen verpflichtet. Gemäß § 25 Abs. 1 TKG unterliegen die Angebote von Übertragungswegen der Ex-ante-Entgeltregulierung. Jedoch kam die DT AG ihren Pflichten nicht immer einwand- und diskriminierungsfrei nach, obwohl die Mietleitungen für die Betätigung der alternativen Netzbetreiber, anstatt oder parallel zum Aufbau eigener Netzinfrastruktur, eine erhebliche Rolle spielten.

Sowohl die ONP-Maßstäbe als auch die Vorschriften des § 35. Abs. 2 TKG stellen klar, dass die Deutsche Telekom einen gleichwertigen, auf objektiven Maßstäben ruhenden und nachvollziehbaren Zugang gewähren soll. Dennoch verstieß die DT AG mit ihrer Vertragsgestaltung oft gegen das Gebot der gleichen Behandlung[790]. Die RegTP leitete mehrere Missbrauchsverfahren[791] gegen die DT AG in Sachen Überlassung von Mietleitungen ein und versuchte mit konkreten Lieferfristen und sog. Vertragsstrafen, die Bereitstellungsbereitschaft der DT AG zu verbessern. Die höheren Instanzen haben jedoch die Vereinbarkeit der Anordnung von verbindlichen Bereitstellungsfristen nebst Vertragstrafenregelung bestritten[792] und das Bundeskartellamt für die Prüfung der unbilligen Bereitstellungspflichten als zuständig ernannt[793]. Außerdem wiesen sie darauf hin, dass aus § 33 Abs. 1 S. 1 TKG kein Anspruch gegen den Marktbeherrscher auf Schaffung von noch nicht existierten Infrastruktur[794] oder auf Bedingungen, die er seinen Tochterunternehmen intern nicht einräumte[795], abzuleiten sei. Jedoch wurde das Recht der RegTP auf Anordnung von Auskunftserteilung gegen den Marktbeherrscher bei begründetem Verdacht bestätigt[796].

Wegen der Relevanz der Mietleitungen ist es m.E. notwendig, dass die Bereitstellung von gemieteten Übertragungswegen reibungslos geschieht. Dennoch müssen die Anträge der Mitbewerber innerhalb der vom TKG gesetzten Grenzen der Anspruchsmöglichkeiten bleiben. Die Mitbewerber müssen ein effektives Rechtsmittel gegen missbräuchliches Verhalten des Marktbeherrschers haben[797]. Die Notwendigkeit solcher, die Leistungserbringung fördernder, Bedingungen hat die Monopolkommission in ihren Sondergutachten mehrmals betont[798]. Diese Probleme verdeutlichen, dass die gesetzliche Regelung der Mietleitungsbedingungen erwünscht sein kann. Andererseits ist es wegen der mittlerweile erlangten Fachkompetenz der RegTP und nach dem Prinzip des „One-Shop-Stop" problematisch, eine andere Behörde mit einer Art von Missbrauchsverfahren zu betrauen, wobei solche Zuständigkeitslösungen weder dogmatisch falsch, noch dem Kartellrecht unbekannt sind[799].

---

[789] Nur die Mitgliedstaaten sollten dafür sorgen, dass bestimmte Mietleitungen am Markt angeboten werden. Vgl. Junghanns, 2003 S. 495.
[790] Zu interner Behandlung: Geppert in: Geppert/Kerkhoff/Pipenbrock/ Schütz/Schuster, 2002Tz 290 S. 256 ff.
[791] Siehe z.B. sog CFV-Beschluss RegTP B vom 9.10.2001- BK 3c-00/040 MMR 3/2002 S. 194 ff. Oder RegTP B vom 31.5.2002 – BK 3a-01/35 MMR 1/2003 S. 64.
[792] OVG Münster B. vom 3.2.2003–13 B 2130/02 MMR 5/2003 S. 355.
[793] OVG Münster B. vom 3.2.2003–13 B 2130/02 MMR 5/2003 S. 356.
[794] OVG Münster B. vom 3.2.2003–13 B 2130/02 MMR 5/2003 S. 356.
[795] VG Köln B vom 15.10.2002 – 1 L 1688/02 MMR 12/2002 S. 839 ff.
[796] OVG Münster B. vom 3.2.2003–13 B 2130/02 MMR 5/2003 S. 356.
[797] Genauso Schütze MMR 5/2003 S. 360.
[798] Monopolkommission, Sondergutachten 33, 2001 Tz. 234.
[799] Dazu Piepenbrock/Schuster CR 2/2002 S. 98 ff.

Aus Gründen der Rechtsicherheit sind dennoch solche Zuständigkeitsfragen früh und möglichst durch Gesetz zu klären.

ix) Größere Schlichtungsrolle der RegTp bei Line Sharing

Wegen unmittelbarer Geltung der Verordnung[800], muss i.S.d. Art 2. g) VO 2887/2000[801] ein Unternehmen mit beträchtlicher Marktmacht ab dem 02.01.2001 Line Sharing, also einen gemeinsamen Zugang zu solchen Frequenzspektren seiner Teilnehmeranschlüsse, welche nicht für Sprachdienste genutzt werden, ermöglichen.[802] Mit Hilfe von Line Sharing muss also der Wettbewerber nicht mehr einen ganzen Teilnehmeranschluss mieten, um eigene Datendienste anbieten zu können. Andererseits kann der Inhaber des Teilnehmeranschlusses nach der Frequenzenteilung weiterhin Sprachtelefonie oder niederbitratige Datendienste seinen Kunden anbieten[803].

Aus der Sicht der Kunden werden durch diese Zugangsart neue und innovative Marktangebote ermöglicht, was auch für den Dienstwettbewerb nutzvoll sein kann. Jedoch kurbelt ein Line-Sharing-Anbieter mit seinem Teil-Teilnehmeranschluss parallel auch den Infrastrukturwettbewerb an. In der Praxis hat aber die DT AG viel gegen die Ermöglichung dieses Geschäftsmodells getan, weil sie mit Verzögerungstaktiken die betreffenden Verfahren und seine Leistungsfrist verschoben hat. So wurde z.B. das erste Line-Sharing-Angebot nur mit 9 Monaten Verspätung angeboten[804], als es gemäß der Verordnung geplant war.

Obwohl der Regulierungsbehörde zur Durchsetzung seiner Anordnungen bestimmte Rechtmittel, wie z.B. die Festsetzung von Zwangsgeldern nach § 72 Abs. 10 TKG, zur Verfügung stehen, kann es, wegen der Schwierigkeiten der Marktumstellung in einem Liberalisierungsprozess, sinnvoll erscheinen, ihre Schlichtungsrolle aufzuwerten, und ähnlich wie bei den Zusammenschaltungen zu ermöglichen, dass sie bei anderen Vereinbarungen auf Antrag eines Beteiligten mit vertragsergänzenden Aufgaben mitwirken kann. Eine Gestaltung der Lieferbedingungen, was der Art. 4 VO 2887/2000 erlaubt, sollte auch in der deutschen Praxis möglich sein. Dadurch könnten die Interessen der neuen Marktteilnehmer in einem entmonopolisierten Markt besser durchgesetzt werden.

ixx) DSL-Verfahren – Preismissbrauch

Über die erfolgreiche Durchdringung der DT AG mit DSL-Anschlüssen - mit Begründung des politischen Interesses an der Förderung des Internetstandorts Deutschland[805] - wurde schon berichtet. Ebenfalls wurden die infolge dieser Vermarktung entstandenen Gefahren der Eliminierung anderer alternativer Technologien bei Breit-

---

[800] Art. 5 Verordnung (EG) 2887/2000 (s.o. Fn. 696).
[801] Verordnung (EG) 2887/2000 (s.o. Fn. 696).
[802] Zugang zum Hochfrequenzspektrum der Kupferdoppelader, womit unabhängige ADSL-Systeme und Dienstleistungen angeboten werden können. Siehe Haas C., 2000, S. 56 Fn. 139.
[803] Dazu Haas C., 2000, S. 57.
[804] Monopolkommission, Sondergutachten 33, 2001. Tz 114 und OVG Münster B. vom 23.8.2001 – 13 B 865/01 (VG Köln) MMR 11/2001 S. 772.
[805] eEurope 2002 (s.o. Fn. 708) und Monopolkommission, Sondergutachten 33, 2001 Tz 138.

bandanschlüssen angemerkt, jedoch muss man die Problematik der nachträglichen Preiskontrolle am Beispiel der zwei eingestellten DSL-Verfahren der RegTP[806] ansprechen.

Als Erläuterung muss man einige Bemerkungen hinsichtlich dieses Verfahrens hinzufügen. Man muss einerseits feststellen, dass aus der Sicht des Wettbewerbs der Auftritt eines marktmächtigen Unternehmens mit einer Innovation oder einer neuen Technologie auf dem Markt weder verboten, noch zu verbieten ist. Auch das Erlangen einer marktbeherrschenden Stellung spricht für sich nicht gegen den Wettbewerb. Jedoch sind die Praktiken eines solchen Unternehmens gegen seine Mitbewerber oder seine Fusionsversuche kritischer zu überprüfen, als ein ähnliches Verhalten von anderen kleineren Unternehmen[807].

Andererseits kann man weder die DT AG, noch die Regulierungsbehörde ausschließlich dafür verantwortlich machen, dass der Verkauf des Fernsehkabelnetzes erst im Jahre 1999 auf Druck der Europäischen Kommission hin angefangen wurde[808] und nicht schon früher abgeschlossen war. Ein früherer Verkauf – eventuell vor der Marktöffnung – hätte besser zur technologischen Entwicklung beigetragen und möglicherweise die heutige Situation auf dem Markt für breitbandige Internetdienste verändert. Das Verkennen dieses Problems, aus welchen Gründen auch immer, war ein schwerer politischer Fehler. Die Möglichkeit einer neuen Marktmachtverteilung auf dem Markt für Daten- und Multimedia-Dienste wurde in Deutschland mittlerweile verspielt oder aber zumindest mittelfristig verschoben. Es wird den Wettbewerbern in der Zukunft nicht einfach sein, Marktanteile auf diesem Markt zu erwerben. Zwar kann man diese Fehlentwicklungen nicht der RegTP zuschreiben, es ist dennoch fraglich, ob das ex-post Missbrauchsverfahren wegen der Dumpingpreise nicht die Folgen hätte verhindern können.

In der Literatur ist die Meinung allgemein bekannt, dass eine Ex-Post-Kontrolle eines Verdrängungsmissbrauchs problematisch ist.[809] Einerseits verfügt die Kontrollbehörde nur über wenige Kostenunterlagen des Missbrauchenden und nur über knappe Zeit, um ihre Entscheidungen zu treffen. Andererseits gewinnt das missbrauchende Unternehmen mit der Verzögerung des Verfahrens Zeit, womit es seine Strategie auf dem Markt durchsetzen kann. Insgesamt ist die Feststellung des Vorhandenseins von Preisabschlägen nach § 24 Abs. 2 Nr. 3 TKG, die die Wettbewerbsmöglichkeiten der Wettbewerber beeinträchtigen, nicht leicht.

Die RegTP stellte in ihrer ersten DSL-Entscheidung weder die Marktbeherrschung[810]noch das Vorhandensein der Abschläge - weder bei den einmaligen Bereitstellungsentgelten, noch bei den monatlichen Überlassungsent-gelten für das Produkt T-DSL-Anschluss im Bündel von ISDN-Anschlüssen bzw. ISDN-Anschlusspaketen - in Frage[811], obwohl sie ähnlich dem Bundeskartellamt[812], die Be-

---

[806] RegTP B vom 30.3.2001 – BK 3b-00/032 MMR 7/2001 S. 472 ff. und RegTP B vom 25.01.2002 – BK 3b-01/039.
[807] Dazu Herzinda, 2993.
[808] Dazu noch Möschel MMR 1/2001 S. 6.
[809] Siehe Monopolkommission, Sondergutachten 33, 2001 Tz. 142.
[810] RegTP BK 3b-00/032 Beschlussausfertigung S. 30 (s.o. Fn. 806).
[811] RegTP BK 3b-00/032 Beschlussausfertigung,S. 31ff.,(s.o. Fn. 806).

rechnung der Kosten, für problematisch hielt[813]. Trotz dieser Problematik kommt sie zur Schlussfolgerung, dass die festgestellten Abschläge nicht zu einer sachlich ungerechtfertigten Beeinträchtigung der Wettbewerbsmöglichkeiten von Konkurrenten führen würden.[814] Jedoch stellt die RegTP die Frage der Beeinträchtigung mit einer unschlüssigen Argumentation dahin und erhofft sich die Entspannung der Situation für TAL und für Kollokationsräume durch nicht konkretisierte Versprechen der DT AG[815]. Sie erwartet außerdem weitere positive Wirkungen für den Wettbewerb im Ortsnetz durch die Verpflichtungen der DT AG, Angebot auf Line-Sharing zu unterbieten[816]. Letztendlich legt die RegTP durch diese Entscheidung keine weiteren und konkreten Verpflichtungen der DT AG fest, und lässt die Preisschere durch die Selbstheilungskräfte des Marktes schließen[817].

Diese Art von Argumentation gegen die sachliche Rechtfertigung ist nicht nur - wie nach Auffassung der Monopolkommission[818] - juristisch unhaltbar, sondern auch, wie es die spätere Praxis gezeigt hat, irrational. Die DT AG ist nämlich nicht ihren unkonkreten Verpflichtungen nachgekommen und hat nur wenige TAL-Zugänge auf Basis von Line-Sharing oder auf die herkömmliche Weise realisiert. Inzwischen boomte aber die Verbreitung der T-DSL-Technologie und dadurch wurde die Bedeutung aller anderer Arten von Breitbandtechnologien, wie auch der Line-Sharing[819], relativiert. Dennoch blieb auch die Klage gegen die T-DSL II - Entscheidung der RegTP vor dem VG Köln erfolglos.[820]

cc) Umstrittene TAL-Rechtssprechung, 5 Jahre Wettbewerbsverhinderung

Neben unerwartet langsamer Entwicklung der alternativen Technologien, mangelnder Investitionsbereitschaft der Unternehmen und fehlender gesetzlicher Vorschriften für die Förderung des Infrastrukturwettbewerbs, belasteten auch fehlerhafte Regulierungsmaßnahmen die Entwicklung des Ortsnetzwettbewerbs. Inkonsistente, widersprüchliche oder hinausgezögerte Regulierungsentscheidungen erschwerten den Umstellungsprozess. Eine solche Entscheidungspraxis ist jedoch in solchen Teilbereichen des Telekommunikationsmarktes am schwerwiegendsten, wo aufgrund monopolistischer Bottelnecks oder unausreichender technologischer Entwicklungen Engpässe bestehen. Der prominenteste und zugleich wichtigste Fall einer solchen Entscheidungsinkonsistenz – wie die Monopolkommission es genannt hat[821] – ist die über 5 Jahre lang vorhanden gewesene Kosten-Preis-Schere bei analogen Teilnehmeranschlussleistungen.

---

812 RegTP BK 3b-00/032 Beschlussausfertigung,S. 18 ff.(s.o. Fn. 806).
813 Andeutungen RegTP B vom BK 3b-00/032 Beschlussausfertigung S. 37, 39
814 RegTP BK 3b-00/032 Beschlussausfertigung, S. 440 (s.o. Fn. 806).
815 RegTP BK 3b-00/032 Beschlussausfertigung S. 45 (s.o. Fn. 806).
816 Siehe RegTPBK 3c-00/029.
817 RegTP BK 3b-00/032 Beschlussausfertigung S. 48 (s.o. Fn. 806).
818 Monopolkommission, Sondergutachten 33, 2001 Tz. 95.
819 Monopolkommission SG, 2003 Tz. 43.
820 VG Köln B. vom 31.07.2003 1 K 1246/02.
821 Monopolkommission, Sondergutachten 39, 2003 Tz. 142.

cca) Zugang zur entbündelten Teilnehmeranschlussleitung

Wegen der nicht durchgeführten Separierung des Netzeigentums der ehemaligen DBP und der unausreichenden Entwicklungen der alternativen Ortsnetzinfrastrukturen, kam der Nutzung der Teilnehmeranschlussleitung, vor allem in der Startphase nach der Marktöffnung, eine große Bedeutung zu. Die neuen Wettbewerber benötigten nämlich auch neben dem Aufbau ihrer eigenen Infrastrukturen ergänzend die Vorleistungen der DT AG, z.B. zur Anbindung ihrer Zentralstationen[822]. Die alternativen Netzbetreiber waren - und sind immer noch - auf die Teilnehmeranschlüsse der Deutschen Telekom angewiesen[823].

Nach § 35 TKG i.V.m. § 33 Abs. 1 TKG muss ein Unternehmen, das über eine marktbeherrschende Stellung[824] auf dem Markt für Bereitstellung der Ortsnetzzugänge, insb. für Bereitstellung der festen, öffentlichen Telefonanschlüsse, verfügt, den Wettbewerbern Zugang[825] zu ihren Teilnehmeranschlüssen gewähren, solange diese intern genutzten oder auf dem Markt angebotenen Leistungen wesentlich[826] sind. Nach § 33 Abs. 1 S. 1 TKG sollen die Bedingungen für die Zugangsgewährung mit den Bedingungen gleichgestellt sein, unter denen das verpflichtete Unternehmen diese Leistungen, um seine Dienste anzubieten, nutzt. Ungünstigere Bedingungen können nur aus einem sachlich gerechtfertigten Grund[827] eingeordnet werden. Nach dem Stand des Wettbewerbs von 1996 bis heute gilt die Deutsche Telekom auf dem Markt für Bereitstellung der TAL als Alleinanbieterin[828] und unterliegt diesen Verpflichtungen.

Die zu gewährenden Teilnehmeranschlüsse sollten, entsprechend der Nachfrage, am Markt vollständig entbündelt[829] angeboten werden, womit die Wettbewerber einen Zugang zu dem „blanken Draht" der DT AG bekommen können. Dieses Endbündelungsgebot für den Zugang zu Teilnehmeranschlussleitungen wurde nicht direkt im TKG, sondern in § 2 S. 2 NZV ausdrücklich festgesetzt. Diese Verordnung ist seit dem 24.Okt 1996 in Kraft, wodurch Deutschland zu den europäischen Vorreitern zählt, bei denen entbündelter Zugang ermöglicht wird. Trotz dieses Gebots musste das Bundesministerium für Post und Telekommunikation mit einer Anordnung[830] im Mai 1997 die Deutsche Telekom zur Entbündelung verpflichten, weil die Deutsche Telekom ihren Wettbewerbern den Zugang zu Teilnehmeranschlüssen nicht am Hauptverteiler - wie sie nachfragten - ermöglichen wollte, sondern an weiteren über-

---

[822] RegTP, Ortnetzwettbewerb, 2000, S. 37.

[823] Vgl. RegTP, Ortsnetzwettbewerb, 2000 S. 35, Monopolkommission, Sondergutachten 29, 1999 Tz. 25.

[824] Die Abweichung des deutschen Telekommunikationsrechts von dem europäischen SMP-Prinzip ist in diesem Fall irrelevant.

[825] Der Zugang zur Teilnehmeranschlussleitung ist ein Fall des besonderen Netzzuganges i.S.v. § 35 Abs. 1 S. 2 TKG.

[826] Nach den Grundsätzen der Essential-Facility-Doktrin sind die Leistungen dann wesentlich, wenn sie weder vorhanden noch duplizierbar sind. Über die Auslegung des Begriffs „wesentliche Leistung" siehe Entscheidung der RegTP B vom 7.6.2000 – BK 3-2-99/033 MMR 8/2000 S. 500.

[827] Dazu siehe Art. 3 Abs. 2 der Richtlinie 90/387/EWG (s.o. Fn. 403).

[828] Vgl. Monopolkommission, Sondergutachten 29, 1999 Tz. 49.

[829] Die Entbündelung richtet sich nach der Nachfrage, d.h. keine Leistungen sollen abgenommen werden, die nicht nachgefragt worden sind. Siehe Haas C., 2000, S. 57 oder Geppert in: Geppert/Kerkhoff/Pipenbrock/ Schütz/Schuster, 2002, Tz. 293.

[830] BMPT B. 223a vom 28.5.1997

tragungstechnischen Einrichtungen (sog. V5).[831] Jedoch liegt der Sinn der Entbündelung gerade darin, dass den Wettbewerbern nicht Leistung aufgezwungen werden können, die sie nicht benötigen.

Durch die Entbündelung wird den Wettbewerbern eine Möglichkeit gegeben, eigene, von den angebotenen Leistungen des Netzinhabers unabhängige, attraktive Leistungen anzubieten, mit Hilfe von Technologien und Einrichtungen, die sie verwenden wollen.[832] Dadurch können die Wettbewerber nicht nur Kosten sparen, weil der Netzeigentümer kein Entgelt für übertragungs- und vermittlungstechnische Einrichtungen erheben kann, die nicht unmittelbar in Anspruch genommen werden[833], sondern auch innovativ denken und handeln.

ccb) TAL-Tarife als Kostenfaktor und Konkurrenzpreis

Die Höhe der Zugangsentgelte für Teilnehmeranschlussleitungen ist für die Wettbewerber – wie schon oft zuvor angemerkt – von erheblicher Bedeutung. Die TAL-Miete ist für die Wettbewerber ein wichtiger Kostenfaktor, neben ihren Errichtungs-, Produktions- und Servicekosten. Auch die Investitionen in die Infrastruktur zählen zu den Gesamtkosten eines Unternehmens[834]. Jedoch muss ein Unternehmen seine Endkundenpreise so setzen, dass es einerseits seine Gewinnabsichten - mindesten mittelfristig - verwirklichen kann, andererseits im Vergleich mit den Diensten bzw. Tarifen von anderen Unternehmen noch für die Kunden attraktiv sein kann. Wegen dieses Aspektes sind für die Wettbewerber auch diejenigen Preise relevant, die andere Konkurrenten von den Endkunden für TAL-Miete verlangen. Verschiedene Studien[835] haben darauf hingewiesen, dass je kleiner die Marge zwischen dem TAL-Vorleistungspreis und dem monatlichen Grundentgelt der Endkunden für einen Telefonanschluss ist, umso geringer der Marktanteil alternativer Anbieter im Ortsnetz ausfällt.

Ohne diese These beweisen zu wollen, wird im folgenden auf die Marge zwischen den Vorleistungs- und Endkundentarifen für die monatliche Miete des Teilnehmeranschlusses eingegangen.

ccc) Missbrauch durch unangemessene Vorleistungspreise

Die Deutsche Telekom ist also verpflichtet, ihre Teilnehmeranschlüsse den Wettbewerbern für den Preis zur Verfügung zu stellen, wofür sie diejenige beim Angebot ihrer Kommunikationsdienste nutzt. In der Praxis bestand aber bis Mai 2003 ein Preisunterschied zwischen der Monatsmiete der Wettbewerber für die entbündelte Teilnehmeranschlussleitung auf der Basis eines einfachen Kupferdoppeladers (Vorleistungspreis) und den monatlichen Grundgebühren der Endkunden für einen analogen

[831] Ein anschauliches Bild findet man über die Problematik bei Haas C., 2000, S. 54

[832] Dazu noch Haas C., 2000, S. 55 ff.

[833] Dazu noch Haas C., 2000, S. 56.

[834] Im Gegenteil zu den Newcomern, fallen bei dem eingesessenen Ex-Monopolisten sowohl die Mietkosten als auch ein großer Teil der Infrastrukturinvestitionen aus.

[835] Auf eine Studie der Europäischen Kommission weist auch die RegTP in Ortsnetzwettbewerb, 2000 S. 37 hin, nennt jedoch keine Fundstelle.

Teilnehmeranschluss, zulasten des Vorleis-tungspreises[836]. Diese Erscheinung nennt man in der Literatur Kosten-Preis-Schere[837]. Die Gefahr des Vorliegens einer Kosten-Preis-Schere und ihrer marktzutrittsverhindernden Wirkung war sowohl den Betroffenen[838]- wie es auch die am 18.03.1999 vor der Europäischen Kommission erhobene Klage[839] der Mannesmann Arcor AG & Co. zeigt - als auch den Wettbewerbshütern[840] schon früh bekannt.

Obwohl die Wettbewerbshüter, vor allem die Monopolkommission, sich stark gegen diese äußerst unerfreuliche, wettbewerbsverhindernde Entwicklung im deutschen Ortnetzwettbewerb protestierten, blieb das Problem der Kosten-Preis-Schere bis zur Genehmigung des Entgeltantrags[841] der Deutschen Telekom am 19.12.2002 ungelöst. Interessanterweise bemühte sich die Deutsche Telekom selbst um die Behebung des gesetzeswidrigen Zustandes, obwohl sie eigentlich die rechtwidrigen Preise auf dem Markt gesetzt hatte, weil sie sich vor dem negativen Ausgang des eingeleiteten Missbrauchsverfahrens der Europäischen Kommission[842] fürchtete. (Die folgende Darstellung basiert grundsätzlich auf dem Missbrauchsverfahren der Europäischen Kommission nach Art. 82 Buchstabe a) EGV gegen die Deutsche Telekom COMP/C-1/37.451, 37.578, 37.579-DT, K(2003) 1536 vom 21.05.2003, wobei auch die Einzelheiten der TAL-Entscheidungen der RegTP mitberücksichtigt werden.)

i) Definition der Kosten-Preis-Schere und Problematik des Preisvergleichs

Nach der Definition der Europäischen Kommission existiert zwischen Vorleitungs- und Endkundenpreisen dann eine Preis-Kosten-Schere, wenn zwischen den beiden Entgeltebenen ein Missverhältnis besteht, das zu einer Wettbewerbsbeschränkung führt[843]. Falls die Vorleistungsentgelte höher als die Endkundenentgelte sind, können die Wettbewerber der Deutschen Telekom unter keinen Umständen Gewinne erzielen – meinte die Kommission – wodurch die DT AG ihre Wettbewerber daran hinderte, Zugangsdienste über den Teilnehmeranschluss anzubieten. Außerdem zwingt sie dazu, ihre verlustbringenden Zugangsdienste „gleichfalls“ durch höhere Einnahmen aus den Telefongesprächen auszugleichen[844]. Eine Kosten-Preis-Schere ist jedoch nicht einfach zu berechnen.

---

[836] Siehe Monopolkommission, Sondergutachten, 29. 1999 Tz. 26, Monopolkommission, Sondergutachten 33, 2001 Tz. 47 und 105, Monopolkommission, Sondergutachten 39, 2003 Tz. 33.

[837] RegTP B vom 9.201998 - BK 4a A 1130 MMR 9/1998 S. 501 ff.

[838] RegTP, Ortsnetzwettbewerb, 2000 S. 37 Tz 6.1.1.

[839] COMP/C-1/37.451, 37.578, 37.579-DT, K(2003) 1536 vom 21.05.2003, Einführung. Diese Entscheidung ist Gegenstand einer beim Gericht erster Instanz der Europäischen Gemeinschaften anhängigen Nichtigkeitsklage der Deutschen Telekom AG gegen die Kommission. Das Verfahren trägt die Rechtssachennummer T-271/03, die Klagemitteilung wurde im Amtsblatt C (2003) Nr. 264, S. 29, veröffentlicht. Bisher gibt noch keinen Termin für eine mündliche Verhandlung, jedoch der Antrag der Streithelferinnen auf vertrauliche Behandlung wurde am 15.06.2006 teilweise stattgegeben.

[840] Monopolkommission, Sondergutachten 29, 1999 Tz. 25 ff.

[841] RegTP B vom 19.12.2002 – BK 2a 02/028, Pressemitteilung der RegTP von 20.12.2002.

[842] COMP/C-1/37.451, 37.578, 37.579-DT, Dazu noch Monopolkommission, Sondergutachten 39, 2003. Tz. 98 ff.

[843] COMP/C-1/37.451, 37.578, 37.579-DT, Tz. 105.

[844] COMP/C-1/37.451, 37.578, 37.579-DT, Tz. 102 und 103.

Zunächst ist fraglich, ob regulatorisch fixierte Entgelte dem Kosten-Preis-Schere-Test unterzogen werden können, was die Europäische Kommission bejaht hat[845], weil ihrer Meinung nach, die Schere wegen des unternehmerischen Freiraumes des preisregulierten Unternehmens aus eigener Initiative zu vermeiden sei. Dies heiße gleichzeitig, dass fehlerhafte regulatorische Entscheidungen nicht von der unternehmerischen Verantwortung befreien.

Andererseits war es umstritten, ob die Monatsmiete der Wettbewerber und die Grundgebühren der Endkunden miteinander vergleichbar seien, ob sie zumindest ähnliche technische Merkmale aufwiesen und ob sie die Erbringung derselben oder ähnlicher Dienste ermöglichten[846]. Die Kommission hält diese Entgelte für vergleichbar[847]. Bei der Ermittlung verwendet sie einen gewichteten Ansatz für die Preise und Kosten, bei dem sämtliche Formen des Endkunden-Teilnehmerzugangs – sowohl die analoge, die ISDN-, als auch die DSL-Form – zusammengefasst auf der Grundlage der Anzahl der jeweiligen Varianten mitberücksichtigt werden[848]. Die Entgelte für die vollständige Entbündelung werden als Inputkosten den verschiedenen, durch den Vorleistungszugang ermöglichten, Endkundenzugangsdiensten zugeordnet. Nach der Ermittlungsmethode der Kommission sollte die Höhe der Differenz zwischen den Endkundenentgelten des marktbeherrschenden Unternehmens und dem Vorleistungsgeld gemessen werden.

Eine Kosten-Preis-Schere ist nach der Kommission dann anzunehmen, wenn diese Differenz entweder negativ ist oder nicht ausreicht, um die produktspezi-fischen Kosten des marktbeherrschenden Betreibers für die Erbringung seiner eigenen Endkundendienste im nachgeordneten Markt zu decken[849]. Dieser Zusammenhang kann so verdeutlicht werden: Die Deutsche Telekom übt also dann - nach Ansicht der Kommission - einen missbräuchlichen Margendruck aus, wenn die Differenz zwischen dem Endkundenentgelt und dem Entgelt für das vollständig entbündelte Vorleistungsprodukt (PEndkunden – PVorleistung), zusammen mit den spezifisch nachgeordneten Kosten (KProduktion), die Wettbewerber nicht in die Lage versetzt, ihre eigenen Endkunden-Zugangsdienste anzubieten, ohne dabei Verluste zu machen.

ii) Sachverhalt

Um diese Differenz zwischen dem Endkundenentgelt und dem Vorleistungsentgelt für die Teilnehmeranschlussleitung seit der Marktöffnung in Deutschland zu ermitteln, muss man die Entscheidungen der RegTP bezüglich der Entgelte für den Zugang zu DT AG-Teilnehmeranschlussleitungen und die Entscheidungen bezüglich der Entgelte für das Angebot von Sprachtelefondiensten im Rahmen der Lizenzklasse 4 parallel verfolgen. Entsprechend der Aufteilung der Tätigkeitsbereiche der Regulierungsbehörde gehören die Vorleistungsentgelte zur Zuständigkeit der Beschlusskammer 4, und die ex-ante-Price-Cap - Entscheidungen hat die Beschlusskammer 3 zu treffen.

---

[845] COMP/C-1/37.451, 37.578, 37.579-DT, Tz. 105.
[846] Fragestellung: COMP/C-1/37.451, 37.578, 37.579-DT, Tz. 109.
[847] COMP/C-1/37.451, 37.578, 37.579-DT, Tz. 110.
[848] Basis COMP/C-1/37.451, 37.578, 37.579-DT,Tz. 106.
[849] Vgl. COMP/C-1/37.451, 37.578, 37.579-DT, Tz. 107.

α) Vorleistungsentgeltgenehmigung durch BK 4 der RegTP

Erstmalig genehmigte die BK 4 die Vorleistungsentgelte für den Zugang zu TAL im März 1998, wonach sie den vorigen Entgeltantrag der DT AG in Höhe von 14,73 EUR, wegen eines aufgrund marktbeherrschender Stellung durchsetzbaren Aufschlages (TKG §§ 39, 25 Abs. 1, 27 Abs. 1 Nr. 1, 24), als nicht genehmigungsfähig zurückwies[850]. Mit dem Beschluss[851] vom 09.03.1998 genehmigte die Behörde das monatliche Entgelt für die Miete der analogen TAL in Höhe von 10,56 EUR, was überwiegend mit der 5. Alternative der Kostenrechnung der RegTP übereinstimmt[852]. Diese Alternative wurde anhand einer niedrigeren Verzinsung und einer längeren Abschreibungszeit berechnet, die maßgeblich von der auf traditionellem Kostenrechnungssystem basierenden Kalkulation der DT AG abwich[853].

Am 08.02.1999, nach mehrmalig zurückgezogenen Anträgen der DT AG, erhöhte die BK 4 dieses Entgelt auf 12,99 EUR[854], wobei das Entgelt für die einmalige Neuschaltung und Übernahme von Leitungen gesenkt wurde. Es wurde auch ein Entgelt für Kündigungen vereinbart. Dieses Entgelt blieb für 2 Jahre, bis April 2001 in Geltung. Obwohl dieses Entgelt immer noch unter dem Niveau des durch die DT AG beantragten Entgeltes lag, überschritt es offensichtlich um 2,5 EUR das vor knapp einem Jahr ermittelte theoretische Entgelt der RegTP. Die Grundlage für die Entgeltermittlung bot der RegTP das WIK- Ortsnetzkostenmodell, weil durch dieses Modell der durchschnittliche Investitionswert der Teilnehmeranschlussleitungen besser ermittelbar war[855], und ein besserer Überblick über die Kostenfaktoren der DT AG geschaffen werden konnte.

Am 30. März 2001 wurde erst mal das monatliche TAL-Entgelt auf 12,48 EUR gesenkt[856]. Diese Entscheidung der RegTP wurde im wesentlichen auf das analytische Kostenrechnungssystem[857] des WIK - Instituts gestützt, welches das vorherige Ortsnetz-Kostenmodell weiterentwickelt hatte[858]. Diese Kostenkalkulation nähert sich mehr der durch die Europäische Kommission empfohlene LRIC-Methode[859]. Schließlich reduzierte am 30.April 2003 die RegTP das monatliche Entgelt auf 11,80 EUR[860], wodurch das Vorleistungsentgelt für analoge TAL zum ersten mal in der „modernen" Entgeltgenehmigungsgeschichte Deutschlands mit 0,02 cent unter der Endkundengebühr für monatliche TAL-Miete lag.

β) Entgeltgenehmigung für Sprachtelefonie durch BK3 der RegTP

Die Ermittlung der Endkundenpreise für die Miete der analogen TAL ist ein wenig komplizierter, weil die Entscheidungen der RegTP diesbezüglich, wegen des Price-

---

850 RegTP B vom 9.2.1998 – BK 4a 113/E2312.97, MMR 9/1998 S. 500 ff.
851 RegTP BK 4a 1130/E2312.97 (s.o. Fn. 850).
852 RegTP B v. 9.3.1998 - BK 4a 1130/E2312.97, Beschlussanfertigung S. 11 ff (s.o. Fn. 850).
853 Vgl. COMP/C-1/37.451, 37.578, 37.579-DT, Tz. 18 mit RegTP B vom 9.2.1998 – BK 4a A 1130, MMR 9/1998 S. 503.
854 RegTP B vom 8.2.1999 BK 4e-98-024/E 21.09.98 (s.o. Fn. 850).
855 Siehe RegTP B vom 8.2.1999 BK 4e-98-024/E 21.09.98, Beschlussanfertigung S. 25 ff.
856 RegTP B vom 30.3.2001 BK 4a-01/001/E 19.01.01.
857 WIK Analistischer Kostenmodell, Amtsblatt der RegTP 21/2000 vom 8.11.2000.
858 Siehe RegTP B vom 30.3.2001 BK 4a-01/001/E 19.01.01 Beschlussausfertigung S. 19.
859 COMP/C-1/37.451, 37.578, 37.579-DT, Tz. 24.
860 RegTP B vom 30.4.2003 BK4a-03-010/E19.02.03.

Cap neben den Anschlussdiensten mehrere Endkundenleistungen beinhalten. Das erste Price-Cap-System in der modernen Entgeltgeschichte stammte vom Bundesministerium für Post und Telekommunikation (im weiteren: BMPT) und wurde durch die RegTP übernommen und bis zur sog. 2. Price-Cap-Periode im Jahre 2002 verwendet. Das BMPT hat 1997 zwei Körbe gebildet. Dem einen hat es die festnetzbezogenen Dienstleistungen für Privatkunden, dem anderen die Dienstleistungen für die Geschäftskunden zugeordnet[861]. In beiden Körben waren sowohl Zugangsleistungen – für analoge und ISDN-Standardanschlüsse – als auch die gesamten Kommunikationsangebote der DT AG im Fernbereich – Orts-, Regional-, Fern- und Auslandsgespräche sowie Gespräche über Satellit und die Optionstarife enthalten[862].

Nach dem Beschluss des BMPT, sollte die DT AG ihre Entgelte jeweils für beide Körbe innerhalb von 2 Jahren um 4,3% senken[863]. Nach Ablauf dieser Periode behielt die RegTP die Korbbildung bei und schrieb eine weitere Senkung des Preisniveaus zwischen 01.01.2000 und 31.12.2001 um 5,6%[864] vor. Die DT AG konnte entsprechend dem angegebenen Korbniveau die Tarife für die einzelnen Leistungen frei bestimmen, jedoch durfte sie die vorgeschriebenen „Preisobergrenzen" nicht überschreiten. Ihren Gestaltungsraum nutzend, bot die DT AG vom 01.01.1998 bis Anfang 2002 ihre analoge TAL für 10,93 EUR den Endkunden an, wobei sie ihre ISDN-Standardanschlüsse erst einmal für 20,45 EUR und ab dem 01.04.2000 für 19,78 EUR auf den Markt brachte. Bezüglich der Grundgebühren für die analoge TAL gab die DT AG selbst mehrmals zu, dass die Gebühren die Kosten der Bereitstellung nicht deckten. Sie gleiche die entstandenen Defizite – so die DT AG - durch Einnahmen aus Fernsprechgebühren aus[865].

Nach den Erfahrungen dieser ersten Price-Cap-Periode, die mit ständiger Kritik sowohl von der Seite der Wettbewerber als auch der Seite der Monopolkommission und des Bundeskartellamtes begleitet war, änderte die RegTP die Leistungskörbe[866]. Mit der Argumentation des § 1 Abs. 2 TEntgV trennte sie die Anschlusspreise vom Korb der Gesprächsentgelte. Es wurden insgesamt vier Körbe[867], einer mehr als geplant[868], gebildet: Korb A für Anschlussleitungen, Korb B für Ortsgespräche, Korb C für Ferngespräche und Korb D für Auslandsgespräche. Infolgedessen hätte die DT AG eine gute Gelegenheit gehabt, ihre Tarife umzustrukturieren und das bestehende Anschlusskostendefizit zu beheben. Jedoch war sie an eine vorige Entscheidung der Beschlusskammer 2 vom 21.12.2001 gebunden[869]. Diese Maßgrößen waren vom 01.01.2002 bis zum 31.12.2004 festgelegt. Sie hat von dieser Chance teilweise auch Gebrauch gemacht und hob ab Mai 2002 die Grundgebühren für analoge TAL auf 11,49 EUR und für den ISDN-Anschluss auf 20,24 EUR an.[870] Schließlich erhöhte

---

[861] Vgl. COMP/C-1/37.451, 37.578, 37.579-DT, Tz. 34.
[862] Vgl. COMP/C-1/37.451, 37.578, 37.579-DT, Tz. 34.
[863] BMPT B. vom 17.12.97 Mitteilung 202/1997 Amtsblatt BMPT 34/97 S. 1891
[864] RegTP B vom 23.12.1999 BK 2c 99/050
[865] z.B. COMP/C-1/37.451, 37.578, 37.579-DT, Tz 39
[866] Siehe COMP/C-1/37.451, 37.578, 37.579-DT, Tz 42 vgl. mit RegTP, Eckpunkte, 2002 vom 23.Mai. 2001.
[867] Obwohl die RegTP über die Bildung getrennter Körbe für die Anschlüsse und die Ortsgespräche im 2001 noch nicht entschlossen war, vgl. RegTP, Eckpunkte, 2002 vom 23.Mai. 2001 S. 2.
[868] RegTP Eckpunkte, 2002 vom 23.Mai. 2001 S. 2.
[869] RegTP B vom 21.12.2001 BK 2c 01/009.
[870] RegTP B vom 13.03.2002 BK 2a 02/001.

die DT AG am 19.12.2002[871] die Grundgebühren für analoge TAL auf 11,82 EUR, womit sie den Unterschied zwischen Vorleistungs- und Endkundenpreis für die analoge Teilnehmeranschlussleitung ausglich, auch wenn ihr das beantragte Erhöhungsniveau nicht im Ganzen genehmigt wurde[872]. Diese Entgelte sollten nach der Entscheidung[873] der Beschlusskammer 2 bis zum 31.4.2004 gelten.

Um die Veränderungen zu verdeutlichen, stellt die folgende Tabelle die Höhe der verschiedenen Entgelte, einschließlich der nicht unter die ex-ante-Preisgenehmigung fallenden DSL-Gebühren, dar.

[871] RegTP B vom 19.12.2002 BK 2a 02/028.
[872] Anstatt der zugelassenen Preiserhöhung von 0,33 EUR, hat die DT eine Erhöhung von 0,99 EUR beantragt. Siehe COMP/C-1/37.451, 37.578, 37.579-DT, Tz. 45
[873] RegTP B v. 19.2.2002 BK 2a 02/028, Beschlussausfertigung, S. 3.

Tabelle Nr. 10

Entgelte der Deutschen Telekom für Vorleistungen und Endkundenleistung bezüglich der TAL

Gültigkeit der Entgelte	Vorleistungsentgelte in EUR		Endkundenentgelte in EUR		
	Ex-ante Einzelgenehmigung		Ex-ante Price-Cap-Reg		Ex-post-R
	Mon. Entgelt für CuDA 2Dr	Einmalige Entgelte (EE)	GrundGeb. für Analog	GrundGeb. für ISDN	GrundGebühr für DSL
9.3.1998	10.56	N: 309,84 Ü: 135,49 K: -		20,45 EEÜ: 22,22 EEN:44,45 EEK: -	
10.2.1999					
7.1999					ü ISDN: 22,47 EE: 100,93
1.4.2000		N: 100,50			
7-12. 2000	12,99	Ü: 97,99 K: 55,07	10,93 EEÜ: 22,22 EEN: 44,45 EEK: -		ü Analog: 13,17 ü ISDN: 6,56 EEN: 44,46
1-2.2001					
1.4.2001		N: 86,51 Ü: 92,59		19,78	ü Analog: 17,59 ü ISDN: 8,77
25.2.2002		K*: 38,06			
1.4.2002					ü Analog: 17,23
1.5.2002					ü ISDN: 11,2
1.7.2002	12,48		11,49 EEÜ:22,22 EEN: 44,45 EE-K: -	20,24 EEÜ: 22,22	EEN: 64,61
19.12.202		N: 81,12		EEN: 44,45	
1.2.2003		Ü: 70,56		EEK: -	ü Analog:29,05
1.5.2003	11,80	K*:34,94	11,82€		EEN: 86,16

*Dieses Entgelt gilt für die Kündigung der einfachen Übernahme. Für die Kündigung von Neuschaltungen mit Arbeiten am Kabelverzweiger gelten andere Entgelte.

Abkürzungen:

EE: Einmalige Entgelte	N: Entgelte für Neuschaltung
ü: über	Ü: Entgelte für Übernahme
ISDN-S: ISDN Mehrgeräte Standard	K: Entgelte für Kündigung

ccd) Bewertung der TAL - Entscheidungen

Bei der Bewertung dieser Entscheidungsreihe muss man zunächst auf die Probleme der unterschiedlichen Regulierungsarten der Vorleistungs- und Endkundenentgelte und auf die zuständigen Beschlusskammern eingehen. Dann muss man prüfen, ob die geltenden europarechtlichen Vorgaben in Deutschland hinreichend angewendet und durchgesetzt worden sind und welche Wirkungen die Entscheidung der Europäischen Kommission gegen die Deutsche Telekom auf die deutsche Regulierung hatten.

i) Unterschiedliche Regulierung von Vorleistungs- und Endkundenpreisen

Bei der Bewertung muss man zuerst die Unterschiede der Preisregulierung bei diesen zwei Leistungsarten ansprechen. Während sowohl die Vorleistungspreise als auch die Endkundenpreise der Ex-Ante-Preisregulierung nach dem TKG unterliegen, werden die Vorleistungspreise jedoch nach § 27 Abs. 1 Nr. 1 TKG einzeln genehmigt und die Endkundenpreisen in Price-Caps nach § 27 Abs. 1 Nr. 2 TKG.

α) Ex-ante Einzelgenehmigung für Vorleistungspreise

Die für den Zugang zum entbündelten TAL erhobenen Entgelte - sowohl die monatlichen, als auch die einmaligen Entgelte für Übernahme oder Neuschaltung - unterliegen gemäß § 25 Abs. 1 i.V.m. § 27 Abs. 1 Nr. 1 TKG der Vorabgenehmigung der Regulierungsbehörde[874]. Dementsprechend muss die marktbeherrschende Deutsche Telekom ihre beabsichtigten Vorleistungsentgelte nach § 28 Abs. 1 TKG bei der RegTP schriftlich vorlegen. Die RegTP muss im Rahmen eines Einzelgenehmigungsverfahrens nach § 27 Abs. 1 Nr. 1 TKG prüfen, ob die beantragten Preise den Kosten der effizienten Leistungsbereitstellung gemäß § 27 Abs. 2 und 3 i.V.m. § 24 TKG entsprechen. Die Kostenunterlagen, die teilweise sensible Geschäftsdaten erhalten, sind nach § 2 TEntgV zu gestalten.

Im Rahmen der Entgeltgenehmigung muss die RegTP binnen 6 Wochen nach Eingang der Entgeltvorlage (§ 28 Abs. 2 TKG) ermitteln, ob und inwieweit die beantragten Entgelte sich an den Kosten der effizienten Leistungsbereitstellung i.S.d. § 3 Abs. 2 TEntgV orientieren. Zu prüfen ist auch, ob diese Entgelte aufgrund der marktbeherrschenden Stellung durchsetzbare Aufschläge beinhalten (§ 27 Abs. 2 TKG i.V.m. § 24 Abs. 2 Nr 1. TKG). Bei der Entgeltprüfung ist der RegTP gemäß § 3 Abs. 3 TEntgV auch Benchmarking möglich, d.h., dass sie zusätzlich zur Beurteilung

[874] Dazu siehe RegTP B vom 9.2.1998 –BK 4a A 1130 MMR 9/1998 S. 500 ff.; VG B vom 18.8.1997 oder protokollierte Hinweise des OVG im MMR 2/1998 S. 98 ff.

auch Preise und Kosten von vergleichbaren Märkten heranziehen kann[875]. Falls die Entgelte den Kostenmaßstäben nicht entsprechen, sind sie zu untersagen. Weiterhin sind die Entgelte auch dann zu untersagen, wenn sie offenkundig die Wettbewerbsmöglichkeiten anderer Unternehmen beeinträchtigende Abschläge beinhalten (§ 27 Abs. 3 i.V.m. § 24 Abs. 2 Nr. 2 TKG) oder diskriminierend sind (§ 27 Abs. 3 i.V.m. § 24. Abs. 2. Nr. 3 TKG). Als ultima Ratio sind die Entgelte auch dann zu versagen, wenn sie mit dem TKG oder mit anderen Rechtsvorschriften nicht im Einklang stehen (§ 27 Abs. 3 TKG). Im Sinne des § 29 TKG darf die DT AG, ein der Entgeltgenehmigung unterworfenes Unternehmen, ausschließlich von der RegTP festgesetzte Entgelte verlangen.

β) Ex-ante Price-Cap-Regulierung für Endkundenpreise

Im Gegensatz zu den Vorleistungsentgelten unterliegen die Entkundenpreise des analogen- und ISDN-Anschlusses gemäß § 27 Abs. 1 Nr. 2 TKG der ex-ante Price-Cap-Regulierung. Nach der Telekommunikations-Entgeltregulierungsverordnung (§ 1. Abs. 1 TEntgV) soll eigentlich die Price-Cap-Regulierung der Regelfall sein und die Einzelgenehmigung nur in Ausnahmefällen angewendet werden. Die Endkundenpreise für einen T-DSL-Anschluss waren bislang nicht genehmigungsbedürftig, sie können aber einer nachträglichen Preisregulierung unterworfen werden, falls nach § 30 TKG Tatsachen bekannt werden, die vermuten lassen, dass die Entgelte nicht den Maßstäben der Kosten einer effizienten Leistungsbereitstellung genügen.

Im Sinne des § 27 Abs. 1 Nr. 2 TKG werden also die analogen- und ISDN-Anschlussgebühren für Endkunden nicht einzeln, sondern mit anderen, zu gleicher Lizenzklasse gehörenden Diensten in einem Korb zusammengefasst genehmigt, vorausgesetzt, dass sich die erwartete Wettbewerbsstärke dieser Dienstleistungen nicht wesentlich unterscheidet (§ 1. Abs. 2 S. 2 TEntgV). Bei der Price-Cap-Regulierung hat die RegTp erst einmal den Inhalt der verschiedenen Körbe nach § 1 Abs. 2 S. 1 TEntgV zu bestimmen, den sie gegebenenfalls nach § 4 Abs. 5 TEntgV auch ändern kann. Dann muss sie für die verschiedenen Körbe das Ausgangspreisniveau gemäß § 4. Abs. 1 TEntgV und eine Maßgröße für die Genehmigung (§ 4 Abs. 2, 3 und 4 TEntgV) feststellen und ihre Geltungsdauer nach § 4 Abs. 5 TEntgV bestimmen.

Der Regulierungsbehörde steht jedoch für diese Entscheidungen nur ein sehr kurzer Zeitrahmen[876] zur Verfügung. Falls die vorgegebenen Maßgrößen eingehalten werden, muss sie gemäß § 5 Abs. 4 TEntgV binnen 2 Wochen über jeden Entgeltantrag entscheiden[877]. Ihr stehen auch weniger Kostenunterlagen zur Verfügung als bei einer Einzelpreisgenehmigung. Während § 2 TEntgV eine lange Liste der einzureichenden Unterlagen für die Einzelpreisgenehmigung vorschreibt, ist § 5 TEngtV bezüglich der vorzulegenden Unterlangen für die Price-Cap-Regulierung bedeutend milder. Zwar muss das regulierte Unternehmen praktisch alle Unterlagen der RegTP vorlegen, welche notwendig sind, um eine Maßgröße-Prüfung zu

[875] Vgl. RegTP B vom 9.2.1998 –BK 4a A 1130 MMR 9/1998 S. 501.
[876] Vgl. Monopolkommission, Sondergutachten 33, 2001 Tz. 120.
[877] Eine 4-wöchige Fristverlängerung ist ähnlich zur Einzelpreisgenehmigung auch bei der Price-Cap-Regulierung möglich. § 28 Abs. 2 S. 2 TKG.

ermöglichen, jedoch ist eine Konkretisierung der Materialen im TEntgV nicht zu finden.

Bezüglich der Kostenorientierung gibt es bei der Price-Cap-Regulierung auch mildere Anforderungen, als bei der Einzelpreisgenehmigung. Nach § 27 Abs. 2 S. 2 TKG gilt der Maßstab, dass die Entgelte keine Aufschläge i.S.d. § 24 Abs. 2 Nr. 1 TKG enthalten, als erfüllt, vorausgesetzt, dass die vorgegebenen Maßgrößen eingehalten werden. Zu überprüfen bleibt, ob die Price-Cap-Entgelte nicht offenkundig missbräuchliche Abschläge oder anderweitige Diskriminierungen gemäß 24 Abs. 2 Nr. 2 und 3. TKG enthalten oder gegen das TKG bzw. andere Rechtsvorschriften verstoßen. Diese Prüfung findet durch die sog. Offenkundigkeitsprüfung[878] statt.

γ) Vorteile und Gefahren der Price-Cap-Regulierung

Entscheidender Vorteil der Price-Cap-Regulierung gegenüber der Einzelpreisgenehmigung ist, dass durch Price-Cap-Regulierung den betroffenen Unternehmen eine größere Flexibilität in der Preisgestaltung verliehen wird[879], weil durch diese Art von Regulierung nicht die einzelne Preisstruktur, sondern das Preisniveau der Dienste geregelt wird. Dadurch wird die sog „unternehmerische Suche nach innovativen Preisstrukturen" nicht verhindert[880]. Zu den Vorteilen wird auch gezählt, dass der Informationsbedarf der Regulierungsbehörde bei der Price-Cap-Regulierung möglichst gering gehalten wird, wodurch auch der Regulierungsaufwand reduziert wird[881]. Außerdem werden die Preise zukunftorientiert, unter Einbeziehung der Inflations- und Produktivitätsentwicklungen genehmigt[882], nicht wie bei der traditionellen Tarifierung, wo die Kostenbezogenheit der Tarife eher vergangenheitsbezogen ist.

Auch bei der Preis-Cap-Regulierung besteht jedoch die Gefahr, dass sich das Ausgangspreisniveau der Preiskörbe nicht 100%-ig an den Kosten der effizienten Leistungsbereitstellung orientiert. Weil die wichtigsten Endkundenpreise, wie etwa die TAL-Grundgebühren, noch von der Zeit vor dem Inkrafttreten des TKG stammen, ist diese Gefahr nicht auszuschließen[883]. Hinsichtlich der Korbzuschnitte verfügt zwar die Regulierungsbehörde über größeren Ermessenspielraum[884] bei der Price-Cap-Regulierung. Aber ihre falschen Auslegungen, z.B. bezüglich der Wettbewerbsstärke verschiedner Leistungen, können zu Marktgefährdungen führen[885].

Eine eventuelle Quersubventionierung kann bei Price-Cap-Regulierung auch einfacher auftreten, als bei der Einzelpreisgenehmigung. Durch die freie Preisgestaltung des marktbeherrschenden Unternehmens kann es vorkommen, dass

---

[878] Vgl. Monopolkommission Sondergutachten 33, 2001 Tz. 120.
[879] Vgl. Monopolkommission Sondergutachten 33, 2001 Tz. 118.
[880] Knieps 2001. S. 98 oder Gabelmann/Gross in Knieps/Brunekreeft, 2000, S. 94.
[881] Siehe Knieps 2001, S. 97
[882] Kunz in: Knieps/Brunekreeft, 2000, S. 52.
[883] Im Einzellfall dürfte noch nicht einmal klar sein, was die Kosten der effizienten Leistungsbereitstellung sind. Siehe Monopolkommission, Sondergutachten 33, 2001 Tz. 126.
[884] Monopolkommission Sondergutachten 33, 2001 Tz. 222.
[885] Vergeblich argumentierte z.B. die Monopolkommission für die Herausnahme der TAL-Dienste aus dem Dienstkorb seit 1999 bis 2002, Siehe Monopolkommission, Sondergutachten 33, 2001 Tz. 132.

es einige verlockende Leistungen für einen nicht kostendeckenden Preis anbietet und die entstandenen Defizite durch andere Dienste refinanziert, z.B. durch solche, die nicht der Entgeltregulierung unterliegen. Vor allem bei Verbundstrukturen, worüber auch die Deutsche Telekom verfügt, besteht „ein nahezu unerschöpfliches Reservoir von Behinderungsstrategien“[886].

δ) Entgelte für T-DSL unterliegen der nachträglichen Preisregulierung

Im Gegensatz zu den Vorleistungsentgelten und anderen Anschlussentgelten der Endkunden, unterlagen die Endkundenentgelte für DSL-Anschlüsse nicht der Ex-ante-Regulierung. Diese Entgelte wurden nach freiem Ermessen der Deutschen Telekom festgesetzt, wobei sie einer Ex-post-Regulierung nach § 25 Abs. 2 i.V.m. § 30 TKG unterzogen werden konnten, wie es auch bei den zwei DSL-Verfahren[887] geschah. Im Rahmen der nachträglichen Entgeltregulierung hat die RegTP nach ähnlichen Maßstäben zu entscheiden wie bei einer Einzelpreisgenehmigung. Sie kann jedoch das Unternehmen nach § 30 Abs. 4 TKG nur dazu auffordern, die Entgelte an die Kosten der effizienten Leistungsbereitstellung anzupassen. Auch kann die RegTP dem Unternehmen sein Verhalten nach § 30. Abs. 5 TKG untersagen oder die AGB des Unternehmens für unwirksam erklären.

ii) Unterschiedliche, zuständige Beschlusskammern

Nicht nur wegen der unterschiedlichen Prüfungsmaßstäbe der diversen Regulierungsarten können in der Praxis verschiedene Kostenniveaus für Entgelte ermittelt werden, sondern auch die unterschiedliche Zusammensetzung der zuständigen Beschlusskammern kann dabei eine Rolle spielen. Wie schon erwähnt, ist die Beschlusskammer 4 für die Vorleistungsentgelte zuständig, die Preis-Cap-Entscheidungen gehören in die Zuständigkeit der Beschlusskammer 2 und die Ex-post-Preiskontrolle der DSL-Tarife in die Zuständigkeit der Beschlusskammer 3. Die Beschlusskammern treffen ihre Entscheidungen im Kollegium und grundsätzlich unabhängig, ähnlich den Beschlussabteilungen des Bundeskartellamtes (§ 51 GWB).

In einigen Fällen ist es aber möglich, dass entweder der Präsident bzw. der Vizepräsident der Regulierungsbehörde oder mittelbar das Bundesministerium für Wirtschaft den Entscheidungsfindungsprozess der Beschlusskammer beeinflusst. In den in 73 Abs. 3 TKG genannten Fällen der Lizenzvergabe und der Universaldienstleistungen werden die Beschlusskammern mit den Präsidenten und den Vizepräsidenten besetzt. Dies betrifft aber nicht die Entgeltregulierung. Eine mittelbare Einflussnahme des Bundesministeriums für Wirtschaft ist jedoch durch Weisungen auch bei der Entgeltregulierung möglich, vorausgesetzt, dass die Weisungen entsprechend dem § 66 Abs. 5 TKG veröffentlicht werden. Diese Einflussmöglichkeiten hat die Europäische Kommission in ihren Telekommunikations-Berichten mehrmals kritisiert, weil diese gegen die Souveränität der Regulierungsbehörde wirken können. Bezüglich der Entgeltregulierung machte das Bundesministerium zwar keinen Gebrauch von seinen Weisungsrechten, jedoch

[886] Möschel MMR 1/2001 S. 4.

[887] RegTP B vom 30.3.2001 – BK 3b-00/032 MMR 7/2001 S. 472 ff. und RegTP B vom 25.01.2002 – BK 3b-01/039.

forderte es die Deutsche Telekom einige Male auf, ihren Entgeltantrag zurückzuziehen[888]. Ein Telefonkontakt mit den Mitarbeitern der Beschlusskammer ist jedoch gesetzlich nicht verboten.

Die Wahrung einer einheitlichen Spruchpraxis war im ersten TKG nicht ausdrücklich festgeschrieben[889]. Zu fragen ist deswegen, wie die verschiedenen Beschlusskammern in der Praxis miteinander kooperiert haben. Die TAL-Entscheidungspraxis der Beschlusskammern 4 und 2 lässt den Eindruck entstehen, dass die Kammern die Ermittlungen der anderen nicht unbedingt in ihre Entscheidungen miteinbezogen hatten. Dies betrifft vor allem die Beschlusskammer 2. Auf die Verstärkung dieser Zusammenarbeit wirkt mittelbar die Verordnung (EG) Nr. 2887/2000 des Europäischen Parlaments und des Rates[890] hin. Obwohl diese Verordnung in erster Linie Tätigkeitspflichten der Regulierungsbehörden bezüglich der Tarifgestaltung für den entbündelten Zugang vorschreibt, hätte man m.E. aus den Erwägungsgründen auch auf die parallele Prüfung von Endkundenentgelten schließen können.

Der Erwägungspunkt Nr. 11 der Verordnung (EG) Nr. 2887/2000 deutet darauf hin, dass der Druck auf die Spanne zwischen den Preisen der Großhandelstufe und den Preisen für Endverbraucher des gemeldeten Betreibers auszuschließen ist. Die Förderung des fairen und nachhaltigen Wettbewerbs wird durch Art 4. Abs. 1 und Abs. 3 der Verordnung ausdrücklich festgelegt, und es wird den Regulierungsbehörden das Recht verliehen, um zur Sicherstellung des Wettbewerbes von Amts wegen tätig zu werden. Diese Verordnung hat in Deutschland mit ihrem Inkrafttreten am 02.01.2001 auch unmittelbar gegolten. Man kann jedoch nicht behaupten, dass die Beschlusskammern 4 und 2 zur Förderung des fairen und nachhaltigen Wettbewerbs bei der Bereitstellung der TAL besser miteinander kooperiert hätten, und dass sich die Beschlusskammer 2 mehr für die Wettbewerbsförderung eingesetzt hätte.

iii) Unzureichende Umstrukturierung der Endkundenentgelte, falsche Korbbildung

Die umstrittene Kosten-Preis-Schere wurde im Zeitraum von 1998 bis 2003 dadurch verursacht, dass die unter Price-Cap-Regulierung einbezogen Endkunden-Anschlussgebühren das Niveau der Vorleistungen überschritten[891]. Während m.E. – im Einklang mit der Meinung der Monopolkommission und der Wettbewerber – die Anschlussgebühren gemäß § 1 Abs. 2 S. 2 TEntgV, wegen der wesentlichen Unterschiede zwischen den Wettbewerbstärken bei den einzelnen Telefonverbindungen und bei dem Telefonanschluß, von dem durch das BMPT zusammengestellten Warenkorb 1 „Privatkunden" auszunehmen waren, hat die Regulierungsbehörde die Anschlussgebühren erst im Jahre 2002, in der sog. 2. Price-Cap Periode, einem getrennten Anschlusswarenkorb zugeordnet. Diesem Korb

[888] Monopolkommission, Sondergutachten 39, 2003 Tz. 111 ff.
[889] Darüber sorgt das modifizierte TKG vom 22. Juni 2004
[890] ABl. L 336 von 30.12.2000 S. 5. (s.o. Fn. 696).
[891] Vgl. COMP/C-1/37.451, 37.578, 37.579-DT, Tz. 153.

waren nicht nur die analogen, sondern auch die ISDN[892]-Anschlüsse zugeteilt, bis auf die T-DSL-Leistungen.

Der Grund für die verspätete Korb-Umgestaltung könnte eine falsche Auslegung des § 97 Abs. 3 S. 2 TKG und des § 1 Abs. 2 S. 2 TEntgV sein. Der § 97 Abs. 3 S. 2 TKG ließ die Genehmigungsvorschriften des BMPT bezüglich der Tarife von Sprachtelefondiensten bis spätestens 2003 in ihrer Wirkung. Der § 1 Abs. 2 S. 2 TEntgV verbietet die Zuordnung von Dienstleistungen mit wesentlich unterschiedlichen Wettbewerbstärken zum gleichen Preiskorb.

α) Mangelnde Prüfmaßstäbe, falsche Korbbildung

Neben § 1 Abs. 2 S. 2 TEntgV hält auch die Price-Cap anordnende Mitteilung des Bundesministeriums für Post und Telekommunikation vom 17.12.1997[893] die Herausnahme einzelner Leistungen aus dem Price-Cap für möglich, jedoch nur dann, wenn die festgelegten Price-Cap-Bedingungen nicht zu erhalten sind[894]. Die Beschlusskammer 2 scheint jedoch bis 2002 weder die TEntgV[895] noch die Mitteilung des BMPT tiefgreifend ausgelegt zu haben. Die Prüfung der Beschlusskammer 2 bezüglich der Entgelte für den Sprachtelefondienst beschränkt sich fast ausschließlich darauf, wie ihre kurz begründeten Beschlüsse zeigen, die Einhaltung der vorgegebenen Maßgrößen zu prüfen.[896] Die verschiedenen Wettbewerbsstärken wurden im Laufe des aufkeimenden Wettbewerbs nicht ermittelt, wobei die statistischen Daten über die Anteile der Wettbewerber an Gesprächsminuten und an Teilnehmeranschlüssen schon im Jahre 2000 deutlich zeigten, dass der Anteil der Wettbewerber an Telefongesprächen mit ca. 30% viel höher war als an TAL, wo ihr Anteil bei ca. 1,5% lag. (Tabelle Nr. 10 S. 286) Die BK 2 hat aber von der Herausnahmemöglichkeit von Leistungen aus dem Price-Cap keinen Gebrauch gemacht, was zu einem fehlerhaften Beharren auf die Korbbildung des BMPT geführt hat.

Neben der Einhaltung der Maßgrößen, führte die Beschlusskammer 2 nur eine sog. Evidenzprüfung bezüglich der wettbewerbswidrigen Abschläge durch. Nur wenn die Nichteinhaltung der Anforderungen des § 24 Abs. 2 Nr. 2 und 3 TKG aus den vorhandenen Unterlagen, Kenntnissen und Erfahrungen ohne weiteres ersichtlich war, war die Offenkundigkeit ihrer Ansicht nach gegeben[897], und Anträge sollten abgelehnt werden. Ob von einer solchen Prüfung auf das Vorhandensein von wettbewerbswidrigen Abschlägen zu schließen ist, ist m.E. sehr fraglich. Nicht zu sprechen von dem Ansatz der BK 2, dass sie den Verstoß gegen § 24 Abs. 2 Nr. 2 TKG schon allein darum ausschließt, wenn das beantragte Entgelt der Deutschen Telekom über dem bisherigen Entgelt liegt.[898] Dies ist jedoch bezüglich möglicher

[892] Bei ISDN-Anschlüssen kann man noch zwischen sog. Basis- und Primärmultiplexanschlüssen (Einfach-, Standard-, Komfortanschluss) unterscheiden, siehe z.B. RegTP B vom 19.12.2002 BK 2a 02/028 Beschlussanfertigung S. 1 ff.

[893] BMPT Mitteilung 202/1997, Amtsblatt des BMPT 34/97 S. 1891 ff.

[894] BMPT Mitteilung 202/1997,Punkt 2. Abs. 2 Amtsblatt des BMPT 34/97 S. 1891.

[895] Obwohl die Verordnung nach §10 TEntgV ab 1.1.1998 auch für Entgelte für das Angebot von Sprachtelefondiensten zur Geltung kommt.

[896] RegTP BK 2a 02/001 Beschlussausfertigung S. 7. (s.o. Fn. 870).

[897] RegTP BK 2a 02/001 Beschlussausfertigung S. 6 (s.o. Fn. 870).

[898] RegTP BK 2a 02/001 Beschlussausfertigung S. 7 (s.o. Fn. 870).

Abschläge nicht aussagekräftig. Auch wenn die Kostenprüfung, wegen des Informationsmangels des Regulators, keine einfache Aufgabe ist, wurden die genehmigten Entgelte des Price-Caps bezüglich des Vorhandenseins von Preisabschlägen nach § 24 Abs. 2 Nr. 2 TKG anscheinend nicht hinreichend untersucht.

Bei der Korbbildung für die 2. Price-Cap-Periode war es begrüßenswert, dass die Telefonanschlüsse einem getrennten Korb zugeordnet worden sind. Es wurden diesmal alle Anschlussarten in einem Korb zusammengefasst. Fraglich ist, ob das Bestehen eines erheblichen Unterschiedes nicht einfach damit zu bejahen ist, dass der Marktanteil der Wettbewerber an analogen Telefonkanälen im Jahre 2002 immer noch unter 1% schwebte, wobei der Wettbewerber-Anteil bei ISDN-Kanälen schon über 8% lag.

Wegen des Unterschiedes bezüglich der Dynamik der Anteilzunahme der Wettbewerber bei ISDN-Kanälen ist m.E. eine Einzelgenehmigung für die analogen Teilnehmeranschlüsse geboten[899]. Zu dieser Annahme trägt auch die Tatsache bei, dass die konkurrierenden Netzbetreiber am häufigsten die Bereitstellung des analogen Teilnehmeranschlusses nachfragen, worauf sie ihre eigenen ISDN-Wandler bzw. DSL-Splitter installieren. Die Preis-Kosten-Schere besteht zwischen diesen zwei Leistungen, weswegen sie ähnlich zu regulieren wären. Als geeignetste Regulierungsmethode kommt, wie bei den Vorleistungen, die Ex-ante-Einzelpreisgenehmigung in Frage. Die Einzelgenehmigung der analogen Teilnehmeranschlüsse für Endkunden ist m.E. wegen der Bedeutung der Miete der TAL für den Wettbewerb wünschenswert.

β) Fehlende Umstrukturierung der Endkundenentgelte

Die Endkundentarife für die Bereitstellung der Teilnehmeranschlussleitungen unterliegen nach den Richtlinien teilweise anderen Grundsätzen als die Vorleistungsentgelte[900]. Aber die Kostenorientierung nach Art. 17 Abs. 2 98/10/EG und die hinreichende Aufgliederung der Tarife nach Art. 17 Abs. 4 98/10/EG gilt auch für die Endkundentarife. Die Mitgliedsstaaten müssen gemäß Art. 4c Abs. 3 96/19/EG ihren Telekommunikationsorganisationen gestatten, dass sie ihre Tarife, entsprechend den tatsächlichen Kosten, umstrukturieren. Weil die Politik[901] der verhältnismäßig billigen Anschlussgebühren noch von der Zeit des BMPT stammt, hieße es, dass die Deutsche Telekom kurz nach der Marktöffnung ihre Anschlusstarife erheblich zu erhöhen hätte, da die alten Preise zu niedrig waren.

Die Veränderung der Anschlusstarifpolitik der Deutschen Telekom, ohne Imageverlust des Unternehmens, war m.E. politisch schwer durchzusetzen. Dennoch rechtfertigte es das Vermeiden der Tarifänderungen nicht(!). Die Prinzipien des Universaldienstes unterstützen nämlich hinreichend die Sicherstellung der Verfügbarkeit von Diensten zu erschwinglichem Preis, und der Art. 3 der Richtlinie 98/10/EG schreibt sogar besondere Tarifierungsmaßnahmen für behinderte Nutzer oder für Nutzer mit speziellen sozialen Bedürfnissen gemäß Art. 8 98/10/EG vor.

---

[899] Auch bei Monopolkommission, Sondergutachten 33, 2001 Tz. 127.

[900] Vgl. Art. 16 Abs. 6 und Art. 17 der 98/10/EG ABl. L 101 vom 1.4.1998 S. 34, s.o. Fn 406.

[901] Womit damals die Kommunikation der sozial Bedürftigen sichergestellt werden sollte.

Das deutsche TKG macht jedoch eine Unterscheidung zwischen bedürftigen und zahlungsfähigen Nutzern und fixiert das erschwingliche Preisniveau für bestimmte Sprachkommunikationsdienste[902] gemäß § 17 TKG i.V.m. §§ 1 und 2 TUDLV an eine Preishöchstgrenze in ländlichen Regionen. Obwohl die Tarife für Gesprächsminuten ab 1998 erheblich gesunken sind (siehe Kapitel D 1.a) aa)), wurde eine Tarif-Umstrukturierung bei der DT AG nicht in Aussicht gestellt, bis ein negativer Ausgang des Missbrauchsverfahrens[903] der Europäischen Kommission für die DT AG zu erwarten war. Erst im Jahre 2002 beantragte die DT AG eine Entgelterhöhung für die TAL. Im Endeffekt blieben bis 2003 - wie es das Missbrauchsverfahren bewiesen hat - die Anschlussgebühren verbilligt. Letztendlich kam weder die DT AG ihrer Kostenorientierungspflicht, noch der Mitgliedsstaat Deutschland seiner Umsetzungspflicht[904] bezüglich der Tarif-Umstrukturierung nach. Trotz dieses Mangels hätte die Beschlusskammer 2 m.E. bei ihrer Kostenprüfung das Vorliegen eines Preisabschlages i.S.d. § 24 Abs. 2 Nr. 2 TKG feststellen und diesem wettbewerbswidrigen Zustand entgegenwirken können.

γ) Schleppende Gerichtsentscheidungen, fehlender Schutz der Wettbewerber

Obwohl die Wettbewerber der DT AG gegen die Entgeltgenehmigungen der Regulierungsbehörde mehrmals Klage vor dem VG Köln erhoben haben, wurde ihnen durch die höheren Instanzen auch keine schnelle Hilfe geboten. Einerseits dauerten die Verfahren vor den Verwaltungsgerichten viel zu lange, so hat z.B. Ende 2001[905] oder erst 2003[906] das OVG Münster in der Sache TAL-Entgelte von 1998 entschieden, andererseits hemmten Zwischenstreitigkeiten, z.B. über die Aktenvorlage, die Entscheidungsfindung[907]. Es ist sehr umstritten, in wie weit die Verwaltungsgerichte die durch die RegTP ermittelten Tarife verändern können. Am wenigsten Anlass hat das OVG gesehen, die rechnerische Ermittlung[908] des durch die Regulierungsbehörde abgeleiteten und genehmigten Teilentgelts zu beanstanden[909]. Oft scheiterte die Überprüfung der Regulierungsentscheidungen an der fehlenden gerichtlichen Kenntnis über den Inhalt des angegriffenen Bescheides[910]. Durch die bisher verkündeten Entscheidungen der Verwaltungsgerichte wurde an der Höhe der genehmigten TAL-Entgelte nichts geändert.

---

[902] mit 3,1 KHz Bandbreite , möglichst mit ISDN-Leistungsmerkmalen.
[903] RegTP B vom 19.12.2002 BK 2a 02/028 Beschlussanfertigung S.6.
[904] Gemäß Art. 4c Abs. 3 S. 2 96/19/EG(s.o. Fn. 613) hätte Deutschland einen Bericht über die Beseitigung der nach 1.1.1998 verbleibenden Tarifausgewogenheiten erstellen müssen. Jedoch ist Deutschland dieser Pflicht nicht nachgekommen, weswegen z.Z. ein diesbezügliches Vertragsverletzungsverfahren gegen Deutschland läuft.
[905] OVG Münster B. vom 4.10.2001 – 13 A 5146/00 (VG Köln), MMR 2/2002 S. 129.
[906] OVG Münster B vom 20.1.2003 – S 13 2003-01-20 13 A 364/01.
[907] VG Köln 1 K 1749/99, Siehe Junghanns, 2003, S. 439 .
[908] Das VG Köln hat z.B. betreffend von Zusammenschaltungsentgelten seine Prüfungsmöglichkeiten eher auf die Einhaltung von Verfahrensvorschriften begrenzt. VG Köln vom 13.2.2003 – 1 K 80003/98 MMR 12/2003 S. 814 ff.
[909] OVG Münster B vom 20.1.2003 – S 13 2003-01-20 13 A 363/01.
[910] OVG Münster B vom 20.1.2003 – S 13 2003-01-20 13 A 364/01.

ix)Wirkung des Missbrauchsverfahrens der Kommission auf die Preisregulierung

α) Feststellung des Verstoßes und hohe Geldbuße gegen die DT AG

Im Gegensatz zu der zerstückelten Entscheidungsfindung der deutschen Regulierungsbehörde, die gegen die vorhandene Kosten-Preis-Schere beim analogen Zugangsdienst zu TAL wehrlos war, stellte die Europäische Kommission den Missbrauch durch die Deutsche Telekom nach Art. 82 Buchstabe a) EG durch Festsetzung unangemessener Preise für Vorleistung-Zugangsdienste im Ortsnetz am 21.5.2003 fest[911]. Durch diesen Missbrauch wurden – laut der Kommission – die Schranken für einen wirksamen Eintritt in die relevanten Telekommunikationsmärkte in Deutschland erhöht, wodurch die Entstehung transnationaler Märkte behindert wurde[912]. Die Argumentation der DT AG für die Rechtfertigung des wettbewerbswidrigen Zustandes blieb erfolglos. Weder das Argument, dass die DT AG wegen der regulatorisch fixierten Natur der Vorleistungsentgelte keinen ausreichenden Einfluss auf die Entgeltgestaltung habe[913], noch die Auffassung, dass die DT AG wegen ihrer Aufgaben bezüglich des Universaldienstes von den Wettbewerbsregeln freigestellt sei, wurde durch die Kommission akzeptiert[914].

Die Kommission kam in ihrer Entscheidung zu dem Fazit, dass der DT AG auch innerhalb des Price-Cap-Systems genügend Freiraum für eine vorgabenentsprechende Gestaltung ihrer Entgelte zur Verfügung[915] zustehe. Nach der Ermittlung der Kommission bestand eine negative Kosten-Preis-Schere sowohl bei der ersten Price-Cap-Periode[916] 1998-2001, als auch bei der Zweiten[917] ab 2002. Die Kommission wies darauf hin, dass die erhebliche Senkung der Gesprächsentgelte zwischen 1998 und 2000 eine Erhöhung der monatlichen oder/und einmaligen Entgelte für Endkundenanschlüsse nicht nur ökonomisch realisierbar, sondern auch rechtlich geboten machte[918]. Den Verstoß der DT AG ordnete sie als einen schweren Verstoß gegen den unverfälschten Wettbewerb auf einem gemeinsamen Binnenmarkt für Telekommunikationsnetze- und Dienste, insbesondere auf dem Markt für den Zugang zum Ortsnetz in Deutschland, ein[919]. Neben der Aufforderung, diesen Verstoß unverzüglich einzustellen[920], verhing die Kommission eine Geldbuße in Höhe von 12,6 Millionen EUR gegen die DT AG. (Die Entscheidung ist Gegenstand einer beim Gericht erster Instanz der Europäischen Gemeinschaften anhängigen Nichtigkeitsklage der Deutschen Telekom AG gegen die Kommission. Das Verfahren trägt die Rechtssachennummer T-271/03, die Klagemitteilung ist im Amtsblatt C (2003) Nr. 264, S. 29, veröffentlicht. Es gibt bisher noch keinen Termin für eine mündliche Verhandlung.)

---

[911] COMP/C-1/37.451, 37.578, 37.579-DT, Tz. 199 und Artikel 1 der Entscheidung.
[912] COMP/C-1/37.451, 37.578, 37.579-DT, Tz. 202.
[913] COMP/C-1/37.451, 37.578, 37.579-DT, Tz. 104 ff.
[914] COMP/C-1/37.451, 37.578, 37.579-DT, Tz. 188 ff.
[915] COMP/C-1/37.451, 37.578, 37.579-DT, Tz. 165 ff.
[916] COMP/C-1/37.451, 37.578, 37.579-DT, Tz. 153.
[917] Der Grund der Fortbestehung der Kosten-Preis-Schere ist, dass die produktspezifischen Kosten immer noch die positive Spanne zwischen den Endkunden- und den Vorleistungsentgelten übertreffen. Siehe COMP/C-1/37.451, 37.578, 37.579-DT, Tz. 160 ff.
[918] COMP/C-1/37.451, 37.578, 37.579-DT, Tz. 166
[919] COMP/C-1/37.451, 37.578, 37.579-DT, Tz. 203-204.
[920] Art. 2 der Entscheidung der COMP/C-1/37.451, 37.578, 37.579-DT

β) Positive Beiträge der Entscheidung – Nachbesserung durch die RegTP

Durch diese Entscheidung setzt die Kommission nicht nur ihre wettbewerbsfördernden Maßnahmen fort, sondern schafft eine neue Präzedenz für die nationalen Gerichte, wie bei solchen komplexen Problemen verfahren werden sollte. Diese Entscheidung ist äußerst begrüßenswert. Nicht nur, weil sie die Fehler von in innenpolitischer Zwickmühle zwischen Industrie- und Wettbewerbspolitik befindenden Regulierungsbehörden[921] korrigiert und die Durchsetzung dieser unvermeidlicher Schritte unter dem „europäischen Mantel" versteckt, sondern weil die Entscheidung auch zu mehr behördeninterner Zusammenarbeit beiträgt. Hoffentlich ermutigt die verhängte Bußgeldhöhe die Regulierungsbehörden auch dazu, in der Zukunft ihre Anordnungen mit Hilfe von höheren in Aussicht gestellten Zwangsgeldern durchzusetzen.

Als erste Nachbesserung, kurz nach der Ankündigung der Entscheidung der Kommission, ermöglichte die Beschlusskammer 2 mit einer Entscheidung[922] vom 22. Juli 2003 die Modifizierung der Maßgrößen des laufenden Preiskorbs. Sie schaffte dadurch mehr Spielraum für die DT AG zur Umgestaltung ihrer Anschluss-Gebühren für die Endkunden und für Änderungen der Rahmenbedingungen. Am 28. Juli 2003 wurden dann die Entgelte für die analoge TAL-Monatsmiete für Endkunden um knapp 2 EUR auf 13,50 EUR erhöht[923]. Die Vorleistungsentgelte blieben bislang unberührt. Die Monatsmiete des entbündelten Zugangs zur analogen TAL kostet nach der früheren Entscheidung[924] der Beschlusskammer 4 bis zum 31.03.2005 11,80 EUR für die Wettbewerber.

Ob diese Nachbesserung für die Wettbewerber noch rechtzeitig gekommen ist, ist sehr zweifelhaft. Dass die konkurrierenden Netzbetreiber die Vermietung von analogen Teilnehmeranschlüssen, die sie kurz nach 1999 eingestellt haben, wieder in ihre Angebotspalette aufnehmen werden, ist auch unwahrscheinlich. Ein Trostpreis für die Wettbewerber ist es, dass ihren Klagepunkten - auch wenn nicht durch den nationalen Regulator - wenigstens durch die Kommission stattgegeben wurde. Einige von ihnen, die sich als Global Player betätigen, können hoffen, dass durch die Entscheidung der Kommission andere nationale Behörden bzw. Ministerien ein wenig vor dem Schutz „des nationalen Champions"[925] zurückschrecken.

II. Sicherung des Infrastrukturwettbewerbs durch das neue, europäische und deutsche Telekommunikationsrecht

1. Weniger Regulierung und faire Spielregeln durch die Richtlinienrevision

Die Berichte der Kommission über die Umsetzung des Reformpaketes für den Telekommunikationssektor deuteten auf ungelöste Probleme hin. Obwohl die Kommission die Kombination von sektorspezifischen Rechtsvorschriften und der Anwendung

[921] Man denke nur an die Anstrengungen für die Erhaltung des National Champions, Möschel MMR 1/2001 S. 6.
[922] RegTP B vom 22.07.2003 BK 2a 03/010.
[923] RegTP B vom 28.07.2003 BK 2a 03/016.
[924] Gemäß der Entscheidung der RegTP B vom 19.02.2003 BK 4a-03/-010/E19.02.03 Beschlussanfertigung S. 3 ff.
[925] Begriff von Möschel, MMR 1/2001 S. 6.

von Wettbewerbsrecht als gut funktionierend bezeichnete und den Prozess zur Schaffung eines Binnenmarktes für Telekommunikationsdienste würdigte, hatte sie viele Bedenken hinsichtlich der Funktionsfähigkeit von bestimmten Vorschriften. Außerdem konnten die inzwischen unübersichtlich gewordenen Vorschriften kaum den marktwirtschaftlichen und technologischen Entwicklungen Rechnung tragen[926]. Aus diesen Gründen beschloss die Kommission nach der Überprüfung der Umsetzung der Zusammenschaltungs- und ONP- Richtlinie, das gesamte bestehende Richtlinienpaket im Jahre 1999 zu revidieren[927].

a) Alte Ziele der neuen Richtlinienrevision durch die Review 1999

Der durch den Kommunikationsbericht von 1999 vorgeschlagene neue Rechtsrahmen sollte neben der Förderung eines wirksamen Wettbewerbs, die Beseitigung von unnötiger Regulierung, die Vereinfachung der administrativen Prozeduren, die Stärkung des Binnenmarktes, die Ermöglichung von flexiblerem Reagieren auf technologische und marktspezifische Veränderungen und letztlich den Schutz der Verbraucher ermöglichen[928]. Diese Aufzählung der Revisionsziele scheint eher eine Wiederholung der alten Liberalisierungsziele zu sein, als eine grundlegende Neuerung, weil außer dem Verbraucherschutz keine neuen Ziele gesetzt worden sind. Daher ist anzunehmen, dass die Hauptziele des im Jahre 1984 angefangenen Liberalisierungsprozesses bis 1999 bei weitem nicht erreicht worden sind.

Die Kommission wollte durch die Richtlinienrevision die Zahl der geltenden - etwa zwanzig - Vorschriften drastisch reduzieren[929] und einige Vorschriften der entstandenen Rahmenbedingungen grundsätzlich ändern[930]. „Weniger Regulierung, leichter Marktzugang und faire Spielregeln in der gesamten EU sind Voraussetzungen für die Entwicklung europäischer Telekommunikations- und Internetdienste von Weltrang"[931], forderte die Kommission. In erster Linie sollte das System der Allgemeingenehmigung, statt der zersplitterten Einzelgenehmigungen eingeführt werden, um den Marktzutritt der neuen Unternehmen zu vereinfachen. Den nationalen Regulierungsbehörden sollte größere Flexibilität eingeräumt, und dem entbündelten Zugang zur Teilnehmeranschlussleitung sollte mehr Bedeutung verliehen werden. Außerdem sollte die Nummerportabilität auch für die Mobilfunknetze vorgeschrieben werden. Mit dem schrittweisen Zuwachs des Wettbewerbs auf den elektronischen Kommunikationsmärkten, sollte dem allgemeinen Wettbewerbsrecht mehr Bedeutung, zulasten der sektorspezifischen Regulierung, verliehen werden.

---

[926] Vgl. KOM(2000) 393 endg. vom 12.7.2000.
[927] Kommission: Kommunikationsbericht 1999 KOM (1999) 539. Vgl. Klotz, 1998, S. 4.
[928] Siehe zusammengefasst bei Monopolkommission: Hauptgutachten 1998/1999, S. 54 Rn. 36.
[929] Siehe Kommission: Kommunikationsbericht 1999 KOM (1999) 539.
[930] Gute Zusammenfassung der wichtigsten Änderungspunkten findet man bei Monopolkommission, Hauptgutachten 1998/1999, S. 54 ff.
[931] Das Zitat stammt von Erkki Liikanen, Kommissar für Unternehmen und Informationsgesellschaft, siehe IP/00/749 Brüssel, 12.Juli 2000

b) Neuer europäischer Rechtsrahmen

aa) Das aus fünf Richtlinien bestehende Harmonisierungspaket

Der neue europäische Rechtrahmen für Kommunikation[932] von 2002 setzt die Schaffung einheitlicher Rahmenbedingungen für elektronische Kommunikationsnetze und -Dienste[933] zum Hauptziel, wodurch die Technologieneutralität in den Vordergrund gelangt. Der Rechtsrahmen besteht aus fünf Richtlinien[934]. Die Rahmenrichtlinie[935] regelt die Kompetenzaufteilung zwischen der Kommission und den nationalen Regulierungsbehörden und legt eine Reihe von Verfahren fest. Die Zugangsrichtlinie[936] beschäftigt sich mit den Zugängen und Zusammenschaltungen und regelt diesbezügliche Rechte und Pflichten der Netzbetreiber und Dienstanbieter. Die Genehmigungsrichtlinie[937] vereinfacht und harmonisiert die Marktzugangsvorschriften für die Bereitstellung elektronischer Kommunikationsnetze und -Dienste. Die Universaldienstrichtlinie[938] schreibt die Verpflichtungen der Unternehmen bezüglich der gemeinschaftsweiten, hochwertigen, öffentlich zugänglichen Dienste (Universaldienste) für den Fall vor, dass sie durch den Markt nicht befriedigend gewährleistet werden. Und letztlich dient die später verabschiedete Datenschutzrichtlinie[939] dem Schutz der Privatsphäre bezüglich der Datenverarbeitung und schützt die Interessen der Nutzer vor dem Versand unerbetener Nachrichten (SPAM) und Cookies.[940]

Die neuen Rahmenbedingungen brachten zwei substantielle Änderungen für die geltenden Vorschriften. Erstens wurde die Regulierung durch die neuen Richtlinien auf alle Übertragungsnetze und –Dienste ausgedehnt, einschließlich der satellitengestützten und terristrischen festen und drahtlosen Netze, der Netze für Hör- und Fernsehfunk, der Fernsehkabelnetze und sogar der Stromnetze, soweit sie zur Sig-

[932] Aufgrund der Verschmelzung von Telekommunikation, Medien und Informationstechnologie wird in der Praxis der Kommission seit 1997 der Begriff „Kommunikation" verwendet. Siehe: Grünbuch'97 KOM (1997) 623, vom 3.12.1997. Der neue Rechtrahmen besteht aus der Rahmenrichtlinie 2002/21/EG, der Zugangsrichtlinie 2002/19/EG, der Universaldienstrichtlinie 2002/22/EG, der Genehmigungsrichtlinie 2002/20/EG und der Datenschutzrichtlinie 2002/58/EG.

[933] Art.1 Abs. 1 Richtlinie 2002/21/EG des Europäischen Parlaments und des Rates vom 7. März 2002 über einen gemeinsamen Rechtsrahmen für elektronische Kommunikationsnetze und –dienste ABl. L 108 vom 24.4.2002, S. 33 (im weiteren Rahmenrichtlinie).

[934] Aus Gründen der Rechtssicherheit sollten alle fünf Richtlinien gleichzeitig in Kraft treten, und es sollten die entsprechenden alten Richtlinien aufgehoben werden, aber die Datenschutzrichtlinie wurde doch später verabschiedet. Vorschlag der Kommission KOM (2000) 393 endg.

[935] Siehe Art. 1 der 2002/21/EG (s.o. Fn. 933).

[936] Siehe Art. 1 der Richtlinie 2002/19/EG des Europäischen Parlaments und des Rates vom 7. März 2002 über den Zugang zu elektronischen Kommunikationsnetzen und zugehörigen Einrichtungen, sowie deren Zusammenschaltung ABl. L 108 vom 24.4.2002, S. 7 (im weiteren Zugangsrichtlinie)

[937] Siehe Art. 1 der Richtlinie 2002/20/EG des Europäischen Parlaments und des Rates vom 7. März 2002 über die Genehmigung elektronischer Kommunikationsnetze und –dienste ABl. L 108 vom 24.4.2002, S. 21 (im weiteren Genehmigungsrichtlinie).

[938] Siehe Art. 1 der Richtlinie 2002/22/EG des Europäischen Parlaments und des Rates vom 7. März 2002 über Universaldienst und Nutzungsrechte bei elektronischen Kommunikationsnetzen und –diensten ABl. L 108 vom 24.4.2002 S. 51 (im weiteren Universaldienstrichtlinie).

[939] Richtlinie 2002/58/EG des Europäischen Parlaments und des Rates vom 12. Juli 2002 über die Verarbeitung von personenbezogener Daten und den Schutz der Privatsphäre in der elektronischen Kommunikation Abl. L 201 vom 31.7.2002, S. 37 (im weiteren Datenschutzrichtlinie)

[940] Vgl. Umsetzungsbericht - KOM(2003) 715, S. 44. (s.o. Fn. 682).

nalübertragung genutzt werden[941]. Ausgenommen von dem Geltungsbereich wurden aber die Online-Dienste der Informationsgesellschaft, weil diese Dienste nicht überwiegend aus der Übertragung von Signalen über elektronische Kommunikationsnetze bestehen[942].

Die zweite wichtige Änderung liegt in der Umgestaltung der Marktanalyse. Die Abgrenzung des relevanten Marktes geschieht ab 2002 auf der Grundlage der Empfehlungen der Kommission, wodurch sich die Regulierungsbehörden viel weniger auf ihre eigene, in der Vergangenheit mit den Kartellämtern abgestimmte, Marktanalyse stützen können[943]. Statt dessen müssen sie sich an die Leitlinien der Kommission halten und bei Abweichungen ein Konsultationsverfahren durchführen.[944] Trotzt dieses Kompetenzverlustes wurden die Spielräume der Regulierungsbehörden bei der Anwendung der konkreten Regulierungsinstrumente vergrößert und damit gleichzeitig die Spielräume des nationalen Gesetzgebers hinsichtlich der Festlegung der anzuwendenden Instrumente verringert[945].

bb) Wettbewerbsfördernde Maßnahmen der Rahmen- und Zugangsrichtlinie

Aus Sicht dieser Arbeit sind die wettbewerbsfördernden Maßnahmen des neuen Richtlinienpakets von besonderem Belang. Deswegen wird kurz auf diese Vorschriften eingegangen.

bba) Verteilung der Handlungsbefugnisse durch die Rahmenrichtlinie

Die Rahmenrichtlinie (im weiteren: R-RL) spielt eine zentrale Rolle im Richtlinienpaket. Sie bietet einen umfangreichen Verfahrensrahmen für die nationalen Regulierungsbehörden und klärt die veränderte Kompetenzverteilung zwischen den nationalen Regulierungsbehörden und der Kommission sowie die Zusammenarbeit dieser Behörden. Im Grunde genommen, wiederholt die Rahmenrichtlinie die Grundprinzipien der alten Grünbücher und der bisherigen Liberalisierungs- bzw. Harmonisierungsrichtlinien, u.a. das Prinzip der Unabhängigkeit der nationalen Regulierungsbehörden (Art. 3 Abs. 2 R-RL), der Gewährung des Rechtbefehls (Art. 4 R-RL) und das Prinzip der strukturellen Trennung zwischen hoheitlichen und unternehmerischen Funktionen bezüglich der staatlichen Unternehmen (Art. 3 Abs. 2 R-RL) usw.

---

941 Siehe Begriffbestimmung „elektronisches Kommunikationsnetz" in Art. 2 a) der 2002/21/EG (s.o. Fn. 933).

942 Solange z.B. e-mailing zu dem Geltungsbereich dieses Rechtsrahmens gehört, gilt für die vom Internet gestützten Inhalte die Richtlinie 2000/31/EG des Europäischen Parlaments und des Rates vom 8.Juni 2000 über bestimmte Rechtliche Aspekte der Dienste der Informationsgesellschaft, insbesondere des elektronischen Geschäftsverkehrs im Binnenmarkt ABl. L 178 vom 17.7.2000, S. 1 Vgl. Erwägungsgrund 9 der Rahmenrichtlinie.

943 Art. 16 i.V.m. Art. 14 und 15 der 2002/21/EG (s.o. Fn. 933).

944 Siehe Art. 5 und 6 i.V.m. Art 15 der 2002/21/EG (s.o. Fn. 933), Vgl. Monopolkommission: Hauptgutachten 2000/2001, S. 51 Tz. 5.

945 Siehe z.B. BMWI zum Tätigkeitsbericht der RegTP 2000/2001 oder Monopolkommission, Sondergutachten 33, 2001, S. 109 ff.

i) Schnelleres Verfahren, Kooperation der Behörden

Die Rahmenrichtlinie setzt neue Anforderungen an den Sachverstand der Beschwerdestelle gemäß Art. 4 Abs. 1 S. 2 R-RL und die Neutralität der Regulierungsbehörden nach Art. 3 Abs. 3 R-RL[946], was aus der Sicht des besseren Funktionierens der Regulierungsbehörden zu begrüßen sind. Es werden außerdem die Informationsbeschaffung und der Informationsaustausch zwischen den nationalen Behörden nach Art. 5 R-RL erleichtert und der Ermessenspielraum der Regulierungsbehörden bei Unternehmen mit beträchtlicher Marktmacht nach Art. 16 Abs. 4 R-RL erhöht. Es wird durch Art. 4 Abs. 1 S. 4 R-RL klar gestellt, dass die Entscheidungen der Regulierungsbehörde durch Beschwerden der Parteien[947] nicht ihre Wirkung verlieren. Hierdurch soll das Hinauszögern bestimmter Maßnahmen in Zukunft vermeiden werden.

Begrüßenswert ist es, dass den interessierten Parteien durch Art. 6 der Rahmenrichtlinie mehr Rechte auf Stellungsnahme[948] eingeräumt, und im Interesse der Marktteilnehmer kürzere Fristen für die Streitbeilegung vorgeschrieben werden. Während nach den bisher geltenden Richtlinien ein Rechtsstreit entweder binnen einer „angemessenen Frist" oder binnen eines halben Jahres[949] beigelegt werden sollte, schreibt der Art. 20 der Rahmenrichtlinie eine konkrete 4 Monatsfrist für die Streitbeilegung vor. Andere Schlichtungswege, sogar parallele Verfahren, schließt die Richtlinie nicht aus, jedoch können als ultima ratio die nationalen Regulie-rungsbehörden wieder im Schlichtungsverfahren eingeschaltet werden, falls die 4 Monatsfrist erfolglos abgelaufen ist[950] und eine Partei sich an die Regulierungsbehörde wendet.

Was die Zusammenarbeit zwischen den verschiedenen nationalen Regulierungsbehörden und der Kommission betrifft, geht die Rahmenrichtlinie weit über eine allgemeine Kooperationspflicht hinaus und regelt im Art. 7 R-RL einen festen Verfahrensablauf für diejenigen Fälle[951], in denen sich die beabsichtigten Maßnahmen der einzelnen Behörden auf den Handel zwischen den Mitgliedsstaaten auswirken. Entsprechend dem Art. 7 Abs. 3 i.V.m. Abs. 5 R-RL müssen nämlich die Regulierungsbehörden den Stellungnahmen der Kommission und anderer Regulierungsbehörden weitestgehend Rechnung tragen, wenn sie Maßnahmen im Bereich der Marktdefinition, der Zugangs- bzw. Zusammenschaltungsver-pflichtungen sowie der Universaldienstleistungsverpflichtungen für Unternehmen mit beträchtlicher Marktmacht beabsichtigen. Diese Vorschriften wollen die Zersplitterung der nationalen Telekommunikationsmärkte verhindern, setzen jedoch der Zuständigkeit der nationalen Regulierungsbehörden Grenzen.

---

[946] Vgl. Vorschlag der Kommission, KOM (2000) 393 eng.

[947] Vorausgesetzt, dass die Beschwerdeinstanz nicht anders entscheidet. Siehe Art. 4. Abs. 1 2002/21/EG (s.o. Fn. 933).

[948] Damit werden die nationalen Regulierungsbehörden zur Konsultation verpflichtet, soweit ihre Beschlüsse Dritte betreffen.

[949] Siehe Art. 17 Abs. 3 der 2002/19/EG (s.o. Fn. 936).

[950] Und keine der Parteien den Fall vor Gericht gebracht hatte (Siehe Art. 20 Abs. 2 2002/21/EG). (s.o. Fn. 933).

[951] Es hieße, dass solche Maßnahmen, die ausschließlich den Handel binnen der Grenzen eines Mitgliedstaates beeinflussen, sind von dem Gebot des Art. 7 Abs. 3, 4 und 6 2002/21/EG). (s.o. Fn. 933) ausgenommen.

ii) Marktanalyse, Neudefinition beträchtlicher Marktmacht

Die Befugnisse der Kommission im Falle der Abgrenzung eines relevanten Marktes oder der Feststellung eines Unternehmens mit beträchtlicher Marktmacht nach Art. 7 Abs. 4 R-RL sind größer als nach den vorherigen Richtlinien. Der Art. 15 Abs. 3 i.V.m. Art. 7 der Rahmensrichtlinie räumt nämlich der Kommission ein Vetorecht[952]gegen diesbezügliche Entscheidungen einer nationalen Regulierungsbehörde ein. Dieses weitgehende Revisionsrecht darf jedoch die Kommission nur in zwei Fällen ausüben: erstens, falls sie der Auffassung ist, dass die geplanten Maßnahmen der Regulierungsbehörde ein Hindernis für den Binnenmarkt schaffen würden, oder zweitens, wenn sie ernsthafte Zweifel an der Vereinbarkeit dieser Maßnahmen mit dem Gemeinschaftsrecht[953] hat. Trotz der unumstrittenen Harmonisierungskraft solcher Befugnisse ist es dennoch fraglich, ob dieses Verfahren nicht zu erheblichen Verfahrensverzögerungen zum Nachteil der Antragssteller führen kann[954].

Bezüglich der Feststellung der Marktmacht von Unternehmen bringt die Rahmenrichtlinie noch weitere zu begrüßende Neuigkeiten mit sich. Die erste Neuigkeit ist, dass die Richtlinie auch die gemeinsame beherrschende Stellung bei Unternehmen mit beträchtlicher Marktmacht nach Art. 14 Abs. 2 R-RL definiert. Zweite grundlegende Neuheit ist, dass die Richtlinie keine feste Prozentzahl als Tatbestandsmerkmale für die Marktbeherrschung vorschreibt.[955] Was die Marktanteile betrifft, lehnt sich die Definition der beträchtlichen Marktmacht nach Art. 14. Abs. 2 der Rahmenrichtlinie an die vom Gerichtshof vorgegebene Definition der beherrschenden Stellung im Sinne von Art. 82 EG, d.h. an die Marktanteilsschwelle von 40-50%. [956]

Die Änderung bei der Marktmachtermittlung hängt damit zusammen, dass der europäische Gesetzgeber die Definition in der Zukunft an komplexere und dynamischere Märkte anpassen wollte[957]. Dementsprechend werden nach 2002 bei der Ermittlung der beträchtlichen Marktmacht, anstatt fixen Marktanteilen, solche Faktoren, wie die Stärke der wirtschaftlichen Stellung des Unternehmens, das Vorhandensein potenzieller Wettbewerber, technologische Vorteile oder die Gesamtgröße des Unternehmens[958] stärker in Rechnung gezogen (Art. 14 Abs. 2 R-RL).[959] Durch diese Kriterien kann ein besseres Gesamtbild über die betroffenen Märkte geschaffen werden. Außerdem wird das komplexe Problem der Marktmachtübertragung bei Unternehmen mit beträchtlicher Marktmacht durch Art. 14 Abs. 3 RL auch besser behandelt.

---

[952] Letztendlich spielt die Kommission in diesen Fällen die Rolle einer höheren Instanzen. Vgl. Schütz/Attendorn, MMR 4/2002, S. 14.

[953] Insbesondere prüft die Kommission die Vereinbarkeit mit den in dem Art. 8 genannten Zielen. (Art. 7. Abs. 4 UAbs. 2 2002/21/EG). (s.o. Fn. 933)).

[954] Siehe: Monopolkommission, Sondergutachten 39, 2003, S, 111.

[955] Vgl. mit dem Art. 4 Abs. 2 der Zusammenschaltungsrichtlinie 97/33/EG (s.o. Fn. 452).

[956] Siehe Rechtssache United Brands/Kommission Rechtssache 27/76 Slg. 1978 S. 207 und Leitlinie der Kommission zur Marktanalyse KOM (2001) 175 endg. S. 19 Rn. 62.

[957] Obwohl der 25%-Marktanteil in den Anfangsphasen der Marktliberalisierung ein sinnvolles Kriterium war, knüpft das neue Konzept der Marktbeherrschung an die einschlägige Rechtssprechung des Europäischen Gerichtshofes an. Die Begründung dieser Änderung findet man im Erwägungsgrund 20 der Rahmenrichtlinie 2002/21/EG). (s.o. Fn. 933).

[958] Wichtige Ermittlungspunkte findet man unter Rn. 70 in dem Entwurf von Leitlinien zur Marktanalyse KOM (2001) 175 endg. S. 22.

[959] Vgl. Kommission: Entwurf von Leitlinien zur Marktanalyse KOM (2001) 175 endg. S. 20 Rn. 64.

Diese Anlehnung an das allgemeine Wettbewerbsrecht verwischt die Auslegungsunterschiede zwischen „beträchtlicher Marktmacht" und „marktbeherrschender Stellung", wodurch mittelbar auch das Problem der versäumten Umsetzung der Definition der beträchtlichen Marktmacht in das deutsche TKG gelöst wird. Diese zwei Marktmacht-Konzepte werden jedoch durch das Europarecht weiterhin als getrennte Konzepte behandelt[960], wobei es in der Zukunft fraglich sein kann, ob eine Unterscheidung zwischen diesen zwei Konzepten weiterhin notwendig ist[961]?

Auf der nationalen Ebene wird demnächst das Marktanalyseverfahren nach Art. 16 R-RL zweistufig sein. Auf der ersten Stufe muss die Regulierungsbehörde das Bestehen des wirksamen Wettbewerbs auf dem relevanten Markt untersuchen. Nur wenn kein wirksamer Wettbewerb auf dem betroffenen Markt herrscht, muss die Behörde auf der zweiten Stufe die Unternehmen mit beträchtlicher Marktmacht nach Art. 16 Abs. 4 R-RL ermitteln. Nur in diesem Fall dürfen bereichspezifische Verpflichtungen den Unternehmen auferlegt werden. Durch dieses Verfahren wird erstmals eine weitere Möglichkeit des „Fehlers 1. Ordnung" vermieden[962], außerdem wird deutlich, dass das Funktionieren eines Marktes nicht ausschließlich von den Anteilen der betroffenen Unternehmen abhängt.

bbb) Abhilfemaßnahmen für Zugangs- und Zusammenschaltungsvereinbarungen

Der neue Rechtsrahmen für Zugang und Zusammenschaltung[963] (im weiteren: Zg-RL) der elektronischen Kommunikationsnetze und –dienste folgt dem durch die Zusammenschaltungsrichtlinie (97/33/EG) eingeschlagenen Weg der ausgehandelten Zusammenschaltung; schränkt jedoch den Kreis der verpflichteten Unternehmen und der festzuschreibenden Auflagen ein. Diese Neuigkeiten sind erstens auf die veränderte Auslegung des SMP-Konzepts[964], zweitens auf die Anstrengungen der Gemeinschaftsorgane, die Regulierung auf das Notwendigste zu beschränken, zurückzuführen[965].

Das Gebot „Vermeiden der Überregulierung" bedeutet sowohl die Auferlegung von Verpflichtungen fast ausschließlich gegenüber den Unternehmen mit beträchtlicher Marktmacht - aber für sie auch nicht automatisch-[966], als auch die Bevorzugung der ex-post Preisregulierung, die mehr Spielraum für die freie Preisgestaltung erlaubt. Die Regulierung von SMP-Unternehmen ist nach der neuen Zugangsrichtlinie bedarfsabhängig[967]. Dieses Prinzip klingt mit dem Hauptzweck des disaggregierten Re-

---

960 Monopolkommission, Sondergutachten 39,2003, S, 115 Tz. 173.

961 Meiner Meinung nach ist unwahrscheinlich.

962 Diese Lösung schließt aber die Möglichkeit des „Fehlers 2. Ordnung oder false negative" nicht aus, also den Fall, wo die Behörde nicht tätig wird, obwohl der Markt die Einmischung benötigte. Fehlerquellen der Regulierungsinstitutionen bei Immenga/Kichner/Knieps/Kruse, 2001, S. 95.

963 Richtlinie 2002/19/EG des (s.o. Fn. 936).

964 Konzept der „beträchtlichen Marktmacht".

965 Der Erwägungsgrund 14 der Zg-RL2002/19/EG des (s.o. Fn. 936) macht diese Anstrengung damit deutlich, dass er die Verpflichtungen für Unternehmen mit beträchtlicher Markmacht, welche gemäß der Richtlinie 97/33/EG (s.o. Fn. 405) festgelegt waren, als Obergrenze der Auflagen (!) für Unternehmen interpretiert.

966 Nur wenn es sinnvoll und angemessen, sozusagen „bedürftig" ist – siehe Erwägungsgrund 14 der Zg-RL 2002/19/EG des (s.o. Fn 936).

967 Schütz/Attendorn, MMR 4/2002 Beilage S. 15.

gulierungsansatzes[968] gleich, wonach die Regulierungsauflagen dort aufzu-lockern sind, wo die gewünschten Marktergebnisse allein durch den Wettbewerb zu erreichen sind[969]. Unter den wichtigsten Neuerungen der Zugangsrichtlinie wird hier auf den Geltungsbereich und auf die aufzuerlegenden Verpflichtungen der Unternehmen eingegangen.

i) Umkehr von Zusammenschaltungsvorschriften auf Zugangsregel

Eine grundlegende Änderung der Zugangsrichtlinie ist die Umkehr von Zusammenschaltungsvorschriften auf die Zugangsregeln. Diese Richtlinie behandelt nämlich die Zusammenschaltung gemäß Art. 2 b) Zg-RL als Sonderfall des Zugangs zwischen Betreibern der öffentlichen Netze. Der Zugangsbegriff[970] wird durch Art. 2 a) Zg-RL erheblich ausgeweitet und gilt für den Zugang zu Netzkomponenten und zugehörigen Einrichtungen, zu physischen Infrastrukturen, zu einschlägigen Softwaresystemen und sogar für den Zugang zu Diensten für virtuelle Netze von Unternehmen. Insgesamt werden alle Zugangsprobleme durch diese Richtlinie behandelt, die im Laufe der Zeit aufgetaucht sind.

ii) Flexiblere Verpflichtungen, Gleichbehandlung von Kommunikationsarten

Trotzt des ausgeweiteten Geltungsbereiches der Richtlinie, wurde durch die Zugangsrichtlinie kaum an den Prinzipien der Vorgängerrichtlinie (97/33/EG) geändert, jedoch gelten die Grundprinzipien - wie z.B. das Prinzip der geschäftlichen Verhandlung von Vereinbarungen, der asymmetrischen Verpflichtungen von Betreibern mit Marktmacht und des Änderungsrechts der Regulierungsbehörde an Standartverträgen[971] - jetzt auch für die Netzzugänge. Eine Neuheit der Zugangsrichtlinie ist, dass sie zwischen Festnetz- oder Mobildienst-Betreibern auf keine Weise unterscheidet[972], wodurch das sehr komplizierte Verpflichtungsmodell der alten Zusammenschaltungsrichtlinie außer Kraft gesetzt wird[973], und die verschiedenen Kommunikationsarten unabhängig von ihrer Technologie gleichbehandelt werden. Die speziellen Verpflichtungen, welche die Regulierungsbehörden nach der neunen Richtlinie den Unternehmen mit beträchtlicher Marktmacht vorschreiben dürfen[974] (Art 9-13 Zg-RL), entsprechen grundsätzlich den alten Verpflichtungen, die nach 97/33/EG den Festnetzbetreibern aufzuerlegen waren.

Den nationalen Regulierungsbehörden wird dennoch ein größerer Ermessenspielraum bezüglich der einzusetzenden Maßnahmen gegeben. Gemäß Art. 8 Abs. 3 U-

[968] Siehe Knieps, 2001.
[969] Erwägungsgrund 13 der Zg-RL 2002/19/EG des (s.o. Fn 936).
[970] Die ausführliche Definition des Zuganges findet man unter Art. 2 UAbs. 2nPunkt a) der Zg-RL 2002/19/EG des (s.o. Fn 936).
[971] Vgl. Art. 9 Abs. 2 der Zugangsrichtlinie2002/19/EG des (s.o. Fn 936) mit Art. 7 Abs. 2 Uabs. 2 97/33/EG (s.o. Fn. 405).
[972] Vgl. Mit Art. 7 Abs. 1 der Zusammenschaltungsrichtlinie (97/33/EG) (s.o. Fn. 405).
[973] Vgl. Mit der Tabelle Nr. 11 S. 140 Pflichten der Betreiber nach der Zusammenschaltungsrichtlinie.
[974] Die alten Verpflichtungen, die Regulierungsbehörden vor dem Inkrafttreten der neuen Zugangsrichtlinie vorgeschrieben haben, bleiben bis zu der Durchführung der ersten Marktanalyse gemäß dem geänderten Rechtsrahmen (Art. 7 Abs. 3 Zg-RL 2002/19/EG des (s.o. Fn 936) erhalten.

Abs. 2 Zg-RL[975] können die nationalen Regulierungsbehörden neue Verpflichtungen zur Zügelung der Marktmächtigen auferlegen, falls ihnen die, durch die Richtlinie geregelten Mittel, zur Stimulierung des Wettbewerbs nicht ausreichen sollten. Dadurch wird der Wettbewerbslenkung ein größerer Freiraum eingeräumt, vorausgesetzt, dass die Regulierungsbehörden von ihrem Recht Gebrauch machen. Jedoch bleibt die Betätigung der Regulierungsbehörden auch in diesem Fall nicht ohne Kontrolle der Kommission. Die Regulierungsbehörden müssen nämlich einen Antrag auf Erlaubnis solcher Maßnahmen bei der Kommission stellen, die durch ihr Vetorecht gemäß Art. 14. Abs. 2 i.V.m. Art. 7 Abs. 4 Punkt a) der Rahmenrichtlinie die geplanten Maßnahmen untersagen kann.

iii) Förderung des Infrastrukturwettbewerbs, Vermeidung von Verdrängungspreisen

Durch die Erfahrungen mit den negativen Wettbewerbsentwicklungen im Ortsnetz, führte die Zugangsrichtlinie solche Maßnahmen ein, durch die mittelbar der Infrastrukturaufbau der Netzbetreiber[976] gefördert wurde, und die Wettbewerbsverzerrungen durch unterschiedliche Preissetzungen für Wettbewerber und Endkunden vermeiden werden konnte[977]. Nach Art. 12 Abs. 2 Buchstabe c) und Art. 13 Abs. 1 S. 2 Zg-RL müssen z.B. die Regulierungsbehörden bei ihren Beschlüssen den Anfangsinvestitionen für die Errichtung Rechnung tragen. Sie dürfen auch im Falle von Preisdiskrepanzen gemäß Art. 13 Abs. 1 S. 1 Zg-RL Verpflichtungen auferlegen oder Preiskontrollen anordnen. Unter den auferlegbaren Verpflichtungen in Art. 12. Abs. 1 Zg-Rl werden auch solche aufgelistet, die aufgrund der Regulierungspraxis der letzen 4-5 Jahre als notwendig erschienen, wie etwa die Verhandlungsführung nach Treu und Glauben, die Verpflichtung zum Resale, der Zugang zu Betriebsystemen usw.

Bezüglich der Kostenrechnungssysteme ordnet Art. 13 Abs. 3 der Zugangsrichtlinie an, dass die Regulierungsbehörden auch anhand der Kostenabrechnung des Unternehmens unabhängige Kostenrechnungen ermitteln können. Die praktische Anerkennung von Modellsystemen wurde in Deutschland durch die RegTP schon durchgesetzt[978]. Die neuen Vorschriften für getrennte Buchführung (Art. 11 Zg-RL) sind zwar nicht so konkret wie der alte Art. 8 97/33/EG, sie machen jedoch deutlich, dass insbesondere von vertikal integrierten Unternehmen zu verlangen ist, dass sie ihre Großkundenpreise und interne Kostentransfers transparent gestalten, damit unlautere Quersubventionierung verhindert wird.

Ob die Regulierungsbehörden durch die neuen Richtlinien tatsächlich viel größeren Ermessenspielraum bekommen haben als vorher, kann man aus der Betrachtung der Praxis der Regulierungsbehörden nicht eindeutig bejahen. Jedenfalls deutet die neue Regulierung darauf hin, dass die Gemeinschaftsorgane immer öfter auf ihr aus dem Subsidiaritätsprinzip gewährtes Recht zugreifen und die umzusetzenden Befug-

---

975 Man kann also behaupten, dass der Ermessenspielraum der nationalen Regulierungsbehörden gegenüber dem Gesetzgeber erweitert wurde. Man muss aber gleichzeitig hinfügen, dass von der anderen der Gesetzgeber Seite durch die Kommission eingeschränkt wurde (!).

976 Siehe Erwägungsgrund 19. Zg-Rl 2002/19/EG des (s.o. Fn 936).

977 Siehe Erwägungsgrund 20. Zg-Rl 2002/19/EG des (s.o. Fn 936).

978 Siehe EBC-Entscheidungen in Deutschland.

nisse der nationalen Behörden selbst gestalten, anstatt diese Aufgaben vollkommen den nationalen Gesetzgebern zu überlassen.

2. Die neuesten Reformschritte in Deutschland, TKG-Änderung von 2004

a) Verspätete Umsetzung, starke Rezeption, detailliertes TKG

Trotz der bis 24. Juli 2003 festgesetzten Umsetzungsfrist des Richtlinienpakets[979] hat der deutsche Gesetzgeber nach langem Verfahren vor dem Vermittlungsausschuss erst am 22. Juni 2004 das neue Telekommunikationsgesetz [980] (im weiterem TKG n.F.) erlassen. Obwohl dieses Gesetz dem Grundsatz der Deregulierung und Klarstellung zu folgen hatte, wuchs der Gesetzestext auf 54 Seiten (!). Das neue TKG beinhaltet nicht nur - in übersetzter Form, und in fast gleichem Umfang - die fünf europäischen Telekommunikationsrichtlinien, sondern auch die alten deutschen Telekommunikationsverordnungen[981], kurzgefasst. Die Umsetzung des Richtlinien-pakets ähnelt diesmal eher einer Rezeption als einer freien Gestaltung der Vorschriften durch die innerstaatlichen Stellen im Sinne des Art. 249 S. 3 EG.

aa) Gesetzesänderung im Allgemeinen

Der endgültige Gesetzestext zeigt gewisse Abweichungen gegenüber dem am 30.04.2003 vorgelegten Regierungsentwurf zum TKG. Nicht nur das als Leitbild des Telekommunikationsmarktes vorgeschlagene Wettbewerbskonzept des Entwurfes wurde erheblich überarbeitet, sondern auch die Kriterien der Marktanalyse und die Zugangsvorschriften. Außerdem wurden bestimmte Vorschriften, wie z.B. die strukturelle Separierung von Unternehmen, das Diskriminierungsverbot und die Transparenzverpflichtung, nachträglich im TKG aufgenommen. Obwohl das neue Telekommunikationsgesetz trotz der zahlreichen Änderungsbeiträge leider nicht übersichtlicher geworden ist, ist es dennoch begrüßenswert, dass die telekommunikationsbezogene Rechtsprechung der letzten 7-8 Jahre in das neue Gesetz eingearbeitet wurde, auch wenn dies teilweise auf europäisches Gebot hin erfolgte. In § 21 Abs. 2 Nr. 7 TKG n.F. wurde z.B. die Inkassoproblematik angesprochen, und der § 39 Abs. 4 TKG n.F. stellte die Pflichten der marktmächtigen Unternehmen bezüglich der Vorleistungen klar. Bezüglich der Entgeltregulierung wurde durch § 27 Abs. 2 TKG n.F. endlich das Konsistenzgebot und die Vermeidung einer Kosten-Preis-Schere nach § 28 Abs. 2 Nr. 2. TKG n.F. vorgeschrieben. Durch diese Veränderungen sollten die Defizite beseitigt werden, die sich beim Vollzug des TKG und der dazu ausgearbeiteten Ausführungsverordnungen entstanden sind[982]. Die Instrumentenauswahl der Regulierungsbehörde wurde durch die Modifikation mehr an die Ziele des neuen TKG geknüpft[983] und muss dem Grundsatz der Verhältnismäßigkeit entsprechen[984].

---

[979] Siehe Art. 28 der Rahmenrichtline oder Art. 18 der Zugangsrichtline. Entsprechend dieser Frist wurden gemäß Art. 226 EG Verstoßverfahren gegen die Mitgliedstaaten eingeleitet. Siehe Europäische Kommission, Umsetzungsbericht, 2003 S. 3 . (s.o. Fn. 682)

[980] Bundesgesetzblatt Jg. 2004 Teil I. Nr. 29 S. 1190 ff., 25. Juli 2004.

[981] Vgl. Knauth/Krüger MMR Beilage 1/2004 S. 3 .

[982] Wiss. Arbeitskreis, Dezember 2002 S. 2.

[983] Siehe z.B. § 25 Abs. 4 TKG n.F. oder § 27 Abs. 2 TKG n.F.

Wesentliche Änderungen wurden in fast allen Teilbereichen des Telekommunikationsgesetzes durchgeführt. Nicht nur das Marktanalyseverfahren wurde entsprechend der Rahmenrichtlinie grundlegend verändert, sondern auch die Missbrauchsaufsicht wurde konkretisiert[985]. Während die Zugangsregulierung erweitert wurde, wurde die ex-ante Regulierung von Endkundenentgelten eingeschränkt. Außerdem ergaben sich Änderungen bei Frequenzen, Nummern und Lizenzen. Eine verfahrensrechtliche Neuigkeit ist, dass eine Verwaltungsinstanz, sog. Tatsacheninstanz[986], bei Beschlusskammerentscheidungen nach § 137 Abs. 3 TKG n.F. abgeschafft wurde. Im Folgenden werden die mit der Wettbewerbsgestaltung, insbesondere mit dem Ortsnetzwettbewerb zusammenhängenden Vorschriften dargestellt[987].

bb) Überblick über die wesentlichen Änderungen im neuen TKG

bba) Wirksamer Wettbewerb und Marktanalyse

Der deutsche Gesetzgeber hat bei der Änderung des TKG nicht nur die Konzeption des wirksamen Wettbewerbs verändert, sondern auch seine Bedeutung betont. Durch die Umarbeitung des Wettbewerbskonzepts sollten die praktischen Schwierigkeiten bei der Auslegung des gesetzlich nicht definierten Begriffs des funktionsfähigen Wettbewerbs abgeschafft werden[988]. Wobei der TKG-E diesen Begriff ausreichend definierte, ersetze der Gesetzgeber im Laufe des Gesetzgebungsverfahrens dieses Konzept durch das Konzept des wirksamen Wettbewerbs[989] und knüpfte dazu an die nachhaltige Wettbewerbsorientierung des Marktes, als weiteres Kriterium für bestimmte regulatorische Anordnungen.

i) Didaktische Probleme bei der Definition des wirksamen Wettbewerbs

Die Beurteilung der Wettbewerbsituation spielt im neuen TKG eine erhebliche Rolle, weil das einzusetzende Instrumentarium der deutschen Regulierungsbehörde - entsprechend dem Art. 16 Abs. 3 und 4 R-RL auch der § 9 Abs. 1 TKG n.F. - vom Fehlen eines wirksamen Wettbewerbs auf dem betroffenen Markt abhängig gemacht worden ist[990]. Dementsprechend darf z.B. die Regulierungsbehörde keine ex-ante Entgeltregulierung für Endkundenleistungen anordnen, falls auf dem betroffenen Endkundenmarkt ein nachhaltiger Wettbewerb herrscht (§ 39 Abs. 1 S. 2 TKG n.F.).

Bei der Definition des § 11 Abs. 1 i.V.m. § 3 Nr. 31 TKG n.F. verbindet der deutsche Gesetzgeber sehr ungeschickt den wirksamen Wettbewerb mit dem Vorhandensein eines marktmächtigen Unternehmens auf dem betroffenen Markt. Durch den

---

984 Groebel MMR Beilage 1/2004 S. 18. Nach Elkettani ist dieser Grundsatz gemeinschaftrechtlicher Art, aus welchem Grund nicht als unbestimmter Rechtsbegriff nach deutschem Verwaltungsrecht eingeordnet werden kann. Siehe Elkettani MMR Beilage 1/2004 S. 16.

985 Dazu Kurth: Pressereise Colt Telecom, 2. Juli 2004, Budapest.

986 Thomaschki MMR Beilage 1/2004 S. 24.

987 Eine gute Problemzusammenfassung bietet Schulz/Werthmann MMR Beilage 1/2002 S. 38 ff.

988 Wobei der Begriff verändert wurde, der Inhalt des Begriffs bleib m.E. kaum berührt. Vgl. § 2 Abs. 2 Nr. 2 TKG und § 2 Abs. 2 Nr. 2 iVm § 3 Nr. 12 TKG n.F.

989 Dazu Säcker, K&R Beilage 1/2004 S. 1.

990 Erwägungsgrund 27 der Rahmen-RL 2002/21/EG (s.o. Fn. 933).

§ 3 Nr. 31 TKG n.F. wird nämlich „wirksamer Wettbewerb“ als „die Abwesendheit von beträchtlicher Marktmacht im Sinne des § 11 Abs. 1 S. 3 bis 5“ definiert. Im Sinne des Marktanalyseverfahrens nach Art. 16 Abs. 2 und 4 der Rahmenrichtlinie erfolgt die Ermittlung von Unternehmen mit beträchtlicher Marktmacht jedoch erst nach der Feststellung des Fehlens eines wirksamen Wettbewerbs. Daraus folgt, dass die Marktmacht von Unternehmen nur in der zweiten Stufe geprüft wird (!), was bedeutet, dass die Wettbewerbssituation auf einem Markt nicht ausschließlich von der Marktmacht der sich darauf betätigenden Unternehmen abhängt[991]. Diese Behauptung unterstützt auch der Erwägungsgrund Nr. 27 der Rahmenrichtlinie, welcher zur Untersuchung der Wettbewerbssituation die Klärung des potenziellen Wettbewerbs und der Dauer des Fehlens des wirksamen Wettbewerbs empfiehlt.[992]

Bezüglich der Prüfung der Wettbewerbssituation wurde der Gesetzgeber vielleicht durch die Leitlinien der Kommission zur Marktanalyse[993] verwirrt, da der Punkt 19 der Leitlinie so zu verstehen scheint, dass die Wirksamkeit des Wettbewerbs tatsächlich an die Marktmacht der Unternehmen geknüpft wäre[994]. Diese missverständliche Aussage der Leitlinie über den wirksamen Wettbewerb wird dennoch durch ihren nächsten Satz relativiert, wo die Ermittlung der Unternehmen mit beherrschender Stellung - ähnlich der Marktanalyse nach der Rahmenrichtlinie - nur nach der Feststellung des fehlenden echten Wettbewerbs vorgeschrieben ist[995]. Aus diesen Gründen ist es m.E. falsch, die Betätigung eines Unternehmens mit beträchtlicher Marktmacht mit dem Fehlen des wirksamen Wettbewerbs gleichzustellen, was auch das Marktanalyseverfahren nach Art. 16 der Rahmenrichtlinie bei den Ermittlungsstufen vermeidet. Es wäre glücklicher gewesen, wenn der deutsche Gesetzgeber die Betätigung von Unternehmen mit beträchtlicher Marktmacht auf dem betroffenen Markt eher als Vermutungskriterium für die Unwirksamkeit des Wettbewerbs genannt hätte.

ii) Übernahme des Konzepts der „beträchtlichen Marktmacht“

Die Veränderung des Marktdefinitions- und Marktanalyse-Verfahrens kam aufgrund des europäischen Gebots nach Artikel 14 ff. der Rahmenrichtlinie zustande. Bei dem Abstellen auf das Konzept der beträchtlichen Marktmacht bei der Marktanalyse ist es jedoch überraschend, dass der deutsche Gesetzgeber gerade dann dieses Konzept aus dem europäischen Recht übernahm, als die praktischen Unterschiede zwischen den Auslegungen der Marktbeherrschung und des Begriffs der beträchtlichen Marktmacht gerade verschwanden[996]. Es wurde nämlich in dem Erwägungsgrund Nr. 25 der Rahmenrichtlinie klargestellt, dass die Marktdefinition in der Zukunft auf dem Konzept der beherrschenden Stellung nach der einschlägigen Rechtssprechung des Gerichtshofes und des Gerichtes erster Instanz beruhe. Dieser Auslegung lag die Bestimmung der marktbeherrschenden Stellung nach dem deutschen GWB sehr nahe, weswegen die Übernahme der europäischen Bezeichnung m.E. nicht unbedingt notwendig war.

---

991 Erwägungsgrund 27 der Rahmen-RL 2002/21/EG (s.o. Fn. 933).
992 Erwägungsgrund 27 der Rahmen-RL 2002/21/EG (s.o. Fn. 933).
993 KOM (2002) 165/3 Abl. C Nr. 165 S. 1 ff. vom 11.7.2002.
994 Punkt 19 S. 2 der Leitlinien KOM (2002) 165/3 Abl. C Nr. 165 S. 8. vom 11.7.2002.
995 Punkt 19 S. 4 der Leitlinien KOM (2002) 165/3 Abl. C Nr. 165 S. 8. vom 11.7.2002.
996 Erwägungsgrund 25 der Rahmen-RL 2002/21/EG (s.o. Fn. 933) .

Der Zeitpunkt der Konzeptumstellung ist andererseits auch deswegen überraschend, weil sie erst ein halbes Jahr nach der Vorlage des ursprünglichen Regulierungsentwurfs geschehen ist.[997] Die auferlegbaren Verpflichtungen gegenüber den Unternehmen mit beträchtlicher Marktmacht fasst die folgende Tabelle zusammen:

Tabelle Nr. 11

Mögliche Verpflichtungen für Unternehmen mit beträchtlicher Marktmacht nach dem TKG n.F.

Mögliche Verpflichtung nach TKG n.F.	**nach**	**Europäische Anordnung**
Diskriminierungsverbot	§ 19	Art. 10 Zg-RL
Transparenzverpflichtung	§ 20	Art. 9 Zg-RL
Zugangsverpflichtungen	§ 21	Art. 12 Zg-RL
Getrennte Rechnungsführung	§ 24	Art. 11 Zg-RL
Entgeltregulierung für Zugangsleistungen	§ 30	≈ Art. 13 Zg-RL
Entgeltregulierung für Endnutzerleistungen	§ 39	
Betreiberauswahl bzw. – vorauswahl	§ 40	≈ Art. 12 Abs. 1 d) Zg-RL
Angebot von Mietleitungen	§ 41	Art. 12 Abs. 1 a) Zg-RL

bbb) Stark zunehmende Vorschriften für die Zugangsregulierung

i) Kann-Vorschriften bei der Zugangsregulierung

Die Vorschriften der Zugangsregulierung nahmen im neuen TKG nicht nur deutlich zu, sondern wurden bis zur Verabschiedung des Gesetzes noch erheblich umgearbeitet. So wurden z.B. die Vermutungsregel bei der Auferlegung von Zugangsvorschriften letztendlich abgeschafft[998] und die Regulierungsanordnungen grundsätzlich als „Kann" - Vorschriften formuliert[999]. Die neuen Zugangsvorschriften - welche vom vierten zum zweiten Abschnitt des TKG vorgerückt wurden[1000] - entsprechen weitgehend den Artikeln der Zugangsrichtlinie bzw. der Verordnung Nr. 2887/2000[1001]. Außerdem regeln sie einige zusätzliche Zugangsbereiche, wie z.B. Line-Sharing oder Resale, welche nach der deutschen Rechtssprechung Regulierungsbedarf zeigten.

Durch die neuen Vorschriften blieb das Prinzip des kommerziellen Aushandelns der Zugangs- und Zusammenschaltungsvereinbarungen weiterhin im Mittelpunkt[1002], dennoch erwähnt das neue TKG - im Gegensatz zum alten TKG, wo die Gewährung

[997] Säcker MMR Beilage 1/2004 S. 1.
[998] Vgl. Säcker MMR Beilage 1/2004 S. 1.
[999] Wobei der TKG-E das Tätigwerden der Regulierungsbehörde mit „Soll"-Vorschriften anordnete.
[1000] Diese Änderung unterstreicht eindeutig die Bedeutung des Netzzuganges.
[1001] Verordnung (EG) Nr. 2887/2000 (s.o. Fn. 696). Diese Verordnung hat jedoch gemäß Art. 249 Abs. 2 EG in Fassung von Nizza unmittelbare Geltung.
[1002] Erwägungsgrund 5 der Richtlinie 2002/19/EG (s.o. Fn. 936).

der Netzzugänge nur nach der Generalklausel des § 35 Abs. 1 TKG erfolgte - konkrete Zugangsverpflichtungen in § 21 Abs. 2 und 3 TKG n.F., die die Regulierungsbehörde für Unternehmen mit beträchtlicher Marktmacht vorschreiben kann (§ 21 Abs. 2 TKG n.F.) oder soll (§ 21 Abs. 3 TKG n.F.). Die angeordneten Zugangsverpflichtungen müssen gemäß § 21 Abs. 1 S. 2 TKG n.F. jedoch – wie die Zugangsrichtlinie betont[1003] - gerechtfertigt sein und in einem angemessenen Verhältnis zu den Regulierungszielen stehen.

ii) Behandlung von deutschen Zugangsproblemen

Begrüßenswert ist, dass der Gesetzgeber auch die speziellen deutschen Zugangsprobleme im neuen TKG behandelt. Durch den § 22 Abs. 1 TKG n.F. werden z.B. die Verzögerungstaktiken der Deutschen Telekom beschnitten, weil konkrete Fristen für die Abgabe von Zugangsangeboten vorgeschrieben werden. Durch den § 25 Abs. 5 wird außerdem geklärt, dass bei der Anordnung von Zugangs- bzw. Zusammenschaltungsvereinbarung auch die Entgelthöhe festgeschrieben werden kann, wodurch eine Verdopplung des Regulierungsverfahrens bei Zusammenschaltungsanordnungen nach der alten Rechtssprechung der deutschen Gerichte vermieden wird.[1004] Als Warnung für die Unternehmen, die den Zugangsanordnungen der Regulierungsbehörde nicht folgen, wird nach § 25 Abs. 8 S. 2 TKG n.F. ein Zwangsgeld in Höhe von bis zu einer Million Euro vorgeschrieben, was doppelt so hoch ist, wie es nach § 72 Abs. 10 des TKG der Fall war.

Trotz der Verdoppelung des „Durchsetzungsgeldes", und der detaillierten Zugangsvorschriften, ist es fraglich, ob die Beschlusskammer der Regulierungsbehörde von diesen marktgestaltenden Mitteln tatsächlich Gebrauch machen wird, oder ob diese Regelung wegen Nichtanordnens dieses Instruments ihre Warnkraft verlieren wird.

bbc) Ex-post Entgeltregulierung als Regelfall

i) Weniger Platz für ex-ante Entgeltregulierung

Beim Durchlesen der neuen Vorschriften der Entgeltregulierung ist es sofort ersichtlich, dass die Regelungen der Telekommunikationsentgeltverordnung von 1996 weitgehend in den modifizierten Gesetzestext eingearbeitet worden sind, wobei die Maßstäbe der Entgeltregulierung umgearbeitet wurden. Entsprechend den europäischen Vorgaben wurde weniger Platz für die ex-ante Preisregulierung gegeben[1005]. Im Zugangsbereich, wo die ex-ante Regulierung noch als unverzichtbar zu sein scheint[1006], bleibt im neuen TKG weiterhin die ex-ante Regulierung der Regelfall [1007], falls das

[1003] Siehe Erwägungsgrund 15 der Richtlinie 2002/19/EG (s.o. Fn. 936) und Art. 8 Abs. 1 der Rahmenrichtlinie 2002/21/EG(s.o. Fn. 933).
[1004] Siehe Problematik der Anordnung von Zusammenschatlungsentgelte, z.B. Schütz MMR Beilage 12/2002 S. 21.
[1005] Weil die ex ante-Regulierung als Einschränkung der unternehmerischen Freiheit angesehen wird. Krings MMR Beilage 1/2004 S. 8.
[1006] Vgl. Krings MMR Beilage 1/2004 S. 8.
[1007] Vgl. Kurth: Pressereise Colt Telecom, 2. Juli 2004, Budapest.

den Zugangsmarkt kontrollierende Unternehmen auch über beträchtliche Marktmacht auf dem Markt für Endkundenleistungen i.S.d. § 30 Abs. 1 TKG n.F. verfügt. Dies sind die Tatbestandsmerkmale der sog. Doppeltmarktbe-herrschung[1008] nach dem neuen TKG. Bei Endkundenleistungen gilt in der Zukunft, im Gegensatz zu § 25 Abs. 1 TKG, die ex-post Regulierung nach § 39 Abs. 1 TKG n.F. Durch die Prüfung der doppelten Marktmacht wurden die Vorleistungs- und Endkundenmärkte besser miteinander verzahnt[1009], was wegen des engen Zusammenhangs zwischen der Entwicklung des Wettbewerbs auf der Vorleistungsebene und den Einflussmöglichkeiten auf dem Endkundenmarkt positiv zu bewerten ist.

ii) Nachträgliche Entgeltregulierung mit Umkehrmöglichkeit

Das Instrument der nachträglichen Regulierung wurde jedoch interessant konzipiert. Nach § 38 TKG n.F. sind nämlich Entgelte, die nur einer nachträglichen Preisregulierung unterliegen, zwei Monate vor dem geplanten Inkrafttreten der Regulierungsbehörde vorzulegen. Falls die RegTP einen offenkundigen Preismiss-brauch bei ihnen feststellt, kann sie die geplanten Entgelte untersagen. Sie kann sogar die Entgelthöhe anordnen, falls sie eine Überprüfung der Entgelte nach § 38 Abs. 2 TKG n.F. einleitet. Dadurch kann sich letztendlich die nachträgliche Entgeltregulierung in eine ex-ante Regulierung umwandeln. Auch wenn durch diese Verfahrensumwandlung die Nachteile eines nachträglichen Preismissbrauchsverfahrens vermieden werden sollten, wird praktisch das Prinzip der ex-post Regulierung, als Regelfall umgangen. Die neue Entgeltregulierung folgt also immer noch dem Prinzip der „freien" Entgeltgestaltung mit Genehmigungsvorbehalt nach dem alten TKG.

iii) Veränderte Maßstäbe der Entgeltregulierung und Margengarantien

Die geplanten Entgelte für Telekommunikationsleistungen müssen sich im weiteren Sinne auch nach der Gesetzesänderung an den Kosten der effizienten Leistungsbereitstellung orientieren. Jedoch gilt dieses Kostenniveau in der Zukunft nur als Obergrenze, die die Unternehmen i.S.d. § 31 Abs. 1 TKG n.F. nicht überschreiten dürfen[1010]. Die Maßstäbe der Entgeltregulierung in § 28 TKG n.F. wurden durch das neue TKG klarer geregelt, d.h. die Maßstäbe wurden enger an den Missbrauchstatbestand geknüpft[1011] und der Vergleich, ob die Preise Aufschläge und Abschläge darstellen, abgeschafft. Dennoch ist es fraglich, ob die Behörden in der Zukunft die als diffus bezeichneten Kriterien der Kostenprüfung leichter praktizieren können.[1012]

Der Gesetzgeber hat sowohl Missbrauchsvermutungstatbestände besser herausgearbeitet, wie z.B. das Bestehen einer Kosten-Preis-Schere, was schon bei den TAL-Entscheidungen hilfsreich gewesen wäre, als auch die sachliche Rechtfertigung des missbräuchlichen Verhaltens begrenzt. Durch einen Abschlag auf den Endkundenpreis wurde die Höhe der Vorleistungspreise nach § 30 Abs. 5 TKG n.F. vorgeschrieben, was eine praktische Lösung für die Verhinderung der Kosten-Preis-

[1008] Groebel, MMR Beilage 1/2004 S. 21.
[1009] Die Folgen der fehlenden Verzahnung hat schon Geppert in ZEI-Worshop, 20.11.2002 angesprochen.
[1010] D.h. die Preise dürfen diese Obergrenze unterschreiten.
[1011] Vgl. Groebel MMR Beilage 1/2004 S. 21.
[1012] Kostenprüfungskriterien: Stegh MMR Beilage 12/2002, S. 14.

Schere anbietet. Obwohl die Ökonomen die „regulatorisch erzwungenen Margengarantien" für Wettbewerber nicht für die beste Lösung zur Verhinderung der Wettbewerbsverzerrung halten, weil dies die marktübliche Preis- und Produktdifferenzierungspolitik der Unternehmen ausschließe[1013], war diese Veränderung m.E. als ultima Ratio - Hilfsregelung für Vorleistungspreise äußerst notwendig. Andererseits bieten die zu berücksichtigenden Faktoren für die Auferlegung von Zugangsleistungen nach § 21 Abs. 1. Nr. 3, 4 und 7 TKG n.F. m.E. ausreichenden Schutz dafür, dass keine unnötige Zugangsgewährung zu innovativen Diensten oder Netzen vorgeschrieben wird.

Der Gesetzgeber hat, wie es auch die in Aussicht gestellten Zwangsgelder gemäß § 29 Abs. 4 TKG n.F. betonen, die Probleme eines eventuellen Preismissbrauchs, ähnlich der Zugangsproblematik, ernst genommen. Fraglich ist nun, wie die Regulierungsbehörde diese Mittel in der Zukunft einsetzen wird.

iiii) Unnötige politische Einflussmöglichkeit durch das Konsistenzgebot?

Aufgrund der Erfahrungen von über 7 Jahren mit der Kosten-Preis-Schere zwischen Vorleistungs- und Endkundenentgelt bei der Teilnehmeranschlussleitung hat der Gesetzgeber neben der Festschreibung des Vorleistungspreises das Konsistenzgebot für die Regulierungsmaßnahmen durch den § 27 Abs. 2 TKG n.F. eingeführt. Durch dieses Gebot werden hoffentlich einerseits die Preis-Regulierungsmaßnahmen der verschiedenen Beschlusskammern der RegTP besser aufeinander abgestimmt, andererseits die Entgeltregulierung stärker an die allgemeinen Ziele des § 2 Abs. 2 TKG n.F. angepasst.

Das Konsistenzgebot kann jedoch mittelbar die Möglichkeit der politischen Einflussnahme auf die Entscheidungen der Beschlusskammer verursachen, weil gemäß § 132 Abs. 4 TKG n.F. die Marktdefinition und -analyse bei Konsistenzfällen durch die Präsidentenkammer erfolgen muss[1014]. Dies heißt, dass nicht ausschließlich die üblichen Vor- und Beisitzenden der Beschlusskammer die Entgeltregulierung gestalten werden, sondern auch der Präsident der Regulierungs-behörde bei der Marktanalyse mitwirken wird. Die Gefahr einer politischen Ermittlung bei der Marktanalyse wird dadurch vermindert, dass aufgrund von Art. 15 i.V.m. Art. 6 und 7 Ra-RL die Europäische Kommission durch das Konsultations- und Konsolidierungsverfahren mit ihrem „Vetorecht"[1015] auf die Marktanalyse der RegTP mittelbar einwirken kann. Ob das Konsistenzgebot tatsächlich eine engere Zusammenarbeit zwischen den einzelnen Beschlusskammern der RegTP verursacht, wird die Praxis zeigen.

bbd) Missbrauchsaufsicht

Das neue TKG formuliert die Vorschriften der besonderen Missbrauchsaufsicht eindeutig übersichtlicher. Neben der Ausgliederung des Preismissbrauchs aus den allgemeinen Missbrauchstatbeständen i.S.d. § 28 TKG n.F., werden durch § 42 Abs. 1 TKG n.F. sowohl der Kreis der unter Missbrauchsaufsicht fallenden Unternehmen,

---

1013 Vgl. Knieps, MMR 8/1999 S. 463.
1014 Vgl. Krings MMR Beilage 1/2004 S. 8 .
1015 Schütz MMR 6/2003 S. 362 .

als auch die speziellen Fälle der Missbrauchsvermutung klarer. Außerdem wird der Kreis der über das Antragsrecht zur Verfahrenseinleitung verfügenden Telekommunikationsunternehmen (§ 42 Abs. 4 S. 5 TKG n. F.) definiert. Durch das erweiterte Antragsrecht[1016] sollte das Rechtsschutzdefizit des TKG gelöst werden, wonach keine Regulierung gegen Willen der RegTP erzwungen werden konnte [1017], wie das Beispiel der DSL-Entscheidung es gezeigt hat.

Weitere Neuigkeit ist, dass der § 43 TKG n.F. die Abschöpfung des wirtschaftlichen Vorteils durch Zahlung eines entsprechenden Geldbetrages bei schuldhaft missbräuchlichem Verhalten erlaubt. Die Bereinigung und Klarstellung der Missbrauchsaufsicht ist nicht nur ein positives Ergebnis der Gesetzgebung, sondern ein wichtiger Schritt zur langfristigen Anpassung des sektorspezifischen Ordnungsrechts an das allgemeine Wettbewerbsrecht.[1018]

Die angemessene Honorierung von Infrastrukturinvestitionen ist – wie unter Punkt I dieses Kapitels dargestellt – leider beim alten TKG ausgeblieben. Das oft zu hörende Argument, dass der deutsche Telekommunikationsmarkt nach der Liberalisierung von 1996-98 eine „eigenartige Wettbewerbslandschaft“[1019] gewesen sei, wo grundsätzlich kein Betreiber ohne Unterstützung einer Monopolmutter auf den Telekommunikationsmarkt eingetreten sei[1020], rechtfertigt das Fehlen der Infrastrukturförderung jedoch nicht. Ohne hinreichende Förderung des Infrastrukturaufbaus konnten sich weder der Infrastrukturwettbewerb noch der lokale Festnetzmarkt wie gewünscht entwickeln.

Bei der Modifizierung des Telekommunikationsgesetzes von 2004 hat der Gesetzgeber endlich der Infrastrukturförderung mehr Aufmerksamkeit gewidmet. Obwohl die Fehlentwicklungen der letzen 7-8 Jahre, vor allem die Überdimensionierung des Dienstwettbewerbs, dadurch kaum zu beheben sind, ist der Belangzuwachs der Infrastrukturförderung auf dem deutschen Telekommu-nikationsmarkt eine notwendige und erfreuliche Neuerung. Dieses Lob steht aber nicht ausschließlich dem deutschen Gesetzgeber zu, weil die Mehrheit der infrastrukturfördernden Vorschriften auf Gebot der Rahmen- bzw. Zugangsrichtlinie in das deutsche Recht umgesetzt wurde.

cc) Infrastrukturförderung im Zielkatalog des neuen TKG

Als Konkretisierung des Hauptzwecks der Regulierung des deutschen Telekommunikationsmarktes erlangte die „Wettbewerbsförderung“, insbesondere die Förderung der Telekommunikationsinfrastrukturen, im neuen TKG Priorität. Nicht nur der § 2 Abs. 2 rückte die Förderung des nachhaltigen Wettbewerbs im Bereich der Telekommunikationsnetze (§ 2 Abs. 2 Nr. 2 TKG n.F.), neben der Unterstützung der Innovationen und Infrastrukturinvestitionen (§ 2 Abs. 2 Nr. 4 TKG n.F.) in den Vordergrund, sondern sie wurde auch in der Generalklausel des Gesetzeszweckes in § 1 TKG n.F. normiert.

1016 Die Klagebefugnis Drittbetroffener ist bezüglich der Entgeltregulierung weiterhin unklar. Über strittige Gerichtentscheidungen siehe Schrerer MMR Beilage 12/2002 S. 26 .

1017 Schütz MMR Beilage 12/2002 S. 19.

1018 Knauth/Krüger MMR Beilage 1/2004 S. 6.

1019 Begriff stammt von Herrn Knobloch, Vorsitzende der RegTP,BK3.

1020 In Arcor war z.B. die Bundesbahn, in Hansanet die Elektrizität-Werke Hamburg beteiligt usw..

Obwohl diese Förderungsziele erst nach dem ursprünglichen Regierungsentwurf in das TKG eingearbeitet wurden, gewannen aufgrund des Gebotes des Art. 8 Abs. 1 Ra-RL, das mehrmals auf den Zielkatalog des Gesetzes bezüglich der Regulierungsmaßnahmen hinweist, erheblich an Bedeutung. Man kann erwarten, dass die Regulierungsbehörde, sowie die Gerichte bei ihrer zukünftigen Entscheidungsfindung mehr der Infrastrukturförderung gerecht werden. Obwohl die Argumentation mit der Wettbewerbsförderung bzw. mit den gewünschten Marktentwicklungen bei der Beschlussfassung bislang möglich war, führte sie kaum zur Unterstützung des Infrastrukturwettbewerbs, man denke nur an die Folgen der DSL-Entscheidungen[1021]. Man kann hoffen, dass durch das neue TKG und durch die verstärkten europäischen Maßnahmen der Infrastrukturwettbewerb angekurbelt werden wird.

cca) Neues Wettbewerbskonzept im TKG

Das Wettbewerbskonzept für den Telekommunikationsmarkt wurde durch das neue TKG korrigiert. Der zu unterstützende Wettbewerb bedeutet – anstatt eines funktionsfähigen – ein nachhaltiger[1022] und langfristig gesicherter[1023] Wettbewerb. Der Begriff des nachhaltigen Wettbewerbs wird im neuen TKG auch bei den Begriffsbestimmungen des § 3 geregelt. Trotz der Neuplatzierung und der Umbenennung wurde praktisch der alte Wettbewerbsbegriff der Monopolkommission[1024], den sie für den Begriff des funktionsfähigen Wettbewerbs nach § 81 Abs. 3 TKG mangels gesetzlicher Definition entwickelt hatte, in das neue Gesetz übernommen. (Siehe Kapitel D I. 2. b) bb) bba) i)) Der Unterschied zwischen der Definition der Monopolkommission und des § 3. Nr. 12 TKG n.F. besteht nur darin, dass es nach der neuen gesetzlichen Begriffsbestimmung nicht mehr darauf ankommt, ob der Wettbewerb strukturell gesichert ist. Ein Markt gilt i.S.d. neuen TKG dann als nachhaltig wettbewerbsorientiert, wenn auf ihm der Wettbewerb so abgesichert ist, dass er nach Rückführung der sektorspezifischen Regulierung fortbesteht[1025].

Wie sich der Wettbewerb entwickelt, wird – wie nach dem alten TKG – weiterhin durch die Monopolkommission gewürdigt. Ihre Begutachtung bezieht sich jedoch gemäß dem § 121 Abs. 2 TKG n.F. neben der Beurteilung der allgemeinen Wettbewerbsentwicklungen, insbesondere auf die Stellungsnahme zu Resale-Fragen. Das Erreichen eines langfristig wirksamen Wettbewerbs ohne strukturelle oder rechtlich bedingte Marktzutrittsschranken ist nicht nur Hauptziel des Gesetzes, sondern führt i.S.d. § 10 Abs. 2 S. 1 TKG n.F. mittelbar zur Beendigung der Marktregulierung. In diesem Fall wird das allgemeine Wettbewerbsrecht vor einem Marktversagen schützen. Regulierungsbasierter Wettbewerb sollte jedoch nur ein Zwischenstadium[1026] zum selbständig funktionierenden Wettbewerb sein.

[1021] RegTP B vom 30.3.2001 – BK 3b-00/032 MMR 7/2001 S. 472 ff. und RegTP B vom 25.01.2002 – BK 3b-01/039.
[1022] Siehe § 2 Abs. 2 Nr. 2 TKG n.F.
[1023] Siehe § 21 Abs. 1 Nr. 4 TKG n.F.
[1024] Siehe Monopolkommission Sondergutachten 1999, Punkt 4.1 S.
[1025] Nach der Monopolkommission liegt einen funktionsfähiger Wettbewerb dann vor, wenn ein strukturell gesicherter Wettbewerb, der auch dann fortbesteht, wenn die wettbewerbsgestaltende Regulierung zurückgeführt wird.
[1026] Vgl. Börsen/Coppik, MMR 3/2004 S. 144 .

dd) Honorierung der Infrastrukturinvestitionen

Entsprechend der Zugangsrichtlinie sollen die nationalen Regulierungsbehörden bei der Gewährung von Infrastrukturzugang die Rechte der gewährungsbedürftigen Dienstanbieter gegenüber den Anreizen für Investition in Alternativeinrichtungen abwiegen.[1027] Der Sinn dieser Bestimmung ist es, dass die Investitionsanreize für Netzbetreiber nicht durch Zugangsgewährung für die „infrastrukturlosen" Anbieter abgeschafft werden. Falls nämlich durch das TKG der Innovationsschutz nicht hinreichend geleistet wird, kann der Innovator keinen Wettbewerbsvorteil aus seinen neuen Produkten ziehen, was die Investitionsanreize vollkommen eliminiert.[1028] Die zu oft bevorzugten neuen Dienste der „reinen" Dienstanbieter können den Wettbewerb eher kurzfristig beleben – dies ist auch im Erwägungsgrund 19 der Zugangsrichtlinie [1029] zu lesen. Dadurch wird eindeutig klar, dass die europäischen Wettbewerbslenker die langfristige Sicherung des Wettbewerbs in erster Linie vom Infrastrukturwettbewerb bzw. von den Alternativeinrichtungen erwarten[1030]. Diese Erwartung führt praktisch zur europaweiten Bevorzugung des Infrastrukturaufbaus. Im neuen TKG gelangt dieser Ansatz bei den Zugangsverpflichtungen und bei der Betreibervorauswahl zur Bedeutung.

dda) Berücksichtigung der Investitionen bei den Zugangsverpflichtungen

Als allgemeiner Grundsatz des neuen TKG soll die Regulierungsbehörde bei der Anordnung der verschiedenen Zugangsverpflichtungen nach § 21 Abs. 2 und 3 TKG n.F. die Notwendigkeit der langfristigen Sicherung des Wettbewerbes (§ 21 Abs. 1 Nr. 4 TKG n.F.) generell und die Anfangsinvestitionen des Eigentümers - unter Berücksichtigung der Investitionsrisiken (§ 21 Abs. 1 Nr. 3 TKG n.F.) - konkret beachten. Diese Faktoren, denen die Regulierungsbehörde Rechnung tragen muss, wurden jedoch nicht durch den deutschen Gesetzgeber herausgearbeitet, sondern werden durch Art. 12 Abs. 2 Zugangsrichtlinie diktiert. Aus Sicht der Förderung des Infrastrukturwettbewerbs ist es jedoch gleichgültig, aus welchem Anlass diese Faktoren in das deutsche TKG aufgenommen wurden, wichtig ist es, dass die Regulierungsbehörde in der Zukunft diesen tatsächlich gerecht wird.

Der deutsche Gesetzgeber hat diesen Vorschriften noch einen zusätzlichen Nebensatz hinzugefügt, wodurch nochmals betont wurde, dass langfristig gesicherter Wettbewerb insbesondere durch Anreize zu effizienten Investitionen in Infrastruktureinrichtungen zustande kommen kann (§ 21. Abs. 1 Nr. 4 TKG. n.F.). Dadurch ist praktisch der reine Dienstwettbewerb, bei dem die Anbieter auf keine eigene Infrastrukturbasis zurückgreifen können, als nachrangig eingestuft worden. Unklar ist, und dies wird wahrscheinlich Auslegungsprobleme bereiten, welche von den Investitionen als effizient zu bewerten sind. Mit dieser Regelung scheint der Gesetzgeber die Tradition des alten TKG zu kippen, wonach beide Wettbewerbsformen als gleichrangig anzusehen sind, aber indirekt - durch die Bestimmungen der Betreibervorauswahl - dem Dienstwettbewerb Priorität gegeben war. Diese Neuerung ist zu begrüßen. Durch mittelbaren Vorrang des Infrastrukturwettbewerbs werden die alternativen

[1027] Erwägungsgrund 19 Zg-RL, (s.o. Fn 936).
[1028] Vgl. Börnsen/ Coppik MMR 3/2004 S. 146.
[1029] Erwägungsgrund 19 Zg-RL.
[1030] Ähnlich Knieps, MMR 8/1999 S. 463.

Netzbetreiber, wie etwa. NetCologne oder ISH usw., bessere Chancen für die Ausweitung des Kundenkreises haben, falls der Regulator die Honorierung der Infrastrukturinvestitionen wahrnimmt und die Zugangsgewährung für Call by Call- oder Preselection-Anbieter zum Netz der Deutschen Telekom in der Zukunft nach strengeren Kriterien erteilt.

ddb) Bedingte Verpflichtung der Netzbetreiber zur Ermöglichung der Betreiberauswahl

Während nach dem TKG in der Fassung von 1996 noch alle Netzbetreiber verpflichtet waren, in ihren Netzen die Ermöglichung der Betreibervorauswahl sicherzustellen, waren dazu nach der Änderung des § 43 Abs. 6 TKG nur die Betreiber mit marktbeherrschender Stellung verpflichtet. Nach dem § 40 Abs. 1 TKG n.F. werden durch diese Verpflichtung, ähnlich zu den neuen allgemeinen Zugangsvorschriften, erstens die Infrastrukturinvestitionen gemäß S. 4 dieses Absatzes mitberücksichtigt und zweitens die Bestimmungen über den Personenkreis, denen diese Pflicht auferlegt werden kann, umgearbeitet. Nach Satz 1 des § 40 Abs. 1 TKG n.F. muss die Regulierungsbehörde bezüglich der Verpflichtung zur Ermöglichung der Betreibervorauswahl die verpflichteten Unternehmen aus der Sicht einer doppelten Marktbeherrschung untersuchen. Nur denjenigen Unternehmen kann diese Pflicht auferlegt werden, die sowohl bei der Bereitstellung des Telefonanschlusses, als auch bei der Nutzung des Telefonanschlusses an festen Standorten über eine beträchtliche Marktmacht verfügen. Obwohl man nicht sagen kann, dass die Vorschriften bezüglich der Call by Call und Preselektion klarer geworden sind, wurde eine Unterscheidung zwischen Betreibern, die nur den Anschluss bereitstellen, und denjenigen, die Dienste auf der Basis des Festnetzes anbieten, gemacht. Diese Zugangsverpflichtungen gelten nur für solche Telekommunikationsunternehmen, die gleichzeitig auf beiden Märkten über eine Marktmacht verfügen. Für Mobilfunkbetreiber gelten nach Abs. 2 S. 2 dieser Norm andere Vorschriften, abhängig von der Entwicklung des Dienstwettbewerbs auf dem Mobilfunkmarkt.

c) Bewertung des neuen TKG aus wettbewerbspolitischer Sicht

Die Modifizierung des TKG bezüglich der Entgelt- und Zugangsregulierung und der Missbrauchsaufsicht entspricht weitgehend den europäischen Richtlinien und beachtet die 7-8 jährige Wettbewerbsentwicklung auf dem deutschen Telekommunikationsmarkt. Aus der Sicht des Infrastrukturwettbewerbs ist es begrüßenswert, dass durch das neue Gesetz die bislang fehlende Förderung des Infrastrukturwettbewerbs endlich Gesetzesvorschrift wurde. Das neue TKG will nicht nur die Infrastrukturinvestitionen besser honorieren, sondern auch die Zugangsgewährung von Call by Call- und Preselektion-Anbietern nach strengeren Kriterien zulassen. Das alte Wettbewerbskonzept des TKG wurde zudem verfeinert und das Erreichen eines nachhaltig wettbewerbsorientierten Telekommunikationsmarkts zum Ziel gesetzt. Die mittelbare Priorität des Dienstwettbewerbs wurde abgeschafft.

Zu kritisieren ist jedoch, dass diese Maßnahmen erst jetzt im Jahre 2004 in den Gesetzestext eingefügt wurden und nicht schon im Jahre 1996. Mit diesen Vorschriften hätte man das Vordringen des Dienstewettbewerbes zur bedeutendsten und fast ausschließlichen Form des Wettbewerbs und die unzureichenden Entwicklungen im Netzbereich – vor allem im Festnetz - vermeiden können. Fraglich ist, ob der Markt selbst bzw. mit Hilfe der Regulierungsbehörde die Kundennachfrage durch Allianz von mehreren alternativen Technologien besser gestaltet hätte? Zwar erlangte der Zusammenhang von Marktmacht auf der Netzebene und auf dem Endkundenmarkt (sog. doppelte Marktmacht) durch das neue TKG mehr Aufmerksamkeit, jedoch haben m.E. die vielfältigen Kundenanforderungen nach gleichzeitige Sprach- und Datenkommunikation, bzw. nach ständiger Erreichbarkeit sowohl für den Gesetzgeber, als auch für die Entscheidungsträger, und für die Wissenschaft immer noch zu wenig Bedeutung. Dies ist aber zur Vorhersehbarkeit der notwendigen zukünftigen Infrastrukturentwicklung zum Zwecke der besseren Unterstützung durch Regulierung von besonderem Belang.

Ansonsten bleibt, wie es mit großer Wahrscheinlichkeit erfolgen wird, die Rechtsprechung der nächsten Zeiten weiterhin „Telekom-fixiert". Es ist zu hoffen, dass die zuständigen Beschlusskammern der RegTP die Rückendeckung der Europäischen Kommission bezüglich der Wettbewerbsförderung - anhand der Kosten-Preis-Schere-Entscheidung der Kommission gegenüber der Deutschen Telekom - besser wahrnehmen und mit einheitlicher Spruchpraxis gegen die strukturell bedingten Marktzutrittsschranken und gegen die wettbewerbsver-zerrenden Taktiken der Marktbeherrscher hinwirken werden. Die erfolgreiche Unterstützung der Marktentwicklungen hängt nicht nur vom Gesetz - und noch weniger vom neuen TKG ab, sondern auch von seiner Auslegung und der wettbewerbgerechten Anwendung der durch das Gesetz ermöglichten Regulierungsmittel.

Fazit des Kapitels D

Im liberalisierten Telekommunikationsumfeld wuchs parallel zur Produktvielfalt und mit der Senkung der Tarife die Lust der Kunden zu telefonieren. Neben der Festnetzkommunikation sind die Mobil- und Datenkommunikation hervorgedrungen. Die neuen Wettbewerber machten sich vor allem als Call by Call-, Internet- oder Mobilfunkanbieter beliebt und gewannen Marktanteile. Der schnelle Preisverfall verringerte jedoch die Gewinne und dadurch die zu investierenden Mittel solcher Netzbetreiber, die bemüht waren, umfangreiche Netze aufzubauen. Sie hatten große Schwierigkeiten bei der Kundengewinnung, weil die Kunden der günstigeren, alle wichtigsten Sparten der Kommunikation abdeckenden und auch Betreibervorauswahl anbietenden Deutschen Telekom treu blieben. Der Fernsehkabel konnte nicht die wettbewerbsantreibenden Hoffnungen erfüllen, wegen Verkaufsproblemen der Kabelfernsehnetze und aufgrund der schnellen Durchdringung der DT AG mit der T-DSL-Technologie. Aus diesen Gründen kann der Kundennachfrage - auf dem heutigen Telekommunikationsmarkt - ausschließlich die Kombination von Festnetz- und Mobilkommunikation gerecht werden. Die anderen Technologien sind entweder aus wirtschaftlichen oder technischen Gründen nicht massenhaft einsetzbar. Bislang ist nur die DT AG in der Lage diese Kombination allein anzubieten.

Am wenigstens ausgeprägt ist der Wettbewerb in den lokalen Marktbereichen, vor allem auf dem Markt für Bereitstellung von Teilnehmeranschlüssen. Weil die DT AG immer noch quasi Monopolist auf dem Markt für Teilnehmeranschlüsse und für feste Telefonkanäle ist, spielen der Mietpreis der TAL und die sonstigen Bereitstellungsmodalitäten für die Wettbewerber eine erhebliche Rolle. Jedoch bestand in den letzen 5 Jahren eine Kosten-Preis-Schere zwischen dem Vorleistungs- und dem Endkundenpreis für die Miete des Teilnehmeranschlusses, was zu schwerwiegenden Wettbewerbsverzerrungen geführt hatte. Dieses Problem wurde dadurch noch verstärkt, dass durch das TKG weder der Infrastrukturaufbau honoriert noch hinreichend unterstützt wurde, wobei durch die übereilt eingeführte Betreibervorauswahl der Dienstwettbewerb früh ermöglicht wurde. Erst seit 2003 versucht die Praxis der RegTP - durch die EBC-Entscheidungen und durch die Einführung eines Anschlusskostenbeitrages für Verbindungsnetzbetreiber - den Wettbewerb in Richtung des Infrastrukturwettbewerbs zu lenken. Die Mitwirkung der Europäischen Kommission, als Wächterin über die Wettbewerbsentwicklungen trägt dazu bei, dass „im europäischen Mantel" die unvermeidbaren Schritte der Wettbewerbsförderung auf nationaler Ebene leichter durchgesetzt werden können.

Die Umsetzung der telekommunikationsbezogenen Richtlinien erfolgte in Deutschland durch das neue TKG vom 22. Juni 2004 zwar verspätet, aber weitgehend hinreichend. Einerseits ähnelt die Gesetzgebung einer einseitigen Rezeption der Rahmen- und Zugangsrichtlinie, andererseits die telekommunikationsbezogene Rechtsprechung der letzten 7-8 Jahren in das neue TKG eingearbeitet. Fast in allen Teilbereichen des Gesetzes wurden wesentliche Änderungen durchgeführt, so wurden z.B. das Marktanalyseverfahren und die Auslegung der Markbeherrschung umgearbeitet. Es wurden mehr Kann-Vorschriften für die Zugangsregulierung und neue Vermutungstatbestände für die Missbrauchsaufsicht geschaffen und es blieb für die ex-ante Entgeltregulierung wenigere Platz. Das Wettbewerbskonzept wurde auf einen nachhaltigen und strukturell gesicherten Wettbewerb umgestellt, und der Infrastrukturwettbewerb bekam mehr Bedeutung. Eine erfreuliche Neuerung ist, dass die Infrastrukturförderung, zwar mit 8 Jahren Verspätung, einen Bedeutungszuwachs erlangte. Und es ist zu hoffen, dass die RegTP, mit Rückendeckung der Europäischen Kommission, den Infrastrukturaufbau durch ihre Beschlüsse tatsächlich besser unterstützen und besser gegen die wettbewerbsverzerrenden Taktiken der Marktbeherrscher hinwirken wird.

ABKÜRZUNGSVERZEICHNIS

Abkürzung	Bedeutung
Abs.	Absatz
Art.	Artikel
BMPT	(ehemaliges) Bundesministerium für Post und Telekommunikation
DBP	Deutsche Bundespost
D-RL	Richtlinie 90/388/EWG über den Wettbewerb auf dem Markt für Telekommunikationsdienste
DSL	Digital Subscriber Line
EBC	Element based charging
EG	Europäische Union
Endg-RL	Richtlinie 88/301/EWG über den Wettbewerb auf dem Markt für Telekommunikations-Endgeräte
EWG	Europäische Wirtschaftsgemeinschaft
FAG	Gesetz über Fernmeldeanlagen
FRIACO	Pauschalzusammenschaltungen beim Internetzugang
FuE	Forschung und Entwicklung
Gbit/s	Gigabit/sekunde
GG	Grundgesetz
GSM	Global System for Mobile Communications
GWB	Gesetz gegen Wettbewerbsbeschränkungen von 1957
ISDN	Integrated Services Digital Network
Kab-RL	Richtlinie 95/51/EG hinsichtlich der Aufhebung der Einschränkungen bei der Nutzung von Kabelfernsehnetzen
kbit/s	Kilobit/sekunde
Mbit/s	Megabit/sekunde
Mietl-RL	Richtlinie 92/44/EWG zur Einführung des offenen Netzzuganges bei Mietleitungen
MK	Monopolkommission
MMS	Multimedia Messaging Services

OFTEL	Englische Regulierungsbehörde für Telekommunikation (seit 2003 Ofcom)
ONP	offener Netzzugang (Open Network Provision)
ONP-RL	Richtlinie 90/387/EWG zur Verwirklichung des Binnenmarktes durch Einführung eines offenen Netzzuganges
PostVerfG	Gesetz über die Unternehmensverfassung der Deutschen Bundespost von 1989
PostVerwG	Gesetz über die Postverwaltung von 1953
PTNeuOG	Postneuordnungsgesetz von 1994
PTRegG	Gesetz über die Regulierung der Telekommunikation und des Postwesens von 1994
RegTP	Regulierungsbehörde für Telekommunikation und Post (seit 13.07.2005 Bundesagentur für Elektrizität, Gas, Telekommunikation, Post und Eisenbahnen)
R-RL	2002/21/EG Rahmenrichtlinie
Sat-RL	Richtlinie 94/46/EG betreffend die Satellitenkommunikation
SMP	significant market power - beträchtliche Marktmacht
SMS	Short Messaging Services
TAL	Teilnehmeranschlussleitung
TEntgV	Telekommunikationsentgeltverordnung von 1996
TKG	Telekommunikationsgesetz von 1996
TKG n.F.	das neue Telekommunikationsgesetz von 2004
Uabs.	Unterabsatz
UMTS	Universal Mobile Telekommunikations System
Wbw-RL	Richtlinie 96/19/EG hinsichtlich der Einführung des vollständigen Wettbewerbs auf den Telekommunikationsmärkten
WLL	Wireless Local Loop
Zg-RL	2002/19/EG Zugangsrichtlinie
Zs-RL	Richtlinie 97/33/EG über die Zusammenschaltung

LITERATURVERZEICHNIS

I. Kommentare, Bücher, Gutachten

Verfasser	Titel	In Fussnoten
Aberle, Gerd	Wettbewerstheorie und Wettbewerbspolitik 2., überarb. Auflage Kohlhammer; Stuttgart, Berlin, Köln, 1992	Aberle, 1992
Bauer, Brigitte (Hrsg.)	Telekommunikationspolitik in Deutschland - Perspektiven für die Zukunft - Ausgewählte Beiträge der WIK-Konferenz „Drei Jahre nach der Postreform" Bonn, 23-24 Juni 1992	Bauer, 1992
Baur, Jürgen F. (Hrsg.)	Aktuelle Probleme des Energierechts - Entwicklungen und Perspektiven in Deutschland und in der EU – Veröffentlichungen des Instituts für Energierecht an der Universität zu Köln, Band 75, 1. Auflage Nomos Verlaggesellschaft, Baden-Baden, 1995	Baur, 1995
Berg, Hartmut (Hrsg.)	Deregulierung und Privatisierung: Gewolltes-Erreichtes-Versäumtes – Schriften des Vereins für Sozialpolitik (Gesellschaft für Wirtschaft- und Sozialwissenschaften) Neue Folge Band 287 Duncker & Humbolt GmbH – Berlin, 2002	Berg, 2002
Berger, Ernst Georg	Netzzusammenschaltungen von Telekom-munikationsunternehmen im nationalen, europäischen und internationalen Regelungsansätze Shaker Verlag, Aachen, 2000	Berger, 2000
BITKOM	Wege in die Informationsgesellschaft – Status quo und Perspektiven im internationalen Vergleich, 2002	BITKOM, 2002
BITKOM	Wirtschafts- und Gesellschaftspolitische Grundsätze 2001	BITKOM, 2001

BKA	Tätigkeitsbericht 2000 www.bundeskartellamt.de	BKA, 2000
BMPT	Postreform II Text und Einführung R.v. Decker's Verlag, G. Schenck, Heidelberg, 1994	BMPT, 1994
BMPT (Hrsg.)	Reform des Post- und Fernmeldewesens in der Bundesrepublik Deutschland R.v. Decker's Verlag, G. Schenck, Heidelberg, 1988	BMPT – Portreform, 1988
BMWI	Benchmark – Internationale Telekommunikationsmärkte, Herbst 2003, 2003 www.bmwi.de	BMWI-Benchmark, 2003
BMWI	Zum Tätigkeitsbericht der Regulierungsbehörde für Telekommunikation und Post 2000/2001 und zur Sondergutachten der Monopolkommission „Wettbewerbsentwicklung bei Telekommunikation und Post 2001: Unsicherheit und Stillstand“, 2001	BMWI, 2001
BMWI – Wissenschaftlicher Beirat	Orientierungen für eine Postreform III – Gutachten des Wissenschaftlichen Beirats beim Bundesministerium für Wirtschaft, 1995	BMWI – Wiss. Beirat, 1995
Büchner, Lutz Michael (Hrg.)	Post und Telekommunikation – Eine Bilanz nach zehn Jahren Reformen R.v. Decker's Verlag Heidelberg, 1999	Büchner, 1999
Büchner, Wolfgang/ Ehmer, Jörg/ Geppert, Martin/ Kerkhoff, Bärbel/ Piepenbrock, Hermann-Josef/ Schütz Ramund/ Schuster, Fabian	Beck'scher TKG-Kommentar 3. Auflage C.H.Beck`sche Verlagsbuchhandlung, München, 2002	Büchner/ Ehmer/ Geppert/ Kerkhoff /Pipenbrock/ Schütz/ Schuster, 2002
Bundesregierung	Reform des Post- und Fernmeldewesens in der Bundesrepublik Deutschland – Kon-zeption der Bundesrepublik zur Neuordnung des Telekommunikationsmarktes R.v. Decker's Verlag, G. Schenck, Heidelberg,1988	Bundesregierung, Konzeption - 1988

Emmerich, Volker	Kartellrecht 7. Auflage C.H.Beck´sche Verlagsbuchhandlung, Mün-chen, 1994	Emmerich, 1994
Engel-Fleichsig, Stefan/Roßnagel, Alexander	Multimedia-Recht C.H.Beck`sche Verlagsbuchhandlung, München,1998	Engel-Fleichsig/ Roßnagel, 1998
Etling-Ernst, Martina	TKG – Ein erläutender juristischer Kommentar mit praxisnahem Aufbau Eutelis Consult GmbH –Eigenverlag, Rattingen, 1996	Etling-Ernst, 1996
Fischer, Hans Georg	Europarecht 2. Auflage C.H.Beck Verlag, München 1997	Fischer, 1997
Fischl, Thomas	Die Wettbewerbsaufsicht im Medienbereich zwischen Entwicklung und Neuorientierung Europäische Hochschulschriften, Reihe 2, Rechtswissenschaft, Band 3175 Peter Lang Verlag, Frankfurt am Main, 2001	Fischl, 2001
FIW-Schriftenreihe	Erfahrungen mit der Privatisierung von Monopolunternehmen, Referate des XXXII. FIW-Symposions, Heft 179 Carl Heymanns Verlag KG 1999	FIW, 1999
Fredebeul-Krein, Markus	Die Regulierungspolitik auf dem Markt für Telekommunikationsdienste: Nationale Gestaltung und internationale Regeln - Untersuchungen zur Wirtschaftspolitik - Institut für Wirtschaftspolitik, Universität zu Köln, Band 117, 2000	Fredebeul-Krein, 2000
Freund, Matthias	Infrastrukturgewährleistung in der Telekommunikation Verlag C.H.Beck, München, 2002	Freund, 2002

Frey, René	Liberalisierung und Privatisierung in den Infrastrukturbereichen Verkehr, Energie und Telekommunikation Wirtschaft- Wissenschaftliches Zentrum, Basel, Januar 1999	Frey, 1999
Geppert, Martin/ Ruhle, Ernst-Olaf/ Schuster, Fabian	Handbuch Recht und Praxis der Telekommunikation – EU, Deutschland, Österreich, Schweiz 2. völlig neu bearbeitete Auflage, Nomos Verlaggessellschaft, Düsseldorf, 2002	Geppert/ Ruhle/ Schuster, 2002
Gersdorf, Hubertus/ Säcker, Franz Jürgen/ Weibe, Andreas/ Betz, Manfred/ Moritz, Hans-Werner	Telekommunikation- & Medienrecht 54. Jg. Bonn 2002	Gersdorf/ Säcker/Weibe/ Betz/Moritz, 2002
Groß, Wolfgang	Preisdifferenzierung auf Telekommunikationsmärkten – Eine wettbewerbsökonomische Analyse – Freiburger Studien zur Netzökonomie Band 6 Nomos Verlagsgesellschaft, Baden-Baden, 2001	Groß, 2001
Gscheidle, Kurt	Die Deutsche Bundespost im Spannungsfeld der Politik – Versuch einer Kursbestimmung – Sonderdruck aus dem Jahrbuch der Deutschen Bundespost 1980 Verlag für Wissenschaft und Leben, Georg Heidecker, Bad Windsheim, 1980	Gscheidle, 1980
Haas C., Joachim	"Essential Facilities Doctrine" und offene Netze - Ökonomie und Recht globaler Netze Nomos Verlagsgesellschaft, 1.Auflage, Baden-Baden,2000	Haas C., 2000
Herdegen, Matthias	Europarecht 3. Auflage C.H.Beck Verlag, München, 2001	Herdegen, 2001
Herdzinda, Klaus	Wettbewerbspolitik 4., überarbeitete Auflage Gustav Fischer Verlag, Stuttgart, 1993	Herdzina, 1993

Hoffmann – Riem, Wolfgang (Hrsg.)	Innovation und Telekommunikation 1. Auflage Nomos Verlagsgesellschaft, Baden-Baden, 2000	Hoffmann-Riem, 2000
Hoffman-Riem, Wolfgang/Schulz Wolfgang/Held Thorsten	Konvergenz und Regulierung 1. Auflage Nomos Verlagsgesellschaft, Baden-Baden, 2000	Hoffman-Riem/ Schulz/Held, 2000
Holznagel, Bernd	Grundzüge des Telekommunikationsrecht – Münsterner Einführungen: Rechtswissenschaft, 6 Lit., Münster, 2000	Holznagel, 2000
Immenga, Ulrich/ Kichner, Christian/ Knieps, Günter/ Kruse Jörn	Telekommunikation im Wettbewerb – Eine ordnungspolitische Konzeption nach erfolgreicher Marktöffnung Verlag C.H. Beck München, 2001	Immenga/ Kichner/ Knieps/Kruse, 2001
Immenga, Ulrich/ Mestmäcker, Ernst-Joachim (Hrsg.)	EG-Wettbewerbsrecht Band I,II. Beck Verlag, München 1997/2001	Immenga/ Mestmäcker, 2001
Junghanns, Volker	Infrastrukturzugang in der Festnetzkommunikation – Dissertation Shaker Verlag, Aachen, 2003	Junghanns, 2003
Kiessling, Thomas	Optimale Marktstrukturregulierung in der Telekommunikation – Lehren aus den USA und anderen Ländern für die EU Nomos Verlagsgesellschaft, Baden-Baden, 1998	Kiessling, 1998
Klaue, Siegfried/ Schwintowski, Hans-Peter	Marktabgrenzung und Marktbeherrschung im Telekommunikationssektor Nomos Verlagsgesellschaft, Baden-Baden, 2001	Klaue/Schwintowski, 2001
Klein, Christina	Die Liberalisierung des Telekommunikationsmarktes in der Europäischen Union - unter besonderer Berücksichtigung der Universaldienstge-währleistung in Frankreich und Deutschland Studien zur Rechtswissenschaft, Band 76, Verlag Dr. Kovač, 2000	Klein, 2000

Klodt, Henning / Laaser, Claus-Friedrich /Lorz, Jens Oliver / Maurer, Rainer	Wettbewerb und Regulierung in der Telekommunikation Kieler Studien – Institut für Weltwirtschaft an der Universität Kiel, Band 272 J.C.B. Mohr (Paul Siebeck) Tübingen, 1995	Klodt/Laaser/ Lorz/Maurer, 1995
Knieps, Günter	Das Modell perfekt funktionierender Märkte – Wettbewerbsökonomie, Regulierungstheorie, Industrieökonomie, Wettbewerbspolitik Springer Verlag, 2001	Knieps, 2001
Knieps, Günter	Die Ausgestaltung des zukünftigen Regulierungsrahmens für die Telekommunikation in Deutschland Institut für Verkehrswissenschaft und Regionalpolitik Wirtschaftswissenschaftliche Fakultät, Freiburg, Nr. 22, 1995	Knieps, 1995
Knieps, Günter	Wettbewerb auf dem Telekommunikations-markt Gutachten Nr. 63 Freiburg, November 1999	Knieps, 1999
Knieps, Günter/ Brunekreeft, Gert (Hrsg.)	Zwischen Regulierung und Wettbewerb – Netzsektoren in Deutschland Physica – Verlag, 2000	Knieps/ Brunekreeft, 2000
Knieps, Günter/ Müller, Jürgen/ Weizsäcker, Carl Christian von	Die Rolle des Wettbewerbs im Fernmeldebereich – Wirtschaftsrecht und Wirtschaftspolitik, Band 69 Nomos Verlaggesellschaft, Baden-Baden, 1981	Knieps/Müller/ Weizsäcker, 1981
Knoll, Thomas	Etablierte Netzbetreiber in der Telekommuni-kationsbranche – Gabler Edition Wissen-schaft DUV, 2000	Knoll, 2000
Kopányi, Mihály (Hrsg.)	Mikröokonómia 3. Auflage Müszaki Könyvkiadó, Budapest, 1996	Kopányi, 1996
Kubicek/ Klumpp/ Büllesbach/ Fuchs/ Roßnagel (Hrsg.)	Jahrbuch Telekommunikation und Gesellschaft, 2002 Hütling Verlag, Heidelberg 2002	Kubicek/ Klumpp/ Büllesbach/ Fuchs/ Roßnagel, 2002

Kumkar, Lars/ Neu, Alex D.	Nach beschlossener Marktöffnung auch Wettbewerb in der Elektrizitätswirtschaft? – Status quo und Perspektiven in Deutschland und Europa Kieler Sonderhefte, 1997	Kumkar/Neu, 1997
Langen, Eugen / Bunte, Hermann-Josef	Kommentar zum deutschen und europäischen Kartellrecht 9. Auflage Luchterhand, Neuwied, 2001	Lange/Bunte, 2001
Märkl, Peter N.	Netzzusammenschaltung in der Telekommunikation Nomos Verlaggesellschaft, Baden-Baden, 1998	Märkl, 1998
Marshall, Bernd A.	Interconnection – Netzzusammenschaltungen zur Erbringung von Sprachtelefondiensten nach europäischem und deutschem Recht 1.Auflage Peter Lang Verlag, Frankfurt am Main, 2003	Marshall, 2003
Mestmäcker, Ernst-Joachim	Kommunikation ohne Monopole – Ein Symposium über Ordnungsprinzipien im Wirt schaftsrecht, der Telekommunikation und der elektronischen Medien Nomos Verlaggesellschaft, Baden-Baden, 1. Auflage, 1995	Mestmäcker, 1995
Möller-Bösling, Ralph	Informelle Auskunftersuchen der Regulierungsbehörde auf den Märkten der Telekommunikation Nomos Verlaggesellschaft, Baden-Baden, 2001	Möller-Bösling, 2001
Monopolkommission	Hauptgutachten 1992/1993 Nr. X – Mehr Wettbewerb auf allen Märkten Nomos Verlaggesellschaft, Baden-Baden, 1994	MK,Hauptgutachten 1992/ 1993,
Monopolkommission	Hauptgutachten 1998/1999, Nr. XIII – Wettbewerbspolitik in Netzstrukturen Nomos Verlaggesellschaft, Baden-Baden, 2000	MK, Hauptgutachten 1998/ 1999,

Monopolkommission	Hauptgutachten 2000/2001, XIV – Netzwettbewerb durch Regulierung Nomos Verlaggesellschaft, Baden-Baden, 2002	MK, Hauptgutachten 2000/ 2001,
Monopolkommission	Sondergutachten Nr. 33 – Wettbewerbsentwicklung bei Telekommunikation und Post 2001: Unsicherheit und Stillstand www.monopolkommission.de/sonder.html , 2001	MK, Sondergutachten 33, 2001
Monopolkommission	Sondergutachten 20 - Zur Neuordnung der Telekommunikation Nomos Verlaggesellschaft, Baden-Baden, 1991	MK, Sondergutachten 20, 1991
Monopolkommission	Sondergutachten 24 - Die Telekommunikation im Wettbewerb Nomos Verlaggesellschaft, Baden-Baden, 1996	MK Sondergutachten 24, 1996
Monopolkommission	Sondergutachten Nr. 29 - Wettbewerb auf den Telekommunikations- und Postmärkten?, www.monopolkommission.de/sonder.html 1999	MK, Sondergutachten 29, 1999
Monopolkommission	Sondergutachten Nr. 39 – Telekommunikation und Postmarkt – Wettbewerbsintensivierung in der Telekommunikation - Zementierung des Postmonopols www.monopolkommission.de/sonder.html , 2003	MK, Sondergutachten 39, 2003
Mummert Consulting	Verfügbarkeit von sicheren Telekommunika-tionsinfrastrukturen - Expertise für BMWI Dezember, 2002	Mummert, 2002
NFO WorldGroup	Monitoring Informationswirtschaft - 6. Fak-tenbericht 2003 Im Auftrag des BMWI München, März 2003	NFO WorldGroup, 2003
Pelzel, Robert F.	Deregulierte Telekommunikationsmärkte – Wirtschafts- wissenschaftliche Beiträge178 Physica-Verlag, Heidelberg, 2001	Pelzel, 2001

Regierungskommission Fernmeldewesen (Witte-Bericht)	Neuordnung der Telekommunikation – Bericht der Regierungskommission Fernmel-dewesen R.v. Decker's Verlag, G. Schenck, Heidelberg, 1987	Witte-Bericht, 1987
Sadowski, Deiter/ Czap, Hans/ Wächter Hartmut (Hrsg.)	Regulierung und Unternehmenspolitik – Methoden und Ergebnisse der betriebswirtschaftlichen Rechtsanalyse 2. Auflage, Gabler Verlag, Wiesbaden, 1996	Sadowski/ Czap/ Wächter, 1996
Schmidt, Joachim / Königshofen, Thomas/ Zwach, Ulrich	Telekommunikationsrecht der Bundesrepublik Deutschland - Rechtsvorschriften und Erläuterungen 14. Ergänzlieferung, R. v. Decker, 2003	Schmidt /Königshofen/ Zwach, 2003
Wegmann, Winfred	Regulierte Marktöffnung in der Telekommuniaktion 2. Auflage, Nomos Verlaggesellschaft Baden-Baden, 2001	Wegmann, 2001
Weyhenmeyer, Stefan	Integrierte Unternehmensstrukturen in der Telekommunikation und staatliche Industriepolitik 2. Auflage, Nomos Verlaggesellschaft Baden-Baden, 1994	Weyhenmeyer, 1994
Wichert-Nick, Dorothea	Wettbewerb im lokalen Telekommunikationsmarkt – Zwischen sektorspezifischer Regulierung und allgemeinem Wettbewerbsrecht Nomos Verlagsgesellschaft, Baden-Baden, 1999	Wichert-Nick, 1999
WIK (Büllingen, Franz/ Stamm Peter)	Entwicklungstrends im Telekommunikationssektor bis 2010 – Studie im Auftrag des BMWi WIK, Bad Honnef, 2001	WIK, 2001
WIK-Consult	Sektorreport Telekommunikation - Im Auftrag des BMfBF Bad Honeff, 29. April 2003	WIK-Consult, 2003

ZEI – Boston University	Erarbeitung eines Konzepts zur bestimmung des telekommunikationsrechtlichen Begriffs "funktionsfähiger Wettbewerb" – Gutachten Bonn, 14. Juni 2002	ZEI – Boston University, 2002

II. Fachzeitschriften, Diskussionsbeiträge, Reden

Verfasser	Titel	In Fussnoten
Bartosch, Andreas/ Koenig, Christian	Die Pflichten der EU-Beitrittstaaten zur Übernahme des gemeinschaftlichen Besitzstandes im Bereich der Mobilfunkfrequenzvergabe ZUM 12/1999 S.865	Bartosch/ Koenig ZUM 12/1999 S.865
Belitz, Heike/ Müller, Jürgen/ Preißl, Brigitte/ Seufert, Wolfgang	Die Entwicklung des Marktes für Telefonie in der Bundesrepublik Deutschalnd - Auswirkungen der Liberalisierung des Endgerätemarktes WIK Diskussionsbeitrag Nr. 96 Bad Honnef, 1992	Berlitz/Müller/ Preißl/ Seufert, 1992
Berger, Heinz (Hrsg.)	Wettbewerb und Infrastruktur in Post- und Telekommunikationsmärkten - Zeitschrift für öffentliche und gemeinschaftliche Unternehmen Beiheft 19, 1996	Berger, 1996
Böge, Ulf	Liberalisierung der Energiemärkte – Vortrag am Energieinstitut der Freien Universität Berlin, 18.03.2002	Böge, Vortrag, 2002
Börnsen, Arne/ Coppik, Jürgen	Resale als Instrument für eine ausbalancierte Förderung sowohl von Dienste- als auch von Infrastrukturwettbewerb MMR 3/2004 S. 143 ff.	Börnsen/ Coppik, MMR 3/2004 S. 143 ff.
Bundeskartellamt	Marktöffnung und Gewährleistung von Wettbewerb in der leitungsgebundenen Energiewirtschaft – Diskussionspapier für die Sitzung am 7.10.2002	Bundeskartellamt, Diskussion, 2002

Bundeskartellamt	Zugang zu Netzen und anderen wesentlichen Einrichtungen als Bestandteil der kartellrechtlichen Missbrauchsaufsicht – Arbeitsunterlage für die Sitzung des Arbeitskreises Kartellrecht 9-10. Okt. 1997	Bundeskartellamt, 1997
Dietz, Ingo Marco/ Richter, Michael	Netzzugänge unter Internet Service Providern CR 9/1998 S. 528 ff.	Dietz/ Richter, CR 9/1998 S. 528 ff.
Doll, Robert/ Rommel, Wolrad/ Wehmeier, Axel	Der Referentenentwurf für ein neues TKG – Einstieg in den Ausstieg aus der Regulierung MMR 8/2003 S. 523 ff.	Doll/Rommel/ Wehmeier, MMR 8/2003 S. 523 ff.
Elixmann, Dieter/ Metzler, Anette	Marktstruktur und Wettbewerb auf dem Markt für Internet-Zugangsdienste WIK Diskussionsbeitrag Nr. 221 Bad Honnef, Juni 2001	Elixmann/ Metzler, 2001
Elixmann, Dieter/ Schimmel, Ulrike/ Schwab, Rolf	Liberalisierung, Wettbewerb und Wachstum auf europäischen TK-Märkten - WIK, Diskussionsbeitrag Nr. 227 Bad Honnef, Oktober 2001	Elixmann/ Schimmel/ Schwab, 2001
Elkettani, Eunike	Marktabgrenzungs- und Marktanalyseverfahren nach Art. 15, 16 RRL K&R Beilage 1/2004 S. 11.	Elkettani, K&R Beilage 1/2004 S. 11 ff.
Ellinghaus, Ulrich	Regulierungsverfahren, gerichtlicher Rechtschutz und richterliche Kontrolldichte im neuen TKG MMR 5/2004 S. 293	Ellinghaus, MMR 5/2004 S. 293
Europäische Kommission	Panorama der EG-Industrie 1991-1992, Europäische Kommission, 1992	EK, Panorama, 1992
Europäische Kommission	Panorama der EG-Industrie 1995, Europäische Kommission 1995	EK, Panorama, 1995
Europäische Kommission	Panorama of EC Industry 1989 Europäische Kommission 1989	EK, Panorama, 1989
European Industrial Relations Observatory	Privatisierung und Arbeitsbeziehungen, www.euro.eurofound.ie/1999/12/Study/TN9912249S.html	EUIR, 1999

Freund, Natascha/ Ruhle, Ernst-Olav	Die Praxis von Terminierungsentgelten in der Telekommunikation – Ein Vergleich von Fest- und Mobilnetzen in den EU-Staaten CR 8/2002 S. 567	Freund/Ruhle, CR 8/2002 S. 567
Geppert, Martin	Zukunft der ex-ante Regulierung bei Entgelten ZEI-Workshop am 20.11.2002 Bonn	Geppert (Rede), 2002
Gramlich, Ludwig	Die Regulierungsbehörde für Telekommunikation und Post im Jahr 2000 CR 6/20001 S. 373 ff.	Gramlich, CR 6/20001 S. 373 ff.
Gramlich, Ludwig	Die Regulierungsbehörde für Telekommunikation und Post im Jahr 2001 CR 7/2002 S. 488 ff.	Gramlich, CR 7/2002 S. 488 ff.
Groebel, Annegret	Neuregelung im Bereich der Entgeltregulierung K&R Beilage 1/2004 S. 18 ff.	Groebel, K&R Beilage /2004 S. 18 ff.
GVH	A Gazdasági Versenyhivatal versenypolitikai álláspontja a távközlési piac fő kérdéseivel kapcsolatban, 1999, Június	GVH – Ungarn, 1999
GVH	Hozzáférési és összekapcsolási szolgáltatások költségének mérése a távközlésben 2002, Június	GVH, 2002
Hansen, Knud	Information und Wettbewerb – Fallbeispiel: Ordnungspolitische Probleme einer Deregulierung im Telekommunikationsbereich – Diskussionspapiere, Fachbereich Wirtschaftswissenschaften Universität Hannover, Nr. 115, 1988	Hansen, 1988
Hefekäuser, Hans-Willi	Marktabgrenzung und Marktbeherrschung – Aufgabe oder Pflichtübung? MMR 8/2001 S.489	Hefekäuser, MMR 8/2001 S.489
Heuermann, Arnulf/ Neu, Werner	Ein Regulierungsrahmen für das Unternehmen Deutsche Bundespost Telekom Diskussionsbeiträge zur Telekommunikationsforschung Nr. 43, Bad Honnef, Juli 1988	Heuermann/ Neu, 1988

Höckels, Astrid	Internationaler Vergleich der Wettbewerbsentwicklungen im Local Loop - WIK – Diskussionsbeitrag Nr. 228, Bad Honnef, Dezember 2001	Höckels, 2001
Holthoff-Frank, Klaus	Wettbewerb auf Telekommunikationsmärkten – Das zweite Sondergutachten der Monopolkommission MMR 5/2002 S. 294	Holthoff-Frank, MMR 5/2002 S. 294
Holznagel, Bernd	Rechtschutz und TK-Regulierung . Politik der kleineren Schritte MMR Beilage 12/2002 S.1	Holznagel, MMR Beilage 12/2002
Holznagel, Bernd	Rechtschutz und TK-Regulierung im Referenentwurf zum TKG MMR 8/2003 S. 513 ff.	Holznagel, MMR 8/2003 S. 513 ff.
Jäger, Bernd	Strategic Potencials of Broadband Network Infrastructures – Experiences from the Cable Network Market in Germany Presentation at the WIK-Workshop, Königsinter, December 3-4, 1996	Jäger, 1996
Katzenbach, Erhard	Grundsätzlich braucht jeder Sektor eine Speziallösung Orientierung zur Wirtschafts- und Gesellschaftspolitik 89 (3/2001) S.5	Katzenbach, OzWGPol 89, 3/2001 S.5
Kleinlein, Kornelius/ Binder, Klaus	Zusammenschaltungsanordnung und Entgeltregulierung MMR 9/2001 S. 569 ff.	Kleilein/ Binder MMR 9/2001 S. 569 ff.
Klotz, Robert	Auf dem Weg zu einem europäischen Multimediarecht – Gesetzgebung und Wettbewerbsaufsicht durch die Europäische Union - Erweiterte Fassung des Vortrags bei den 1. Berliner MultiMediaRecht-Tagen, Berlin, November 1998	Klotz, 1998
Klotz, Robert	Der Referentenentwurf zum TKG im Licht der europäischen Vorgaben MMR 8/2003 S. 495 ff.	Klotz, MMR 8/2003 S. 495 ff.
Knieps, Günter	„Review 1999“ der EU-Kommission – IC-Regulierungsreform aus netzökonomischer Sicht MMR 8/1999 S. 460 ff.	Knieps, MMR 8/1999 S. 460 ff.

Koenig, Christian	Die Versteigerung der UMTS-Lizenzen auf dem Prüfstand des deutschen und europäischen Telekommunikationsrechts, K&R Heft 1/2001 S.41	Koenig K&R Heft 1/2001 S.41
Koenig, Christian/ Braun, Jens-Daniel	Element Based Charging Ante Portas: Die Regulierung der Zusammenschaltungsentgelte am Scheideweg MMR/2001 S. 563 ff.	Koenig/Braun MMR/2001 S. 563 ff.
Koenig, Christian/ Koch, Alexander	Die Resale-Verpflichtung von Mobilfunknetzbetreibern nach dem neuen gemeinschaftlichen TK-Rechtsrahmen MMR 7/2002 S. 439 ff	Koenig/Koch, MMR 7/2002 S. 439 ff
Koenig, Christian/ Kühling Jürgen	Die Wettbewerbsaufsicht darf nicht zersplittert werden Orientierung zur Wirtschafts- und Gesellschaftspolitik 89 (3/2001) S. 8	Koenig/ Kühling, OzWGPol 89, 3/2001 S. 8
Koenig, Christian/ Kühling Jürgen	Funktionsfähiger Wettbewerb und Regulierungsperspektiven auf den Telekommunikationsmärkten, WuW 6/2000 S. 596ff	Koenig/ Kühling, WuW 6/2000 S. 596 ff.
Koenig, Christian/ Kühling Jürgen	Institutionelle Regulierung in der Eisenbahn- und Energiewirtschaft – sektorspezifische Regulierungsbehörden oder Bundeskartell-amt? WuW 9/2001 S.810	Koenig/ Kühling, WuW 9/2001 S.810
Koenig, Christian/ Kühling Jürgen	Reformansätze des deutschen Telekommunikationsrecht in rechtsvergleichender Perspektive, MMR 2/2001 S.80	Koenig/ Kühling, MMR 2/2001 S.80
Koenig, Christian/ Kühling Jürgen/Braun, Jens-Daniel	Die Interdependenz von Märkten in der Telekommunikation (Teil I-II.) CR 11/2001 S.745 I. CR 12/2001 S. 825 II.	Koenig/ Kühling/Braun, CR 11/2001
Koenig, Christian/ Loetz, Sacha	Rechtsnatur und Inhalt der Zusammenschaltungsanordnung nach § 37 TKG K&R 7/1999 S. 298 ff.	Koenig/Loetz, K&R 7/1999 S. 298 ff.
Koenig, Christian/ Neumann Andreas	Funktionsherrschaft und gemeinsame Infrastrukturnutzung beim Aufbau eines UMTS-Netzes CR 9/2001 S.589	Koenig/ Neumann CR 9/2001 S.589

Koenig, Christian/ Neumann Andreas	Zusammenschaltungs-Entgeltregulierung unterhalb der Schwelle „beträchtlicher Marktmacht"?, Rtkom 1/2000 S.27	Koenig/ Neumann Rtkom 1/ 2000 S.27
Koenig, Christian/ Neumann, Andreas	Rechtliches und organisatorisches Umfeld der Satellitenkommunikation, MMR 3/2000 S. 151 ff.	Koenig/ Neumann, MMR 3/2000 S. 151 ff.
Krautscheid, Andreas	Rechtspolitische Vorschläge zur Novellierung der TKG-Verfahrensfragen MMR Beilage 12/2002 S. 30 ff.	Krautscheid, MMR Beilage 12/2002 S. 30 ff.
Krings, Günter	Für mehr Wettbewerb in der Telekommunikation K&R Beilage 1/2004 S. 6 ff.	Krings, K&R Beilage 1/2004 S. 6 ff.
Kruse, Jörn/Haucap, Justus	Zuviel Wettbewerb in der Telekommunikation? Wirtschaftsdienst 2002/2 S. 92	Kruse/ Haucap, Wirtschaftsdienst 2002/2
Kühling, Jürgen/ Pfromm, René	Sektorspezifische Regulierung und allgemeines Wettbewerbsrecht in der französischen Telekommunikationsordnung K&R Heft 11/2000 S.541	Kühling/ Pfomm, K&R Heft 11/2000 S.541
Kurt, Matthias	Wandel im TK-Markt durch den neuen europäischen Rechtsrahmen, Pressereise Colt Telecom, Budapest, 2.07.2004	Kurt (Rede) Pressereise, 2.7.2004
Kurth, Matthias	Marktabgrenzung und Marktbeherrschung auf Telekommunikationsmärkten in der Diskussion Bonn, TK-Forum, 27.08.2001	Kuhrt (Rede) TK-Forum 27.08.2001
Kurth, Matthias	Rolle und Funktion des Resale für den Wettbewerb auf den Telekommunikationsmärkten MMR 10/2001 S. 653 ff.	Kurth, MMR 10/2001 S. 653 ff.
Ladeur, Karl-Heinz	Frequenzverwaltung und Planungsrecht – Zugleich ein Beitrag zum Verhältnis von TKG und allgemeinem Verwaltungsrecht, CR 3/2002 S. 181 ff	Ladeur, CR 3/2002 S. 181 ff
Lau, Ulrich	Wer behindert wen – die Rechtsprechung die Regulierung oder die Regulierung die Rechtsprechung? MMR Beilage 12/2002 S. 3 ff.	Lau, MMR Beilage 12/2002 S. 3 ff.

Lünenbürger, Simone	Rückwirkende Entgeltgenehmigungen im Telekommunikationsrecht? CR 2/2001 S. 84	Lünenbürger, CR 2/2001 S. 84
Mayen, Thomas	Feststellung der Marktbeherrschung auf den Märkten der Telekommunikation MMR 10/2001 S. 648	Mayen, MMR 10/2001 S. 648
Mayen, Thomas	Marktabgrenzung auf den Märkten der Telekommunikation, MMR 8/2001 S. 496 ff.	Mayen, MMR 8/2001 S. 496 ff.
Monopolkommission	Netzwettbewerb durch Regulierung – Pressemitteilung 8.Juli 2002	MK (Presse), 8.Juli 2002
Monopolkommission	Wettbewerbspolitik in Netzstrukturen – Kurzfassung und Pressemitteilung, 7.Juli 2000	MK (Presse), 7.Juli 2000
Möschel, Wernhard	Wettbewerbssicherung versus Vermachtung in der Informationsgesellschaft MMR 1/2001 S. 3 ff.	Möschel, MMR 1/2001 S. 3 ff.
Möschel, Wernhard/ Haug, Jochen	Der Referentenentwurf zur Novellierung des TKG aus wettbewerbrechtlicher Sicht MMR 8/2003 S. 505 ff.	Möschel/ Haug, MMR 8/2003 S. 505 ff.
Müller, Jens	Wettbewerb im Telekommunikationssektor – Strukturen – Verhalten – Ergebnisse Dortmunder Diskussionsbeiträge zur Wirtschaftspolitik Nr. 85 Oktober 1997	Müller, 1997
Neitzel, Jens	Regulierung in der Sackgasse? – Das Sondergutachten der Monopolkomission zur Wettbewerbsentwicklung bei Telekommunikation und Post 2001 CR/ 4/2002 S. 256	Neizel, CR/ 4/2002 S. 256
Neumann, Holgen/ Bosch, Tobias	Rechtschutz für Wettbewerber im Rahmen des telekommunikationsrechtlichen Entgeltregulierungsverfahren CR 4/2001 S. 225 ff.	Neumann/ Bosch, CR 4/2001 S. 225
Neumann, Karl-Heinz	Ökonomische Begründung des wettbewerblichen Ausnahmebereichs Fernmeldewesen – Diskussionsbeiträge zur Telekommunikationsforschung Nr. 4, Januar 1984	Neumann, 1984

OVG Münster	Aussetzung der Vorleistungsflatrate – Beschluss vom 15.3.2001 – 13 B 158/01 MMR 7/2001 S. 469 ff.	OVG Münster, MMR 7/2001 S. 469 ff.
OVG Münster	Entbündeltes Resale – Beschluss vom 19.11.2003 – 13 B 1955/03, MMR 2/2004 S. 119ff.	OVG Münster, MMR 2/2004 S. 119 ff.
OVG NRW	Nichtdiskriminierung ISP-Entgelte – Beschluss vom 15.3. 2001 13B 158/01 – AfOD/ TICOC, WuW 5/2001 S. 494 ff.	OVG NRW, WuW 5/2001 S. 494 ff.
OVG NRW	Zugangsgewährung zu InhouseVerkabelung Beschluss vom 15.2.2002 – 13 A 4075/00 CR 5/2002 S. 342 ff.	OVG NRW CR 5/2002 S. 342 ff.
Penning, Holger	Forderungseinzug und Inkasso durch die DTAG für andere Netzbetreiber („Ikasso-Streit") CR 1/2002 S. 22	Penning, CR 1/2002 S. 22
Piepenbrock, Herman-Josef/ Schuster Fabian	GWB und TKG: Gegeneinander, Nebeneinander oder Miteinander?, CR 2/2002 S. 98	Piperbrock/ Schuster, CR 2/2002 S. 98
Redaktion Berthold Sillich	Wettbewerb in vernetzten Märkten – 44. Symposium der Ludwig-Erhard-Stiftung 11.2000, Bonn	Redaktion Berthold, 2000
RegTP	Jahresbericht, 2003 www.regtp.de	RegTP, Jahresbericht, 2003
RegTP	Jahresbericht, 2001 www.regtp.de	RegTP, Jahresbericht, 2001
RegTP	Ortsnetzwettbewerb 2000 – Situationsbericht zum deutschen Ortnetzwettbewerb Pressekonferenz 19.07.2001	RegTP, Ortsnetzwettbewerb, 2001
RegTP	Price-Cap-Regulierung 2002 – Eckpunkte Bonn; 23.Mai 2001 www.regtp.de	RegTP, Eckpunkte, 2001
RegTP	Entgelte für Optionsangebot Talk2Friends im Sprachtelefondiennst vom 10.11.2000 MMR 3/2001 S.197	RegTP/E, MMR 3/2001 S.197

RegTP-Eckpunkten	Zur Marktabgrenzung und Marktbeherrschung Vom 28.2.2001	RegTP Eckpunkten, 28.2.2001
Säcker, Franz Jürgen	Vom Referentenentwurf zum Regulierungsentwurf eines TKG K&R Beilage 1/2004 S. 2 ff.	Säcker, K&R Beilage 1/2004 S. 2 ff.
Sander, Jörg	Strategien von Wettbewerbern und Strategien für mehr Wettbewerb im deutschen Telekommunikationsmarkt; Osnabrück, IHK-Forum, 6. Juni 2001	Sander, IHK-Forum, 6. Juni 2001
Schäfer, Ralf G.	Das Verhalten der Nachfrager im deutschen Telekommunikationsmarkt unter wettbewerblichen Aspekten; WIK – Diskussions-Beiträge Nr. 250; 12.2003	Schäfer, 2003
Scherer, Joachim	Re-Regulierung des TK-Sektors: Mehr Wettbewerb in der EU MMR 4/2002, S. 201	Scherer, MMR 4/2002, S. 201
Scherer, Joachim	Streitbeilegung und Rechtsschutz im künftigen TK-Recht MMR Beilage 12/2002 S .24 ff.	Scherer, MMR Beilage 12/2002 S .24 ff.
Schmidt, Frank/ Rommel Wolrad	Regulierung zwischen Dienste- und Infrastrukturwettbewerb MMR 4/2002 S. 225 ff.	Schmidt/ Rommel, MMR 4/2002 S. 225 ff.
Schmidt, Frank/ Wehmeier, Axel/ Alkas, Hasan	Unzulässige Bündelung bei optionalem Tarif der Deutschen Telekom? – Eine regulierungsökonomische Betrachtung MMR 8/2002 S. 528 ff.	Schmidt/ Wehmeier/ Alkas, MMR 8/2002 S. 528 ff.
Schultz, Christian/ Werthmann, Christoph	Rechtschutz und TK-Regulierung MMR Beilage 12/2002 S. 38 ff.	Schulz/ Werthmann, MMR Beilage 12/2002
Schulze-Petzold, Dirk	Die Marktabgrenzung für Dienste im rückkanalfähigen Breitbandkabelnetz WuW 2/2001 S. 134 ff.	Schulze-Petzold, WuW 2/2001 S. 134 ff.
Schütz, Raimund	Gerichtliche Kontrolle von Regulierungsentscheidungen MMR Beilage 12/2002 S. 18 ff.	Schütz, MMR Beilage 12/2002

Schütz, Raimund	Referentenentwurf zum TKG: Weniger Wettbewerb, mehr Bürokratie? MMR 8/2003 S. 518 ff.	Schütz, MMR 8/2003 S. 518 ff.
Schütz, Raimund	TKG-Novelle auf dem Prüfstand MMR 6/2003 S.1	Schütz, MMR 6/2003 S.1 ff.
Schütz, Raimund/Attendron	Das neue Kommunikationsrecht der EU, MMR Beilage 4/2002 S. 4 ff.	Schütz/ Attendron MMR Beilage 4/2002
Stegh, Raph	Erfahrungen mit der gerichtlichen Kontrolle von Regulierungsentscheidungen MMR Beilage 12/2002 S. 12 ff.	Stegh, MMR Beilage 12/2002 S. 12 ff.
Stoetzer, Matthias-Wolfgang	Der Markt für Mehrwertdienste: Ein kritischer Überblick, WIK - Diskussionsbeitrag Nr. 69, Bad Honnef 1991	Stoetzer, 1991
Strögmüller, Thomas	Das Eckpunktepapier der Regulierungsbehörde für Telekommunikation und Post zur Marktabgrenzung und Feststellung einer marktbeherrschenden Stellung CR 8/2001 S. 507 ff	Strögmüller, CR 8/2001 S. 507 ff
Tomaschki, Kathrin	Missbrauchaufsicht und nachträgliche Entgeltkontrolle im TKG-E K&R Beilage 1/2004 S. 21 ff.	Tomaschki, K&R Beilage 1/2004 S. 21 ff.
Tomaschki, Kathrin	Referentenentwurf zum TKG – Auswirkungen auf die Praxis der Marktabgrenzung MMR 8/2003 S. 500	Tomaschki, MMR 8/2003 S. 500
Ungerer, Herbert	Die Strategie der EU-Kommission zur Förderung des Wettbewerbes zwischen den Kabelnetzbetreibern Vortrag an EUROFORUM Konferenz, Köln, 15.02.1995	Ungerer, 1995
vatm	Jahresbericht – Überblick über die Entwicklung im deutschen Telekommunikationsmarkt im Jahre 2001 Veröffentlicht: vatm, Dezember 2001	vatm, 2001
VG Köln	Netzzugang zu Teilnehmeranschlußleitungen – Beschluß vom 18.8.1997 – 1 L 2317/97 MMR 1/1998 S. 102 ff.	VG Köln, MMR 1/1998 S. 102 ff.

Vogelsang, Ingo	Ökonomische Aspekte des Referentenentwurfs zum TKG MMR 8/2003 S. 509 ff.	Vogelsang, MMR 8/2003 S. 509 ff.
Vogelsang, Ingo	Zur Privatisierung von Telefongesellschaften – WIK Diskussionsbeitrag Nr. 101 Bad Honnef, November 1992	Vogelsang, 1992
Wein, Thomas	Wäre weniger mehr – Reformbedarf für die Missbrauchsaufsicht über die Deutsche Telekom? WuW 12/2000 S. 1187 ff.	Wein, WuW 12/2000 S. 1187 ff.
Wengler, Martin O./ Schäfer Ralf G.	Substitutionsbeziehungen zwischen Festnetz und Mobilfunkmarkt: Empirische Evidenz für Deutschland und ein Survey internationaler Studien, WIK- Diskussionsbeitrag Nr. 249, 12. 2003	Wengler/ Schäfer, 2003
WIK	Novellierung des Telekommunikationsgesetzes – Stellungsnahme Bonn, November 2002	WIK- Stellungsnahme, 2002
WIK	Wettbewerb bei Ortsgesprächen Newsletter 49 Dezember 2002	WIK-Newsletter 49, 2002
Wirksdorf, Volker	Der US-Markt: Vorbild für die Liberalisierung Business USA 2/1998 – Computer&Communikation	Wirsdorf, C&C, 1998
Wolf, Dieter	Staatliche Handelshemnisse sind abgebaut, werden sie nun durch private Wettbewerbsbeschränkungen ersetzt? Orientierungen zur Wirtschaft- und Gesellschaftspolitik 80 (2/1999) S. 7 ff.	Wolf, Orientierung zur Wirtschafts- und Gesellschaftspolitik 80 2/1999
Zerres, Achim	Erfahrungen mit der gerichtlichen Kontrolle von Regulierungentscheidungen MMR Beilage 12/2002 S. 8 ff.	Zerres, MMR Beilage 12/2002 S. 8 ff.
Zimmer, Anja/Büchner, Wolfgang	Konvergenz der Netze – Konvergenz des Recht? CR 3/2001 S. 164	Zimmer/ Büchner, CR 3/2001 S. 164

Zwach, Ulrich	Gerichtliche Kontrolle von Regulierungsentscheidungen MMR Beilage 12/2002 S. 12 ff.	Zwach, MMR Beilage 12/2002 S. 12 ff.

Deutsches und Europäisches Wirtschaftsrecht

Herausgegeben von Jürgen F. Baur

Band 1 Matthias Wolter: Das Tatbestandsmerkmal der Lückenlosigkeit qualitativer Selektivvertriebssysteme im Spannungsverhältnis zwischen Wettbewerbs- und Kartellrecht. 2001.

Band 2 Nicole Hagemann: Rechtsschutz gegen Kennzeichenmissbrauch unter Berücksichtigung der Internet-Domain-Name-Problematik. 2001.

Band 3 Bernd Nelißen: Die Abgrenzung "horizontaler" und "vertikaler" Wettbewerbsbeschränkungen nach der 6. GWB-Novelle. 2001.

Band 4 Silke Rütters: Die neue *Schirm-* Gruppenfreistellungsverordnung (EG) Nr. 2790/1999 der Kommission. Zu den Ursachen der weitreichenden Reform der EG-Wettbewerbspolitik gegenüber vertikalen Wettbewerbsbeschränkungen und deren materiellrechtlichen Grenzen. 2002.

Band 5 Dirk Strohe: Demarkationen und Bezugsbindungen in gewerblichen Energielieferverträgen. 2003.

Band 6 Cyrille de Crozals: Die Anwendung der Artikel 81 und 82 EGV durch die französischen Behörden und Gerichte. 2003.

Band 7 Daniela Seeliger: Geltungsbereich der Zusammenschlusskontrolle und Grundsätze für die Beurteilung von Zusammenschlüssen nach der 6. Novelle des Gesetzes gegen Wettbewerbsbeschränkungen. Ausgewählte Anwendungsprobleme aus der Praxis zu §§ 35 und 36 GWB. 2003.

Band 8 Till Schreiber: Das argentinische Gesetz 25.156 zum Schutz des Wettbewerbs. Eine rechtsvergleichende Darstellung unter besonderer Berücksichtigung des Protokolls zum Schutz des Wettbewerbs im MERCOSUR und der Rechtsprechung der Comisión Nacional de Defensa de la Competencia. 2003.

Band 9 Mathias Mantler: Der GMP-Vertrag aus bauvergaberechtlicher Sicht. 2004.

Band 10 Christoph Renard: Das französische Fusionskontrollrecht. 2004.

Band 11 Anika Gerken: Rechtsschutzmöglichkeiten europäischer Wirtschaftsteilnehmer gegen GATT-widrige Wirtschaftshemmnisse. 2004.

Band 12 Markus Röhrig: Schadensersatzansprüche im deutschen Kartellrecht nach der 6. GWB-Novelle. Eine ökonomische Betrachtung privater Wettbewerbsaufsicht am Beispiel des neuen Mißbrauchsverbots gemäß § 19 GWB. 2004.

Band 13 Christopher Quandt: Squeeze-out in Deutschland. Eine Diskussion der §§ 327a-f AktG unter besonderer Berücksichtigung der Barabfindung ausgeschlossener Minderheitsaktionäre. 2004.

Band 14 Thomas Brunn: Die EG-Kartellverfahrensverordnung 1/2003 und ihre Auswirkungen auf die Gruppenfreistellungsverordnungen und die Entzugsverfahren der Vertikal-GVO. 2004.

Band 15 Beatrix Besche: Wasser und Wettbewerb. Möglichkeiten und Grenzen einer Öffnung des Wassermarktes. 2004.

Band 16 Astrid Örtel: Die Oligopolproblematik in Wettbewerbstheorie und europäischer Fusionskontrollpraxis. 2005.

Band 17 Anne Jakob: Die Assoziation zwischen der Europäischen Gemeinschaft und ihren Mitgliedstaaten sowie Tunesien, Marokko und Algerien. Eine Überprüfung der Europa-Mittelmeer-Abkommen anhand Gemeinschafts- und internationalem Wirtschaftsrecht. 2006.

Band 18 Iris Vasbender: Das europäische Konzept der Nebenabreden im europäischen und deutschen Kartellrecht. Eine rechtsübergreifende Gesamtdarstellung anhand von Wettbewerbsverboten zu Unternehmenskaufverträgen. 2006.

Band 19 Robert Jürgens: Strukturkrisenkartelle im deutschen und europäischen Kartellrecht. 2007.

Band 20 Michael Dietrich: Wettbewerb in Gegenwart von Netzwerkeffekten. Eine kartellrechtliche Untersuchung des Wettbewerbs zwischen inkompatiblen proprietären Systemen. 2006.

Band 21 Rita Simon: Wettbewerbsunterstützende Regulierung bei der Liberalisierung des deutschen Telekommunikationsmarktes. Unzureichender Infrastrukturwettbewerb. Nationale Gesetzgestaltung nach europäischen Vorgaben. 2007.

Albrecht von Breitenbuch

Wettbewerbsaufsicht und Verhältnismäßigkeit

Am Beispiel der Zugangsregulierung nach dem Telekommunikationsgesetz

Frankfurt am Main, Berlin, Bern, Bruxelles, New York, Oxford, Wien, 2006.
296 S.
Europäische Hochschulschriften: Reihe 2, Rechtswissenschaft. Bd. 4365
ISBN 3-631-54679-3 · br. € 51.50*

Durch die Marktöffnung und Privatisierung von Wirtschaftsbereichen verschieben sich vormals hoheitliche Konflikte in die Beziehungen zwischen den Marktteilnehmern. Zur Wettbewerbsförderung greift der Staat weiterhin regulierend ein. Die Arbeit untersucht die Rolle des Grundsatzes der Verhältnismäßigkeit in der Wettbewerbsaufsicht in dieser aktuellen Entwicklung. Dazu konzentriert sich die Untersuchung auf das Beispiel der Zugangsregulierung im Telekommunikationsrecht. In der netzgebundenen Telekommunikation basiert Marktmacht auf der Herrschaft über die Infrastruktur. Für den Netzbetreiber bedeutet jedoch die Verpflichtung auf Zugangsgewährung zugunsten anderer Marktteilnehmer einen belastenden Eingriff. Regulierungsmaßnahmen müssen daher die Regulierungsziele und die Rechtspositionen der Marktteilnehmer ausbalancieren. Um in dieser mehrpoligen Beziehung moderner Wettbewerbsaufsicht den rechtlichen Vorgaben zu entsprechen, kommt dem Grundsatz der Verhältnismäßigkeit gesteigerte Bedeutung zu.

Aus dem Inhalt: Wettbewerb auf Märkten für Telekommunikation · Der Zugang in der Regulierungssystematik des Telekommunikationsrechts · Der Grundsatz der Verhältnismäßigkeit · Grundlagen seiner Anwendung in der Zugangsregulierung · Zugangsregulierung und Verhältnismäßigkeit

FSC
www.fsc.org
MIX
Papier | Fördert gute Waldnutzung
FSC® C083411

Kolibri 360 GmbH
Ferdinand-Jühlke-Straße 7
99095 Erfurt, Deutschland
produktsicherheit@kolibri360.de

Druck:
CPI Druckdienstleistungen GmbH
im Auftrag der
Kolibri 360 GmbH
Ferdinand-Jühlke-Str. 7
99095 Erfurt